15세기 하타요가의 고전

하타의 등불【상】

—브라흐마난다의 『월광』(*Jyotsnā*)에 의거한 번역과 해설—

An Annotated Translation of *Haṭhapradīpikā*

스바뜨마라마 요긴드라Svātmārāma Yogīndra 저 / 박 영 길 역

세창출판사

하타의 등불【상】

1판 1쇄 인쇄 2015년 9월 10일
1판 2쇄 발행 2019년 12월 10일

저 자 | 스바뜨마라마 요긴드라
역 자 | 박영길
발행인 | 이방원
발행처 | 세창출판사
신고번호 | 제300-1990-63호
주소 | 서울 서대문구 경기대로 88 냉천빌딩 4층
전화 | (02) 723-8660 팩스 | (02) 720-4579
http://www.sechangpub.co.kr
e-mail: sc1992@empal.com
ISBN 978-89-8411-567-5 94150
978-89-8411-566-8 (세트)

본서는 2011년도 정부(교육과학기술부)의 재원으로 한국연구재단의 명저번역사업 지원으로 수행되었음(과제: NRF-2011-421-A00033).

이 도서의 국립중앙도서관 출판시도서목록(CIP)은 e-CIP홈페이지(http://www.nl.go.kr/ecip)와 국가자료공동목록시스템(http://www.nl.go.kr/kolisnet)에서 이용하실 수 있습니다.(CIP제어번호: CIP2015024917)

일러두기

본서는 1450년경에 작성된 스바뜨마라마(Svātmārāma)의 『하타의 등불』(*Haṭhapradīpikā*)에 대한 한글 번역과 해설이다. 본서의 해설은 브라흐마난다(Brahmānanda)의 주석 『월광』(*Jyotsnā*)에 의거했다.

1. 『하타의 등불』과 『월광』의 저본

번역의 저본은 스바뜨마라마의 *Haṭhapradīpikā*와 브라흐마난다의 주석 *Jyotsnā*가 함께 편집되어 첸나이(Chennai)의 Adyar Library and Research Centre에서 출판된 2차 교정본(1933년)의 재편집본(1972년)이다.

상기 교정본은 1893년 뭄바이의 Nirnaya Sagar에서 출판된 Tookaram Tatya(ed.)와 Śrīnivāsa Iyāngar(tr.)의 1차 교정본을 토대로 Adyar에 소장된 필사본 Nr. PM1431(Catalogue Nr. 134) Haṭhayogapradīpikā with comm. -Jyotsnā(Paper, Devanāgarī. 30×13.5, F.91, L.12, A50, Complete, G1832)에 의거한 2차 교정본으로 1933년에 출판되었다. Adyar의 1933년본은 라마나탄(Rāmanāthan) 교수와 빤디뜨 수브라흐마니야 샤스뜨리(Pandit. S. V. Subrahmanya Sastri)에 의해 면밀하게 검토된 2차 교정본으로 현재까지 출판본 중에서 가장 신뢰할 수 있는 판본이다. 1933년 교정본은 새로운 조판으로 1972년에 다시 출판되었는데 내용은 1933년 교정본과 동일하지만 페이지는 다르다. 1972년본은 1975년과 2000년에 재인쇄된 바 있다.

The Haṭhayogapradīpikā of Svātmārāma with the Commentary

Jyotsnā of Brahmānanda and English Translation. Madras: The Adyar Library and Research Centre, 1972(18931st. Ed., 19332nd. Ed.).

2. 산스끄리뜨 발음 표기

❶ va는 영어의 'va'와 독일어의 'wa'의 중간음으로, 힌디에서는 두 입술을 뗀 '와'로 발음되지만 산스끄리뜨에서는 이빨과 두 입술을 떼면서 발음되는 치순음(齒脣音, vakārasya dantoṣṭam. Laghusiddhānta-kaumudī. 1.1.1)이므로 여기서는 모두 '바'(결합 자음일 경우엔 'ㅂ')로 표기했다. ex: Vyāsa(뱌야사), Śiva(쉬바)

❷ 모음 ṛ 는 '르' 혹은 '루'(특히 ṝ)로 발음되지만 여기서는 모두 '리'로 표기했다.

❸ 결합 자음의 r은 '르'로 표기했지만 y가 뒤따를 경우엔 '리'로 표기했다. ex: Ārya(아리야)

❹ 치찰음 śa, ṣa 의 경우 후속음에 따라 쉬, 샤, 슈 등으로 표기했다.

❺ 무성무기음(ka, ca, ṭa, ta, pa)의 경우 경음으로 표기했고 유성대기음(gha, jha, ḍha, dha, bha)의 경우 'ㅎ'을 붙였다. 하지만 '바가바드기따(Bhagavadgītā), 다르마(dharma) 등 널리 통용된 용어는 그대로 사용하였다.

❻ 그 외에는 일반적으로 통용되는 관례대로 표기하고 괄호 속에 원문을 병기하였다.

3. 페이지 및 행 표시

주석서 『월광』의 원문을 기록할 경우 해당 페이지와 해당 게송에 대한 주석이 시작되는 곳에서부터 세었다. 『하타의 등불』은 고유의 계송 번호가 있으므로 별도로 표기하지 않았다.

4. 주요 번역어

❶ 쁘라나야마(prāṇāyāma)

prāṇāyāma의 정확한 의미는 호흡(prāṇa)의 멈춤(āyāma)이지만 실천적 의미를 전달하는 데 다소 무리가 있어 문맥에 따라 '호흡법', '호흡수련'으로 번역하고 명칭 문제 또는 번역이 여의치 않을 경우엔 쁘라나야마로 음사했다.

❷ 아사나(āsana)

āsana가 공작과 같은 역동적인 동작을 의미할 경우엔 '체위'로 번역했고 달인, 연화와 같은 정적인 정좌자세의 경우엔 '좌법'으로 번역했지만 두 의미를 포괄할 경우에는 '아사나'로 음사하였다.

5. 운율 표기

본서에서 사용된 운율의 90%는 고전 산스끄리뜨에서 가장 널리 사용된 운율 중 하나인 8음절의 아누쉬뚜브(anuṣṭubh)이다. 이 운율은 8음절 운율인 박뜨라(Vaktra) 군(群)에 속하는 몇몇 운율 중 일부이지만 8음절이라는 이유에서 일반적으로 아누쉬뚜브 또는 쉴로까로 불렸고 여기서도 그 관례를 따르지만 이 운율을 동일운율(samavṛtta)의 8음절 아누쉬뚜브(ex: māṇavakā, vidyumālā, gajagati)와 구별하기 위해 '아누쉬뚜브-쉴로까'라는 명칭을 사용했다. 아누쉬뚜브-쉴로까 운율중 294개의 기본형(pathyā)에 대해서는 별도로 표기하지 않았고 58개의 확장형(vipulā)에 대해서는 각주에서 밝혔다. 아수쉬뚜브-쉴로까를 제외한 나머지 운율은 해당 게송에 대한 해설 서두에서 밝혔다.

상권

-차 례-

제2부 귀경게(maṅgala)

▌제2장 ▌두 번째 가르침: 호흡법 ······ 293

하권

-차 례-

제4장 네 번째 가르침: 삼매 ······ 581

제1부

문헌 연구

Haṭhapradīpikā

제1장 『하타의 등불』과 주석서 『월광』

I. 『하타의 등불』

스바뜨마라마(Svātmārāma)의 『하타의 등불』(*Haṭhapradīpikā*)은 꾼달리니(kuṇḍalinī)의 각성과 상승이라는 하타요가 특유의 수행 방법론을 정립한 15세기의 고전이다.

『하타의 등불』은 전대 미문의 독창적 내용을 담은 문헌이기보다는 맛첸드라나타(Matsyendranātha)의 까울라(Kaula 혹은 Yoginīkaula) 계열과 고락샤나타(Gorakṣanātha)의 깐파따(Kanphaṭa) 계열의 수행자들을 통해 구전되던 9-12세기 나타(Nātha) 전통의 수행법과 『고락샤샤따까』(*Gorakṣaśataka*), 『요가야갸발꺄』(*Yogayājñavalkya*), 『요가바시쉬타』(*Yogavāsiṣṭha*)와 같은 전대 문헌의 수행 기법을 통합한 성격의 문헌이다.[1] 『하타의 등불』이 지닌 성립사적 의의는 바로 이 문헌에 의해 비로소 아사나(āsana, 체위)와 호흡법(prāṇāyāma), 무드라(mudrā)와 같은 전통적인 수행 기법과[2] 케

---

1 『하타의 등불』에서 인용된 문헌에 대해서는 본서의 부록1을 참조.

2 『하타의 등불』보다 약 1세기 전인 1363년에 성립된 『샤릉가드하라의 흔적』(*Śārṅgadharapaddhati*) 157송은 하타요가를 ① 고락샤의 하타요가와 ② 므리깐다뿌뜨라(Mṛkaṇḍaputra)를 필두로 하는 하타요가와 같은 2종류로 언급하고 있고 『하타의 등불』 I.18은 바시쉬타와 야갸발키야와 같은 명상적인 성자(muni)들의 아사나와 맛첸드라, 잘란드하라와 같은 수행자들이 행하는 아사나를 언급하고 있다.
부이(Bouy: 1994, p. 15의 각주 29, p. 28)에 따르면 『샤릉가드하빠드핫띠』

짜리(Khecārī), 바즈롤리(vajrolī)와 같은 좌도 딴뜨라적 기법들이 '꾼달리니 수행법'으로 정립되었다는 점인데[3] 『하타의 등불』에 의해 정립된 꾼달리니 수행은 15세기 이후부터 19세기까지 주류 요가를 형성한다.[4] 아울러 8-9세기부터 시작된[5] 연금술적인 하타요가가 15세기 이후의 불이론 베단따 학자들의 절대적인 지지와[6] 대중적 기반을 확보하게 된 것 역시 이 문헌의 공적으로 평가될 수 있을 것이다.

157송의 원문은 다음과 같다. dvidhā haṭhaḥ syād ekas tu gorakṣādisusādhitaḥ | anyo mṛkaṇḍaputrādyaiḥ sādhito niśam udyataiḥ || ŚārP. 4273(Peterson본 pp. 662-3).

3 『비밀집회딴뜨라』(*Guhyasamājatantra*)를 비롯해서 『시륜딴뜨라』(*Kālacakratanta*), 『무구정광』(*Vimalaprabhā*)와 같은 8-11세기 불교 딴뜨라 문헌은 보리를 얻지 못하는 제자에게 하나의 대안을 하타요가를 제시하는데 여기서의 하타요가는 비음명상과 정(精, bindu)의 보전을 위주로 하는 요가 전통이었다. '정 보전법'(bindudhāraṇa)은 닷따뜨레야의 『요가샤스뜨라』(*Yogaśāstra*)와 고락샤의 것으로 알려진 『식별의 태양』(*Vivekamārtaṇḍa*) 등에서 설명되는데 이와 같은 '정보존'(bindudhāraṇa)법은 『하타의 등불』에 의해 꾼달리니를 각성시키 위한 목적으로 바뀌게 된다.

4 17세기의 브라흐마난다는 『하타의 등불』 III.1을 해설하면서 '꾼달리를 각성시킬 수 없는 요가를 무가치한 것'으로 해설한다. 원문은 III.1에 대한 해설을 참조.

5 일반적으로 하타요가는 9-12세기에 맛첸드라의 제자인 고락샤에 의해 정립된 것으로 알려져 있지만 8세기 후반에 성립된 '『비밀집회딴뜨라』 제18장'의 161송에서 하타요가가 하나의 대안적은 수행법으로 등장하므로(이 점은 박영길: 2013, pp.64-68을 참조) 하타요가의 역사는 조금 더 위로 올라갈 수 있을 것이다.

6 부이(Bouy: 1994, p. 10)에 따르면 15세기 말부터 불이론 베단따 학자들이 『하타의 등불』을 권위 있게 인용하기 시작했으며 18세기 불이론 학자들에게 『하타의 등불』은 확고한 권위를 지닌 문헌이었다.
근대와 현대의 불이론 학자나 빤디뜨들의 친요가적 성향 그리고 15세기 이후 불이론 학자들의 요가적 관심은 사실상 『하타의 등불』로부터 비롯된 것으로 보아도 틀리지 않을 것이다.

『하타의 등불』이 추구하는 궁극적 목표는 삼매를 통한 해탈이지만 삼매를 성취하는 방법은 빠딴잘리 요가와 구별된다. 『하타의 등불』에 따르면 삼매는 '마음을 소멸시킴으로써'도 가능하고 '마음과 불가분적 관계에 있는 쁘라나를 소멸시킴으로써'도 가능한데 『하타의 등불』이 취하는 방법은 후자이다.[7] '제감-응념-선정으로 이어지는 심리 수

7 브라흐마난다는 『하타의 등불』 IV.16에서 다음과 같이 해설한다.
"'쁘라나와 마음을 소멸시키지 않고서는 해탈이 성취될 수 없다'고 말해졌다. [쁘라나를 소멸시키는 방법과 마음을 소멸시키는 방법] 중에서 [본 송은] '쁘라나를 소멸시킴으로써 마음도 소멸시킬 수 있으므로 그것(쁘라나)을 소멸시키는 방법(tal-laya-rīti)'에 대해 [첫 단어인] "배운 후에"(jñātvā)라는 [말 이하에서] 말한다."(prāṇamanasor layaṃ vinā mokṣo na sidhyatīty uktam | tatra prāṇalayena manaso 'pi layaḥ sidhyatīti tallayarītim āha - jñātveti | Hp-Jt. IV.16, *p.* 140, *ll.* 1-2.)
'쁘라나와 마음의 불가분적 관계'는 『하타의 등불』 IV.10-30송에서 논의되는데 그중에 IV.25에 대한 해설에서 브라흐마난다는 다음과 같이 말한다.
"마음(mānasa)과 기(māruta) 중에서 [어느] 하나, 즉 마음이나 기 중에서 [어느 하나가] 사라지고 소멸될 때 다른 것, 즉 기 혹은 마음도 사라지고 소멸한다. '마음'이든 '기'이든 어느 하나가 활동하거나 작용할 때 다른 것, 즉 기 혹은 마음도 활동하고 움직인다. '마음 작용'과 '기' 양자가 활동하고 소멸되지 않을 때 감관들이 활동한다. 다시 말해서 감관들은 각자 자신의 대상에서 작용한다. [하지만] 양자가 소멸될 때 해탈의 경지, 즉 해탈로 불리는 경지가 성취된다. '양자가 소멸할 때 뿌루샤가 자신의 본성에 확주하기 때문'이라는 의미이다. '기(pavana)를 소멸시키는 것은 육지(六支)요가(ṣaḍaṅgayoga) 등을 수련함으로써도(niṣevaṇena) 가능하지만 마음을 소멸시키는 것은 스승의 은총 덕분에 눈을 깜빡이는 것보다 더 쉽다.' 이것은 『요가비자』(*Yogabīja*)의 원-게송(오리지널 게송)에 덧붙여진 게송이다."(tatra tayor mānasamārutayor madhye ekasya mānasasya mārutasya vā nāśāl layād aparasyānyasya mārutasya mānasasya vā nāśo layo bhavati | ekapravṛtter ekasya mānasasya mārutasya vā pravṛtter vyāpārād aparapravṛttir aparasya mārutasya mānasasya vā pravṛttir vyāpāro bhavati | adhvastayor alīnayor mānasamārutayoḥ sator indriyavargavṛttir indriyasamudāyasya svasvaviṣaye pravṛttir bhavati | pradhvastayoḥ pralīnayos tayoḥ sator mokṣapadasya

행의 심화 과정을 통해 삼매가 성취된다는 것'이 빠딴잘리 요가의 개요라고 한다면 하타요가의 방법은 쁘라나를 없앰으로써 '쁘라나와 함께 작용하는 마음을 저절로 소멸시키는 것'이라 할 수 있다.[8]

---

mokṣākhyapadasya siddhir niṣpattir bhavati । tayor laye puruṣasya svarūpe' vasthānād ity arthaḥ । "tatrāpi sādhyaḥ pavanasya nāśaḥ ṣaḍaṅgayogādiniṣevaṇena । manovināśas tu guroḥ prasādān nimeṣamātreṇa susādhya eva ॥ " yogabīje mūlaślokasyāyam uttaraḥ ślokaḥ ॥ Hp-Jt. IV.25, *p.* 145, *ll.* 1-10.)

8 브라흐마난다는 다음과 같이 해설한다.

"쁘라나가 소멸되지 않고 마음이 소멸되지 않는다면 어떠한 방법, 즉 백 가지의 방법으로도 해탈을 성취할 수 없다는 의미이다. 이 점에 대해 『요가비자』는 다음과 같이 말한 바 있다. "수없이 토론한다고 해서 마음을 정복할 수 있는 것이 아니다. 마음을 정복하는 방법은 오직 쁘라나를 정복하는 것뿐이다."(alīnaprāṇo 'līnamanāś ca kathaṃcid upāyaśatenāpi na mokṣaṃ prāpnotīty arthaḥ । tad uktaṃ yogabīje - "nānāvidhair vicārais tu na sādhyaṃ jāyate manaḥ । tasmāt tasya jayopāyaḥ prāṇasya jaya eva hi ॥ " iti । Hp-Jt. IV.15, *p.* 130, *ll.* 4-8.)

"바유, 즉 쁘라나를 가운데로 다시 말해서 '가운데 나디'(수슘나)로 상승시킨 후 브라흐마란드흐라, 즉 정수리의 공간 속에 채워야 한다, 즉 완벽하게 고정시켜야 한다. 쁘라나가 [수슘나로 상승한 후 정수리의] 브라흐마란드흐라에 머무는 것(nirodha)이 [쁘라나의] 소멸(laya)이다. 쁘라나가 소멸될 때(prāṇalaye jāte) 마음 역시 소멸된다. 이 점에 대해 『바시쉬타』는 '수행을 통해 쁘라나들이 [모두] 소멸될 때 마음은 소멸하고 열반[의 상태]가 남겨진다.'고 말한 바 있다. [이와 같이] 쁘라나와 마음이 소멸될 때 [비로소] 수행의 특별한 본질이라 할 수 있는 삼매가 수반하는 [경지, 즉] '내적 감관으로 파기될 수 없는' 아뜨만에 대한 직접적인 체험(ātmasākṣātkāra)이 일어난다. 그때, 인간은 살아 있으면서도 해탈하게 된다."(vāyuṃ prāṇaṃ madhyagaṃ madhyanāḍīsaṃcāriṇaṃ kṛtvā brahmarandhre mūrdhāvakāśe nirodhayen nitarāṃ ruddhaṃ kuryāt । prāṇasya brahmarandhre nirodho layaḥ prāṇalaye jāte mano 'pi līyate । taduktaṃ vāsiṣṭhe "abhyāsena parispande prāṇānāṃ kṣayam āgate । manaḥ praśamam āyāti nirvāṇam avaśiṣyate ॥ " iti । prāṇamanasor laye sati bhāvanāviśeṣarūpasamādhisahakṛtenāntaḥkaraṇenābādhitātmasākṣātkāro bhavati tadā jīvann eva muktaḥ puruṣo bhavati ॥ Hp-Jt. IV.16, *p.* 141, *ll.* 3-9.)

물론 여기서 '쁘라나의 소멸'은 말 그대로 쁘라나고 소실되어 없어지는 것이 아니라 '쁘라나가 수슘나로 진입하고 상승해서 마침내 정수리의 브라흐마란드흐라에 고정되는 것'을 의미하고[9] 여기서의 쁘라나, 즉 '수슘나로 진입하고 상승해서 정수리의 브라흐마란드흐라에 머무는 쁘라나'는 단순한 쁘라나가 아니라 질적인 변화를 겪은 쁘라나, 즉 꾼달리니 샤띠(kuṇḍalinī śakti)이다.[10] 이 점에서 『하타의 등불』에서 설명된 수행법의 요체를 '꾼달리니라는 잠재된 에너지를 각성시키는 것'이라 할 수 있는데[11] 꾼달리니가 각성되는 시점은 '하기 성향의 아빠나를 끌어 올려 쁘라나와 결합시킨 이후'[12]이고 '하와 타를 결

9 브라흐마난다는 쁘라나의 소멸을 다음과 같이 해설한다.
"위대한 샤띠, 즉 꾼달리니가 완전히 각성된다면, [다시 말해서 꾼달리니가] 잠에서 완전히 깨어난다면 쁘라나, 즉 바유는 '공(śūnya)에서', 즉 '브라흐마란드흐라(브라흐만의 동굴)에서' 소멸한다. 다시 말해서 [쁘라나는 브라흐마란드흐라에서] 소멸하게 된다. '쁘라나의 소멸'이란 쁘라나가 [브라흐마란드흐라에서] '미동조차 하지 않는 것'이다."(mahāśaktau kuṇḍalinyāṃ prabuddhāyāṃ gatanidrāyāṃ satyāṃ prāṇo vāyuḥ śūnye brahmarandhre pralīyate pralayaṃ prāpnoti | vyāpārābhāvaḥ prāṇasya pralayaḥ | Hp-Jt. IV.10, *p.* 127, *ll.* 3-5.)

10 『하타의 등불』은 '각성되기 이전의 잠재된 에너지'를 꾼달리니로 표현하지만 각성된 이후엔 그것을 쁘라나라는 단어로 표현하는데 여기서 알 수 있는 것은 '각성된 꾼달리니', 다시 말해서 '수슘나로 진입하고 상승하는 주체'의 형질(形質)이 정액과 같은 물질이 아니라 기체(氣體), 즉 쁘라나(prāṇa)라는 것이다.

11 꾼달리니의 중요성은 『하타의 등불』에서 누차 강조되지만 제III장 1송은 '모든 요가의 가르침을 지탱하는 것이 꾼달리니'라고 선언하고 브라흐마난다는 '꾼달리를 각성시킬 수 없는 요가는 쓸모 없는 것'으로 해설한다. 원문은 III.1에 대한 해설을 참조.

12 '하'(ha)로 상징되는 쁘라나와 '타'(ṭha)로 상징되는 아빠나를 결합하는 것(yoga), 즉 '쁘라나(ha)와 아빠나(ṭha)를 결합하는 것(yoga)'이 하타요가(haṭhayoga)의 정의이다. 이 점에 대해서는 I.1송에 대한 해설을 참조.

합시키는 행법'은 무드라(mudrā)이다. '하와 타를 결합시키는 무드라' 들의 공통점은 '들숨 후 그 숨을 최대한 참은 상태'에서 실행되므로 무드라를 수련하기 위한 전제 조건은 쁘라나야마(prāṇāyāma)에 통달하는 것이고[13] 쁘라나야마를 수련하기 위한 조건은 아사나(āsana)에 통달하는 것이다.[14]

『하타의 등불』에서 설명된 수행법의 대요를 '쁘라나와 아빠나를 결합시킴으로써 꾼달리니를 각성시키고 바로 그 꾼달리니를 정수리의 브라흐마란드흐라로 끌어 올리는 것'이라 할 수 있는데 각성된 꾼달리니, 즉 '질적 변화를 겪은 쁘라나'가 수슘나로 진입하고 상승해서 정수리에 머물 때 삼매가 성취된다는[15] 하타요가에 따르면 삼매는 심리적 차원에서의 사건일 뿐만 아니라 세포와 혈관, 신경, 뇌 등 온몸으로 경험되는 전체적 사건이고 몸과 마음의 완전한 재탄생을 수반한다.[16] 쁘라나를 조절하는 기법은 브라흐마나와 우빠니샤드 시대부터

13 브라흐마난다는 호흡수련의 중요성에 대해 다음과 같이 해설한 바 있다. "[하타요가 문헌이] '제감'을 비롯해서 [응념-선정-삼매]와 같은 용어들을 동원하지만 진짜로 말하고자 하는 것은 단지 '호흡수련'일 뿐이다. 이 점에 대해 『요가의 여의주』(*Yogacintāmaṇi*)는 다음과 같이 말한 바 있다. "단지 호흡수련이 점점 더 연장되는 [상태를], 수행 차제상 '제감, 응념, 선정, 삼매라는 말'로 표현했을 뿐이다." (원문 II.12에 대한 해설을 참조.)

14 『하타의 등불』은 순서대로 제I장에서 아사나를 설명하고 제II장에서는 쁘라나야마를 제III장에서 무드라를 설명한 후 제IV장에서 삼매 및 명상적 무드라와 비음명상에 대해 설명하는데 수행의 핵심은 쁘라나야마에 의거한 무드라 수행이다.

15 『하타의 등불』에 따르면 꾼달리니, 즉 질적 변화를 겪은 쁘라나가 수슘나로 상승해서 정수리의 브라흐마란드흐라에 머무는 것이 쁘라나의 소멸이고 쁘라나가 소멸될 때 '쁘라나와 세트로 작용하는 마음'도 소멸한다.

16 박영길(2014, pp. 6-7)에서 인용함.

있었지만 '쁘라나(prāṇa)로써 신체(身體)를 신체(神體, divyadeha. Hp. IV.71)로 바꾸는 신체 연금술'로 정립시킨 것이 하타요가라 할 수 있는데 하타요가의 신체 연금술 역시 인간에 대한 탐구가 누적되고 심화되면서 만개한 통찰이라 할 수 있을 것이다.

『하타의 등불』이 지닌 문헌적 권위와 영향력은 320개가 넘는 방대한 필사본 수에서 단적으로 확인되는데[17] 불교와 달리, 전통이 단절되지 않은 힌두 문헌의 경우 필사본이 많다는 것은 그만큼 권위와 영향력이 강했다는 것을 의미한다. 비교적 단기간이지만 320개의 필사본 수는 고전요가와 하타요가는 물론이고 육파철학 내에서도 이례적이라 할 만큼 많은 숫자이다. 더욱이 산스끄리뜨 어와 데바나가리 문자 외에 벵갈리, 그란타, 샤라다, 난디나가리, 네와리, 뗄루구, 말라얄람, 구자라띠, 마라띠, 힌디 등 다양한 언어와 문자로 필사되었고 필사 지역 역시 북쪽의 캐시미르에서 남인도는 물론이고 네팔까지 광범위하게 퍼져 있다는 점에서[18] 이 문헌이 인도 전역에서 압도적인 영향력과 지지를 확보했었다는 것을 알 수 있다.

『하타의 등불』이 여타의 하타요가 문헌과 구별되는 점은 다수의 주석서를 지니고 있다는 것인데 그중에서도 가장 유명하고 탁월한 것은 17세기의 철학자이자 수행자였던 브라흐마난다(Brahmānanda)의 『월광』(*Jyotsnā*)이다. 『월광』은 의심할 바 없이 하타요가사(史)의 최대 걸작이자 백미로 평가될 수 있으며 특히 『하타의 등불』에 대한 최초의 비판

17 KDCYM의 목록에 따르면 『하타의 등불』 필사본은 약 260개이지만 목록에서 누락된 60여 사본을 포함한다면 약 319개이고 그 외에 아직 공개되지 않은 것을 포함하면 필사본의 수는 더 늘어날 것이다.

18 아래의 필사본 현황을 참조.

적 교정본이라는 점에서 특별한 문헌학적 의의도 지닌다.[19] 『월광』의 필사본은 데바나가리 외에 뗄루구, 구자라띠, 샤라다, 말라얄람, 힌디, 마라띠 등 40개가 현존하는데[20] 이것 역시 비교적 단기간에 이 문헌이 인도 전역으로 확산된 사례일 것이다.

『하타의 등불』는 체위(āsana), 호흡(prāṇāyāma), 무드라(mudrā), 삼매(samādhi)와 같은 네 개의 장(upadeśa)으로 구성되었으며 전체 게송수는 389개이다.[21] 389 게송 중 전체의 90%는 아누쉬뚜브-쉴로까(anuṣṭubh-śloka) 운율로 작성되었고 그 외에 인드라바즈라(indravajrā), 만다끄란따(mandākrāntā), 아리야(āryā)를 비롯한 13개의 운율이 사용되었다.[22] 389개의 게송은 비록 깔리다사의 서정시에 비할 바는 못 되겠지만 절묘한 복합어와 분사구, 절대구로 운율적 아름다움과 절제미를 유지하면서도 실천 기법을 담지하는 15세기의 세련된 산스끄리뜨 시로 평가될 수 있을 것이다.

1. 저 자

『하타의 등불』의 게송을 인용하는 후대의 저자들과 현존하는 『하

---

19 이 점에 대해서는 본서 1부 II장을 참조.

20 역자는 약 30개 필사본에 대한 정보를 확인했지만 저자가 확인되지 않는 주석 필사본들 역시 거의 대부분 브라흐마난다의 『월광』일 것으로 추정된다. 이 점에 대해서는 부록을 참조. 한편, 부록의 C-J는 『월광』을 의미하고 C-A는 주석가가 확인되지 않은 필사본이다.

21 이 중에서 1개의 게송(III.91)은 17세기 이전에 추가된 것인데 브라흐마난다가 이 사실을 인지하면서도 이 게송을 해설하고 원문에 포함시켰으므로 여기서도 389송으로 분류하였다.

22 운율 분석에 대해서는 본서 제1부 4장을 참조.

타의 등불』 필사본의 콜로폰은 저자를 스바뜨마라마(Svātmārāma), 스바뜨마라마 요긴드라(Svātmārāma Yogīndra), 아뜨마라마(Ātmārāma), 아뜨마라마 요긴드라(Ātmārāma Yogīndra) 등으로 기록하고 있지만 모두 동일 인물이고 일반적으로 스바뜨마라마 요긴드라(Svātmārāma Yogīndra)로 또는 스바뜨마라마(Svātmārāma)로 통용된다.[23] 저자에 대한 이견과 이설이 전무했던 주요 이유는 『하타의 등불』 I. 2-4송이 저자를 스바뜨마라마(Svātmārāma)로 명기하고 있기 때문인 것으로 보인다.

> 신령스런 스승 나타에게 경배한 후 요가행자 스바뜨마라마는
> 오직 라자요가를 위해 하타[요가의] 지혜를 가르쳤다.[24]

> 다양한 견해의 어둠 속에서 혼동으로 인해 라자요가를 알지 못하는 사람들을 위해서 자비롭기 한이 없는 스바뜨마라마(Svātmārāma)는 하타[요가]의 등불을 밝힌다.[25]

---

23 예를 들어 울너(Woolner) 컬렉션의 4 필사본의 경우 다음과 같다.
Ms. PUL. Woolner. Nr. 3066: Ātmārāma, Nr. 1204: Svātmārāra. Yogīndra, Nr. 0894: Svātmārāma, Nr.403: Svātmārāma Yogī.
이 필사본에 대한 정보는 DB를 참조(DB주소: https://www.istb.univie.ac.at/cgi-bin/smwc/smwc.cgi?uid=default&browse_ms=280&browsed_field=97&nav=2&subnav=94).
울너(Woolner) 프로젝트의 DB를 참조. 본 DB는 비엔나 대학(연구책임자: Karin Preisendanz)이 구축했고 사본 분석 및 입력은 비엔나 대학의 전임연구원인 히말 트리카((Himal Trikha), 도미닉(Dominik Wujastyk), 토마스 킨테어트(Thomas Kintaert)와 금강대(연구 책임자: 최기표)의 전임연구원인 박영길이 공동으로 입력한 것이다.

24 praṇamya śrīguruṃ nāthaṃ svātmārāmeṇa yoginā ǀ
kevalaṃ rājayogāya haṭhavidyopadiśyate ǁ Hp. I.2.

25 bhrāntyā bahumatadhvānte rājayogam ajānatām ǀ
haṭhapradīpikāṃ dhatte svātmārāmaḥ kṛpākaraḥ ǁ Hp.1.3.

맛첸드라, 고락샤 등의 [스승이] 하타[요가]의 지혜를 알고
그 은총으로 스바뜨마라마 요기도 [하타요가를] 안다.[26]

위 세 게송은 스바뜨마라마의 육성이기보다는 '그의 직제자' 또는 '최초의 필사자'에 의해 덧붙여진 게송으로 추정되지만 역자가 아는 한 모든 필사본에서도 동일하게 발견되는 게송으로, 말하자면 최초 필사자 내지는 직제자의 육성이 온전하게 유지된 게송들로 판단된다.[27]

스바뜨마라마는 위대한 수행자로 적지않은 제자를 두었을 것으로 짐작되지만 그의 생애에 대해 알려진 것은 거의 없고 그의 행적을 추정케 해 주는 기록도 남아 있지 않다. 그것은 아마도 『하타의 등불』 I.12, 14, 66송에서 알 수 있듯이 스바뜨마라마가 탁발(托鉢) 생활했던 출가 수행자였고 따라서 사회 활동을 거의 하지 않았기 때문인 것으로 보인다.

2. 성립 시기

『하타의 등불』이 성립된 시기는 일반적으로 미셀(Michaël, Tara)의 15세기 전후설이 통용되는데 현대 학계에서는 '미셀의 15세기 전후설'을 계승한 부이(Bouy, Christian)의 1450년설이 좀 더 유력하게 통용되고 있다.[28]

---

26 haṭhavidyāṃ hi matsyendragorakṣādyā vijānate |
svātmārāmo 'thavā yogī jānīte tatprasādataḥ || Hp. I.4.

27 이 점에 대해서는 아래의 '『하타의 등불』의 명칭' 항목을 참조.

28 멀린슨(Mallinson, James: 2012a, p. 327, 각주3)을 비롯해서 버치(Birch,

이 문헌의 성립 시기를 정밀하게 논의했던 최초의 학자는 고데(Goke, P. K: 1940, pp. 306-313)이다. 고데는 『하타의 등불』이 1360년에서 1650년 사이에 성립되었다고 주장했는데 그가 1360년을 상한선으로 본 근거는 『하타의 등불』 I.7송이 니띠야나타(Nityanātha)를 언급하고 있기 때문이고 하한선을 1650년으로 본 근거는 『하타의 등불』이 쉬바난다 사라스바띠(Śivānanda Sarasvati, 16세기 후반)의 『요가의 여의주』(*Yogacintāmaṇi*)에 인용되었기 때문이다.

그 이후 까이발야담마(Kaivalyadhama)의 디감바라지와 꼬까제(Digambarji & Kokaje: 1970)는 고데(P. K. Gode) 박사의 주장을 검토해서 『하타의 등불』의 상한선과 하한선을 1360년에서 1629년 사이로 약간 수정했는데 디감바라지와 꼬까제가 『하타의 등불』의 상한선을 1350년으로 본 근거는 『하타의 등불』에 언급된 니띠야나타(Nityanātha)의 생존 시기를 1300년경으로 보았기 때문이고[29] 하한선을 1629년으로 본 근거는 '인도 꼴까따(켈커타)의 국립도서관에 보관된 필사본(Haṭhapradīpikā, Nr. TH321)의 필사 연도가 saṃvat 1868년(서력 1629년)이라는 점'이다.[30]

Jason: 2011, p. 528, 각주 12)도 부이의 1450년설을 따르고 있다.

29 디감바라지와 꼬까제(Digambarji & Kokaje)에 따르면 'Nityanātha가 *Rasarātnasamuccaya*의 저자이고 이 문헌이 1300년경에 작성되었다는 것'은 P. C. Ray 박사의 주장이다. 이 점에 대해서는 Digambarji & Kokaje: 1988, 서론 xxiii을 참조. 하지만 『하타의 등불』에서 열거된 스승 니띠야나타(Nityanātha)와 *Rasarātnasamuccaya*의 저자를 동일시할 수 있는 근거는 모호하다. 그 이유는 『하타의 등불』에서 열거된 계보에 따르면 Nityanātha 이후에 11명의 스승을 더 열거하고 있을 뿐만 아니라 '등등'(ādi)이라는 표현이 있으므로 『하타의 등불』에서 언급된 니띠야나타는 1300년 이전의 전설적 스승으로 추정되기 때문이다.

30 Digambarji & Kokaje(1988)의 서론 xxiii 참조.
부이(Bouy: 1994, p. 83의 각주 350)에 따르면 디감바라지와 꼬까제가 기록한 1868년은 1686년의 오기이다.

부이(Bouy, Christian: 1984)는 위에서 언급된 HT321(saṃvat 1686)보다 더 오래된 필사본을 언급하며 『하타의 등불』이 성립된 시기를 1450년경으로 주장했는데 그 근거를 크게 두 가지로 요약할 수 있다.[31]

① saṃvat 1581(서력1524년)에 필사된 Mummaḍideva의 *Saṃsāra-taraṇi*가 『하타의 등불』을 인용하고 있으므로 『하타의 등불』이 성립된 시기의 하한선은 *Saṃsārataraṇi* 보다 빠른 서력 1524년 이전이다.[32]

② 바라나시 산스끄리뜨 대학에 소장된 필사본 Nr. 30109의 필사 연도는 Vikram Saṃvat 1553(서기 1496년)인데 이 필사본이 현재까지 알려진 사본 중 가장 오래된 것이다. 부이는 다음과 같이 말한다.

> 그하로떼와 베데까르(Gharote와 Bedekar: 1989, pp. 400, 412-56)에 의거해서 판단하자면, 스바뜨마라마 혹은 아뜨마라마의 Haṭhapradīpikā(혹은 Haṭha-dīpika, Haṭhayogapradīpikā 등으로도 불림) 필사본 중 가장 오래된 것은 베나레스 산스끄리뜨 대학(Benares Sanskrit University) 도서관(Sarasvati Bhavana)에 보관된 사본인데 이 사본은 V.S.1553(=서기 1496년)에 필사된 것이다. 이 사본의 제목은 "스바뜨마라마의 Haṭhapradīpikā"로 기록되어 있으며 SB. New DC. VII.30109(p. 318)에 기재된 사본으로 10장(나가리 nāgarī 문자)이고 손실된 부분은 없다. 만약 앞에서 말했던 베나레스 산스끄리뜨 대학 도서관의 기록이 정확하다면 Haṭhapradīpikā의 성립 연대에 대한 하한선을 1496년으로 볼 수 있을 것이다.[33]

부이는 Gharote와 Bedekar의 정보가 정확하다는 것을 전제로, 최초

---

31 Bouy: 1994, pp. 82-85.

32 Bouy: 1994, p. 84.

33 Bouy: 1994, p. 84의 각주 357.

의 필사본인 1496년보다 약간 더 앞선 1450년경에 『하타의 등불』이 성립되었을 것으로 추정했는데 현재까지는 그의 주장을 반박할 만한 새로운 단서가 발견되지 않는다.[34]

3. 필사본 개괄

1989년에 출판된 인도 로나블라, 까이발야담마의 요가 필사본 카탈로그(KDCYM)[35]를 통해 현존하는 『하타의 등불』 필사본에 대한 대략적인 규모가 알려졌고 2005년 개정판을 통해 약 260개의 『하타의 등불』의 필사본이 존재하는 것으로 확인되었다. 이와 별개로 역자는 약 130여 개의 필사본을 별도로 조사하였고 KDCYM과 중복되는 것을 제외하고 재분류한 결과 약 60개의 필사본을 더 추가해서 약 320여 개의 필사본에 대한 기본 정보를 확보할 수 있었다. 하지만 아직 필사본의 정보를 공개하지 않은 아쉬람이나 개인 도서관 및 네팔이나 유럽을 포함하면 더 많은 필사본이 존재할 것으로 추정된다.

본 번역은 1933년 아디야르(Adyar)에서 출판된 2차 교정본을 저본으로 하고 또 이 교정본의 원문을 가장 신뢰할 수 있는 것으로 판단하고 있지만 그 외에 5장본과 10장본 『하타의 등불』이 출판되었고 또 6장

34 역자 역시 부이의 1450년설을 따른다.
한편 디감바라지와 꼬까제는 2005년에 출판된 『바시쉬타상히따』(*Vasiṣṭhasaṃhitā*)의 서문에서 『하타의 등불』의 성립 시기를 1350년경으로 말하지만(서론 p. 32.) 근거에 대해서는 논의하지 않았다.

35 KDCYM.
Philosophico-Literary Research Department(Compiled by), *Descriptive Catalogue of Yoga Manuscripts*(*Upadated*). Lonavla: The Kaivalyadhama S.M.Y.M. Samiti, 2005 (1989$^{1st.}$).

으로 구성된 필사본도 현존한다는 점에서 향후의 연구를 위해 현재까지 밝혀진 필사본의 정보를 간략히 개괄하고자 한다(320개의 필사본 전체 목록은 본서의 부록을 참조).

(1) 필사본의 구성과 체계

현재까지 알려진 320개의 필사본 중에서 309개는 전체 4장으로 구성되었으며 약간의 차이는 있지만 전체 게송수는 320-340여 개로 브라흐마난다가 해설했던 게송수와 거의 일치한다. 하지만 11개 필사본의 경우 구성과 전체 게송수는 확연하게 다르다.

구성	필사본 수
4장본	309개
5장본	8개
6장본	1개
10장본	2개

이 중에서 8개의 필사본은 전체 5장으로 구성되었고 1개의 필사본은 전체 6장으로 구성되었으며 2개의 필사본(10장본에 대한 발라끄리쉬나의 주석 1개 포함)은 10장으로 구성되었다. 5장본과 10장본은 각각 1970[1st], 1998[2nd]년과 2006년에 출판되었는데 5장본의 경우 기존의 4장에 마지막 제5장(24송)이 추가된 형태이고 19세기에 만들어진 10장본은 4장본의 주제를 10개로 세분화한 뒤 상당 부분이 의도적으로 편집되고 가필된 형태이다. 6장본은 1개의 필사본이 존재하는데 전체 게송 수는 4장본은 물론이고 10장본보다 더 많은 1553개이다. 10장본의 경우엔, 발라끄리쉬나(Bālakṛṣṇa)의 주석, *Yogaprakāśikā* 사본이 1개 있다.

하지만 『하타의 등불』에 대한 최초의 교정은 탁월한 학자이자 수행가였던 17세기의 브라흐마난다의 주석서 『월광』에 의해 이루어졌는데 브라흐마난다는 다양한 필사본을 참조해서 『하타의 등불』의 원문을 확정하고 후대에 추가된 부분을 밝히거나 제외시키며 주석 작업을 했으므로[36] 『월광』에서 해설되지 않은 원문은 후대에 추가된 것으로 간주해도 틀리지 않을 것이다.[37]

따라서 역자는 17세기의 브라흐마난다가 해설하지 않은 『하타의 등불』 게송들을 18세기 이후에 증보된 게송으로 간주하고(이 점에 대해서는 2장 '『하타의 등불』의 구성'을 참조) 본 번역에 수록하지 않았다. 하지만 추후의 연구를 위해 5장으로 구성된 필사본과 6장본 그리고 10장으로 구성된 필사본에 대한 정보를 간략히 수록하고자 한다.

---

36 예를 들면 브라흐마난다는 의심스런 게송에 대해 다음과 같이 설명한다.
① "이 게송은 [후대에] 삽입된 것이다."(ayaṃ ślokaḥ prakṣiptaḥ ǁ Hp-Jt. III.91, *p.* 107, *ll.* 5-6.)
② "여기엔(본 게송엔) '하타요가를 완성하기 위해선 규정된 음식을 취함으로써'라는 반송(半頌)이 있지만 [이것은 후대의] 누군가가 삽입한 것이므로 해설하지 않고 원래의 게송들에 대해서만 해설하였다. 향후에도(agre ´pi) 이처럼 내가 해설하지 않은 게송이 『하타의 등불』에서 발견된다면 그 게송들은 모두 [후대에] 삽입된 것(kṣipta)으로 간주해야 한다."(atra "yuktāhāravihāreṇa haṭhayogasya siddhaye" ity ardhaṃ kenacit kṣiptatvān na vyākhyātam | mūlaślokānām eva vyākhyānam | evam agre ´pi ye mayā na vyākhyātā ślokā haṭhapradīpikāyām upalabhyerams te sarve kṣiptā iti boddhavyam ǁ Hp-Jt. I.12, *p.* 11, *l.* 2-5.)

37 물론 『월광』의 원문 자체에 대한 교정도 필요하지만 기존의 원문을 바꿀 만한 획기적인 『월광』의 필사본이 새롭게 발견될 가능성은 높지 않으며 현재까지는 『하타의 등불』과 『월광』이 함께 편집된 아디야르(Adyar)의 비판적 교정본(1893 1st. Ed. 1933 2nd. Ed.)을 가장 신뢰할 수 있는 원문으로 볼 수 있을 것이다.

1) 후대의 증보본: 5장으로 구성된 필사본[38]

전체 5장으로 구성된 8개의 필사본의 정보는 다음과 같다.

	Ms. Nr.	Title(Author)
1	37-743	Haṭhapradīpikā(Ātmārāma)

KDCYM에 따르면[39] 뿌나의 Bharat Itihāsa Saṃshodhak Maṇḍala에 소장된 사본으로 15.9×11.2 크기의 종이에 데바나가리 문자로 작성되었으며 모두 31 폴리오(13행, 32음절)로 구성되어 있다. 이 사본이 필사된 연도는 Śaka 1746년이고 필사자는 Aramare이다. Hp^{4}에 따르면[40] 콜로폰은 다음과 같다.

iti śrīśāṅkarīgitāyāṃ hara(!)pradīpikāyām umāmaheśvara saṃvāde kālajñāne cchāyāpuruṣa lakṣaṇaṃ nāma pañcamapaṭalaḥ.

(!) : [*sic*], 역자

	Ms. Nr.	Title
2	4986	Haṭhayogapradīpikā(Svātmārāma Yogīndra)

KDCYM에 따르면[41] 이 사본은 잠무(Janmu)의 The Raghunath Temple Library에 소장되어 있으며 사본의 고유 번호는 4986이다. 전체 5장으로 구성되어 있으며 필사연도는 1887년이다. 종이에 데바나가

38 필사본의 정보는 Kaivalyadhama의 KDCYM(2005년 업데이트 판) 및 Kaivalyadhama의 Hp^4(pp.xxv-xxvii)에 의거해서 정리하였다.

39 KDCYM`, pp. 516-517.

40 Hp^{4}의 서론(p. xxi)은 이 사본의 번호를 (2, 27번)으로 기록하고 있다.

41 KDCYM, pp. 510-511.

리 문자로 작성되었으며 모두 7 폴리오(15행, 44음절)로 이루어져 있다.

3 Ms. Nr. Title
19/469 Haṭhapradīpikā(Svātmārāma Yogīndra)

Hp⁴에 따르면,[42] 이 사본은 나식(Nāsik)의 Sarvajanik Vachanalaya Vācanālay에 소장된 것으로 전체 5장에 종이에 데바나가리 문자로 작성되었고 사본의 크기는 16.2×10cm이고 전체 33폴리오(11행)로 이루어져 있으며 Śaka1628에 필사되었다. 이 사본은 1970년(2nd. 1998) 출판된 Kaivalyadhama의 교정본의 주요 저본으로 활용되었다. Hp⁴에 따르면[43] 이 사본의 콜로폰은 다음과 같다.

iti śrīsvātmārāmayogīndraviracitāyāṃ haṭhapradīpikāyām auṣadhakathanaṃ nāma pañcamopadeśaḥ ‖ 5 ‖ samāpteyaṃ graṃtha ‖ iti śrigiranāraki chāyāgrāma ca ta., iti śrīsvātmārāmayogīṃdraviracitāyāṃ haṭhapradīpikāyāmauṣadhakathanaṃ nāma paṃcamopadeśaḥ ‖ cha ‖ vimaṇabhaṭa kheḍakareṇa ātmārtha paropakārātha likhitaṃ ‖ śubhaṃ bhavatu śaka 1628 vyasaṃvatsare.

위의 콜로폰에 따르면 제5장의 제목은 '약초에 대한 해설'(auṣadakathanam)이다.

4 Ms. Nr. Title
2402 Haṭhapradīpikā(Svātmārāma)

42 Hp⁴, 서론 p. xxvi.
43 Hp⁴, p. 188의 각주 42.

Hp^{4}에 따르면[44] 뿌나대학교 도서관에 소장된 필사본으로 전체 5장으로 구성된 이 사본은 종이에 데바나가리 문자로 작성되었고, 크기는 22.5×11.2cm이고 모두 27폴리오(각 27행)로 구성되어 있는데 사본의 원문은 부정확하다.

[5] Ms. Nr. Title
621(1886-92 uc) Haṭhayogapradīpikā(Svātmarāma)

Hp^{4}에 따르면[45] 뿌나의 Bhandarkar Oriental Research Institute에 소장된 사본으로 모두 16폴리오로 구성되어 있으며 16.5×12cm 크기의 종이에 데바나가리 문자로 작성되었으며, 사본의 내용은 비교적 정확하다. 콜로폰은 다음과 같다.

"iti śrīātmārāmaviracitāyāṃ haṭhapradīpikāyāṃ pañcamopadeśaḥ"[46]

Hp^{4}에 따르면[47] 이 필사본의 특이점은 제3장에서 바즈롤리 무드라가 빠져 있고 대신 제4장에 포함되어 있고, 필사본의 뒷면 번호는 "athekasminn eva dṛḍhe bandhe siddhānane sadā"로 시작하는 45 페이지까지만 매겨져 있고 그 이후에는 매겨져 있지 않다.

[6] Ms. Nr. Title
60 Haṭhapradīpikā(Ātmārāma)

44 Hp^4, 서론 p. xxvi; KDCYM, pp. 516-517.
45 Hp^4, 서론 p. xxv.
46 Hp^4, 서론 p. xxv.
47 Hp^4, 서론 p. xxv.

뿌나의 Bharat Itihāsa Saṃshodhak Maṇḍala에 소장된 사본으로 25.4×12.6cm 크기의 종이에 데바나가리 문자로 작성되었으며 모두 22 폴리오(각 11행)로 구성되어 있다.[48]

[7] Ms. Nr. Title
G.10521. Haṭhapradīpikā(Svātmārāma)

Hp[4]에 따르면[49] 캘커타의 The Library of the Asiatic Society of Bengal에 소장된 이 사본은 Saṃvat 1892년에 필사된 것으로 6폴리오만 남아 있지만 콜로폰에 따르면 전체 제5장으로 구성되었다는 것을 알 수 있다.

콜로폰: iti haṭhapradīpikāyāṃ pañcamopadeśaḥ.

[8] Ms. Nr. Title
1725(c) Haṭhapradīpikā(Ātmārāma)

KDCYM에 따르면,[50] 이 사본은 런던의 Library of the India Office에 소장된 것으로 20.6×8.7cm 크기의 종이에 데바나가리 문자로 작성되었으며 20.6×8.7 크기에 7폴리오로 구성되어 있다.

2) 후대의 증보본: 6장으로 구성된 필사본

전체 6장으로 구성된 필사본은 1개가 현존한다.[51]

48 KDCYM, pp. 516-517.
49 Hp[4], 서론 p. xxi.
50 KDCYM, pp. 512-513.
51 필사본의 정보는 Kaivalyadhama의 KDCYM(2005년 업데이트 판) 및

1 Ms. Nr. Title
6756 Haṭhayogapradīpikā(Svātmarāma Yogīndrā)

Hp^5 서문에 따르면[52] 6으로 구성된 사본은 Jodhpur의 Rajasthan Oriental Research Institute에 소장된 것으로 20.2×10.9cm 크기의 종이에 데바나가리 문자로 작성되었다. 이 필사본은 전체 171개의 폴리오(7-9행에 20-23음절)로 구성되어 있는데 전체 6장에 1553게송으로 현존하는 사본 중에서 가장 많은 게송을 담고 있다.

까이발야담마의 카탈로그(KDCYM)에 따르면 이 사본은 자야싱하데바(Jayasiṃhadeva) 왕의 명령을 받아 Tulārāma가 필사한 것으로 필사연도는 Saṃvat 1765년(서기 1709년경)이다.[53] Hp^{5}에 따르면(p. xv) 이 사본의 콜로폰은 다음과 같다.

iti śrīsahajanāthaśiṣyena śrīsvātmārāmayogīndreṇa viracitāyāṃ haṭhapradīpikāyāṃ siddhāntamuktāvalyāṃ ṣaṣṭhopadeśaḥ iti ‖ śrīmanmahārajādhirājaśrījayasiṃhadevajikasyājñasyā likhitam idaṃ tulārāmeṇa saṃvat 1765 varṣe caitra māse kṛṣṇapakṣe 10 śrīrāmo jayati । śrīganāpataye namaḥ ‖

3) 후대의 증보본: 10장으로 구성된 필사본

로나블라 요가연구소는 '전체 10장으로 구성된 사본의 존재 가능성을 두고 사본을 추적했고'[54] 조드히뿌르(Jodhpur)의 Mahārāja Mānsingh

---

Kaivalyadhama의 Hp^4(pp.xxv-xxvii) 및 Lonavla Yoga Institute의 Hp^5(xiv-xv)에 의거해서 정리하였다.

52 Hp^5, 서론 p. xv.

53 KDCYM, pp. 534-535.

54 로나블라 요가 연구소는 *Gorakṣasiddhāntasaṅgraha* p.38(Ed., Gopinātha Ka-

Lirarary에 소장된 필사본 가운데 두 개의 필사본(Nr. 1914 (2227), Nr. 1915(2228)에 의거해서 전체 10장으로 구성된 『하타쁘리디삐까』(Hp[5])를 2006년에 출판했다.

Dr. M. L. Gharote, Dr. Parimal Devnath(Eds.),
Haṭhapradīpikā(with 10 Chapters) of Svātmārāma with
Yogaprakāśikā, A Commentary by Bālakṛṣṇa.
Lonavla: The Lonavla Yoga Institute, 2006.[55]

전체 10장으로 구성된 필사본 1개과 발라끄리쉬나의 주석서 1개의 정보는 다음과 같다.[56]

	Ms. Nr.	Title
1		
	1914(2227)	Haṭhapradīpikā(Svātmārāma)

이 사본은 Jodhpur의 Mahārāja Mānsingh Pustak Prakāśa(Mehrāngarh

---

virāja, *Gorakṣasiddhāntasaṅgraha*, Sarasvatī Bhavan Tests, No. 18, Banāras, 1925)에 Haṭhapradīpikā가 10개의 장으로 구성되었다는 언급에 의거해서 25년간 10장으로 이루어진 사본을 추적했다고 밝히고 있다. 이 점에 대해서는 Hp[5], 서론 p. xiii을 참조.
역자가 확인한 바에 따르면 『고락샤싯드히싯드한따상그라하』(*Gorakṣasiddhāntasaṃgraha*)의 1973년 본(p. 33)에 "haṭhapradīpikāyāṃ daśamopadeśe"라는 표현이 발견된다. 하지만 *Gorakṣasiddhāntasaṃgraha*는 17세기 이후 문헌(Bouy: 1994, pp. 19-20 및 각주 60을 참조)이므로 다소 의심스럽다. 이와 관련된 논의는 본서 제2장 I을 참조.

55 출판본은 제목과 달리 발라끄리쉬나의 주석은 수록되지 않았다.

56 필사본의 정보는 Kaivalyadhama의 KDCYM(2005년 업데이트 판) 및 Lonavla Yoga Institute의 Hp[5](xiv-xv)에 의거해서 정리하였다.

Fort)에 소장된 사본이다. 25.4×12.7cm 크기의 종이에 데바나가리 문자로 작성되었다. 전체 10장으로 이루어져 있으며 전체 폴리오 수는 42이고 폴리오당 9행이고 각 행의 음절수는 33개이다. 필사된 시기는 19세기이다. 콜로폰은 다음과 같다.

iti śrīsahajānandasantānacintāmaṇisvātmārāmaviracitāyāṃ haṭhapradīpikāyāṃ daśamopadeśaḥ ‖ 10 ‖ saṃpūrṇaḥ samāpto' yam iti.

2 Ms. Nr. Title
1915(2228) Haṭhapradīpikā Vyākhyā(Yogaprakāśika)

이 사본도 위의 마하라자 도서관에 소장된 필사본이다. 이 사본은 발라끄리쉬나(Bālakṛṣṇa)의 주석서 *Yogaprakāśikā*로서 전체 10장으로 구성되었으며 19세기에 작성된 사본이다. Hp[5](p. 14)에 따르면, 이 사본은 25.9×13.5cm 크기의 종이에 데바나가리 문자로 작성되었고 전체 75 폴리오 중 1, 2, 22가 유실되었다. 폴리오 당 행수는 11개이고 각 행의 음절수는 약 34개이다. 콜로폰은 다음과 같다.

iti śrīhaṭhapradīpikāvyākhyāyāṃ yogaprakāśikāyāṃ daśamopadeśaḥ ‖ 10 ‖ granthaś ca samāptimagamat ‖ śubhaṃ bhavastu ‖

(2) 언어와 재질

거의 모든 필사본의 재질은 종이(Paper)에 데바나가리 문자로 작성되었지만 남인도 사본의 경우엔 종려나무잎(Palm leaf)으로 작성되었다. 산스끄리뜨와 데바나가리 문자 외의 문자는 약 10개인데 이것이 시사하는 것은 『하타의 등불』이 인도 전역에서 필사되었고 광범위한 지지를 얻었다는 것이다.

① 데바나가리

약 290개의 필사본이 산스끄리뜨와 데바나가리 문자로 작성되었다.
그 외의 문자로 작성된 사본은 다음과 같다.

② 뗄루구

번호[57]	MS.Nr.	명칭
127[C-A]	70326	Haṭhayogapradīpikā: Telugu Comm.
179.	6712	Haṭhapradīpikā
180.	6713	Haṭhapradīpikā
181.	6714	Haṭhapradīpikā

③ 벵갈리

228.	3789	Haṭhapraīpikā
241.	30031	Haṭhapradīpikā
257.	30119	Haṭhapradīpikā
258.	30120	Haṭhapradīpikā
259.	30122	Haṭhapradīpikā
260.	30123	Haṭhapradīpikā

④ 그란타

13.	13221(c)	Haṭhapradīpikā
124.	350(c)	Haṭhapradīpikā
125.	841(b)	Haṭhapradīpikā
126.	66569	Haṭhayogapradīpikā
128.	73267	Haṭhayogapradīpikā

57 번호는 부록의 일련 번호임.

129.	75278	Haṭhapradīpikā

⑤ 말라얄람

9.	4193-9	Haṭhayogapradīpikā
10.	9087-24	Haṭhayogapradīpikā
121[C-A]	R-3841	Haṭhapradīpikā Ṭīkā : Malayālam Comm.

⑥ 난디나가리

14.	13457(b)	Haṭhapradīpikā

⑦ 네팔

294.	1-1613	Haṭhayogapradīpikā
300.	5-2119	Haṭhapradīpikā
201.	5-2120	Haṭhapradīpikā

⑧ 샤라다

12[C-J]	1812	Haṭhapradīpikā Ṭīkā : Śāradā Comm. (= *Jyotsnā*)
45.	6494	Haṭhayogapradīpikā
108.	416	Haṭhapradīpikā
137.	106-530	Haṭhayogapradīpikā
138[C-J]	106-538	Haṭhapradīpikā: Śāradā Comm.(= *Jyotsnā*)
168.	1342-8	Haṭhapradīpikā
169.	1347-3	Haṭhapradīpikā
170.	1500	Haṭhapradīpikāṭīkā
171.	1566	Haṭhapradīpikā
172.	1698-12	Haṭhapradīpikā
173.	1712-3	Haṭhapradīpikā

174.	2065-2	Haṭhapradīpikā
175.	2079	Haṭhapradīpikā
201.	98	Haṭhapradīpikā
205.	C-1158	Haṭhapradīpikā

⑨ 힌디

185[C-A]	757	Haṭhap radīpikā or Haṭadīpikā. Hindi Comm.

⑩ 구자라띠

251[C-J] Nr. 30082 Haṭhapradīpikā Ṭīkā(Brahmānanda)

⑪ 마라띠

브호자뜨마자(Bhojātmaja)의 마리띠(Marāṭhī) 주석 Haṭhapradīpikāvṛtti는 2000년 로나블라 요가연구소(Lonavla Yoga Institute)에서 출판되었다.[58]

(3) 필사본의 명칭[59]

1970년에 처음 출판된 까이발야담마본의 서문(p.xix)은 101개의 필사본 콜로폰에 의거해서 이 문헌의 명칭이 Haṭhayogapradīpikā가 아니라 Haṭhapradīpikā라고 주장했고 역자 역시 이에 동의했지만[60] 모든 필사본의 명칭이 Haṭhapradīpikā로 된 것은 아니다. 320개의 필사본에 따르면 명칭은 다음과 같다.

58 M. L. Gharote(Ed.), *Haṭhapradīpikāvṛtti. Bhojātmaja*, Lonavla: Lonavla Yoga Institute, 2000.

59 Hp의 정확한 명칭에 대해서는 아래의 제3장에서 논의할 것이다.

60 명칭 문제에 대해서는 본서 제3장에서 다룰 것이다.

필사본의 명칭	필사본 수
Haṭhapradīpikā	221
Haṭhapradī	1
Haṭṭapradīpikā	1
Haṭhadīpikā	5
Haṭhapradīpa	4
Haṭhayoga	4
Haṭhayogadīpikā	1
Haṭhayogapradīpikā	81
Svātmayogapradīpaprabodhini	1

320개의 필사본 중 콜로폰과 카탈로그에 따르면 222개의 필사본이 Haṭhapradīpikā이고 81개가 Haṭhayogapradīpikā이다. 이 문헌의 정확한 명칭은 필사본 콜로폰 외에 후대 문헌의 인용, 저자의 표현, 주석가의 해설 등 다각적인 검토가 필요하지만 여기서 알 수 있는 것은 대부분의 필사자들에게 익숙했던 명칭이 Haṭhapradīpikā라는 것이다.[61]

(4) 필사 시기

모든 필사본이 연대를 표기한 것은 아니고 또 그중에는 오래된 사본도 있지만 콜로폰에 필사 연도가 표기된 사본 중 고층에 해당하는 것을 분류하면 다음과 같다.

61 명칭 문제는 본서 제1부 3장에서 자세히 논의할 것이다.

[약 호]

번호: 본서의 부록에서의 일련 번호.

사본 번호: 필사본의 고유 번호.

C-A: 주석이 포함된 사본이지만 주석서 명칭이나 주석가를 확인할 수 없음.

C-j: 브라흐마난다의 주석 『월광』(*Jyotsnā*)이 함께 필사된 사본.

1) Saṃvat

번호	MS.Nr.	명칭	필사 연도
23.	III-G-25	Haṭhapradīpikā	Saṃvat 1689
22.	766	Haṭhadīpikā	Saṃvat 1690
71.	3013	Haṭhapradīpikā	Saṃvat 1706
*292*C-J	L.No.6-4(399/6176)		
		Haṭhayogapradīpikā	Saṃvat 1717
287.	L.No.6-4(399/6171)		
		Haṭhayogapradīpikā	Saṃvat 1744
205.	C-1158	Haṭhapradīpikā	Saṃvat 1747
3.	6423	Haṭhapradīpikā	Saṃvat 1750
150.	399(1895-1902)		
		Haṭhapradīpikā	Saṃvat 1751
2.	5207	Haṭhapradīpikā	Saṃvat 1756
304.	3101	Haṭhapradīpikā	Saṃvat 1759
1.	2778	Haṭhapradīpikā	Saṃvat 1764
82.	6756	Haṭhayogapradīpikā	Saṃvat 1765
35.	2082	Haṭhayogapradīpikā	Saṃvat 1775
*203*C-A	B-109	Haṭhapradīpikā	Saṃvat 1784
*12*C-J	1812	Haṭhapradīpikā	Saṃvat 1784

2) Vikram Saṃvat

255.	30109	Haṭhapradīpikā	V.S. 1553
62.	2230	Haṭhapradīpikā	V.S. 1683
312.	1368	Haṭhapradīpikā	V.S 1700
98.	23709	Haṭhayogapradīpikā	V.S. 1724
62.	2230	Haṭhapradīpikā	V.S. 1683(old)
312.	1368	Haṭhapradīpikā	VS. 1700
98.	23709	Haṭhayogapradīpikā	V.S. 1724
72.	2239	Haṭhapradīpikā	V.S. 1795
70.	2237	Haṭhapradīpikā	V.S. 1802
64.	2232	Haṭhapradīpikā	V.S. 1876
53.	952	Haṭhapradīpikā	V.S. 1897
102.	36224	Haṭhapradīpikā	V.S. 1926
54[C-A]	1448	Haṭhapradīpikā	V.S. 1936
105[C-J]	34863	Haṭhapradīpikā	V.S. 1977

2) Bengal Saṃvat(?)

220.	786	Haṭhapradīpikā	Saṃvat 1266
228.	3789	Haṭhapraīpikā	Saṃvat 1266

3) Śaka

148.	*263*(1879-80)	Haṭhapradīpikā	Śaka 1671
221.	932	Haṭhapradīpikā	Śaka 1672
239.	30029	Haṭhapradīpikā	Śaka 1672
227.	3786	Haṭhapradīpikā	Śaka 1672
136.	19/469	Haṭhapradīpikā	Śaka 1628

143.	251-3983	Haṭhapradīpikā	Śaka 1688
135.	A-12-1456	Haṭhayogapradīpikā	Śaka 1714
186.	1572	Haṭhayogapradīpikā	Śaka 1745
157.	37-743	Haṭhapradīpikā	Śaka1746
131[C-J]	2023	Haṭhapradīpikā	Śaka 1753
189[C-J]	5634	Haṭhayogapradipīkā	Śaka 1757
158[C-A]	39	Haṭhapradīpikā	Śaka 1757
256.	30110	Haṭhapradīpikā	Śaka 1762
103.	36850	Haṭhapradīpikā	Śāka 1764
132.	2022	Haṭhapradīpikā	Śaka 1808
164.	3758	Haṭṭapradīpikā	Śaka 1811

4) 그 외

(카탈로그에 "Old"로 표기되어 있지만 이것은 소장처에서 사본을 분류하면서 기록한 것으로 절대적인 기준은 아님.)

No.	Ms.Nr.	Title	
124.	350(c)	Haṭhapradīpikā	Old
106[C-J]	32484	Haṭhapradīpikā	Old
49.	4392	Haṭhapradīpikā	Old
216.	5109	Haṭhapradīpikā	Old
44.	6065	Haṭhayogapradīpikā	Old
219.	7612	Haṭhapradīpikā	Old
9.	4193-10	Haṭhayogapradīpikā	Old
218.	6386	Haṭhapradīpikā	Old
147.	222(1884-86 uc)	Haṭhayogapradīpikā	Old

163.	489	Haṭhapradīpikā	Old
214.	3077	Haṭhapradīpikā	Old
107[C-J]	36874(1)	Haṭhapradīpikā	Old.

부이(Bouy, 1994: p. 82-85)의 지적대로 필사 연도가 기록된 사본 중에서 가장 오래된 것은 바라나시 산스끄리뜨 대학에 소장된 30109번 사본이다. 이 사본은 서력 1496년(Vikram Saṃvat 1553)에 필사되었으므로 『하타의 등불』은 최초의 필사본보다 최소 한 세대 전인 1450년경에 성립되었을 것으로 추정된다.[62]

II. 주석서 『월광』(*Jyotsnā*)

1. 『월광』의 문헌적 의의

『하타의 등불』은 아사나와 정화법, 꿈브하까 외에 무드라(mudrā)와 같은 비밀스런 수행법도 설명하고 있지만 기본적으로 이 문헌은 '이 문헌을 통해 요가에 입문하려는 초보자'를 위한 것이 아니라 동일 전통권의 수행자를 위한 것이고 따라서 스승의 도움 없이 『하타의 등불』에 기록된 수행법을 자구대로 실행하는 것은 맨손으로 독사를 잡으려고 하는 것과 다를 바 없을 것이다. 이 점에서 전통적인 방식대로 가르침을 전수하는 스승과 표준적인 해설서의 중요성은 아무리 강조해도 지나치지 않을 것이다. 특히 현재는 맥이 단절되어 전모를 알 수 없는

62 하지만 연도가 기록되지 않은 더 고층의 사본이 있을 수 있으므로 향후 조금 더 거슬러 올라갈 수도 있을 것이다.

하타요가의 경우, 주석서는 스승의 역할을 대신할 수도 있다는 점에서 큰 의의를 지닌다고 할 수 있을 것이다.

『하타의 등불』에 대한 주석서 중에서[63] 가장 유명하고 탁월한 것은 17세기의 학자이자 수행자였던 브라흐마난다(Brahmānanda)의 『월광』(*Jyotsnā*)이다. 브라흐마난다의 『월광』은 하타요가 문헌의 백미이자 하타요가사(史)에서 최대 걸작으로 평가될 수 있는데 브라흐마난다의 해설은 '스승에서 직제자로 비전(秘傳)된 가르침' 다시 말해서 스승으로부터 직접 배운 방법으로 해설하고 있다는 점에서 그리고 특히 『하타의 등불』에 대한 최초의, 신뢰할 수 있는 교정본이라는 점에서 별도의 문헌학적 가치를 지닌다고 할 수 있다. 『월광』의 문헌적 의의를 다음과 같이 정리할 수 있다.

(1) 『하타의 등불』에 대한 최초의 교정본

브라흐마난다의 『월광』은 ① 단어 분절(padacheda), ② 의미 해설(padārthokti), ③ 복합어 분석(vigraha), ④ 문장의 해석(vākyayojanā), ⑤ 예상

---

63 현존하는 주석서 필사본은 데바나가리 외에 뗄루구, 말라얄람, 샤라다, 힌디, 마라띠 등 45개가 현존하는데 그중에 30여 개는 브라흐마난다(Brahmānanda)의 『월광』(*Jyotsnā*)이 확실하지만 나머지 10개는 확인되지 않았다.
브라흐마난다의 주석 외에 발라끄리쉬나(Bālakṛṣṇa)의 Yogaprakāśikā와 바즈라브후샤나(Vajrabhūṣaṇ)와 쉬리사찟다라마(Śrīsaccidarāma)의 산스끄리뜨 주석 사본이 남아 있다. 쉬리드하라(Śrīdhara)와 미히라짠드라(Mihiracandra)의 힌디 주석과 브호자뜨마자(Bhojātmaja)의 마라띠 주석(그리고 쉬리 바수데바 마하샹까라 조흐쉬(Shri Vasudeva Mahashankara Joshi)의 구자라띠 주석(Ahmedabad, 1963)은 출판되었다. 그 외에 Rāmānanda Tīrtha, Mahāveda, Upāpati 등의 주석서도 있는 것으로 말해지지만 현재로선 존재 여부가 분명치 않다. 현재까지 알려진 주석 사본의 현황에 대해서는 본서의 부록을 참조.

되는 논박에 대한 답변(akṣepasamādhāna)과 같은 전통적인 해설에 충실할 뿐만 아니라 무엇보다 텍스트 비평, 원문 교정 작업을 병행했다는 점에서 특별한 가치를 지닌다.[64]

브라흐마난다가 다수의 필사본을 가지고 있었고 다수의 판본을 비교하며 후대에 추가된 부분을 가려내며 원문을 확정한 예는 적지 않게 발견되는데 첫 번째 사례는 I.12송에 대한 해설에서 발견된다.

> 여기엔(본 게송엔) "하타요가를 완성하기 위해선 규정된 음식을 취함으로써"라는 반송(半頌)이 있지만 [이것은 후대의] 누군가가 삽입한 것이므로 해설하지 않고 원래의 게송들에 대해서만 해설하였다. 향후에도(agre ´pi) 이처럼 내가 해설하지 않은 게송이 『하타의 등불』에서 발견된다면 그 게송들을 모두 [후대에] 삽입된 것(kṣipta)으로 간주해야 한다.[65]

따라서 만약 『월광』에서 해설되지 않은 게송이 여타의 필사본 혹은 출판본에 있다고 한다면 그것을 17세기 이후에 가필된 것으로 의심해도 틀리지 않을 것이다. 단적인 예로 『하타의 등불』 I.16송을 들 수 있

---

64 단 2~3개만 현존하는 특정 문헌의 필사본만 해도 원문상의 차이는 물론이고 게송수나 배열이 제각각인 예가 거의 다반사라는 점에서 320개가 넘은 『하타의 등불』 필사본을 통해 하나의 정본을 만드는 것 내지는 저자의 육성을 복원하는 것은 거의 불가능하다고 할 수 있을 것이다. 하지만 17세기에 위대한 학자이자 하타 수행자였던 브라흐마난다가 다양한 필사본들의 이문(異文)을 검토하면서 정본(定本)을 남겼다면 상황은 반전된다. 그 이유는 『월광』에서 해설되지 않은 단어와 게송을 제외하면 일차적인 원형본을 만들 수 있기 때문이다.

65 atra "yuktāhāravihāreṇa haṭhayogasya siddhaye" ity ardhaṃ kenacit kṣiptatvān na vyākhyātam | mūlaślokānām eva vyākhyānam | evam agre ´pi ye mayā na vyākhyātā ślokā haṭhapradīpikāyām upalabhyerams te sarve kṣiptā iti boddhavyam || Hp-Jt. I.12, *p.* 11, *l.* 2-5.

는데 현재까지의 많은 유포본(vulgate)엔 10종류의 야마(yama)와 10종류의 니야마(niyama)[66]를 열거하는 다섯 게송이 삽입되어 있지만 브라흐마난다가 이 부분에 대해 일언 반구조차 하지 않았으므로 이 다섯 게송을 후대의 삽입문으로 간주해도 틀리지 않을 것이다. 더욱이 삽입된 야마와 니야마의 항목들이 스바뜨마라마의 야마와 니야마 분류와 다르므로[67] 브라흐마난다가 해설하지 않은 이 다섯 게송을 후대의 삽입문으로 보아도 틀리지 않을 것이다.

텍스트 비평에 대한 더 구체적인 사례는 III.91송에서도 발견된다. 브라흐마난다는 III.91송의 의미를 자세히 설명한 후 말미에서 이 게송을 후대에 삽입된 것으로 해설한다.

> 이 게송은 [후대에] 삽입된 것이다.[68]

브라흐마난다가 III.91송을 후대에 삽입된 것으로 단정했음에도 불구하고 이 게송을 해설했던 것은 내용적으로 이 게송이 바즈롤리 무드라를 이해하는 데 중요하다고 판단했기 때문일 것이다. 내용적 중요성에도 불구하고 브라흐마난다가 이 게송을 후대의 삽입문으로 단정했다는 것은 그의 비평이 현대 문헌학자들의 태도와 마찬가지로 원저자의 육성을 복원하는 데 단호했다는 것을 의미한다.

---

66 일반적으로 야마는 금계(禁戒), 니야마는 권계(勸戒)로 알려져 있지만 하타요가의 야마는 '반드시 지켜야 할 대서원', 니야마는 '권장 사항' 정도로 파악된다. 하지만 문헌에 따라 그리고 학파에 따라 야마와 니야마의 구성 요소들은 다르다. 이 점에 대해서는 Hp. I.16, 38, IV.114송에 대한 해설을 참조.

67 이 점에 대해서는 Hp. I.16송에 대한 해설을 참조.

68 ayaṃ ślokaḥ prakṣiptaḥ || Hp-Jt. III.91, *p*. 107, *ll*. 5-6.

한편, 브라흐마난다가 다수의 『하타의 등불』 필사본을 비교하며 원문을 확정했다는 것을 보여 주는 사례도 발견된다.

> 다섯 통로들, 즉 이다(iḍā) 등등의 강(=나디)들이 결합되어 있다, 묶여 있다. 어떤 [필사본의 원문]에는 [다섯 통로가 아니라] "일곱 개의 통로(일곱 나디)가 결합되었다"로 된 경우도 있다(iti kvacit pāṭhaḥ).[69]

위의 'iti kvacit pāṭhaḥ'는 '~이라고 어떤 이는 읽는다'는 의미이지만 그 내용은 '~이라고 어떤 곳엔 씌어져 있다'는 의미로 파악할 수 있을 것이다. 유사한 예는 다음과 같다.

> 그때 바유, 즉 아빠나에 의해서 자극되고 결합될 때, 불꽃의 화염 [즉,] '소화의 불'(jaṭharāgni)의 화염은 길게 늘어나게 된다. 어떤 [필사본의 원문]에는 [화염이] '증가한다'(vardhate)로 된 경우도 있다.[70]

흥미로운 것은 브라흐마난다가 '자신이 인용한 문헌의 원문'에 대해서도 비평했던 흔적이 발견된다는 점이다. 그는 『하타의 등불』 IV.25송의 의미를 해설하면서 말미에 『요가비자』(*Yogabīja*)의 한 게송을 인용한 후 이 인용문이 후대에 삽입된 것으로 해설한다.

> "기(pavana)를 소멸시키는 것은 육지(六支)요가(ṣaḍaṅgayoga) 등을 수련함으로써도(niṣevaṇena) 가능하지만 마음을 소멸시키는 것은 스승의 은총 덕분에 눈을 깜빡이는 것보다 더 쉽다." 이것은 『요가비자』(*Yogabīja*)의

---

69 pañca yāni srotāṃsīḍādīnāṃ pravāhās taiḥ samanvitaṃ samyaganugatam | saptasrotaḥ samanvitam iti kvacit pāṭhaḥ | Hp-Jt. III.53, *p.* 92, *ll.* 1-2.

70 tadā tasmin kāle vāyunāpānenāhatā saṃgatā saty analaśikhā jaṭharāgniśikhā dīrghā āyatā jāyate | vardhata iti kvacit pāṭhaḥ | Hp-Jt. III.66, *p.* 97, *ll.* 8-9.

원-게송(오리지널 게송)에 덧붙여진 게송이다.[71]

브라흐마난다가 인용했던 『요가비자』의 원문은 실제로 『요가비자』(*Yogabīja*, 1985년 델리본)에서 발견되지 않고 대신 '버치(Birch, 2006)가 편집한 『무심의 요가』(*Amanaskayoga*)' II.29송의 원문과 거의 일치하므로[72] 이 게송은 브라흐마난다의 해설대로 후대의 누군가에 의해 『요가비자』의 한 필사본에 삽입된 것으로 파악된다.

중세의 주석가들이 원문 해설 작업뿐만 아니라 텍스트 교정(text-editing) 작업을 병행했다는 사례가 샤르마(Sharma: 1982, pp. 280-288)에 의해 보고되었듯이 브라흐마난다가 원문(mūla)을 교정했던 것은 결코 이례적인 경우가 아니었던 것으로 판단된다. 또한 주석가의 다섯 가지 작업 중 'padārthokti'는 원문의 교정과 비교를 포함할 수밖에 없는 것으로 판단되므로 17세기의 주석가에게는 텍스트 비평에 대한 더 많은 노하우가 축적되어 있었을 것으로 판단된다.

이 점에서 브라흐마난다가 해설하지 않았던 게송이 여타의 필사본이나 출판본에서 발견될지라도 그것을 일단 17세기 이후에 추가된 것으로 의심할 수 있을 것이다. 동일한 이유에서 10장본과 6장본, 5장본의 『하타의 등불』 필사본이 현존하지만 그 사본을 브라흐마난다 시대 이후에 가필되어 전승된 것으로 의심할 수 있을 것이다.[73]

---

71 "tatrāpi sādhyaḥ pavanasya nāśaḥ ṣaḍaṅgayogādiniṣevaṇena | manovināśas tu guroḥ prasādān nimeṣamātreṇa susādhya eva ||" yogabīje mūlaślokasyāyam uttaraḥ ślokaḥ || Hp-Jt. IV.25, *p*. 145, *ll*. 1-10.

72 이와 관련해서는 IV.25송에 대한 해설(각주)을 참조.

73 물론 『월광』의 원문 자체가 필사자의 과실로 인한 누락 또는 의도적 가필로 변형되었을 가능성이 아예 없는 것은 아니다.

(2) 실천적 해설

현재까지 알려진 요가 주석서들(대부분이 빠딴잘리의 『요가경』에 대한 것이지만)의 일반적인 경향은 거의 대부분 학자들, 특히 베단따 학자들의 겸업 주석서로 실천적 기법에 대한 해설이 빈약하다는 것이다.[74] 브라흐마난다의 주석이 지닌 특별한 가치는 스승의 역할을 일정부분 대신할 수 있다고 할 만큼 상세하게 해설한다는 점이다.

브라흐마난다 역시 스승의 도움을 받을 것을 계속해서 당부하지만 그 역시 하타요가의 기법을 스승으로부터 직접 전수받은 수행자였음을 보여 주는 예들은 다음과 같다.

첫 번째로 들 수 있는 것은 관장법이다.

Hp. I.26은 관장법(Vasti)에 대해 "배꼽 깊이의 물속에 쪼그리고 앉아서 항문 속에(pāyau) 관(管)을 삽입하고 괄약근으로 수축해서 [물을 끌어올린 후 흔들어서 배출]해라. 이것이 '물로 청소하는'(kṣālanaṃ) 관장법(vastikarma)이다."로 되어 있지만 이것만으로 관장법의 전모를 파악하기는 힘들다. 브라흐마난다의 해설은 다음과 같다.

> 6 앙굴라(약 12cm) 길이의 대나무 관(vaṃśanāla)을 잡고서 4 앙굴라(약 9cm)를 항문으로 삽입해야 한다. [나머지] 2 앙굴라를 밖에서 잡고 있어야 한다. … 항문을 수축해서 물이 안쪽으로 들어가게끔 그와 같이 수축해야 한다. [항문] 안으로 들어간 물을 나울리(복부회전법: Hp.II.33)로써 흔든 후에 [관으로] 배출해야 한다. … 청소법과 관장법 [이] 두 가지는 반드시 식사를 하기 전에 해야 한다. 그리고 그것(정화법)을 한 후에 식사가 너무 늦어져서도 안 된다. 한편, 어떤 사람들은 먼저 항

---

74 물론 빠딴잘리의 『요가경』에 대한 주석서 중 나라야나띠르따(Nārāyaṇatīrtha, 17세기)의 『요가싯드한따짠드리까』(*Yogasiddhāntacandrikā*)에 다소 구체적인 수행 기법이 언급되지만 그 내용은 여러 하타요가 문헌에 대한 직접 인용으로 채워져 있다.

문으로써 바유를 끌어들인 후 물속에 앉아서 항문에 관(管)을 삽입하지 않고 관장하기도 한다. [하지만] 그와 같이 하면 물이 밖으로 모두 배출되지 않게 되고 이로 인해 [불순물이 퍼짐으로써] 많은 질병이 생기고 [또] 체액(dhātu)이 유실되는 상황을 맞기도 한다. 이와 같은 방식의 관장법을 해서는 절대로 안 된다. 달리 어떻게 해야 하는가? 스바뜨마라마께서는 "항문에 삽입된 관으로"(pāyau nyastanāle)라고 답하실 것이다.[75]

이와 유사하게 『하타의 등불』 II. 29송은 코청소(neti) 정화법을 "24cm 정도의 아주 부드러운 실을 콧구멍으로 넣어야 한다. 그리고 입으로 그것을 꺼내야 한다."고만 되어 있고 구체적인 방법은 설명되지 않았다. 브라흐마난다는 실을 코로 넣어 입으로 꺼내는 것에 대해 다음과 같이 해설한다.

이 방법은 다음과 같다. 실의 끝부분을 콧구멍으로 집어넣은 후 다른 쪽 콧구멍을 손가락으로 막고서 숨을 들이마셔야 한다. 그 다음에는 숨을 입으로 내쉬어야 한다. 이것(숨을 마시고 내쉬는 것)을 반복한 후 입에 있는 실의 끝부분을 당겨야 한다. 그리고 그 실의 끝 부분과 코 밖에 있는 실을 잡고서 천천히 흔들어야 한다(śanaiś cālayet). [세 번째 구(pāda^c)에] "그리고"(ca)라는 단어가 있으므로 '한쪽 코로 넣은 후 다른 쪽에서 빼내어야 한다는 것' 역시 언급된 [것으로 파악된다]. 방법은 다음과 같다. 한쪽 콧구멍으로 실의 끝을 집어넣은 후 다른 쪽 콧구멍을 손가락으로 막은 후 숨을 마셔야 하고 그 후에 다른 쪽 콧구멍으로 내쉬어야 하고 그것을 계속 반복한 후 다른 쪽 콧구멍에 있는 실의 끝부분을 당기고 그것을 앞에서와 같은 방법으로 흔들어야 한다.[76]

75 원문은 II.26에 대한 해설을 참조.
76 원문은 I.29에 대한 해설을 참조.

브라흐마난다는 풀무 꿈브하까(bhastrikā-kumbhaka)의 방법을 두 가지로 해설하는데 그중에 하나는 Hp에서 언급되지 않은 방법이다.

> 풀무 꿈브하까의 방법은 다음과 같다. 왼쪽 콧구멍을 오른쪽 손의 약지와 새끼손가락으로 막고서 오른쪽 콧구멍으로 마치 풀무질하듯이 급격하게 숨을 내쉬고 마셔라. 피로해지면 그 오른쪽 콧구멍으로 숨을 마신 후 엄지손가락으로 오른쪽 콧구멍을 막고서 참을 수 있을 때까지 숨을 참아야 한다. 그 다음에 이다(왼쪽 코)로 내쉬어야 한다. 다시 오른쪽 코를 엄지로 막은 후 왼쪽 콧구멍으로 마치 풀무질하듯이 신속히 숨을 내쉬고 마시는 것을 반복해야 한다. 피로가 몰려오면 왼쪽 콧구멍으로 숨을 마신 후 약지와 새끼손가락으로 왼쪽 콧구멍을 막고서 참을 수 있을 때까지 참은 후 삥갈라(오른쪽 코)로 숨을 내쉬어야 한다. 이것이 [두 가지 풀무 꿈브하까의 방법 중] 한 가지 방법이다.
>
> [두 번째 방법은 다음과 같다.] 왼쪽 콧구멍을 약지와 새끼손가락으로 막은 후 오른쪽 콧구멍으로 숨을 마신 후 신속하게 엄지로 막고서 왼쪽 콧구멍으로 내쉬어야 한다. 그와 같이 백 번(100, śata)을 행하고서 피로가 몰려오면 오른쪽 콧구멍으로 마셔야 한다. 앞에서처럼 [최대한 그 숨을] 참은 후 이다(왼쪽 코)로 내쉬어야 한다. 다시 오른쪽 콧구멍을 엄지로 막고 왼쪽 콧구멍으로 숨을 마신 후 신속히 왼쪽 콧구멍을 약지와 새끼손가락으로 막은 후 삥갈라(오른쪽 코)로 내쉬어야 한다. 계속해서 이와 같이 행함으로써, 다시 말해서 들숨과 날숨을 반복함으로써 피로가 몰려오면 왼쪽 콧구멍으로 숨을 마신 후 약지와 새끼손가락으로 [왼쪽 코를] 막고서 '꿈브하까를 행한 후'(kumbhakaṃ kṛtvā) 삥갈라(오른쪽 코)로 내쉬는 것이 두 번째의 방법이다.[77]

브라흐마난다가 체위나 호흡법뿐만 아니라 케짜리와 바즈롤리를

77 원문은 II.65송에 대한 해설을 참조.

수행했다는 증거도 발견되는데 그의 해설은 『하타의 등불』 자체만으로는 이해할 수 없는, 다시 말해서 스승으로부터 직접 전수받아야만 알 수 있는 방법도 포함하고 있다.

케짜리의 경우 『하타의 등불』은 '날카롭고 윤이 나고 깨끗한 칼을 잡고 머리카락 한 올의 넓이만큼 잘라야 하고 그 후에 암염과 심황을 혼합해서 [자른 부위를] 마사지해야 한다'고만 되어 있고 잘라야 하는 부위와 방법에 대해서는 언급되지 않았다. 브라흐마난다는 잘라야 하는 '설소대(舌素帶)'[78]로 해설하고 다음과 같이 해설한다.

> 그리고서, 즉 [설소대를 머리카락 넓이만큼] 자르고 난 후 곧바로 암염(巖鹽, saindhava), 즉 신드후(sindhu) 지역에서 생산한 소금(lavaṇa)과 심황(pathyā, *Terminalia chebula*), 즉 가자(訶子, harītakī)와 같은 두 [재료]를 섞어서 혼합해서 자른 [혀] 뿌리 부분에 골고루 발라야 한다. 7일 동안, 잘라 낸 곳을 암염과 심황으로 저녁과 아침마다 마사지해야 한다. … 하지만 요가수행자들에겐 소금이 금지되어 있기 때문에(lavaṇa-viṣedhāt) [소금 대신에] 카디라(khadira, Acacia Catechu)와 심황(pathyā)을 섞어서 마사지하기도 한다. 하지만 게송에서(mūle) [이미] 소금이 언급되었다는 것 [자체는] 하타요가를 수행하기 전에 먼저 '케짜리에 필요한 조건'(6개월 동안 혀뿌리를 자르고 마사지해서 혀를 길게 만드는 과정)을 갖출 것을 의도한 것이다.[79]

가장 난해한 행법인 바즈롤리 무드라의 예비 작법에 대해 『하타의 등불』은 III.86에서 "조심스럽게, 규정된 관(管)을 남근의 구멍(요도) 안에 [삽입해서 요도 안에서] 공기를 움직이게 함으로써 대단히 조금씩 [그 관에서] '싯-소리'(phūtkāra)가 나게끔 해야 한다."고 말하지만 그 의

78 rasanāmūlaśirām iti karmādhyāhāraḥ | Hp-Jt. III.34, *p.* 84, *l.* 5.
79 원문은 III.35에 대한 해설을 참조.

미를 파악하거나 방법을 유추하기란 결코 쉽지 않다.

브라흐마난다는 전체적인 과정을 다음과 같이 해설한다.

이제 바즈롤리 수행법이 [설명된다]. 납(sīsaka)으로 만든, '남근(男根)에 넣기에 적합한' 매끄럽고 얇은 14앙굴라 정도의 얇은 관(管)을 만든 후 그것이 남근 속으로 들어가게끔 해야 한다. 첫 번째 날에는 1앙굴라만큼 넣어야 하고 두 번째 날에는 2앙굴라만큼, 세 번째 날에는 3앙굴라만큼 [넣어야 한다]. 이와 같은 순서대로 점차 늘려서 12앙굴라 정도가 들어갈 때 요도(meṇḍhramārga)는 깨끗해진다. 다시, 그것과 유사한 14앙굴라 정도의 관에서 2앙굴라 정도를 휘어서 입구가 위로 향하게 한 후 그것을 12앙굴라만큼을 넣어야 한다. '휘어지고 위로 향한 2앙굴라 정도[의 관]'을 밖에서 잡고 있어야 한다. 그리고서 금세공사가 '불을 지피기 위해 부는 관'과 유사한 대롱(nāla)을 잡은 후 남근에 들어가 있는 12앙굴라 정도의 관의 '휘어지고 위로 향한 2앙굴라 부분'안으로 넣은 후 싯-소리를 내어야 한다. 이것으로 길(요도)은 완전히 청정해진다.

그 후 미지근한 물을 요도로 끌어올리는 것을 연습해야 한다. 물을 끌어 올리는 데 성공했다면 앞에서 설명된 게송의 방법대로 정액을 위로 끌어올리는 것을 연습해야 한다. 정액을 끌어 올리는 데 성공했다면 바즈롤리 무드라는 완성된다. [하지만] 이것(=바즈롤리 무드라)은 '쁘라나를 정복한 사람만이'(jitaprāṇasyaiva) 성공할 수 있을 뿐이며 다른 사람은 불가능하다. '케짜리 무드라[에 성공하고] 쁘라나를 정복하는 것'이라는 두 가지가 성취되었을 때 [바즈롤리 무드라]는 올바르게 이루어진다.[80]

이 내용은 여타의 하타요가 문헌에서 발견되지 않는 것으므로 브라흐마난다가 실제로 스승으로부터 하타요가의 비법을 전수받았던 수행자였다는 것을 의미할 것이다.

80 원문은 III.86송에 대한 해설을 참조.

'샹까라가 초기엔 요가 수행자였고 후대에 불이론자로 전향했다'는 하커(Hacker, Paul)의 비범한 가설과 반대로 브라흐마난다는 불이론 베단따 학자였지만 요가로 전향했을 가능성[81] 내지는 17세기의 일반적 경향대로 베단따와 요가를 겸했던 수행자로 추정된다.

2. 『월광』의 성립과 저자

브라흐마난다가 박학다식한 불이론 학자이자 위대한 수행자였다는 것은 의심할 바 없지만 그의 생애와 행적에 대해서는 거의 알려지지 않았다. 그것은 스바뜨마라마와 마찬가지로 브라흐마난다도 출가 수행자로 사회적 활동을 거의 하지 않았기 때문인 것으로 추정된다. 브라흐마난다에 대한 유일한 기록은 마하라쉬뜨라 주의 와이(Wai 혹은 Sātāra)의 Prajña School Maṇḍala의 Prajñā Pāthaśālā Library에 소장된 필사본(Nr. 6-4/339/6176)의 콜로폰에서 발견되는데 이 콜로폰에 따르면 브라흐마난다의 거주지는 북인도의 히마찰 지역이다(himācalanivāsi brahmānandabramacāri …).[82]

---

81 브라흐마난다의 주석 『월광』에는 고-우빠니샤드들과 『바가바드기따』, 『브라흐마경』과 같은 베단따의 3대 토대 문헌이 인용되고 불이론 베단따의 비드야란야를 비롯해서 문법서가 인용되었다는 것은 그가 전통적인 베단따 교육을 받았다는 것을 의미할 것이다. 이 점에 대해서는 아래의 항목을 참조.

82 Ms. Nr. 6-4(399/6176) Haṭhayogapradīpikā(Jyostnāsahitā)
Colophon: iti śrīhahaṭhapradīpikā vyākhyāyāṃ himācalanivāsi brahmānandabrahamcāri kṛtāyāṃ jyotsnābhidhāyāṃ samādhinirūpaṇaṃ nāma caturthopadeśaḥ ‖ 4 ‖ rīkṛṣṇārpaṇam astu ‖ śake 1777 ‖ rākṣasanāma samvatsare ‖ śrāvaṇa kṛṣṇa amāvāsyāṃ tithau bhaumāvāsare taddine pustakaṃ sapāptā ‖ śrīsāmbasadāśivārpaṇam astu. 이 사본에 대한 간략한 정보는 아래의 『월광』 필사본 목록 중 *287*[C-J]번을 참조.

(1) 성립 시기

브라흐마난다의 생존 시기는 대체로 18세기 또는 19세기로 추정되기도 하지만 가장 오래된 『월광』 필사본이 Saṃvat 1787년(서력 1730년경)이므로 『월광』이 성립된 시기는 그보다 1-2세대 전인 1660-1710으로 추정된다.

브라흐마난다의 생존 시기에 대한 상한선에 대한 단서는 『월광』에서 발견되는데 첫 번째는 '타라나타'(Tārānātha)이다. 브라흐마난다는 『하타의 등불』 I.19송("등등의 위대한 도사들은 하타요가의 도술로 시간의 막대기를 파괴한 후 우주 안에서 돌아다닌다")을 해설하면서 게송에 'ityādayaḥ'에 '등등'(ādayaḥ)이라는 말이 있으므로 『하타의 등불』에서 언급되지 않은 여러 스승이 있는 것으로 파악해야 한다고 말하며 한 예로 따라나타(Tārānātha)를 든다.[83] 여기서의 따라나타가 티벳의 성자를 지칭할지는 분명치 않지만 여기서의 따라나타가 만약 1575-1634년까지 생존했던 티벳의 따라나타라고 한다면 브라흐마난다가 생존했던 시기의 상한선은 1634년이 될 것이다.

상한선에 대한 두 번째 단서는 브라흐마난다가 사라스바띠(Śivānanda Sarasvatī)의 『요가의 여의주』(*Yogacintāmaṇi*)』를 인용했다는 점이다.[84] 쉬

83 "[본 게송에] 등등(等等) 이라는 말'(ādi-śabda)이 있으므로 [여기엔 열거되지 않았지만] 따라나타(Tārānātha) 등의 [스승]들도 [있는 것으로] 알아야 한다." (ādiśabdena tārānāthādayo grāhyāḥ | Hp-Jt. I.9, *p.* 8, *ll.* 1-2.)

84 브라흐마난다가 쉬바난다 사라스바띠의 게송을 인용한 예는 다음과 같다. "[하타요가 문헌이] '제감'을 비롯해서 [응념-선정-삼매]와 같은 용어들을 동원하지만 진짜로 말하고자 하는 것은 단지 '호흡수련'일 뿐이다. 이 점에 대해 『요가의 여의주』(*Yogacintāmaṇi*)는 다음과 같이 말한 바 있다. "단지 호흡수련이 점점 더 연장되는 [상태를], 수행 차제상 '제감, 응념, 선정, 삼

바난다 사라스바띠의 생존 시기에 대해서는 다소간의 이설이 있지만 부이(Bouy: 1994, p. 77)에 따르면 『요가의 여의주』는 14세기 불이론 베단따 학자인 비디야란야(Vidyāraṇya: 1377-1386)의 『빵짜다쉬』(*Pañcadaśī*)와 15세기 문헌인 『하타의 등불』을 인용했고 또 '1479-1539년 까지 생존했던 고다바라 미쉬라(Godāvara Miśra)의 동명 작품인 『요가의 여의주』라는 문헌에 영향을 받았을 가능성이 높기 때문에' 쉬바난다의 생존 시기는 16세기 후반이 될 것이다. 한편, 부이는 17세기를 쉬바난다의 생존 시기에 대한 하한선으로 간주하는데 그 근거는 śaka 1552(서기 1630)에 필사된 『요가의 여의주』를 최초의 필사본으로 보았기 때문이다. 부이의 주장대로 쉬바난다 사라스바띠가 16세기 후반에서 17세기에 생존했다고 한다면 브라흐마난다의 생존 시기는 쉬바난다보다 약간 늦을 것이다.

하지만 『월광』에 더 후대의 인물로 추정되는 나라야나띠르타(Nārāyaṇatīrtha)가 언급되고 있다는 점에 주목할 수 있다. 물론 『월광』이 나라야나띠르타의 작품명을 언급했던 것이 아니라 인명만 언급했을 뿐이지만 그가 인용한 문헌은 빠딴잘리의 『요가경』에 대한 나라야나띠르타(Nārāyaṇatīrtha, 17세기)의 주석인 『요가싯드한따짠드리까』(*Yogasidd-*

매라는 말'로 표현했을 뿐이다." (원문 II.12에 대한 해설을 참조.)
또한 브라흐마난다가 쉬바난다 사라스바띠의 『요가의 여의주』를 인용했다는 것은 부이(Bouy: 1994, p.) 등에서도 언급된 바 있다.
atra yogacintāmaṇikārāḥ - yadyapi "brāhmalakṣatriyaviśāṃ strīśūdrāṇāṃ ca pāvanam | śāntaye karmaṇām anyadyogān nāsti vimuktaye || " ityādi, Hp-Jt. I.9, *p*. 9, *ll*. 14-18.
etad vyākhyātaṃ yogacintāmaṇau | "nidrāvaśaṃgatasya puṃso yāvatā kālena-ikaḥ śvāso gacchatyā gacchati ca tāvad kālaḥ prāṇāyāmasya mātrety ucyate" iti | Hp-Jt. I.12, *p*. 40, *ll*. 13-15.

hāntacandrikā)이므로 『월광』은 그 이후에 성립되었을 것이다. 부이(Bouy: 1994, p. 69)에 따르면 나라야나띠르타는 라마고빈다 띠르타(Rāmagovinda Tīrtha)의 제자로 17세기 인물이므로[85] 브라흐마난다의 생존 시기는 그와 동시대인 또는 약간 더 늦을 것이다.

이상을 종합하면 브라흐마난다의 생존 시기에 대한 상한선은 17세기 이전이 될 수 없을 것이다.

『월광』의 성립 시기에 대한 새로운 단서는 라자스탄의 비까네르(Bikaner)에 위치한 Anup Sanskrit Library(BASL)에 소장된 『월광』의 필사본(Ms. Nr. 2-56)에서 발견된다.[86] 이 필사본은 Saṃvat 1787년(서력 1730년)에 필사된 것으로 현재까지 알려진 『월광』 필사본 중에서 가장 오래된 것이다. 이 사본만 놓고 보면 『월광』은 '이 필사본이 필사된 1730년'보다 1-2세대 전에 성립되었을 것으로 추정된다.

한편 『월광』의 귀경게에서 메루샤스뜨리(Meruśāstri)가 언급되지만[87] 메루샤스뜨리의 생애 역시 거의 알려진 것이 거의 없다. 다만 메루샤스뜨린 고드볼레(Merusastrin Godbole, 1859년경)의 작품으로 *Vākyavṛtti*라는 주석서가 있지만 이것은 논리학파(Nyāya) 문헌인 『따르까상그라하』

85 부이(Bouy: 1994, p. 69)에 따르면 나라야나띠르타는 빠딴잘리의 『요가경』에 대한 주석 『수뜨라르따보디니』(*Sūtrārthabodhinī*)를 남겼는데 이 주석은 라마난다 사라스바띠(Rāmānanda Sarasvatī)의 『요가마니쁘라브하』(*Yogamaṇiprabhā*)를 요약한 것으로 독창성을 결여하고 있다.

86 KDCYM(p. 526)에 따르면 이 필사본에 대한 정보는 다음과 같다.
사본 번호(Ms.Nr.) : 2-56, 제목: Haṭhapradīpikā Ṭīkā (Brahmānanda)
폴리오 수: 52, 필사연도: Saṃvat 1787, 필사자: Śrīkṛṣṇa Purohita.

87 śrīgaṇeśāya namaḥ || guruṃ natvā śivaṃ sākṣād brahmānandena tanyate | haṭhapradīpikājyotsnā yogamārgaprakāśikā || idānīṃ tanānāṃ subodhārtham asyāḥ suvijñāya gorakṣasiddhāntahārdam | mayā **meruśāstri**pramukhyābhiyogāt sphuṭaṃ kathyate 'tyantagūḍho 'pi bhāvaḥ ||

(*Tarkasaṃgraha*)에 대한 주석서로서 브라흐마난다의 학문적 전통과는 상당한 거리가 있는 것으로 보인다.[88] 더욱이 현재까지 알려진『월광』의 최초 필사본이 1730년이라는 점에서 브라흐마난다가 19세기의 논리학자인 메루샤스뜨리를 칭송했을 리 만무하므로 귀경게의 메루샤스뜨리는 브라흐마난다의 개인 스승이었을 것으로 추정된다.

이상의 정황을 정리하면『월광』이 성립된 시기는 따라나타(1575-1634년)보다는 확연히 늦고 쉬바난다 사라스바띠(16세기 후반-17세기) 및 나라야나띠르따(17세기)와 동시대 혹은 약간 더 늦되 최초 필사본(서기1739년)보다는 1-2세대 이전인 1660-1710년경이 될 것이다.

(2) 브라흐마난다의 학문적 전통

브라흐마난다의 생애에 대해서는 거의 알려지지 않았지만『월광』을 통해 그가 문법학과 운율학을 비롯한 여러 학문에 능통했던 불이론 베단따 학자였고 또 스승으로부터 요가의 비전(秘傳)을 직접적으로 전수받은 수행자라는 것을 알 수 있다. 브라흐마난다의 학문적 배경을 다음과 같이 정리할 수 있다.

1) 불이론 베단따

브라흐마난다는 하타요가 문헌과 빠딴잘리의 요가는 물론이고 우빠니샤드와 바가바드기따, 뿌라나, 운율, 문법학 등 다방면의 문헌을 자유 자재로 인용할 만큼 박학다식했지만 그의 사상적 골격은 샹까라

88 그 이유는 브라흐마난다는 다양한 분야의 학문을 익힌 것으로 보이지만『월광』에 니야야적 논증이나 기법이 발견되지 않고 또 그가 논리학 문헌을 인용한 예가 발견되지 않기 때문이다. 브라흐마난다의 학문적 배경에 대해서는 아래의 '브라흐마난다의 학문적 전통' 항목을 참조.

계열의 불이론 베단따 철학에 입각했던 것으로 보인다.

브라흐마난다가 『찬도갸』를 비롯한 10개의 고-우빠니샤드와 『바가바드기따』 및 『브라흐마경』과 같은 베단따의 3대 토대 문헌뿐만 아니라 『생해탈에 대한 논의』(*Jīvanmuktiviveka*), 『보는 자와 보이는 것에 대한 식별』(*Dṛgdṛśyaviveka*), 『직접적인 체험』(*Aparokṣānubhuti*), 『무위(無爲)의 성취』(*Naiskarmyasiddhi*)와 같은 다양한 불이론 문헌을 인용하고 또 수레쉬바라짜르야(Sureśvarācāya)와 마드후수드하나 사라스바띠(Madhusūdana Sarasvatī), 쉬리하르샤(Śrīharṣa), 비디야란야(Vidyāraṇya)와 같은 불이론 학자를 언급했다는 것은 그가 불이론 베단따 학자였다는 것을 의미할 것이다.[89] 특히 브라흐마난다가 14세기의 저명한 불이론 철학자였던 비디야란야(Vidyāraṇya)에 대해 이례적으로 공경(恭敬)의 복수형인 Vidyāraṇyaiḥ로 표현했다는 것은[90] 그가 불이론 중에서도 비디야란야

89 브라흐마난다가 인용했던 베단따 문헌과 학자들을 열거하면 다음과 같다.
고-우빠니샤드: Br-Up. Chānd-Up., Kaṭh-Up., Śvet-Up., Māṇḍ-Up. Muṇḍ-Up., Tai-Up., Mait-Up.
불이론 베단따 문헌: *Brahmasūtra, Jīvanmuktiviveka, Bhagavadgītā, Bhagavadgītābhāṣya(Jñeśvara), Aparokṣānubhuti, Vākyasudhā(Dṛgdṛśyaviveka)*
불이론 베단따 학자: Vidyāraṇya, Śrīharṣa, Sureśvarācārya, Madhusūdana Sarasvatī.

90 "비디야란야(Vidyāraṇyaiḥ) 역시 『생해탈』에서 '진리를 자각하는 것보다 시동업이 더 강력하듯이 그와 같이 그 업(시동업)보다 요가수행이 더 강력하다. 이 이유에서 웃달라까와 비따하뷔야 등등과 같은 요가수행자들이 자신의 의지대로 신체를 떠날 수 있는 것이다'고 말했고 『바가바뜨뿌라나』 역시 '삼매로 운명을 극복한다'고 말한 바 있다."(vidyāraṇyair api jīvanmuktāv uktam - "yathā prārabdhakarma tattvajñānāt prabalaṃ tathā tasmād api karmaṇo yogābhyāsaḥ prabalaḥ | ata eva yogināṃ uddālakavītahavyādīnāṃ svecchayā dehatyāga upapadyate" iti | bhāgavate 'py uktaṃ - "daivaṃ jahyāt samādhinā"(BhP. VII.15.24) iti || Hp-Jt. III.82, *p.* 104, *ll.* 1-4.)

계열에 속했다는 것을 암시해 주는 결정적 증거가 될 것이다. 브라흐마난다가 불이론 베단따에 입각해 있다는 증거는 그의 주석『월광』에서 수없이 발견되지만 대표적인 부분은 다음과 같다.

① 『브라흐마경』의 요가 비판에 대한 샹까라의 해

『브라흐마경』 제II장 1절의 세 번째 경문은 요가를 비판하는 내용을 담고 있다. 흥미로운 것은 이 경문이 비판하고자 하는 표적이 상캬적 요소에 한정될 뿐 요가 수행 자체에 대한 비판이 아니라고 해설하는 부분이다.[91] 이와 같은 브라흐마난다의 입장은 샹까라의 해설과 정확히 일치한다고 할 수 있는데 샹까라의 요가 비판은 요가 수행 자체에 대한 것이 아니라 '원질(prakṛti)이 독립적인 존재(svātantrya)라는 것과 [원질이] 지성을 결여한다(cid-bheda)는 난점을 지닌 상캬적 요소'에 대한 비판이고 브라흐마난다의 입장은 드물게도, 샹까라의 해설과 정확히 일치한다.[92] 그것은 그가 샹까라의 『브라흐마경주해』를 잘 알고 있었다는 것을 의미할 것이다.

② 『브라흐마경』의 불교 비판에 대한 샹까라의 해설

브라흐마난다는 Hp. IV.61[a]의 "manodṛśyam idaṃ sarvaṃ"(이 세상 만

---

91 "그리고 『브라흐마경』(*Brahmasūtra*)의 저자인 뷔야사(Vyāsa)가 요가를 배척했던 것으로 의심해서는 안 된다. [뷔야사는] '원질(原質, prakṛti)이 독립성(svātantrya)과 지성(cit)을 결여한다(bheda)'는 측면만(āṃśa-mātra) 배척했기 때문이다. 하지만 요가 특유의 수행법이 부정된 것은 아니다. … '단지 요가를 알고자 하는 욕구만으로도 최고의 존재가 되는데' 하물며 요가수행자의 경우 더 말할 것이 있겠는가 …." (원문은 I.14에 대한 해설을 참조.)

92 심지어 근-현대의 학자들조차 샹까라의 요가 비판이 상캬적 요소에 대한 비판일 뿐 요가 자체에 대한 비판이 아니라는 것을 간과하고 있는 것으로 보인다.

물은 마음에 의해서 드러난 것이다)의 의미를 해설한 후 이러한 관점이 '불교도의 사상(bauddhamata)을 따르는 것'이 아니라고 해설한다.[93] 브라흐마난다의 요지는 '외계 대상이 표상에 불과하고 따라서 실재성이 없다는 점에서 자신의 사상이 불교와 다를 바 없지만 그럼에도 불구하고 불교와 달리 이러한 미혹의 근저에 있는 브라흐만만큼은 참존재라는 점에서 불교의 허무론과 다르다는 것'이다. 브라흐마난다의 해설은 비록 샹까라 이후의 일반적인 경향대로 불교를 허무론(śūnyavāda)으로 간주하는 한계에서 벗어나지 못한 것이지만 바꾸어 말하면 샹까라의 『브라흐마경 주해』의 입장을 그대로 투영된 것이라 할 수 있을 것이다.

③ 그 외에 브라흐마난다가 대성구(mahāvakya) "그대가 그것이다"(tat tvam asi), "내가 브라흐만이다"(ahaṃ brahmāsmi)를 충분히 활용하면서 『하타의 등불』을 주석하고[94] 또 대성구를 둘러싼 이성과 계시에 관한 불

---

93 "움직이는 것과 움직이지 않은 것을 포함한 세상 만물은 '마음에 의해 드러난 것' 즉 '마음으로 드러난 것'이다. [세상 만물은] '단지 마음이 꾸며 낸 것일 뿐'(唯心造, manaḥsaṃkalpamātra)이라는 의미이다. 마음이 꾸며 낼 때 [세상 만물은] 지각되지만 그것(마음이 꾸며 내는 작용)이 없을 땐 지각되지 않으므로 세상 만물은 미혹(迷惑)일 뿐이다. 미혹은 [실물에 의거한 것이 아니라] '단지 마음으로 있는 것(pratītika)'과 관련되기 때문이다. [이러한 관점은] 불교도의 사상을 따르는 것이 아니다. 왜냐하면 [우리는 불교와 마찬가지로 세상 만물을 미혹으로 여기지만] '[바로 그] 미혹의 토대로서의 브라흐만이 여실한 존재라는 것'을 [우리는] 인정하기 때문이다."(원문은 IV.61에 대한 해설을 참조)

94 그때 그 상태에서 내면의, 즉 아나하따의 연꽃(아나하따 짜끄라) 등등의 [짜끄라]에 [다시 말해서] 속성을 지닌 이쉬바라가 구체화된 것과 같은 그 표적에 혹은 '그대가 그것이다'(tat tvam asi)와 같은 말씀이 지시하는 개아와 이쉬바라의 불가분성 혹은 '내가 브라흐만이다'(ahaṃ brahmāsmi)와 같은 말씀의 본체인 '브라흐만'[이라는 표적] 속으로 마음(citta)과 기(pra-

이론의 오랜 논쟁을 알고 있었다는 점[95] 등은 그가 아주 오랫동안 불이론 철학을 심도 있게 공부했다는 것을 의미할 것이다.

2) 문 법

브라흐마난다가 『아쉬따야이』를 인용한 예는 모두 13번이다.[96] 그 중에 한 예는 Hp. II.10^{c}의 "sūryācandramasor anena vidhinābhyāsaṃ sadā tanvatāṃ"에서 첫 번째 병렬복합어 sūrya가 sūryā로 된 이유에 대해 브라흐마난다는 『아쉬따야이』 VI.3.26를 인용하며 아낭(ānAṄ)으로 해설한 부분이다.[97] 브라흐마난다의 생애를 재구성하기는 거의 불가능하지만 적어도 여기서 추정할 수 있는 것은 그가 초년기에 전통적인 방식대로 빠니니(Pāṇini)를 학습했다는 점이다.

---

vana), 즉 마나스(manas)와 기(māruta)가 몰입된 그와 같은 수행자가 될 때. (원문은 IV.37에 대한 해설을 참조.)

95 "'그대가 바로 그것(=브라흐만)이다'(tat tvam asi) 등과 같은 [우빠니샤드의] 말씀을 [들음]으로써도 '직접적인 바른 인식'이 생겨나는데 무엇 때문에 아주 고단한 수행이라 할 수 있는 요가를 힘들게 수행하는가라고 반문할지도 모르겠다."(nanu tat tvam asyādivākyair apy aparokṣapramā saṃbhavatīti kim artham atiśramasādhye yoge prayāsaḥ kāryaḥ | Hp-Jt. IV.15, *p.* 133, *ll.* 18-19.)

96 Pān.1.2.42(I.13), Pāṇ. 1.3.23(III.53), Pāṇ.1.3.22(IV.43), Pāṇ.2.1.57(I.13), Pāṇ.2.1.8(I.40), Pāṇ.2.3.5(II.11), Pāṇ.2.4.2(IV.53), Pāṇ.5.3.71(II.57), Pāṇ.5.4.154(I.62), Pāṇ.5.4.154(II.36), Pāṇ.5.4.77(IV.17), Pāṇ.6.3.26(IV.17), Pāṇ.7.3.21(II.10) *괄호는 인용된 Hp의 게송 번호임.

97 " [한편, 본 게송의] 'sūryācandramasau'[라는 복합어]는 '태양(sūrya)과 달(candramas)이라는 두 [나디]'를 의미한다. [첫 단어인 sūrya가 sūryā로 된 이유는, 빠니니가] '신격(devatā)의 [이름으로 구성된] 병렬[복합어]의 경우 역시 [ānAṄ이 병렬복합어의 선행하는 요소의 마지막 모음을 대체한다]'(Pāṇ. VI.3.26)고 말했던 '아낭'(ānAṄ)이 [적용된 것이다]."(원문은 II.10에 대한 해설을 참조.)

3) 운 율

브라흐마난다가 운율을 해설했던 예는 I.1송뿐이지만[98] 그가 운율을 잘 알고 있었다는 것을 암시하는 요소도 적지 않게 발견된다. 단적인 예는 I.1송의 첫 번째 복합어에서 śrī가 연성 법칙에 의거해서 śry로 바뀌어야 함에도 불구하고 반모음화되지 않은 이유를 해설했던 부분이다.[99]

4) 빠딴잘리 요가

브라흐마난다는 빠딴잘리의 『요가경』과 뷔야사(Vyāsa)의 『요가경 주해』를 자유롭게 인용하며 자신의 해설을 정당화시키고 있다.[100] '빠딴잘리 요가를 언급한 예가 거의 없는 9-18세기 하타요가 문헌의 일반적 경향'에 비추어 본다면 브라흐마난다의 태도는 하타요가 수행자로서는 대단히 이례적이라 할 수 있을 것이다. 문헌으로만 존재했던 그 당시의 빠딴잘리 요가와 주류 요가였던 하타요가가 이분법적인 대립 관계를 형성했을 리 만무하지만 빠딴잘리 요가에 권위를 부여했

98 "[본 게송은] 인드라바즈라 운율이다."(indravajrākhyaṃ vṛttam ‖ Hp-Jt. I.1. *p.* 2, *l.* 23.)

99 "śrīādināthāya"(쉬리아디나타에게)라는 말에서 [śrī의 모음 ī가] 반모음화되지 않았지만(yaṇ-abhāvas) 그것은 "māṣa(콩) [라는 글자]를 maṣa로 바꿀지언정 기도문의 운율을 어겨선 안 된다"는 것이 운율을 아는 사람들에게 대대로 전수되어 온 전통이기 때문에 그리고 발성이 지고선(至高善)이기 때문인 것으로 알아야만 한다.(원문은 I.1송에 대한 해설을 참조.)

100 Patañjali.1.23(IV.114), Patañjali.2.1(IV.114), Pātañjalabhāṣya.1.1(IV.2). Pātañjalasūtra(I.17), Pātañjalasūtra.1.26 (IV.1), Pātañjalasūtra.3.3(IV.96). Pātañjalasūtram.4.30(IV.108), Pātañjalaṃ sūtraṃ.1.51(IV.3). Pātañjale sutre1.48-49(IV.15), Pātañjale sūtre.1.3(IV.107). Pātañjali.2.1(IV.114), Yogasūtra.3.2(IV.93) **괄호는 인용된 Hp의 게송 번호임.

던 브라흐마난다의 태도는 17세기 베단따 학자의 일반적 경향이 반영된 것으로 보인다.

이상을 종합해 보면 브라흐마난다는, 그가 인용했던 문헌이 말해주듯이 운율, 문법학의 기초를 갖추고 우빠니샤드들과 『바가바드기따』, 『브라흐마경 주해』를 비롯한 베단따 문헌을 공부하며 뿌라나, 빠딴잘리 요가 및 다수의 하타요가 문헌을 잘 알고 있었던 박학다식한 학자였고 동시에 스승으로부터 직접 하타요가를 전수받은 실천 수행자였던 것으로 추정된다.

3. 『월광』의 출판 및 필사본 현황

(1) 『월광』의 출판본 현황

『월광』의 교정본은 현재까지 4종류가 출판되었는데 최초의 교정본은 1893년 뭄바이의 Nirnaya Sagar에서 출판된 Srinivasa Iyangar, Tookaram Tatya의 교정본이다. 이 교정본은 『하타의 등불』과 『월광』의 원문을 함께 편집하고 『하타의 등불』에 대한 영어 번역이 수록되어 있다.

1933년본은, 1893년에 출판된 Nirnaya Sagar의 교정본을 토대로 해서 Adyar에 소장된 필사본 Nr. PM1431(Catalogue Nr. 134) Haṭhayogapradīpikā with comm. -Jyotsn (Paper, Devanāgarī. 30×13.5, 91. 12. 50. Complete, G1832)에 의거한 재교정본이다.[101] 상기 교정본엔 현대적인 텍스트 비평의 흔적이 남겨져 있지 않지만 라마나탄(Rāmanāthan) 교수와 빤디뜨 수브라흐마니야 샤스뜨리(Pandit. S. V. Subrahmanya Sastri)에 의해 면

101 1915년에도 출판된 것으로 전해지지만 분명치 않다.

밀하게 검토된 2차 교정본으로 신뢰할 수 있다. 1933년 교정본은 새로운 조판으로 1972년에 출판되었는데 1972년본과 1933년본의 내용은 동일하지만 페이지는 다르다. 1972년본은 1975년과 2000년에 재출판되었다.

1893년 1차 교정본

교정자: Srinivasa Iyangar, Tookaram Tatya

서명: *The Haṭhayogapradīpikā of Svātmārāma*
with the Commentary Jyotsnā of Brahmānanda
and English Translation.

출판사: Nirnaya Sagar, Mumbai.

1933년 2차 교정본

교정자: Prof. A. A. Ramanathan, Pandit S. V. Subrahmanya Sastri

서명 : *The Haṭhayogapradīpikā of Svātmārāma*
with the Commentary Jyotsnā of Brahmānanda
and English Translation.

출판사: Adyar Library and Research Centre.

또 다른 판본은 케마라자(Khemarāja Śrīkṛṣṇadāsa)에 의해서 『월광』과 힌디 복주가 함께 편집된 Saṃvat 2001, Śake 1874(서력 1944년)본이다.

Hp-Jt[2]

Khemarāja Śrīkṛṣṇadāsa(Ed.). *Haṭhayogapradīpikā - Sahajānanda-saṃtānacintāmāṇi svātmārāmayogīndraviracitā. Śrīyutabrahmānanda-viracitajyotsnābhidha Saṃskṛtatīkayā, Laṃkhagrāmanivāsipaṃḍitami-hiracandrakṛta Bhāṣāṭīkayā ca sametā.* Mumbayyām. 1944(saṃvat

2001, śake 1874)[102]

세 번째 판본은 『하타의 등불』과 『월광』 그리고 쉬리드하라(Śrīdhara)의 주석이 함께 편집된 Nirnaya Sagar본이다. 이 판본은 śālīvāhanaśake 1811년(서력 1889~1890)에 출판되었다.

Hp-Jt[3]

Haṭhayogapradīpikā: sā ca sahajānandasaṃtānacintāmaṇisvātmārāmayogīndraviracitā brahmānandakṛtajyotsnābhidhayā ṭīkayā samalaṃkṛtā dādhīcakulotpannena svasarvāsinā śrīdhareṇa kritayā manobhilāṣiṇyā bhāṣāvyākhyayopetā ca, Mumbainagare: Nirṇayasāgar, Śālīvāhanaśake 1811.

네 번째 판본은 Swami Maheshananda, Dr B R Sharma, G S Sahay, Shri R K Bodhe가 편집하고 힌디로 번역한 2004년 까이발야담마 본이다.

Hp-Jt[4]

Ed. & Hindi Tr. by Swami Maheshananda, Dr B R Sharma, G S Sahay, Shri R K Bodhe, *Haṭhapradīpikā Jyotsnā of Brahmānanda: Hindi Edition*, Lonavla: Kaivalyadhama, 2004.

이 판본은 2012년 Swami Maheshananda & Dr. B. R. Sharma에 의해 영어로 번역되어 출판되었다.[103] 하지만 아쉽게도 이 판본은 로마자

---

102 한편, saṃvat 1960(śake 1825)에 『하타의 등불』와 힌디 주석 *Bhāṣāṭīkā*만 편집되어 출판된 바 있다. Haṭhayogapradīpikā: *Sahajānandasaṃtānacintāmāṇi svātmārāmayogīndraviracitā. Laṃkhagrāmanivāsipaṃḍitamihiracandrakṛta – Bhāṣāṭīkayā ca sametā.* Mumbayyāṃ, np, saṃvat 1960, śake 1825.

오류와 오탈자가 적지 않다.

현재까지의 출판본 중 현재까지 가장 신뢰할 수 있는 판본은 1983년에 교정되고 1933년에 재교정된 Adyar의 교정본 Hp-Jt¹이다. Adyar본은 비교적 신뢰할 수 있는 교정본이지만 Hp-Jt²본과 Hp-Jt³본과 다소간의 차이도 있으므로 『월광』에 대한 새로운 교정본이 필요하다고 할 수 있다. 향후의 연구를 기대하며 여기서는 현재까지 보고된 『월광』의 필사본 현황에 대해 간략히 정리하고자 한다.

(2) 『월광』의 필사본 현황[104]

No.: 부록 목록의 일련 번호.

1. No.*130*[C-J] Ms. Nr. PM1431(Catalogue Nr. 134)

Haṭhayogapradīpikā with Comm. - Jyotsnā.

Paper, Devanāgarī, 30x13.5cm, Ff.1-91, 12L, 50A, C, Saṃvat 1888, Śake 1754.

Colophon: yādṛśaṃ pustakaṃ dṛṣṭvā tārśaṃ likhitaṃ mayā yadi

---

103 Swami Maheshananda & Dr. B. R. Sharma(Trs.) *A Critical Edition of Jyotsanā (Brahmānanda's Commentary on Haṭhapradīpikā. English Version),* Lonavla, Kaivalyadhama, 2012.
영버 버전은 2012년에 출판되었다고 하지만 2014년 10월에 무렵에 온라인으로 배포되었고 역자도 그해 12월에 입수할 수 있었다. 이 판본은 『월광』에 대한 다소 불완전한 힌디 번역을 다시 영어로 번역한 것으로 아쉽게도 『월광』의 원문과 다소 거리가 있는 것으로 판단된다. 하지만 선구자적인 첫 시도로 높이 평가받아야 마땅할 것이다.

104 필사본에 대한 정보는 2012년 Kaivalyadhama의 Hp-Jt²와 Kaivaladhama의 KDCYM 2005 및 Bhandarkar Oriental Reasearch의 필사본(Nr. 615[1887-91]), Adyar의 카탈로그 목록에 의거해서 정리하였다.

śuddham aśuddhaṃ vā mama doṣa na vidyate śrīmanmahāgurave namonamaḥ śake 1754 nandananāma saṃvatsare saṃvat 1888 śobhanāma saṃvatsareśrāvaṇe māsi kṛṣṇapakṣe daśamyāṃ tithau bhaumavasare taddhinī haṭhapradīpikā vyākhyāyāṃ brahmānandakṛṭāyāṃ jyotsnābidhāyāṃ samādhinirūpaṇaṃ caturthopadeśaḥ ॥ 4 ॥

이 필사본은 전체 91개의 폴리오로 구성되었으며 비교적 정확한 것으로 알려져 있고 1933년에 출판된 Adyar의 2차 교정본의 주요 저본 중 하나이기도 하다.

2. No.*151*[C-J] Ms. Nr. 615(1887-91)

Haṭhapradīpikāvyākhyā

Paper, Devanāgarī, 20x15cm, Ff.1-105, C., 8-13L, 51A, Saṃvat 1931, Śaka 1796, Sc= Govindātmaja Nārāyaṇa.

Colophon: iti śrīhaṭhapradīpikāvyākhyāyāṃ brahmanandakṛṭāyāṃ jyotsnābhidhyāyāṃ samādhirūpaṇaṃ nāma caturthopadeśāḥ ॥ 4 ॥ idaṃ puṣṭakhamehadale ity upanāma govindātmaja nārāyaṇena lekhī saṃvat 1931 śake 1796 vyayānama saṃvatsare dakṣiṇāyane hemanta ṛtau mārgaśīrṣa māse kṛṣṇapakṣe ṣaṣṭyāṃ tithau indu vāsare sāyaṅkāle śrīgaṅgakāśīviśveśvarasannidhau samāptaḥ kṛṣṇāya namaḥ ।

이 사본의 필사자는 고빈다뜨마자 나라야나(Govindātmaja Nārāyaṇa)이고 전체 105폴리오로 구성되었으며 상태는 좋은 편이다. 특히 이 사본으로 공부했던 학자들의 교정 흔적과 해설이 사본의 여백에 남아 있다. 이 사본의 표지엔 마이크로필름으로 촬영했다는 스탬프가 찍혀 있다.

3. No.*292*C-J Ms. Nr. 6-4(399/6176)

Haṭhayogapradīpikā(Jyostnāsahitā)

Paper, Devanāgarī, 20.8×16.3cm, Ff.1-201, 13L, 13A, C. Śaka 1777.

Colophon: iti śrīhahaṭhapradīpikā vyākhyāyāṃ himācalanivāsi brahmānandabrahamcāri kṛtāyāṃ jyotsnābhidhāyāṃ samādhi-nirūpaṇaṃ nāma caturthopadeśaḥ ॥ 4 ॥ rīkṛṣṇārpaṇam astu ॥ śake 1777 ॥ rākṣasanāma samvatsare ॥ śrāvaṇa kṛṣṇa amāvāsyāṃ ti-thau bhaumāvāsare taddine pustakaṃ sapāptā ॥ śrīsāmbasad-āśivārpaṇam astu.

이 사본은 작은 사이즈의 필사본으로 201개의 폴리오로 구성되었으며 완벽한 상태이다. 이 필사본에서 가장 흥미로운 것은 콜로폰에서 알 수 있듯이 브라흐마난다가 북인도의 히미찰 지역에 거주했다(himācalanivāsin)는 기록이다.

4. No.*17*C-J Ms. Nr. 2-56

Haṭhapradīpikā Ṭīkā (Brahmānanda)

F.52, Saṃvat 1787, Scribe: Śrīkṛṣṇa Purohita,

(Belongs to Maharaj Kunwar Joravar Singh)

이 필사본은 Saṃvat 1787(서력 1739년)에 Śrīkṛṣṇa Purohita에 의해 필사된 것으로 현재까지 알려진 『월광』 사본 중에서 가장 오래된 것이다. 이 사본만 놓고 보면 『월광』은 '이 필사본이 필사된 1730년'보다

1-2세대 전인 1650-1700년경이 될 것이다.

5. No.*12*[C-J] Ms. Nr. 1812

Haṭhapradīpikā Ṭīkā (Brahmānanda)

F.130, ŚD, Scribe: Bhaṭṭa Nārāyaṇa

6. No.*15*[C-J] Ms. Nr. 13636 (*12636번일 수도 있음)

Haṭhapradīpikā Ṭīkā(Brahmānanda)

F.87, C, Saṃvat 1931, Śake 1976

7. No.*35*[C-J] Ms. Nr. 1499(b)

Haṭhayogapradīpikā(Jyotsnāsahitā)(= Jyotsnā) (Ff.1-65)

8. No.*75*[C-J] Ms. Nr. 2242

Haṭhapradīpikā Ṭīkā(Brahmānanda)

F.119, C, 16.5×32.5cm, Ff.1-119, 18세기

9. No.*90*[C-J] Ms. Nr. 11663

Haṭhapradīpikā Ṭīkā(Brahmānanda)

F.40, 31×13.6cm, 9L, 51A, Inc, 19세기

10. No.*95*[C-J] Ms. Nr. 18552

Haṭhapradīpikā Ṭīkā(Brahmānanda)

F.50, 25.6×12cmm 11 line, 35A, C, Saṃvat1914

Sc= Swāmi Madhusūdana

11. No.*96*[C-J] Ms. Nr. 21626

Haṭhapradīpikā with Ṭīkā(Brhmānanda)

F.80, 30.5×14cm, F.1손상, 12L, 43A, C, 19세기.

12. No.*104*[C-J] Ms. Nr. 38109(2)

Haṭhapradīpikā with Ṭīkā(Brhmānanda)

F.7(ff.2-33) 20×10.5cm

13. No.*105*[C-J] Ms. Nr. 34863

Haṭhapradīpikā with Ṭīkā(Brhmānanda)

F.33, 16×8cm, 8L, 30A, C, V.S.1977.

Sc= Śivānanda Sarasvti

14. No.*106*[C-J] Ms. Nr. 32484

Haṭhapradīpikā with Ṭīkā(Brhmānanda)

F.11, 21.5×9.5cm, 14L, 41A, 19세기, 가볍게 손상.

15. No.*107*[C-J] Ms. Nr. 36874(1)

Haṭhapradīpikā with Ṭīkā(Brhmānanda)

F.19, 30×15cm, 21L, 48akṣaras, Inc.

16. No.*16*[C-J] Ms. Nr. 1/1833

Ff.2-23, 27x13.5cm, 11-13L, 35A, Inc.

17. No.*131*[C-J] Ms. Nr. 2023

Haṭhapradīpikā Ṭīkā(Brahmānanda)

F.70, 30×14cm, 18L, 45A, Śaka 1753

18. No.*138*[C-J] Ms. Nr. 106-538

Haṭhapradīpikā with Jyotsnā ṭīkā

F.46, ŚD

19. No.*142*[C-J] Ms. Nr. 230-3696

Haṭhapradīpikā Ṭīkā(Brahmānanda)

F.75, C, 31.2×16cm, 14-15L, 47A

20. No.*184*[C-J] Ms. Nr. 1488.

Haṭhapradīpikā Ṭīkā(Brahmānanda)

Saṃvat 1936

21. No.*187*[C-J] Ms. Nr. 1573

Haṭhayogapradipīkā(Jyotsnāsahitā)

F.65m 32×17cm, 13L, 52A, C

22. No.*189*[C-J] Ms. Nr. 5634

Haṭhayogapradipīkā(Jyotsnāsahitā)*

F.64, 28×12.5cm, 12L, C, Śaka 1757

23. No.*192*[C-J] Ms. Nr. 8489

Haṭhayogapradipīkā(Jyotsnāsahitā)*

F.72, 21×15cm, 33L, 55A, C.

24. No.*197*$^{C\text{-}J}$ Ms. Nr. 1573

Haṭhayogapradīpikā jyotsnā vyākhyāsahita*

25. No.*199*$^{C\text{-}A}$ Ms. Nr. 5634

Haṭha(yoga)Pradīpikājyotsnā, vyākhyāsahita*

26. No.*237*$^{C\text{-}J}$ Ms. Nr. 30001

Haṭhapradīpikā Ṭīkā(Brahmānanda)

F.79, 33.7×13.1cm, 12L, 53A, Inc.

27. No.*238*$^{C\text{-}J}$ Ms. Nr. 30025

Haṭhapradīpikā Ṭīkā(Brahmānanda)

Ff.1-37, 40-74, 32.5×13.5cm, 10L, 40 akṣras, Inc.

28. No.*251*$^{C\text{-}J}$ Ms. Nr. 30082

Haṭhapradīpikā Ṭīkā(Brahmānanda)

F.11, 25.9×12.6cm, Gj, Inc.

29. No.*318*$^{C\text{-}J}$ Ms. Nr. M.Q.I 339.

Haṭhayogapradipīkā(Jyotsnāsahitā. Brahmananda)

F.105, 27.5×14cm, 9-12L, 42A, C.

이 필사본은 헤르만 발터(Hermann Walter)에 의해 연구되었고 본송(mūla)에 대한 독어 번역이 뮌헨에서 1893년에 출판되었다.

30. No.*319*[C-J] Ms. Nr. 1/1833

Haṭhapradīpikā(Jyotsnā)

P/D/ 27x13.5/ Ff.2-23. Inc, 11-13L, 35A.

그 외에 브라흐마난다의 주석으로 추정되는 필사본은 다음과 같다.

No.*54*[C-A]	Ms. Nr. 1448	Haṭhapradīpikā Vyākhyā
No.*89*[C-A]	Ms. Nr. 9732(3)	Haṭhayogapradīpikā(Siddhānata-muktāvalī with ṭīkā)
No.*97*[C-A]	Ms. Nr. 23532	Haṭhapradīpikā Ṭīkā
No.*121*[C-A]	Ms. Nr. R-3841	Haṭhapradīpikā Ṭīkā (Sahajānandasantānacintāmaṇi) Malayālam Comm.
No.*127*[C-A]	Ms. Nr. 70326	Haṭhayogapradīpikā. with Telugu Comm.*
No.*158*[C-A]	Ms. Nr. 39	Haṭhapradīpikā Ṭīkā
No.*193*[C-A]	Ms. Nr. 8695	Haṭhapradīpikā Ṭippaṇi
No.*200*[C-A]	Ms. Nr. 8695	Haṭha(yoga)pradīpikāṭippaṇī sa-hita*
No.*203*[C-A]	Ms. Nr. B-109	Haṭhapradīpikā Ṭippaṇi
No.*314*[C-A]	Ms. Nr.3599	Haṭhayogapradīpikā(Siddhānta-mukāvalī with Ṭīkā)
No.*315*[C-A]	Ms. Nr. 3600	Haṭhayogapradīpikā(Siddhānta-mukāvalī with Ṭīkā)
No.*316*[C-A]	Ms. Nr. 3597	Haṭhayogapradīpikā(Siddhānta-

muktāvalī with Ṭīkā)

No.*317*[C-A] Ms. Nr. 3598 Haṭhayogapradīpikā(Siddhānta-

mukāvalī with Ṭīkā)

‖ 제2장 ‖ 『하타의 등불』의 구성

I. 구 성

전체 320여 개의 『하타의 등불』 필사본 중 309개는 전체 4장으로 구성되었지만 8개의 필사본은 5장으로 구성되어 있고 그 외에 6장으로 구성된 필사본 1개와 10장으로 구성된 필사본 2개가 현존한다.

17세기 브라흐마난다의 주석 구성에 따르면 4장본이 원래 형태일 것으로 추정되지만 1970년에 출판된 까이발야담마의 교정본(Hp[4], 2nd. 1998)은 새로운 필사본 2개, 즉 Nr. 621(1886-92) of the B.O.R.I. Library (Poona) 그리고 Sarvajanik Vācanālay(Nāsik)에 소장된 필사본 등에 의거해서 제5장(24개의 게송으로 포함된 다섯 번째 가르침)을 마지막 장으로 새롭게 추가해서 출판하였다. 하지만 새롭게 공개된 다섯 번째 장이 '필사 과정에서 또는 기타의 이유로 유실되었던 스바뜨마라마의 진본인지 아니면 후대에 덧붙여진 것, 즉 위작(僞作)인지'에 대해서는 검토되지 않았다.

제5장은 후대에 덧붙여졌던 위작으로 보이는데 일차적인 근거는 5장이 4장까지의 내용이나 구성과 아주 이질적일 뿐만 아니라 제5장의 게송이 후대 문헌에 인용되지 않았기 때문이다. 두 번째 이유는, 나식(Nāsik)에 소장된 필사본 Ms. Nr.19/469(본서 부록의 136번)의 콜로폰 및 까

이발야담마의 교정본(Hp[4])의 콜로폰에 따르면 제5장의 제목은 '약초에 대한 해설'(auṣadakathanam)로 불리지만 『하타의 등불』 I, II, III, IV장에서 약초가 별도로 설명되어야 할 개연성이나 필요성이 발견되지 않고 또 제V장이 존재한다는 것을 암시할 어떠한 단서가 발견되지 않기 때문이다. 반면 아사나(āsana), 쁘라나야마(prāṇāyāma), 무드라(mudrā), 삼매(samādhi)와 관련된 언급은 I, II, III, IV장 전체에서 발견된다.

세 번째 근거는 유력한 주석가이자 최초의 교정자라 할 수 있는 17세기의 브라흐마난다가 제5장에 대해 해설하지 않았다는 것이다. 『하타의 등불』에 대한 최초의 비판적 교정본이라 할 수 있는 브라흐마난다의 『월광』이 전체 4장으로 구성되어 있고 또 약초를 해설하지 않았다는 것은 브라흐마나다가 제5장의 존재 사실조차 알지 못했다는 것을 의미할 것이다.[1]

유사한 이유에서, 전체 6장으로 구성된 필사본(Ms. Nr. 19/469: śaka 1628) 하나가 현존하고 있지만 이 사본 역시 브라흐마난다 이후에 필사된 후대의 증보본으로 추정된다.

한편, 로나블라 요가연구소는 '전체 10장으로 구성된 사본의 존재 가능성을 두고 사본을 추적해 왔고',[2] 조드히뿌르(Jodhpur)의 Mahārāja Mānsingh Lirarary에 소장된 필사본 가운데 두 개의 필사본(Nr. 1914(2227), Nr. 1915(2228))에 의거해서 전체 10장으로 구성된 『하타쁘리디삐까』(Hp[5])를 2006년에 출판했다.[3] 역자가 확인한 바에 따르면 Hp[5], 서론

1 이 점에서 제5장을 17세기 이후에 추가된 것으로 볼 수 있을 것이다.
2 로나블라 요가 연구소는 25년간 10장으로 이루어진 사본을 추적했다고 밝히고 있는데 그 근거는 '*Gorakṣasiddhāntasaṅgraha* p.38에 Haṭhapradīpikā가 10개의 장으로 구성되었다는 언급이 있었기 때문'이었다. Hp[5], 서론 p. xiii을 참조.

p. xiii에서 언급된 구절은 1973년 본(p. 33)『고락샤싯드한따상그라하』(*Gorakṣasiddhāntasaṃgraha*)에서 발견되는데 내용은 다음과 같다.

haṭhapradīpikāyāṃ daśamopadeśe-
ādināthoditaṃ sarvam aṣṭaiśvaryapradāyakam |
vallabhaṃ sarvasiddhānāṃ durlabhaṃ mahatām api ||
pīdyate na tu rogeṇa na ca lipyeta karmaṇā |
bādhyate na ca kālena yo mudrāṃ vetti khecarīm || [4]

로나블라 요가연구소는 이 구절에 의거해서 전체 10장으로 구성된『하타의 등불』을 추적해서 마침내 발견한 10장본을 스바뜨마라마의 육성 내지는 진본인 것처럼 소개하고 있지만 10장본을 언급하고 있는『고락샤싯드한따상그라하』자체가 18-19세기 문헌이고 또 권위를 지닌 문헌이 아니라는 점에서 그리고 10장으로 구성된『하타의 등불』필사본 역시 19세기의 것이므로 스바뜨마라마의 육성에 가까울지조차 의문이다.[5] 덧붙이자면『고락샤싯드한따상그라하』가 인용한 Hp의 두 게송 역시 10장본에서만 발견되는 고유한 게송이 아니라 4장본에서도 발견된다는 점에서[6] "haṭhapradīpikāyāṃ daśamopadeśe"라는

3 출판본은 제목과 달리 발라끄리쉬나의 주석이 수록된 것은 아니다. 단편적인 해설이 군데 군데 수록되어 있을 뿐이다.

4 "아디나타(쉬바)께서 가르친 '신령스런 것'(무드라)은 여덟 가지 초능력을 주는 것으로 모든 도사들이 애호하는 것이지만 신들조차도 터득하기 힘든 것이다."
"케짜리 무드라에 통달한 사람은 질병으로 고통받지 않고 업(業)에 물들지 않으며 시간(죽음)에 구속되지 않는다."

5 10장본이 권위가 있었다면 무수히 필사되고 널리 보급되었겠지만 2개만 있다는 것은 개인 학습 용도 이상의 것으로 보기는 힘들 것으로 추정된다.

말이 과연 『고락샤싯드한따상그라하』 저자의 육성인지 아니면 후대 필사자나 편집자가 덧붙인 내용인지에 대해서도 다소간의 검토가 필요할 것이다.[7]

4장본이 스바뜨마라마의 진본으로 판단되는데 근거는 다음과 같다.

① 17세기의 브라흐마난다는 『하타의 등불』을 해설하면서 동시에 교정 작업을 진행했는데 이것은 『하타의 등불』에 대한 최초의 교정본이다. 따라서 브라흐마난다의 해설본과 구성이나 체계를 달리하는 필사본들을 17세기 이후에 가필된 것으로 간주해도 틀리지 않을 것이다.[8]

② 브라흐마난다의 『월광』이 전체 4장으로 구성되어 있고 또 5장, 6장, 10장본을 언급하지 않았다는 것은 그가 생존했을 때까지 5장본이나 6장본 또는 10장본이 존재하지 않았다는 것을 의미할 것이다.

③ 『하타의 등불』은 『게란다상히따』, 『하타라뜨나발리』, 『요가찐따마니』 등과 같은 많은 문헌에 인용되었지만 5장본과 10장본에만 있

---

6 두 게송은 4장본의 경우 ① 아디야르의 4장본 중 III.8, 40에 해당하고, ② 로나블라의 10장본의 경우 V.9, 63송에 해당한다.

7 그 이유는 위 판본의 해당 각주에 “haṭhapradīpikāyāṃ daśamopadeśe”가 아니라 “haṭhapradīpikāyāśvatvāra evopadeśā upalabhyante ∣ ”로 기록된 사본도 있기 때문이다.

8 10장본의 두 필사본은 19세기에 필사되었고 5장본과 6장본은 17세기 이후에 필사되었다.

는 특유의 게송들이 인용되지는 않았다. 특히 1625-1695년 사이에 성립된 쉬리니바사요기(Śrīnivāsayogī)의 『하타라뜨나발리』(*Haṭharatnāvalī*)는 『하타의 등불』 중 약 127송(전체의 33%)을 인용하지만 6장본이나 10장본을 인용하지 않았다는 것은 적어도 17세기 후반까지 5장본이나 6장본, 10장본이 존재하지 않았다는 것을 의미할 것이다.

④ 10장본의 경우 4장본 『하타의 등불』을 7장으로 세분화해서 중간 중간에 가필한 후 마지막 8, 9, 10장을 새롭게 추가한 형식으로 보이는데 전체적인 구성과 연결은 단행본으로 보기 힘들 정도로 부자연스럽고 산만하므로 10장본은 스바뜨마라마의 육성을 옮긴 것이기보다는 아마도 필사자(혹은 발라끄리쉬나) 개인의 학습서 내지는 이와 유사한 용도로 필사되었거나[9] 혹은 드물긴 하지만 동일 필사자의 여러 문헌이 뒤섞인 상태의 것일 가능성도 아주 없지는 않을 것이다.

현재까지의 정황으론 브라흐마난다의 주석에 해설된 388개의 게송을 정본으로 볼 수 있을 것이다.[10]

첫 번째 가르침	아사나(Āsana)	67송
두 번째 가르침	호흡 수련(Prāṇāyāma)	78송
세 번째 가르침	무드라(Mudrā)	129송+1송

9 '원래 게송(mūlaśloka) 다음에 덧붙여진 것으로 추정되는 게송'들은 대체적으로 문맥과 조화를 이루지 못하지만 때로는 이 게송들이 '앞 게송의 암축적인 의미'를 파악하는 데 유용한 맥락을 제공하기도 한다.

10 『하타의 등불』은 389개의 게송으로 구성되었지만 브라흐마난다는 III.91송을 후대에 삽입된 게송으로 단정하면서도 이 게송의 중요성을 감안해서 특별히 해설한 바 있다.

네 번째 가르침 삼매(Samādhi) 114송

II. 『하타의 등불』의 주요 내용

[약 호]
Ś: 게송(śloka) 번호
I :『하타의 등불』 제I장
II:『하타의 등불』 제II장
III:『하타의 등불』 제III장
IV:『하타의 등불』 제IV장

첫 번째 가르침(prathmopadeśa)

Ś. I.1.	귀경게
Ś. I.2-3.	탐구 주제와 저술 목적
Ś. I.4.	스바뜨마라마의 요가 전통
Ś. I.5-9.	하타요가의 계보
Ś. I.10.	모든 요가의 토대인 하타요가
Ś. I.11.	비밀의 준수
Ś. I.12-14.	수련장의 입지 조건과 구조
Ś. I.15-16.	주의 사항과 수행의 권유
Ś. I.17.	아사나(āsana)의 전통
Ś. I.19.	길상(Svastika)
Ś. I.20.	소얼굴(Gomukha)
Ś. I.21.	영웅(Vīra)
Ś. I.22.	거북이(Kūrma)

Ś. I.23.	수탉(Kukkuṭa)
Ś. I.24.	누운 거북이(Uttānakūrma)
Ś. I.25.	활(Dhanura)
Ś. I.26-27.	맛첸드라(Matsyendrapīṭha)
Ś. I.28-29.	등펴기(Paścimatāna)
Ś. I.30-31.	공작(Mayūra)
Ś. I.32.	송장(Śava)
Ś. I.33-34.	요가의 84가지 체위와 달인좌(Siddhāsana)
Ś. I.35-37.	달인좌(Siddhāsana)의 방법
Ś. I.38-43.	달인좌에 대한 칭송
Ś. I.44-49.	연화좌(Padma)
Ś. I.50-52.	사자좌(Siṃha)
Ś. I.53-54.	행운좌(Bhadra)
Ś. I.55-57.	하타요가의 수련 순서
Ś. I.58.	음식에 대한 규정: 절식(mitāhāra)
Ś. I.59-60.	음식에 대한 규정: 부적당한 음식
Ś. I.61.	수행 초기의 금기 사항
Ś. I.62-63.	음식에 대한 규정: 유익한 음식
Ś. I.64-67.	요가 수련의 권유

두 번째 가르침(dvitīyopadśa)

Ś. II.1.	호흡수련의 권유
Ś. II.2-3.	호흡수련의 동기
Ś. II.4-6.	나디정화의 중요성
Ś. II.7-10.	나디정화법(Nāḍīśodhana)
Ś. II.11.	꿈브하까의 수련 횟수와 시간대

Ś. II.12-6.	꿈브하까 수련의 단계
Ś. II.13-18.	호흡 수련과 관련된 주의 사항
Ś. II.19-20.	호흡 수련의 효과
Ś. II.21-23.	여섯 정화법의 필요성과 종류
Ś. II.24-25.	위-청소법(Dauti)
Ś. II.26-28.	관장법(Vasti)
Ś. II.29-30.	코청소(Neti)
Ś. II.31-32.	응시법(Trāṭaka)
Ś. II.33-34.	복부회전(Nauli)
Ś. II.35.	정뇌(Kapālabhāti)
Ś. II.36.	여섯 정화법의 역할
Ś. II.37.	여섯 정화법이 필요하지 않다는 견해
Ś. II.38.	코끼리행법(Gajakaraṇi)
Ś. II.39-41.	호흡 수련의 당위성
Ś. II.42.	쁘라나 통제와 삼매의 관계
Ś. II.43.	꿈브하까 수련의 효과
Ś. II.44.	꿈브하까의 종류
Ś. II.45-47.	꿈브하까의 원칙
Ś. II.48-50.	태양관통(Sūryabhedana) 꿈브하까
Ś. II.51-53.	승리(Ujjāyī) 꿈브하까
Ś. II.54-56.	싯-소리(Sītkārī) 꿈브하까
Ś. II.57-58.	냉각(Sītalī) 꿈브하까
Ś. II.59-67.	풀무(Bhastrikā) 꿈브하까
Ś. II.68.	벌소리(Bhrāmarī) 꿈브하까
Ś. II.69.	실신(Mūrcchā) 꿈브하까
Ś. II.70.	부양(Plāvanī) 꿈브하까

Ś. II.71.	쁘라나야마(prāṇāyāma)의 종류
Ś. II.72-75.	께발라(Kevala) 꿈브하까
Ś. II.76-77.	하타요가와 라자요가의 상보적 관계
Ś. II.78.	하타요가에 성공한 증표

세 번째 가르침(Tṛtīyopadeśa)

Ś. III.1.	모든 요가의 토대로서의 꾼달리니
Ś. III.2-3.	꾼달리니 각성의 결과
Ś. III.4-5.	수슘나
Ś. III.6-8.	열 종류의 무드라
Ś. III.9.	비밀의 준수
Ś. III.10-18.	마하무드라(Mahāmudrā)
Ś. III.19-24.	마하반드하(Mahābandha)
Ś. III.25-29.	마하베드하(Mahāvedha)
Ś. III.30-31.	세 반드하 무드라의 효과와 수련 횟수
Ś. III.32-54.	케짜리(Khecarīmudrā)
Ś. III.55-60.	웃디야나 반드하(Uḍḍīyanabandha)
Ś. III.61-65.	물라 반드하(Mūlabandha)
Ś. III.66-69.	쁘라나와 아빠나의 결합, 꾼달리니의 각성과 상승 과정
Ś. III.70-73.	잘란드하라 반드하(Jālaṃdharabandha)
Ś. III.74-76.	세 가지 반드하의 연속적인 실행과 효과
Ś. III.77-82.	도립 무드라(Karaṇī viparītākhyā)
Ś. III.83-91.	바즈롤리(Vajrolī)
Ś. III.92-95.	사하졸리(Sahajolī)
Ś. III.96-98.	아마롤리(Amarolī)

Ś. III.99-103. 여성의 바즈롤리 무드라
Ś. III.104-124. 샤띠(꾼달리니)자극(Śakticālana) 무드라
Ś. III.125-126. 하타요가의 조력자로서의 라자요가
Ś. III.127-128. 에필로그: 무드라 수련 권유
Ś. III.129-130. 에필로그: 스승에 대한 칭송

네 번째 가르침(Caturthopadeśa)

Ś. IV.1. 귀경게
Ś. IV.2. 삼매의 길
Ś. IV.3-4. 삼매의 동의어
Ś. IV.5-7. 삼매에 대한 정의
Ś. IV.8-9. 스승의 중요성
Ś. IV.10-14. 쁘라나의 소멸과 해탈
Ś. IV.15-16. 쁘라나의 소멸과 마음의 소멸
Ś. IV.17-18. 쁘라나의 소멸과 죽음의 정복
Ś. IV.19-20. 꾼달리니의 각성과 수슘나로의 진입
Ś. IV.21-25. 마음과 훈습, 기의 관계
Ś. IV.26-30. 마음과 정, 기의 관계
Ś. IV.31-34. 라야
Ś. IV.35-38. 삼브하비(Śāṃbhavī) 무드라
Ś. IV.39-42. 운마니(Unmanī) 무드라
Ś. IV.43-53. 케짜리(Khecarīmudrā) 무드라
Ś. IV.54-64. 샤띠(Śakti) 명상
Ś. IV.65-66. 비음 명상(Nādānusaṃdhāna)
Ś. IV.67. 샴브하비 무드라와 병행하는 비음명상
Ś. IV.68. 산무키 무드라와 병행하는 비음명상

Ś. IV.69.	비음명상의 네 가지 단계
Ś. IV.70-71.	비음명상의 첫 번째 단계
Ś. IV.72-73.	비음명상의 두 번째 단계
Ś. IV.74-75.	비음명상의 세 번째 단계
Ś. IV.76.	비음명상의 네 번째 단계
Ś. IV.77-79.	하타요가의 목표로서의 라자요가
Ś. IV.80-81.	비음명상을 통한 라야(laya)
Ś. IV.82-84.	비음명상의 진행 과정
Ś. IV.85-86.	다양한 종류의 비음(nāda)
Ś. IV.87-89.	비음명상의 세 단계: 제감, 응념, 선정
Ś. IV.90-91.	비음명상에 의한 제감(감관의 철수)
Ś. IV.92.	비음명상의 의한 응념
Ś. IV.93.	비음명상에 의한 선정
Ś. IV.94-97.	비음명상에 의한 유상삼매
Ś. IV.98-102.	비음명상에 의한 무상삼매
Ś. IV.103-105.	라자요가와 운마니
Ś. IV.106-113.	운마니 상태의 여덟 가지 특징
Ś. IV.114.	에필로그

III. 『하타의 등불』의 수행법 목록

[약 호]

B: 『하타의 등불』 이전 문헌

P: 『하타의 등불』 이후 문헌

=: 명칭은 다르지만 동일한 아사나

≠: 명칭은 동일하지만 다른 형태의 아사나

△: 명칭만 언급(열거)됨.

AmP. *Amaraughaprabodha* of Gorakṣanātha

AmS. *Amṛtasiddhi* of Virūpākṣanātha

AmY. *Amanaskayoga*

GhS: *Gheraṇḍasaṃhitā.*

GoŚ: *Gorakṣaśataka* of Gorakṣanātha.(Ms. No. R.7874)[11]

Hp. *Haṭhapradīpika* of Svātmārāma

HrV: *Haṭharatnāvalī* of Śrīnivāsayogī

Jt. *Jyotsnā* of Brahmānanda.

KhV. *Khecarīvidyā* of Ādinātha

KjN. *Kaulajñānanirṇaya* of Matyendranātha

KuP: Kūrmapurāṇa II(Īśvaragītā)

LinP: *Liṅgapurāṇa*

MaP *Mārkaṇḍeyapurāṇa.*

MaS. *Matsyendrasaṃhitā*

ŚS. *Śivasaṃhitā*

SsP *Siddhāsiddhāntapaddhati* of Gorakṣanātha.

UG. *Uttaragītā*

VaS. *Vasiṣṭhasaṃhitā* (Yogakāṇḍa)

ViM. *Vivekamārtaṇḍa* of Gorakṣanātha

YoB. *Yogabīja*

YoK: *Yogakakarṇikā* of Nātha Aghorānanda.

YoŚ *Yogaśāstra* of Dattātreya

YoV. *Yogaviṣaya* of Mīnanātha

YoY. *Yogayājñavalkya*

11 이 필사본은 멀린슨(Mallinson: 2010a)이 새롭게 발굴한 것이다.

YSbh: *Yogasūtrabhāṣya* of Vyāsa.
YsC: *Yogasiddhāntacandrikā* of Nārāyaṇatīrtha.
YsS: *Yogasārasaṃgraha* of Vijñānabhikṣu.
YsV: *Yogavārttikā* of Vijñānabhikṣu.
YuB: *Yuktabhavadeva* of Bhavadevamiśra.

1. 아사나(Āsana)

『하타의 등불』은 15개의 아사나를 설명하지만 중요시하는 것은 달인, 연화, 사자, 영웅이며 그중에서 특히 달인좌가 중요시되고 있다. 달인좌를 강조하는 이유는 '회음을 압박한 달인좌 자세'에서 꿈브하까, 무드라가 실행되기 때문이다.

명 칭	게 송	타 문헌
① 길상(Svastika)	I.19	B: YSbh$^{\triangle}$, SsP, YoY, MaP, VaS, ŚS$^{=}$[12], MaS. P: HrV. YuB, GhS. YoK.
② 소얼굴(Gomukha)	I.20	B: YoY, VaS. P: HrV. YuB.
③ 영웅(Vīra)	I.21	B: YSbh$^{\triangle}$, MaK, KuP, LinP, YoY, VaS. MaS. P: YsS$^{\triangle}$, YuB, GhS. YoK, HrV,
④ 거북이(Kūrma)	I.22	B: VaS, MaS. P: GhS, YuB.

12 ŚS의 행복좌(sukhāsanam)와 동일함.

⑤ 수탉(Kukkuṭa)	I.23	B: VaS, MaS,
		P: YuB, GhS, YoK.
⑥ 누운 거북이(Uttānakūrmaka)	I.24	B:
		P: HrV, YuB.
⑦ 활(Dhanura)	I.25	B:
		P: YuB, GhS⁺
⑧ 맛첸드라 (Matsyendra)	I.26-27	B:
		P: YuB, HrV, GhS.
⑨ 등펴기 (Paścimatāna)	I.28-29	B: ŚS[13]
		P: YuB, HrV.
⑩ 공작(Mayūra)	I.30-31	B: YoY, VaS, MaS,
		P: YsV, YuB, HrV, YoC.
⑪ 송장(Śava)	I.32	A: YoŚ.
		P: YuB, GhS. YoK.
⑫-1 달인(Siddha)	I.35	B: ViM, YoY, GoŚ, SsP, VaS, MaS.
		P: YuB, HrV, GhS.

13 까이발야담마본엔 "siddhāsanaṃ tataḥ padmāsanañcograṃ ca svastikam"이라는 게송으로 네 가지 아사나의 명칭을 열거하고 있는데 특이한 것은 ugra(최상, 준엄)라는 명칭의 아사나이다. 하지만 이 아사나를 실제로 설명하고 있는 모든 출판본(109송)에선 ugra라는 명칭 대신 paścimottāna(등펴기)라는 용어가 사용되고 있다.(dehāvasādaharaṇaṃ paścimottānasaṃjñakaṃ ‖ ŚS. III. 109.) 까이발야담마본의 108송에서조차 "atha paścimottānāsanam"라는 언급이 있고 또 109송에서도 ugra라는 명칭 대신 paścimottāna로 되어 있으므로 까이발야담마본에 수록된 "siddhāsanaṃ tataḥ padmāsanañcograṃ ca svastikam"은 후대에 추가된 부분으로 보인다. 후대의 누군가가 이 게송을 추가할 때 paścimottāna라는 네 음절의 복합어 대신에 ugra라는 두 음절의 단어를 사용했던 것은 16음절수를 맞추기 위한 것으로 추정된다.

⑫-2 달인(Siddha)	I.36	B: ŚS.
[1]금강(vajra)	I.37[Jt]	P: HrV, GhS.
[2]해탈(mukta)	I.37[Jt]	B: YoY, VaS.
		P: GhS.
[3]비밀(Gupta)	I.37[Jt]	
⑬-1 연화(Padma)	I.44	B: YSbh[△], GoŚ, SsP, ViM, MaS.
		P: GhS, YoK.
⑬-2 연화(Padma)	I.45-46	B: YoŚ, ŚS.
		P: YuB.
⑭ 사자(Siṃha)	I.50-52	B: YoY, VaS.
		P: HrV. GhS, YoK.
⑮ 행운(Bhadra)(=Gorakṣāsana)	I.53-54	B: YSbh[△], YoY, VaS.
		P: HrV, GhS[+]

2. 여섯 정화법(Ṣaṭkarma)

일반적으로 하타요가는 정화법을 중요시하는 것으로 알려져 있지만 Hp 이전 문헌에서 정화법이 설명된 경우는 거의 없다. Hp가 여섯 정화법을 언급하지만 쁘라나야마에 의해서 나디가 정화되므로 정뇌 외에는 큰 비중을 두지는 않는다.[14]

① 위-청소법(Dhauti)	II.24-2
② 관장법(Vasti)	II.26-28

14 "오직 쁘라나야마의 [수련]만으로도 [나디의] 모든 불순물이 없어지므로 어떤 스승들은 다른 행위(정화법)를 인정하지 않는다."
prāṇāyāmair eva sarve praśuṣyanti malā iti |
ācāryāṇāṃ tu keṣāṃcid anyat karma na saṃmatam || Hp. II.37.

③ 코청소법(Neti) II.29-30
④ 응시법(Trāṭaka) II31-32
⑤ 나울리(Nauli) II.33-34
⑥ 정뇌(Kapālabhāti) II.35-37

3. 꿈브하까(Kumbhaka)

여덟 종류의 꿈브하까를 설명하기에 앞서 II.7-11송은 나디정화법(Nāḍīśodhana)을 별도로 설명하는데, 나디정화법은 들숨 후 그 숨을 유지하는 것이지만 3종의 반드하를 실행하지 않으므로 꿈브하까에서 배제된다.

8종의 꿈브하까는 '들숨이 끝날 무렵에 잘란드하라 반드하를 하고, 숨을 참은 상태에서 물라 반드하를 하고 내쉬기 전에 웃디야나 반드하를 하고 천천히 내쉬는 점'에서는 동일하지만[15] '숨을 마시는 방법'에서 차이가 있을 뿐이다. 이를테면 태양관통은 오른쪽 코로 숨을 마시고 왼쪽 코로 숨을 내쉬는 것이고 싯-소리는 입으로 '싯'소리를 내면서 마시고 코로 내쉬는 것이며, 냉각은 새의 부리처럼 혀를 말은 상태에서 숨을 마시고 두 코로 내쉬는 것 등이다.

8종류의 꿈브하까 중에서 중요한 것은 태양관통, 승리, 풀무이고 그 외에 싯-소리, 냉각, 실신, 벌소리, 부양은 비교적 중요도가 낮은 것으로 판단되는데[16] 그 이유는 위 호흡들이 특별한 조건 하에서만 하는 호흡으로 보이기 때문이다. 예를 들어 싯-소리와 냉각 꿈브하까는 건조

15 꿈브하까를 설명하면서 Hp 원문에 '숨을 참아라' 또는 '반드하를 행하라'는 말이 생략된 경우도 있는데 주석가는 그 이유를 '숨을 참는 것은 이미 확립된 것이므로 따로 말하지 않았을 뿐'이라고 설명한다.
16 브라흐마난다의 주석도 다른 부분에 비해 현저히 적은 분량이다.

한 열대 지역에서 열을 내리고 시원하게 하는 효과를 위한 것이라 할 수 있다.

(1) 사히따 꿈브하까(Sahitakumbhaka)

*꿈브하까의 원칙	II.45-47	B: GoŚ, YoB.
① 태양관통(Sūryabhedana)	II.48-50	B: GoŚ, YoB.
② 승리(Ujjāyī)	II.51-53	B: GoŚ.
③ 싯-소리(Sītkārī)	II.54-56	
④ 냉각(Sītalī)	II.57-58	B: GoŚ.
⑤ 풀무(Bhastrikā)	II.59-67	B: GoŚ, YoB.
⑥ 벌소리(Bhrāmarī)	II.68	
⑦ 실신(Mūrcchā)	II.69	
⑧ 부양 (Plāvanī)	II.70	

(2) 께발라 꿈브하까(Kevalakumbhaka)

II.71-75 B: GoŚ, YoB, YoŚ, VaS.

4. 무드라(Mudrā)

Hp는 제III장에서 10종류의 무드라를 열거하는데 실제로는 바즈롤리의 변형인 사하졸리와 아마롤리를 설명하고 있으므로 모두 13종류가 된다. 제IV장에서는 명상법으로서의 3종류의 무드라(케짜리, 샴브하비, 운마니)를 설명한다.

① 마하 무드라(Mahāmudrā)	III.10-18	B: AmP, ViM. AmS
② 마하반드하(Mahābandha)	III.19-24	B: AmP, YoŚ.

③ 마하베드하(Mahāvedha) III.25-31 B: AmS, AmP, ŚS.

④ 케짜리(Khecarīmudrā) III.32-54 B: ViM, KhV.

⑤ 웃디야나 반드하(Uḍḍīyanabandha)

III.55-60 B: GoŚ, ViM, YoB, YoŚ.

⑥ 물라 반드하(Mūlabandha) III.61-69 B: GoŚ, ViM, YoB, YoŚ.

⑦ 잘란드하라 반드하(Jālaṃdharabandha)

III.70-76 B: GoŚ, ViM, YoŚ.

⑧ 도립 무드라(Karaṇī viparītākhyā)

III.77-82 B: ViM, YoŚ, ŚS.

⑨ 바즈롤리(Vajrolī) III.83-91 B: ViM, ViM, YoŚ.

⑩ 사하졸리 (Sahajolī) III.92-95

⑪ 아마롤리(Amarolī) III.96-103

⑫ 샥띠짤라나(Śakticālana) III.104-123 B: ViM, YoV, YoŚ.

⑬ 샴브하비(Śāṃbhavī) IV.35-38 B: AmY.

⑭ 운마니(Unmanī) IV.39-42 B: AmY, KhV.

⑮ 케짜리(Khecarīmudrā) IV.43-53

⑯ 산무키(Ṣaṇmukhī) IV.68

①-⑥까지의 무드라의 공통점은 '들숨 후 그 숨을 유지한 상태'(=뿌라까 쁘라나야마)에서 실행된다는 것이고 또 쁘라나의 조절과 운용, 꾼달리니의 각성과 관련된다. ⑨-⑪은 남녀의 성적 결합과 관련해서 빈두를 보전하는 것과 관련된 무드라이고, ⑫는 꾼달리니를 자극시키는 무드라이다. 제IV장에서 별도로 설명되는 ⑬-⑯은 명상적인 무드라이다.

5. 명 상

『하타의 등불』 제IV장 삼매품은 세 종류의 명상법을 설명하는데 첫 번째는 무드라와 병행하는 명상법이고 두 번째는 샥띠(Śakti) 명상법이고 세 번째는 비음명상(nādānusaṃdhāna)이다. 샥띠 명상법은 맛첸드라의 것으로 알려진 『달의 시선』(*Candrāvalokana*)을 비롯해서 『무심의 요가』(*Amanaskayoga*)와 『요가바시쉬타』(*Yogavāsiṣṭha*)에서 인용된 게송으로 채워져 있다. 무드라 명상은 쁘라나의 소멸을 통한 마음 소멸을 돕는 수행법이고[17] 비음명상은 비음을 소멸시킴으로써 '비음에 묶인 마음'을 소멸시키는 기법이다.

브라흐마난다는 비음명상이 팔지요가의 제감, 응념, 선정, 삼매를 포함하는 것으로 해설하는데 그에 해설을 분석하면 하타요가의 팔지는 ① 아사나, ② 쁘라나야마, ③ 무드라, ④ 제감, ⑤ 응념, ⑥ 선정, ⑦ 유상삼매, ⑧ 무상삼매이다.[18]

(1) 명상적 무드라

① 샴브하비(Śāṃbhavī)	IV.35-38 B: AmY.
② 운마니(Unmanī)	IV.39-42 B: AmY, KhV.
③ 케짜리(Khecārī)	IV.43-53

17 모든 요가들, 다시 말해서 샴브하비[무드라] 등등 '마음 작용을 지멸시키는 모든 기법들엔' [시작, 확립, 축적, 완성이라는] 네 가지 상태가 있다. (원문은 IV.69에 대한 해설을 참조.)

18 이 점에 대해서는 『하타의 등불』 제IV장 마지막 게송에 대한 브라흐마난다의 해설을 참조. 한편, 일반적으로 빠딴잘리의 팔지요가가 널리 알려져 있지만 문헌에 따라 팔지의 구성 요소는 다르다.

(2) 샤띠(Śakti) 명상 IV.54-64. B: CaA, UG, LYV, AmY.

(3) 비음명상(Nādānusaṃdhāna) IV.65-105 B: AmY, AmP, AmS, ŚS.

① 샴브하비 무드라와 병행하는 비음명상 IV.67

② 산무키 무드라와 병행하는 비음명상 IV.68

▌제3장▌『하타의 등불』의 명칭

2008년경, 울너 컬렉션(Woolner collection)으로 명명된 '파키스탄 라호르의 펀잡대학교에 소장된 필사본'의 정보를 분석하던 중 2개의 『하타의 등불』(*Haṭhayogapradīpikā*) 사본(Ms. Nr. 403, 1204)을 접할 수 있었다.[1] 두 필사본의 콜로폰에 따르면 제목은 모두 Haṭhapradīpikā로 되어 있지만[2] 그 당시까지 *Haṭhayogapradīpikā*가 이 문헌의 표준적 명칭인 것으

---

1 울너 컬렉션은 현 파키스탄 펀잡대학의 동양학 학장을 역임하고 명예 도서관장으로 재직했던 알프레드 울너(A.C. Woolner)가 1913-1936년까지 수집한 산스끄리뜨 필사본 9,075권을 의미한다. 울너 컬렉션의 산스끄리뜨 필사본은 모두 41개의 분야로 철학과 문학, 천문학, 수학 등 거의 모든 학문 분야를 망라한다. 하지만 1946년 파키스탄이 이슬람 국가로 독립한 이후 반 세기 동안 산스끄리뜨 필사본은 수장고에 잠들어 있었다. 울너 컬렉션은 반세기 후에 비로소 학계의 관심을 끌게 되는데 그것은 2005년 당시 비엔나 대학의 연구원이었던 강성용 박사에 의해서이다. 강성용 박사의 노력으로 금강대와 펀잡대와 연구협정을 체결하고 2007년부터 2010년까지 금강대-펀잡대-비엔나대학과 공동 연구를 진행했다(홈페이지: www.istb.univie.ac.at/woolner). 금강대 팀(최기표, 안성두, 심재관, 백도수, 박영길)이 사본 촬영 및 1차 분석을 담당하고 비엔나팀(Karin Preisendanz, Himal Trikha, Dominik Wujastyk, Thomas Kintaert)이 2차 분석을 담당하였고 비엔나 대학 서버의 DB에 양 대학의 전임연구원인 히말 트리카(Himal Trikha), 도미닉 위자스틱(Dominik Wujastyk), 토마스 킨테어트(Thomas Kintaert)와 금강대의 박영길이 공동으로 입력하였다.
(DB주소: https://www.istb.univie.ac.at/cgi-bin/smwc/smwc.cgi?uid= default&browse_ms=280&browsed_field=97&nav=2&subnav=94).

2 ① Nr. 1204 (Catalogue Nr. 444 , Vol. II , p. 32).

로 알고 있었고 따라서 콜로폰의 명칭에 대해서는 별다른 관심을 두지 않았다.[3] 약 1개월 후 비엔나 대학의 프라이젠단츠(Preisendanz, Karin) 교수의 피드백을 통해 이 문헌의 정확한 명칭이 무엇인가에 대한 의문 및 필사본의 명칭과 당시까지 통용되던 일반적 명칭이 다를 수 있다는 문제를 인지하게 되었다.[4]

이 문헌의 정확한 명칭이 *Haṭhayogapradīpikā*가 아니라 *Haṭhapradīpikā*라는 주장은 1970년 인도 로나블라(Lonavla)의 까이발야다마 요가 연구소(Kaivalyadhama, S.M.Y.M. Samiti)의 디감바라지와 꼬까제(Digambaraji & Kokaje, 1970[1st.])에 의해 처음으로 제기되었다. 물론 여기서 명칭 문제가 주도 면밀하게 논의된 것은 아니지만 현존하는 사본의 콜로폰에 의거한 것으로 정당한 근거를 지니며 결과적으로 합당한 주장으로 판단된다. 역자 역시 2009년 초 편잡대학의 사본실에서 나머지 3개의 필사본을 촬영하면서 마지막 폴리오를 소실한 1개의 필사본을 제외하고는 모두 콜로폰에 *Haṭhapradīpikā*로 기록되어 있다는 것을 확인하고 *Haṭhapradīpikā*가 정확한 명칭이라는 까이발야담마의 입장

(F. 31r, 1-2) iti śrīsahajanāthacelakena śrīsvātmārāmayogīṃdra viracitāyāṃ haṭhapradipikāyā siddhāṃtamuktāvalyāṃ caturthopadeśaḥ ‖ ** ‖ saṃkhyā 600.
② Nr. 403 (Catalogue Nr. 445, Vol II, p. 32).
(F. 61v, 5-7) iti śrīsahajānaṃdasaṃtānaciṃtāmaṇi svātmārāmaviracitāyaṃ haṭhapradīpikāyāṃ samādhilakṣaṇaṃ nāma caturtha upadeśaḥ ‖ 4 ‖ (F. 62r, 1-2) samāptoyaṃ haṭhapradīpikāyāṃ ‖ ‖ śubhaṃ ‖ ‖ .

3 1800년대부터 인도는 물론이고 구미에서도 *Haṭhayogapradīpikā*가 사실상 표준적 명칭으로 통용되어 왔고 역자 역시 이 문제에 큰 관심을 두지 않았다.

4 당시 역자는 원광대 동양학대학원의 하타요가 원전강독 강좌를 진행하며 틈틈히 『하타의 등불』을 번역하며 한국연구재단의 명저번역 사업에 지원할 예정이었는데 이때 비로소 번역에 앞서 이 문헌의 정확한 명칭을 논의해야 한다는 것을 알게 되었다.

에 일단 공감을 표하였다.[5]

디감바라지와 꼬까제는 당시까지 공개되지 않았던 두 개의 새로운 사본에 의거해서[6] 전체 5장으로 이루어진 새로운 교정본을 출판하였고 서명을 *Haṭhapradīpikā*로 명명하였다. 디감바라지와 꼬까제가 서명을 *Haṭhapradīpikā*로 명명했던 근거는 당시까지 조사했던 필사본(101개)의 콜로폰이 이 문헌을 *Haṭhapradīpikā*로 표기하고 있다는 점이고 두 번째는 저자가 본문에서 이 문헌을 *Haṭhapradīpikā*로 부르고 있다는 점 등이다.

그 이후 로나블라의 로나블라 요가연구소(Lonavla Yoga Institute)의 그하로떼와 데브나트(Gharote & Devnath, 2001[1st])는 '*Haṭhapradīpikā*가 전체 10장으로 구성되었다는 기록에 의거해서' 25년간 10장으로 구성된 사본을 추적했고[7] 조드뿌르(Jodhpur)의 마하라자 만싱 도서관(Mahārāja Mānsingh Lirarary)에 소장된 두개의 필사본 Nr. 1915(2227), Nr. 1915(2228)를 발견한 후[8] 새로운 교정본의 서명을 *Haṭhapradīpikā*로 명명하였다.[9] 그하로떼와 데브나트가 서명을 *Haṭhapradīpikā*로 명명했던 것은 두 필사본의 콜로폰이 이 문헌의 명칭을 *Haṭhapradīpikā*로 기록한 것에 의거한 것이다.

하지만 명칭 문제는 더 이상 논의되지 않았으며 여전히 이 문헌은

5 박영길: 2009, p. 49의 각주1번 참조.

6 ① *Nr. 621 (1886-92) of the B.O.R.I. Library(Poona).*
② *Sarvajanik Vācanālay(Nāsik)*에 소장된 필사본.

7 Hp[5], 서론 p. xiv.

8 사본번호 1914는 10장으로 구성된 *Haṭhapradīpikā*이고 1915는 10장으로 구성된 Hp에 대한 Bālakṛṣṇa의 주석 *Yogaprakāśikā*이다.

9 출판본엔 "*with Yogaprakāśikā Commentary by Bālakṛṣṇa*"라는 부제가 달려 있지만 *Yogaprakāśikā*의 원문과 번역은 수록되지 않았다.

*Haṭhayogapradīpikā*로 통용되고 있다.[10] 최근 『케짜리비드야』(*Khecarīvidyā*)에 대한 비판적 교정본과 번역을 출판한 멀린슨(Mallinson, James. 2003)이 이 문헌을 *Haṭhapradīpikā*로 표기하고 버치(Birch)도 다수의 논문에서 이 문헌을 Haṭhapradīpikā로 표기했다는 것에 주목할 수 있지만 명칭 문제를 논의했던 것은 아니다.[11]

대부분의 학자들에게 스바뜨마라마의 이 고전은 이미 너무나 잘 알려진 문헌이고 또 명칭이 *Haṭhapradīpikā*이건 *Haṭhayogapradīpikā*이건 동일 문헌이기 때문에 명칭 관련 문제는 부차적인 관심이었을 것이다. 그럼에도 불구하고 이 문헌에 대한 문헌적 연구나 번역에 앞서 거론하지 않을 수 없는 것이 명칭 문제이다.[12]

---

10 비록 명칭 문제를 논의했던 것은 아니지만 몇몇 학자는 명칭에 대한 논란을 알고 있었던 것은 사실이다. 예를 들면 부이(Bouy: 1995, pp. 85, 119)는 *Haṭhayogapradīpikā*와 *Haṭhapradīpikā*를 혼용하고 있지만 *Haṭhapradīpikā*를 정식 명칭으로 사용한다.

11 아마도 로나블라 요가연구소와 까이발야담마의 출판본(*Haṭhapradīpikā*)에 의거했기 때문으로 보인다.

12 표준적 명칭을 확정할 필요성은 특히 사본의 경우, 동일 내용일지라도 콜로폰에 따라 다른 문헌으로 분류된 경우가 적지 않기 때문이다. 일례로 펀잡대에 소장된 *Viniyuktamudrālakṣaṇa*와 *Mudrākaraṇa*라는 사본의 경우, 동일 내용임에도 불구하고 제목에 따라 다른 문헌으로 분류되어 각각이 유일무이한 사본으로 오해될 수 있고 또 명칭의 차이에 따른 알파벳의 거리와 소장 케비넷의 차이로 인해 두 사본에 접근하는 데 장애가 되기 때문이다. 또한 콜로폰이 없는 사본과 출판되지 않은 사본이 무수히 많다는 점에서 '표준적인 명칭'을 확정해서 '한 개의 동일 群' 내에 재배치할 필요가 있기 때문이다. Hp와 같이 비교적 널리 알려진 문헌의 경우에도 콜로폰에 따라 다르게 분류되어 *Haṭhapradīpikā*, *haṭṭapradīpikā* 등으로 보관처가 흩어져 있으므로 명칭의 차이 때문에 사본에 접근하는 시간과 노력이 허비되고 경우에 따라선 놓칠 경우도 있기 때문이다. 더욱이 실제 사본에 접근하기 위해서는 각각의 '사본이 지닌 고유번호'(Ms. Nr. 혹은 Access Nr.)를 파악해야

먼저 이 문헌의 정확한 명칭에 대해 검토한 후 현재까지 일반적으로 통용되는 *Haṭhayogapradīpikā*가 표준적인 명칭(Unified Standard Title)에 적합할지를 검토하고자 한다. 명칭을 결정하는 일차적 단서는 저자의 직접적인 표현이고 이차적으로는 사본의 콜로폰 그리고 마지막은 '사본이 수집되고 분류되었던 당시의 명칭'을 짐작게 하는 사본의 표지, 카드 카탈로그, 출판된 카탈로그 그리고 타 문헌에서 인용된 명칭 등이다. 명칭이 논란될 뿐 *Haṭhapradīpikā*와 *Haṭhayogapradīpikā*는 동일한 텍스트이다. 논의의 편의를 위해 명칭의 차이를 밝혀야 할 경우를 제외하고는 Hp로 약칭한다.

I. 필 사 본

1. 콜로폰과 카탈로그

울너 컬렉션의 필사본 중 두 개의 Hp필사본을 분석하며 이 사본의 콜로폰에 기재된 명칭이 *Haṭhapradīpikā*라는 것을 확인하였고 그리고 2009년 초 펀잡대학교 사본실에서 나머지 사본 3개를 분석한 결과 5개의 사본[13] 중 마지막 폴리오를 소실한 1개를 제외하고는 모두 콜로

하지만 그 고유번호는 학파별, 문헌별 또는 현대적인 10진 분류법으로 부여된 것이 아니라 대부분 수집당시 수집된 순서대로 매겨진 것이므로 일련번호의 선후관계로 특정 사본들을 추적하는 것은 사실상 불가능하다.
이 점에서 오히려 현대의 사본 연구가에게 필요한 것은 '동일 내용일지라도 필사자에 따라 다양한 이름으로 기록될 수 있는 사본의 속성상' 하나의 표준적인 명칭을 확정하고 동일내용의 사본을 '한 개의 群'으로 분류하는 것이다.

13 2009년 초 펀잡대 사본실을 방문해서 확인한 나머지 Hp. 사본 3개 중 '마지

폰에 *Haṭhapradīpikā*로 기록된 것을 확인한 후 2009년 '*Haṭhapradīpikā*가 정확한 명칭이라는 까이발야다마의 입장'에 공감을 표한 바 있다. 콜로폰이 제목을 *Haṭhapradīpikā*로 명기했음에도 불구하고 출판된 카탈로그가 이 사본들을 *Haṭhayogapradīpikā*로 분류했다는 것은 흥미롭다.[14] 왜 이 문헌이 *Haṭhayogapradīpikā*로 불렸는지 그리고 언제, 어떤 과정에서 *Haṭhayogapradīpikā*로 알려지게 되었는지에 대해 의문을 가질 수밖에 없다. 하나의 단적인 예이지만 콜로폰과 카드 카탈로그 그리고 출판 카탈로그의 명칭이 다르게 기록된 사례에 대해서 울너 컬렉션의 403번 사본을 들 수 있다.

Nr. 403 (Catalogue Nr 445, Vol. II, p. 32)

Size 14×10cm, 61Folios, 7Lines, 17-18Akṣaras

Colophon:{F.61v, 2} … 93 ‖ iti sakalayogaśāstrasiṃdhoḥ ‖ parimārtha {3}tād avakṛṣṭasārabhūtaṃ ‖ anubhavatahaṭhāmṛtaṃ ya{4}tīṃdrā yadi bhavatām ajarāmṛtatatvavāṃchā ‖ 94 {5} iti śrīsahajānaṃdasaṃtānaciṃtāmaṇisvātmā{6}rāmaviracitāyāṃ haṭhapradīpikāyāṃ samā{7}dhilakṣaṇaṃ nāma caturtha upadeśaḥ ‖ 4 ‖ cha {F.62r,1} samāpto yaṃ haṭhapradīpikāyāṃ ‖ ‖ śubham ‖ ‖

콜로폰에 따르면 이 사본의 명칭은 *Haṭhapradīpikā*이다. 하지만 이 사본의 표지엔 펀잡대 도서관에서 작성한 라벨이 있는데 사본 제목은 데바나가리로 "haṭha(yoga)pradīpikā"로 기재되어 있다. 단어 yoga가 괄

막 폴리오를 소실한 1개를 제외한' 2개의 필사본 콜로폰 역시 *Haṭhapradīpikā*(Nr 3066), *Haṭhapradī*(Nr 894: pikā라는 두 아크샤라의 누락)로 기록된 것을 확인하였다.

14 Csmp(1941), p. 32.

호 안에 기록되었다는 것이 암시하는 것은 이 사본이 분류되었던 1905-1925년 사이에도 이미 *Haṭhayogapradīpikā*라는 명칭이 널리 통용되고 있었다는 것이다. 한편 첫 번째 폴리오 앞면에 좀 더 오래된 라벨이 있는데, 여기엔 사본의 제목이 로마자로 "Hath-Yog-Pradipika"로 기록되어 있다.[15] 이 라벨은 이 사본을 획득한 시기나 장소 또는 판매자 등에 대한 것이 기록되어 있으므로[16] 아마도 사본을 입수할 당시(약 1902-1925년 사이) 작성된 것으로 보인다.[17]

한편 사본의 표지가 작성된 이후(혹은 동시에) 종이로 작성된 카드 카탈로그에는 이 사본의 제목이 데바나가리로 "Haṭhayogapradīpikā"로 기록되어 있으며, 출판된 카탈로그도 데바나가리로 "Haṭhayogapradīpikā"로 기록되어 있다.[18]

통상, 사본의 표지에 기재된 제목은 콜로폰에 의거해서 기록되고 그 이후에 작성되는 카드 카탈로그는 표지 제목에 의거하고, 바로 이 카드 카탈로그와 콜로폰에 의거해서 카탈로그가 출판된다. 하지만 출판된 카탈로그와 사본의 표지, 콜로폰이 각각 다르게 기록되어 있는 위 사례는 콜로폰의 제목이 분류자(사서나 사본실 큐레이터 또는 수집가)에 의

15 울너 콜렉션의 경우 종이 사본은 대부분 앞뒤 1장씩의 나무판에 쌓여져 있고 붉은색 천으로 감싸져 있다. 라벨은 붉은색 천과 사본의 첫 장(Recto Folio)에 각각 있는데 대부분 제목과 저자, 폴리오 수, 연도 등의 정보를 기록하고 있다. 드물게 마지막 폴리오나 뒷표지의 나무판에 라벨이 있는 경우가 있는데, 이 라벨에는 사본의 구입과 관련된 정보(구입처, 시기, 장소 등)가 기록되어 있다.

16 예를 들면 다음과 같다. "Manuscript Nr 549, Purchased on 8-12-21, Title: Haṭha Yog Pradipika."(Old Label on F1r).

17 반면 사본 표지에 있는 라벨은 실제 사본의 위치를 알려 주는 사본의 고유번호를 담고 있으므로 구입 이후 사서가 새롭게 분류하고 기록했던 것으로 보인다.

18 Csmp(1941), p. 32.

해 당시 통용되던 명칭으로 변경된 하나의 예이다.

이례적인 경우이긴 하지만 여기서 두 가지 사실을 알 수 있는데 첫 번째는 사본을 수집하고 분류했던 1920년대 초에 이미 *Haṭhayogapradīpikā*라는 명칭이 널리 통용되었다는 것이다. 두 번째는 '종이로 된 카드 카탈로그와 그 이후의 출판된 카탈로그(PUL. vol. II, p. 32)의 이 사본을 *Haṭhayogapradīpikā*로 기록했다'는 점에서 '카탈로그가 출판된 1932년에 *Haṭhayogapradīpikā*가 하나의 표준적인 명칭(일종의 Unified Standard Title)처럼 통용되었다'는 것이다.

필사본의 콜로폰이 원제의 흔적을 많이 담은 것으로 판단되므로 일단 사본의 콜로폰에 기록된 명칭을 분석할 필요가 있다. 현재까지 필자가 조사한 바에 따르면 필사본의 명칭과 수는 다음과 같다.

명 칭	사본의 수
Haṭhavidyā	1
Haṭhadīpikā	5
Haṭhapradī	1
Haṭṭapradīpikā	1
Haṭhapradīpa	3
Haṭhapradīpikā	220
Haṭhayoga	4
Haṭhayogadīpikā	1
Haṭhayogapradīpikā	81
Svātmayogapradīpaprabodhini	1

*Haṭhapradīpikā*로 기록된 것은 대부분 콜로폰에 의거했던 것으로 보이지만 그와 달리 *Haṭhayogapradīpikā*라는 명칭 중 일부는 콜로폰

에 의거한 것이 아니라 편잡 대학의 경우처럼 당시에 통용되던 표준적인 명칭으로 기록된 것도 있다.

디감바라지와 꼬까제는 조사하거나 의뢰했던 101개 사본의 콜로폰이 모두 Haṭhapradīpikā로 되어 있다고 말했지만 조사에 따르면 Haṭhayogapradīpikā라는 명칭으로 된 사본도 적지 않다. 하지만 전자의 수가 압도적으로 많은 것은 분명하다. 이것이 암시하는 것은 대부분의 필사자들이 이 문헌의 명칭을 Haṭhapradīpikā로 알고 있었다는 것이다.

일단 콜로폰에 의거해서 판단한다면 Haṭhapradīpikā가 원제의 흔적을 많이 담은 것으로 판단되고 또 Haṭhapradīpikā라는 명칭이 필사 당시 더 통용되었던 명칭이었던 것으로 보인다.

2. 필사 연도

Hp의 명칭이 바뀌게 된 시기나 계기를 알게 해 주는 단서가 있다면 그것은 필사연도와 명칭을 순서대로 정렬하는 것이다. 하지만 모든 사본들이 필사연도를 기록한 것은 아니므로 연대기적인 추적엔 제약이 따를 수밖에 없다.

다만 하나의 사례로 '56-57년을 차감함으로써 서력으로 환산 가능'한 Saṃvat, Vikram Saṃvat(이하 v.s.로 약)로 기록된 사본 중 비교적 오래된 것을 순서대로 정렬하면 다음과 같다.

번호	사본번호	제목	필사 연도
255.	30109	Haṭhapradīpikā	v.s. 1553
62.	2230	Haṭhapradīpikā	v.s. 1683
23.	Ⅲ-G-25	Haṭhapradīpikā	saṃvat 1689

22.	766	Haṭhadīpikā	saṃvat 1690
312.	1368	Haṭhapradīpikā	v.s. 1700
71.	3013	Haṭhapradīpikā	saṃvat 1706
292[C-J]	L.No.6-4(399/6176)	Haṭhayogapradīpikā	saṃvat 1717
98.	23709	Haṭhayogapradīpikā	v.s. 1724.
287.	L.No.6-4(399/6171)	Haṭhayogapradīpikā	saṃvat 1744
205.	C-1158	Haṭhapradīpikā	saṃvat 1747
3.	6423	Haṭhapradīpikā	saṃvat 1750
150.	399(1895-1902)	Haṭhapradīpikā	saṃvat 1751
2.	5207	Haṭhapradīpikā	saṃvat 1756
304.	3101	Haṭhapradīpikā	saṃvat 1759
1.	2778	Haṭhapradīpikā	saṃvat 1764
82.	6756	Haṭhayogapradīpikā	saṃvat 1765
35.	2082	Haṭhayogapradīpikā	saṃvat 1775
203[C-A]	B-109	Haṭhapradīpikā	saṃvat 1784
12[C-J]	1812	Haṭhapradīpikā	saṃvat 1784

필사 연대를 기록하지 않은 사본이 더 많으므로 이 기록만으로 연대기적인 단정은 불가능하다. 다만 위의 경우에 한정한다면, 초기에는 *Haṭhapradīpikā*로 불렸지만 1660(saṃvat1717)년 이후부터 *Haṭhayogapradīpikā*로 불리고 또 그때부터 두 명칭이 혼용되었을 가능성이 높다. 그럼에도 불구하고 그 이전이나 이후에도 *Haṭhapradīpikā*가 필사자들에게 익숙했던 명칭이라는 것이다.[19]

19 1899년에 출판된 Monier-williams의 *Sanskrit-English Dictionary*, p. 1287(a)은

II. 후대 문헌의 언급

1. 『하타라뜨나발리』(*Haṭharatnāvalī*, 이하 HrV)

쉬리니바사요기(Śrīnivāsayogī)의 『하타라뜨나발리』(*Haṭharatnāvalī*)는 놀라울 정도로 Hp와 일치한다.[20] 이 문헌은 공식적으로 또 암암리에 Hp 게송을 인용하고 있는데[21] 흥미로운 것은 HrV가 Hp 원문을 직접 인용하는 경우이다. HrV은 직접 인용하면서 서명을 밝히고 있는데,[22] 여기서 HrV가 성립되었을 당시 Hp가 어떤 명칭으로 알려졌는지를 알 수 있다.

HrV. I.27:

haṭhapradīpikāyām[23] - bastirdhautis tathā netistrāṭakam ··· pracakṣate ||

---

*Haṭhapradīpikā*를 요가 문헌으로 설명하고 있는데, 여기서 19세기 초의 학자들에게도 *Haṭhapradīpikā*가 익숙했던 명칭이었음을 알 수 있다.

20 HrV의 서론 p. 20에 따르면 *Haṭharatrnāvalī*가 인용한 Hp 게송 수는 약 127개로 전체의 33%에 해당한다.

21 Hp의 성립 시기는 1625년에서 1695년 사이로 추정된다. 이 점에 대해서는 HrV, 서론 p. xiv를 참조.

22 한편 1.31송에서는 Svātmārāma라는 이름도 발견된다.

23 HrV, p. 13에 따르면 위 내용은 다음의 사본에서 발견된다.
약호 (사본 번호) 제목, 소장처
J (Ms. Nr. 2243. Haṭharatnāvalī, Jodhpur: Maharaja Manshimha Pustak Prakash)
N (Ms. Nr. Sa413. Haṭharatnāvalī, Kathmandu: Rastriya Abhilekhagar)
n1 (Ms. Nr. 4-39. Haṭharatnāvalī, Kathmandu: National Archives)
n2 (Ms. Nr. 5-6846. Haṭharatnāvalī, Kathmandu: National Archives)
n3 (Ms. Nr. 6-1744. Haṭharatnāvalī.
n4 (Haṭharatnāvalī, microfilmed by the NGMPP, Reel no. f-30/12)

HrV. I.50:

atha haṭhapradīpikākāramate[24] tu -

nābhidaghnalale ⋯ bastikarma tat ||

HrV. II.86:

haṭhapradīpikākāras[25] tu -

yatnataḥ śaranālena⋯ vāyusañcārakāraṇāt ||

haṭapradīpikākāramataṃ[26] haṭhayogābhyāse' jñānavilasitam

ity upekṣaṇīyam ||

HrV. II.141:

haṭhapradīpikāyām[27] -

chedanacālanadehaiḥ kalāṃ ⋯ khecarīsiddhiḥ ||

한편 출판본 HrV에 따르면 "atha haṭhapradīpikāyām"이 아니라 "svātmārāma mate tu – adḥkaprāṭhaḥ"로 기록된 사본도 존재하는데 다음과 같다.

P (Ms. Nr. 6714 of MSSM Library, Thanjavur)

T (Ms. Nr. 6393(b). Haṭharatnāvalī, Thanjavur: Sarasvati Mahl Library)

t1 (Ms. Nr. Re-332-73. Haṭharatnāvalī, Prof. M .Venkata Reddy's)

24 HrV, p. 23에 따르면 이 내용은 *N, n1, n3, n4, p, T, t1*와 같은 7개의 사본에서 발견된다.

한편, *J, n2*에서는 "haṭhapradīpikā mate tu"로 되어 있다. 따라서 HrV. 1. 50의 경우 모두 사본이 '*haṭhapradīpikā*'라는 명칭으로 표현했다는 것을 알 수 있다.

25 모든 필사본에서 발견된다.

26 모든 필사본에서 발견된다. P, T 사본에서는 "Haṭhapradīpikākārokta-mataṃ"로 되어 있지만 Haṭhapradīpikā라는 명칭은 동일하다.

27 모든 필사본에서 발견된다. P, T 사본에서는 "haṭhapradīpikākāro' pi"로 되어 있지만 Haṭhapradīpikā라는 명칭은 동일하다.

HrV. III.23: haṭhapradīpikāyām[28] -

caturśītyāsanāni śivena … bravīmy aham

HrV에서 Hp의 명칭은 모두 여섯 번 언급되는데 모두 *Haṭhapradīpikā*로 되어 있다. 이것은 쉬리니와사요기(Śrīnivāsayogī) 또는 '최초의 HrV 필사자'와 그 이후 필사자들이 *Haṭhapradīpikā*를 명칭으로 알고 있었다는 것을 의미한다.[29]

쉬리니바사는 haṭhayoga라는 복합어를 사용하고 있고[30] 또 *Haṭhayogasaṃpradāya*[31]라는 문헌 명칭도 사용하였으므로 스와뜨라마의 *Haṭhayogapradīpikā*를 일부러 *Haṭhapradīpikā*로 표기했을 가능성은 희박하다.

2. 『유끄따브하바데바』(*Yuktabhavadeva*, 이하 YuB)

YuB는 1623년 이전에 성립된 것으로 추정되는데[32] 저자는 브하데바미쉬라(Bhavadeva Miśra)의 저작이다. 이 문헌은 독창적인 문헌이기보다는 Hp를 비롯 YS, YoY 등 전대의 문헌을 인용하는 편집 문헌이다.

---

28 모든 필사본에서 발견된다. P. T, t1 사본에서는 "etad evoktaṃ haṭhapradīpikāyām api"로 되어 있지만 Haṭhapradīpikā라는 명칭은 동일하다.

29 그리고 이 문헌의 명칭이 *Haṭhayogaratnāvalī*가 아니라 *Haṭharatnāvalī*라는 것에 비추어서 말할 수 있는 것은 '비록 현대인에겐 생소하지만 *Haṭhapradīpikā*가 원제일 가능성'을 높여 준다는 것이다.

30 HrVV. 1.18: athā haṭhayogaḥ - mahāmudrādidaśakaṃ ….

31 atrāyaṃ haṭhayogasampradāyaḥ - śiśurlambikāyogenātītānāgataṃ …pratibhāti ‖ 1. 35와 36 중간에 삽입되어 있음.

32 Gharote는 '브하바데바 미쉬라가 콜로폰에서 śaka 1545년에 작성했다고 언급했던 것'을 그 근거로 삼는다. śaka 1545년은 서력 1623년경이다. YuB: 2002, 서론 p. 16을 참조.

HrV와 마찬가지로 상당 부분을 Hp로부터 인용하는데 교정본에 따르면 Hp라는 출처를 밝히고 인용하는 경우는 일곱 번이다.

YuB. III.16: tad uktaṃ haṭhapradīpkāyām- "Hp. I.58-59"
YuB. VI.15: haṭhapradīpikāyām - "Hp. I.22-27, 28-29a"
YuB. VIII.11: tad uktaṃ haṭhapradīpikāyām - "Hp. II.42a-47"
YuB. VIII.169: tatra śivayogagorakṣaśatakahaṭhapradīpikādāv uktam - "Hp. II. 21-23, II.26-28"
YuB. VIII. 170: tatra haṭhapradīpikāyām- "Hp. III.1-45"
* " " 안의 내용은 인용된 Hp의 게송(들).

YuB에서 Hp의 명칭이 *Haṭhayogapradīpikā*로 표기된 예가 없다는 것은 브하바데바미쉬라가 Hp의 명칭을 *Haṭhapradīpikā*로 알고 있었다는 것을 의미한다.

3. 『요가까르니까』(*Yogakarṇikā*, 이하 YoK)

출판본에 따르면 YoK의 저자는 나타 아고라난다(Nāth Aghorānanda)로 기록되어 있지만 그의 생존 시기는 알려져 있지 않으며, 필사본에 대한 정보도 현재로서는 확인되지 않는다.[33] 이 문헌은 전체15장으로 구성되어 있는데 전체 내용은 대부분 전대의 문헌에서 발췌한 인용문으로 구성되어 있다.

33 델리에서 출판된 원전의 서문에 따르면 편자가 1977년 바라나시의 가야갓트(Gāyaghāṭ)에서 만난 수행자가 사본과 출판본을 갖고 있었고 그가 바로 이 *Yogakarṇīkā* 출판본을 선물했다고 밝히고 있다.

Hp는 YoK의 III.53-72에서 인용되는데 특이한 것은 Hp의 다양한 게송을 (장절에 구분 없이) 인용한다는 점이다. 하지만 YoK는 Hp를 인용하기 전에 명칭을 밝힌다.

haṭhapradīpe- athāsanaṃ sthito yogī …(중략)… gurūpadiṣṭamārgeṇa prāṇāyāmaṃ samācaret ॥ [34] (중략은 필자)

YoK. III.53-73에 인용된 게송은 Hp와 일치하므로, 아고라난다가 출처를 밝힌 *Haṭhapradīpa*는 Hp와 동일한 것으로 판단된다. 아고라난다에 따르면 Hp의 명칭은 *Haṭhapradīpa*이다. *Haṭhapradīpa*와 *Haṭhapradīpikā*의 의미는 거의 같지만 *Haṭhayogapradīpikā*와는 미묘하게 구별된다.

4. 『요가찐따마니』(*Yogacintāmaṇi*, 이하 YcM)

YcM의 저자는 쉬바난다 사라스바띠(Śivānanda Sarasvatī)이고 생존 시기는 16-17세기이다. YcM는 적지 않은 내용을 Hp에서 인용하는데 YcM은 Hp를 인용하면서 출처를 'Haṭhapradīpikāyām'(하타쁘라디삐까에서는 [말한다]), 'Ātmārāmaḥ'(아뜨마라마는 [말한다]), 'Haṭhadīpikāyāṃ'(하타디삐까에서 [말한다]), 'Haṭhayoga'(하타요가는 말한다)와 같이 명칭(혹은 성명) 등으로 밝히고 있다.

이 중에서 Haṭhapradīpika라는 명칭은 25번 발견되고[35] Haṭhadīpika[36]

---

34 "하따쁘라디빠는, 좌법에 익숙한 요가수행자는 … 스승의 가르침에 따라 쁘라나야마(prāṇāyāma)를 수련해야 한다."[고 말했다].

35 YcM, p. 10, 14, 16, 27, 31, 34, 36, 41, 44, 47, 87, 98, 129, 131, 133, 134, 136, 140, 141, 142, 143, 155-6, 157-8, 158-9, 211,

와 Ātmārāma[37]는 각각 1번씩 그리고 Haṭhayoga가 6번[38] 사용되었다. 이 중에서 Haṭhapradīpikā와 Haṭhadīpika, Ātmārāma는 모두 Hp를 의미한다. Haṭhayoga의 경우 유실된 고락샤나타의 Haṭhayoga일 가능성도 있지만 아마도 스바뜨마라마의 Hp를 의미하는 것으로 추정되지만[39] 몇몇 게송은 Hp 유포본에 없는 내용도 발견되므로 단정할 수 없다.[40]

쉬바난다 사라스바띠가 Hp의 명칭을 다양하게 사용했다는 것은 흥미롭지만 논의와 관련해서 말할 수 있는 것은 *Haṭhayogapradīpikā*라는 명칭이 발견되지 않는다는 점이다.

5. 요가 우빠니샤드들(*Upaniṣadbhāṣya-s*)에 대한 『주해서』

나라야나(Nārāyaṇa, 1500-1700년 사이)는 요가우빠니샤드를 비롯한 후기 우빠니샤드 주해를 남겼는데, 그의 주석에서 Hp가 적지 않게 인용된다. 부이(Boy)에 따르면[41] 인용된 곳과 명칭은 다음과 같다.

(1) Amṛtabindu 우빠니샤드에 대한 주석

IV.18: tad uktaṃ haṭhapradīpikāyāṃ "Hp. I.35-39" iti ‖ [42]

36 YcM, p. 88.

37 YcM, p. 15.

38 YcM, pp. 142-3, 145, 159, 168, 181, 189-190.

39 부이(Bouy: 1994, p.71)에 따르면 쉬바난다 사라스바띠가 *Śivayogadīpikā*를 인용할 경우에도 그냥 *Śivayoga*로 기록하고 있다.

40 쉬바난다가 인용한 『하타의 등불』 중 일부 게송은 본서의 저본에서 발견되지 않는다. 그 당시까지 동명의 이서(異書)가 별도로 존재했던 것인지 아니면 이본(異本) 필사본이나 이문 때문인지는 모호하다.

41 Bouy: 1994, p. 74-45.

42 부이(Bouy)는 각주에서 이 부분이 BI. 76에서는 발견되지 않는다고 말한다.

V.24: ayaṃ krama ātmārāmeṇoktaḥ । yathā "Hp. I.56"iti ॥

(2) Kṣurikā 우빠니샤드에 대한 주석

제2송 : tad uktaṃ haṭhapradīpikāyām "Hp. I.17" iti

(3) Brahmavidyā 우빠니샤드에 대한 주석

II.12-13: tad uktaṃ haṭhapradīpikāyām "Hp. IV.98 과 114의 첫 송" iti

(4) Yogaśikhā 우빠니샤드에 대한 주석

II.3 : uktaṃ ca svātmārāmena "Hp.IV. 46[c-d]" iti ।

저자명인 스바뜨마라마를 제외하고 Hp의 명칭이 세 번 거론되었는데 모두 *Haṭhapradīpikā*로 되어 있다. 이것은 나라야나(Nārāyaṇa)가 Hp의 명칭을 *Haṭhapradīpikā*로 알고 있었다는 것을 의미한다.

6. 『고락샤싯드히싯드한따상그라하』(*Gorakṣasiddhāntasaṃgraha*, 이하 GsS)

이 문헌의 저자는 고락샤(Gorakṣa, Gorakṣanātha)로 되어 있지만 Hp를 인용하고 있으므로 후대에 성립된 것으로 추정된다. GsS는 Hp를 적지 않게 인용하지만 Hp의 서명을 밝히는 곳은 세 곳이다.

* 괄호 = 1973년 출판본의 페이지.

① GsS(11)

sā śaṅkarī stūyate haṭhapradīpikāyāṃ -

vedaśāstrapurāṇāni sāmānyaganīkā iva । … ॥

② GsS(30-31)

haṭhapradīpikāyām - kriyāyuktasya siddhiḥ syād kriyasya katham bhavet ∣ …

③ GsS(33)

haṭhapradīpikāyāṃ daśamopadeśe - ādināthoditaṃ …

(중략)…[43]

이 부분은 『하타의 등불』이 10장으로 구성되었다는 것을 언급하는 부분이다.[44]

7. 『요가싯드한따짠드리까』(*Yogasiddhāntacandrikā*, 이하 YsC)

YsC의 저자는 나라야나 띠르타(Nārayanatirtha)이고 17세기에 생존했던 것으로 추정된다.[45] YsC는 그 이전의 『요가경』 주석서들과 확연히 구별되는데 그것은 YsC가 외형적으론 『요가경』에 대한 주석서(Bhāṣya) 형태를 취하지만 하타요가 문헌에 의거해서 해설하는 경우가 많기 때문이다. YsC는 『고락샤샤따까』(*Gorakṣaśataka*), 『요가샤스뜨라』(*Yogaśāstra*)를 비롯한 다수의 하타요가 문헌을 인용하는데 Hp를 인용할 경우 명칭을 『하타디삐까』로 기록한다.

YsC. II.46 (pp. 87, 99-100)

---

43 [이 점에 대해] 『하타쁘라디삐까』의 10번째 가르침에서는 [다음과 같이 말해졌다], "쉬리아디나나가 가르친 …. "

44 이 부분에 대한 논의는 2장 『하타의 등불』의 구성의 10장본 항목을 참조.

45 Bouy: 1994, p. 69를 참조.

haṭhadīpikāyān tu … caturaśīty āsanāni śivena kathitāni ca[46]

YsC. II.51: (pp. 91-3)

haṭhadīpikāyān tu …uktam| tathā- "caturaśīty āsanāni śivena …

eteṣv api siddhaṃ padamaṃ ceti dvayaṃ śresṭam[47]

YsC는 Hp를 『하타디삐까』로 밝히고 있지만 인용된 내용은 Hp 원문과 거의 일치한다. 따라서 YsC의 『하타디삐까』는 Hp를 지칭하는 것으로 판단된다. YsC가 Hp를 『하타디삐까』로 표기했다는 것이 특이하지만 '요가(yoga)'라는 단어가 없다는 점에서는 다른 문헌의 경우와 일치한다.

지금까지 살펴본 바에 따르면 후대의 문헌이 Hp를 인용할 때 명칭을 모두 Haṭhapradīpikā, Haṭhadīpikā로 밝혔고 Haṭhayogapradīpikā로 밝힌 예가 없다는 점에서 Haṭhapradīpikā가 원제에 가까울 것으로 보인다.

46 "『하타디삐까』에서 … 쉬바가 설명한 84좌법을 …."

47 "그리고 『하타디삐까』에서는 길상좌를 제외하고 대신 사자좌를 추가해서 네 가지의 좌법을 말하는데 다음과 같다. '그리고 쉬바가 설명한 84가지 체위들 가운데 핵심적인 4가지를 먼저 나는 설명하겠다. 그것은 달인, 연화, 행운, 사자라는 네 가지이다. 이 중에서도 달인과 연화라는 두 가지가 뛰어나다.'" (YsC. II.46.) 한편 YsC가 인용한 원문 중 몇몇 단어는 Hp와 다르다. 특이한 것은 Hp가 달인좌 하나만을 강조하고 있지만 YsC는 연화좌를 포함시키고 있다는 점이다. 아마도 YsC의 저자가 참고했던 Hp 필사본의 차이에서 비롯된 것으로 짐작된다.

III. 주석서, 『월광』(*Jyotsnā*)의 언급

Hp에 대한 주석서 중 가장 명망높은 것은 브라흐마난다(Brahmānanda)의 *Jyotsnā*(『월광』)이다. 후술하겠지만 Hp는 haṭhayoga라는 복합어의 사용을 꺼려하고 대부분 haṭha라는 단어를 사용한다. *Jyotsnā*는 Hp에 언급된 haṭha의 의미를 모두 haṭhayoga로 풀이하고 또 haṭha라는 단어보다 haṭhayoga라는 복합어를 즐겨 사용하고 있다.[48] haṭha의 의미를 haṭhayoga로 풀이하는 *Jyotsnā*의 입장을 강조한다면 *Haṭhapradīpikā*와 *Haṭhayogapradīpikā*의 의미상 차이는 없다. 그럼에도 불구하고 주목할 수 있는 것은 'Hp. Ⅰ.3에 언급된 서명 *Haṭhapradīpikā*'에 대한 브라흐마난다의 주석이다.

haṭhasya haṭhayogasya pradīpikeva prakāśakatvāt haṭhapradīpikā tām | atha vā haṭha eva pradīpikā rājayogaprakāśakatvāt, tāṃ dhatte …
(*Jyotsnā*. Ⅰ 3. p. 4. *ll*. 2-4)[49]

브라흐마난다는 주석, 『월광』에서 'Hp. 1.3에 언급된 *Haṭhap-*

48 예를 들면, Hp. 16: haṭhayogavidyā haṭhayogaśāstram iti … mantrayogahaṭhayogādīnām….('하타요가의 지혜'라는 [계송의 말은] 하타요가의 논서라는 [의미인데] … 만뜨라요가, 하타요가 등.)
Hp. 13: iti haṭhayogasya lakṣaṇaṃ siddhaṃ(라고 하타요가의 특징이 확립되었다.)

49 "'하타의' 즉 하타요가는 마치 등불처럼(pradīpikeva) 빛을 발하기 때문에 '하타쁘라디삐까'인데 그것을 [스바뜨마라마가 들었다]. 혹은 하타가 바로 '등불' 즉, 라자요가의 불을 밝히는 것이므로 ['하타쁘라디삐까'인데] 그것을 [스바뜨마라마가] 들었다…."

*radīpikā*의 의미'를 격한정복합어 제6격[50] 그리고 동격한정복합어[51]로 각각 풀이한다. 이 중에서 문제시되는 것은 첫 번째 해석인데 *Jyotsnā*에 따르면 haṭha의 의미는 haṭhayoga(하타요가)이고 Haṭhapradīpikā는 haṭhayogasya pradīpikā(하타의 등불)로 분석된다. 여기서 haṭha와 haṭhayoga의 의미가 동일하다는 것은 재차 분명해진다. 따라서 브라흐마난다의 경우 haṭha는 haṭhayoga를 의미하므로 haṭhapradīpikā는 haṭhayogapradīpikā와 같은 의미이다.

하지만 논의 주제와 관련해서 염두에 두어야 할 것은 위 문장이 *Haṭhapradīpikā*라는 '제목의 의미를 풀이하는 내용'이라는 것이다. 브라흐마난다가 *Haṭhapradīpikā*라는 서명을 두 가지 의미로 풀이했다는 것 자체가 암시하는 것은 '브라흐마난다가 이 문헌을 *Haṭhapradīpikā*로 암송했다'는 것이다. 이것은 브라흐마난다가 이 문헌의 명칭을 *Haṭhapradīpikā*로 알고 암송하며 주석했다는 것을 의미한다.

한편 Hp. 제1장에 대한 주석에서 haṭhadīpika로라는 명칭도 발견된다.

evaṃ haṭhadīpikāpi pronnatarājayogamāroḍumicchoranāyāsena rājayogaprāpikā bhavatīti |

브라흐마난다가 Hp를 haṭhapradīpika 대신 haṭhadīpika로 표기했다는 것은 흥미롭지만 haṭhayogapradīpika, haṭhayogadīpika와 같은 형식으로 yoga라는 단어가 포함되지 않았다는 점에서는 동일하다.

---

50 "haṭhasya haṭhayogasya."

51 "haṭha eva pradīpikā."

이상과 같은 논의를 통해 'Hp의 원문을 인용했던 후대 문헌의 공통점'은 Hp를 Haṭhapradīpikā 혹은 드물게 Haṭhadīpikā, Ātmārāma로 표기했지만 Haṭhayogapradīpikā로 표기하지는 않았다는 것이다. 이것이 의미하는 것은 18까지의 산스끄리뜨 문헌에서 Haṭhayogapradīpikā라는 명칭이 없었다는 것이다.

IV. 스바뜨마라마의 표현

1. 하타(Haṭha)의 의미와 용례

한 가지 주목할 수 있는 것은 Hp에서 haṭhayoga라는 복합어 자체가 거의 사용되지 않았다는 것이다. 스바뜨마라마가 haṭhayoga라는 복합어를 거의 사용하지 않았다는 사실은 심지어 '콜로폰에 서명이 *Haṭhayogapradīpikā*로 기록된' 아디야르(Adyar)의 4장본(Hp. 1933)의 경우도 마찬가지이다. Hp 4장본에서 haṭhayoga라는 복합어는 2번 나타나고 haṭhayogin이라는 복합어는 1번 나타나며 나머지는 모두 haṭha로만 표현되어 있다. 전체 목록은 다음과 같다.

I.1	haṭhayogavidyā vibhrājate	: 하타의 지혜는 … 빛난다.
I.2	haṭhavidyopadiśyate	: 하타의 지혜를 가르친다.
I.3	haṭhapradīpikāṃ dhatte	: '하타의 등불'을 들었다.
I.4	haṭhavidyāṃ … vijānate	: 하타의 지혜를 … 안다.
I.9	haṭhayogaprabhāvataḥ	: 하타요가의 수행으로부터
I.10	samāśrayamaṭho… haṭhaḥ	: 하타는 … 사원이며
	ādhārakamaṭhaḥ… haṭhaḥ	: 하타는 … 거북이 같다.

I.11	haṭhavidyā …gopyā	: 하타의 지혜는…보호되어야 한다.
I.12	sthātavyaṃ haṭhayoginā	: 하타요기는 머물러야 한다.
I.17	haṭhasya prathamāṅgatvād	: 하타의 첫 단계이므로
II.34	haṭhakriyā	: 하타행법은
II.38	haṭhajñaiḥ	: 하타를 아는 자들에 의해서
II.75	haṭhasiddhiś ca jāyate	: 하타가 완성된다.
II.76	haṭhaṃ vinā	: 하타를 결여한다면
	haṭhaḥ na sidhyati	: 하타는 성취되지 않는다.
II.78	haṭhasiddhilakṣaṇam	: 하타를 완성한 자의 특징은
III.76	haṭhatantrāṇāṃ	: 모든 하타 수련법의
IV.79	kevalaṃ haṭhakarmiṇaḥ	: 단지 하타를 수련하는 자들
IV.103	sarve haṭhalayopāyā	: 모든 하타, 라야의 수단들은
IV.104	haṭhaḥ kṣetram	: 하타는 밭이고

위에서 열거한 haṭhajñanih(하타를 알고 있는 사람들에 의해), haṭhasiddhis(하타의 성취자는) 등 대부분의 경우 'yoga'를 넣어 haṭhayogajñaiḥ(하타요가를 알고 있는 사람들에 의해), haṭhayogasiddhis(하타요가를 완성한 사람은)로 표현되어도 무방하다. 실제 번역에서도 단어 '요가'를 첨가해서 "하타[요가]"로 번역되어야 의미 전달이 수월할 것으로 보인다. 그리고 'haṭhaṃ vinā'의 경우, 오히려 'haṭhayogaṃ vinā'로 표현되어야 더 정확할 것으로 생각되는데, haṭha로 표현되었다는 것은 저자가 haṭha라는 단어를 선호한 반면 복합어 haṭhayoga를 외면했다는 것을 보여 준다. 특히 이 점은 rājayoga라는 복합어와 비교할 때 명확하게 대조된다. '저자가 하타요가를 대부분 haṭha로 표현하고 라자요가의 경우 철저히 rājayoga로 표현했다'는 것은 하타요가와 라자요가가 동시에 언급되는 다음의 인용문에서 노골적으로 드러난다.

haṭhaṃ vinā *rājayogo rājayogaṃ* vinā *haṭhaḥ* | II.76[52]
rājayogam ajānantaḥ kevalaṃ *haṭha*karmiṇaḥ | IV.79[53]

sarve *haṭhalayo*pāyā *rājayogasya* siddhaye |
*rājayoga*samārūḍhaḥ puruṣaḥ kālavañcakaḥ || IV.103[54]

rājayogaṃ vinā pṛthvī *rājayogaṃ* vinā niśā |
rājayogaṃ vinā mudrā vicitrāpi na śobhate || III.126[55]

Hp에서 'rājayoga'라는 복합어는 19번 발견되지만 단 한 번도 'rāja' 라는 단어로 표현되지 않았고[56] 반대로 haṭhayoga는 대부분 'yoga'가 생략되어 haṭha로 표현되었다. 이것은 저자가 'haṭha ― rājayoga'라는 표현을 고집하면서도 'haṭhayoga ― rāja'라는 표현을 외면했다는 것을 의미한다.

스바뜨마라마가 rājayoga라는 표현을 이미 사용하고 있다는 점에서 haṭhayoga라는 표현을 몰랐을 가능성은 거의 없다. 그럼에도 불구하

52 "하타[요가] 없이는 라자요가가 성취되지 않으며, 라자요가 없이는 하타[요가가] [성취되지 않는다]."
53 "라자요가를 알지 못하고 오로지 하타요가만을 수행하는 사람들을 우리들은 노력의 결과를 얻지 못하는 수행자들이라 한다."
54 "하타요가와 라야요가의 수단은 모두 라자요가를 완성하기 위한 수단에 불과하다. 라자요가에 숙달한 사람은 죽음을 극복한다."
55 "라자요가가 없으면 대지(체위)도, 밤(호흡)도, 다양한 무드라조차도 빛을 발할 수 없다."
56 rājayoga와 무관한 rājadantamūle(앞니의 뿌리에, I.46). rājapathāyat(王道가 될 것이다, III.3) 등은 용례에서 제외하였다.

고 스바뜨마라가가 haṭhayoga라는 표현을 꺼려 했던 이유는 두 가지로 추정된다.

첫 번째는 haṭha와 rājayoga의 특별한 의미를 고려했을 가능성이다. 스바뜨마라마의 Hp에서 전문용어로서의 라자요가는 삼매의 동의어 중 하나이고 하타요가의 목표이다. 반면 하타는 라자요가에 이르기 위한 수단이다. 이 점에서 스바뜨마라마가 하나의 경지로서의 라자요가를 Rājayoga로 표현하고 수단으로서의 하타요가를 haṭha로 표현했을 가능성도 있다.

두 번째는 haṭha라는 단어 자체가 그 당시엔 haṭhayoga와 의미상 교환 가능했거나 또는 그 의미를 포함했을 가능성이다. 예를 들면 haṭha-vidyā(하타의 지혜), haṭhasiddhi(하타의 성취자)라는 예에서 알 수 있듯이 단어 haṭha 자체가 사실상 '하타요가'라는 의미를 포함하고 번역할 경우에도 "하타[요가]의 지혜", "하타[요가]의 성취자"와 같은 형식으로 '요가'라는 단어를 보충해서 넣는 식으로 할 수밖에 없다.[57] 마치 현대인에게 haṭhayoga라는 용어가 익숙하듯이 당시엔 haṭha가 더 익숙한 단어이거나 혹은 haṭha가 haṭhayoga의 의미를 포함했다고 판단할 수도 있다.

haṭha가 haṭhayoga의 의미를 포함하거나 또는 두 용어가 교환 가능하다고 할 경우에도 의문이 남는데, 그것은 두 단어가 동일할지라도 왜 저자가 haṭha라는 단어를 선호하고 haṭhayoga라는 복합어를 기피

57 이와 관련된 좋은 예는 II장 76의 게송 전반부에서 나타난다.
haṭhaṃ vinā rājayogo rājayogaṃ vinā haṭhaḥ(하타 없이는 라자요가가, 라자요가 없이는 하타가 [성취되지 않는다.])
위 문장에서 haṭha는 haṭhayoga외의 다른 것이 아니며, '하타요가' 외에 다른 의미를 담을 수도 없다. 문맥상 haṭha만으로도 '하타요가'라는 의미는 전달된다.

했는지이다. 그것은 다음에 논의할 운율이다.

2. 운 율

Hp의 389의 게송은 12종류의 운율(분류에 따라서는 13종류)로 작성되었다. haṭha는 2음절의 ∪∪ 구조를 지니고 haṭhayoga의 경우 4음절의 ∪∪—∪이 되므로 운율을 고려해서 '저자가 yoga를 생략하고 haṭha로 표현했을 가능성'도 있다. 만약 저자가 yoga를 일부러 생략했다면 그것은 위에서 언급했듯이 haṭha만으로도 'haṭhayoga'라는 의미를 전달할 수 있다고 판단했기 때문일 것이다. 예를 들어 인드라바즈라(Indravajrā)운율로 작성된 I.1송의 경우처럼 haṭhayogavidyā(∪∪—∪——)라는 6음절로도 운율을 지킬 수 있을 경우엔 haṭhayoga로 표현되고 음절과 장단구조를 맞추기 힘들 경우에 'yoga'를 생략해 버린 것으로 볼 수 있다.[58] 물론 'yoga라는 두 음절이 있건 없건' 의미상의 차이는 없다.

이와 관련해서 살펴볼 것은 저자의 언급이다.

3. 저자의 언급

사본의 콜로폰, 사본 표지, 카탈로그 등의 정보보다 더 일차적인 것은 저자가 본문에서 이 문헌의 명칭을 직접 언급하는 경우이다. 이와 관련해서 서명이 언급된 Hp. 1장 3송을 주목할 수 있다.

58 반면 주석에서는 haṭha라는 단어 대신 대부분 haṭhayoga로 표현되었는데 그것은 주석이 운율에서 자유로웠기 때문이다.

a	*b*
bhrāntyā bahumatadhvānte	rājayogam ajānatām ǀ
— — ∪ ∪ ∪ — — —	— ∪ — ∪ ∪ — ∪ —
1 2 3 4 5 6 7 8	9 10 11 12 13 14 15 16

c	*d*
haṭhapradīpikāṃ dhatte	svātmārāmaḥ kṛpākaraḥ ǁ I.3[59]
∪ — ∪ — ∪ — — —	— — — — ∪ — ∪ —
1 2 3 4 5 6 7 8	9 10 11 12 13 14 15 16

위 게송은 *Haṭhapradīpikā*라는 서명이 언급된 유일한 게송이다.[60] 하지만 한 가지 염두에 둘 것은 저자 자신이 스스로를 '자비로운 스바뜨마라마'라고 표현했을 리 만무하므로 최소한 I.3은 스바뜨마라마의 진술이 아니라 '그의 직제자' 또는 '최초의 필사자'에 의해 덧붙여진 부분일 가능성이 높다는 것이다.[61] 하지만 이 게송은 다른 모든 출판본과 사본에서도 그대로 발견되는 게송으로, 말하자면 '최초 필사본의 원형이 온전하게 유지된 게송'으로 판단된다.

그럼에도 불구하고 이 게송만으로 이 문헌의 명칭을 *Haṭhapradīpikā*로 한정하는 것은 다소 성급한 것으로 판단된다. 그것은 *Haṭhapradīpikā*라는 표현이 스바뜨마라마의 육성이 아니라 '스바뜨

59 다양한 견해의 어둠 속에서 혼동으로 인해 라자요가를 알지 못하는 자들을 위해서 '자비롭기 한이 없는' 스바뜨마라마는 하타의 등불을 밝힌다. I.3.

60 Hp^4(서문 p. xix) 역시 이 게송에서 언급된 *Haṭhapradīpikā*를 이 문헌의 정확한 명칭을 파악할 수 있는 유력한 단서로 간주한다.

61 I.1-4 또는 9송까지는 최초의 필사자에 의해 작성된 것으로 보인다.

마라마의 가르침을 전달하고자 했던 제자'나 '최초의 필사자'가 운율을 고려해서 표현했을 가능성이 더 높기 때문이다. 그 이유는 아수쉬뚭-쉴로까에서 haṭhapradīpikā는 ∪—∪—∪—로 1-2-3-4-5-6번째 음절과 11-12-13-14-15-16번째 음절에 사용될 수 있지만 haṭhayogapradīpikā는 그 자체가 ∪∪——∪—∪—라는 8음절의 구(pāda)가 되고 따라서 오직 9-10-11-12-13-14-15-16번째 음절(다시 말해서 짝수 구)에서만 사용될 수 있을 뿐이지만 이 경우엔 첫 번째 구(1-2-3-4-5-6-7-8번째 음절)의 음절이 초과하기 때문이다. 물론 주어(svātmārāmaḥ)와 동사(dhatte)를 그대로 두고 4음절의 kṛpākaraḥ(자비로운)를 생략하고 api나 atha와 같은 2음절의 허사를 추가할 수 있지만[62] 위 게송은 문맥상, Hp를 세상에 내놓는 결정적 동기인 '스승 스바뜨마라마의 자비로움(kṛpākaraḥ)'이 강조되므로 '직제자' 혹은 '최초의 필사자'가 4음절의 'kṛpākaraḥ'(자비로운)를 생략하기는 불가능했을 것으로 보인다. 따라서 가장 간단한 방법은 두 음절의 yoga를 생략하는 것이다. 만약 2음절의 yoga를 생략해도 좋겠다고 '직제자' 혹은 '최초 필사자'가 판단했다면 그것은 아마도 haṭha만으로도 haṭhayoga의 의미가 충분히 전달된다는 것을 고려했을 것이다.

I.3에 표현된 서명 *Haṭhapradīpikā*가 저자의 육성이 아니라 운율을

62 이 경우 사용 가능한 형식은 두 가지일 것이다.

1. 기본형(pathyā)

svātmārāmo 'tha dhatte taṃ haṭhayogapradīpikām

— — — — ∪ — —— ∪∪——∪—∪—

2. 확장형(ma-vipulā)

atha dhatte svātmārāmaḥ haṭhayogapradīpikām

∪∪ — — — — — — ∪∪——∪—∪—

고려한 직제자 혹은 최초 필사자의 표현이고 또 브라흐마난다가 haṭha의 의미를 haṭhayoga로 풀이하고 있다는 것을 강조한다면, Haṭhapradīpikā와 Haṭhayogapradīpikā에 대한 도식적인 구별은 무의미해진다. 하지만 분명한 것은 아누쉬뚜브-쉴로까 운율 구조상 Haṭhayogapradīpikā라는 8음절의 경우 운율적 제약이 많고 따라서 *Haṭhapradīpikā* 라는 6음절이 저자나 직제자 혹은 최초 필사자가 선호할 수밖에 없었을 것이다.

V. 표준적 명칭과 표기

현재까지 살펴본 바에 따르면 *Haṭhapradīpikā*라는 제목이 저자 또는 최초 필사자의 육성에 가까운 것으로 판단된다. 그 근거를 다음과 같이 요약할 수 있다.

1. 현존하는 필사본의 콜로폰은 거의 대부분 서명을 *Haṭhapradīpikā*로 기록하고 있다.

2. *Haṭharatnāvalī, Yuktabhavadeva*를 비롯한 다수의 문헌이 Hp를 인용하고 있는데, 인용할 경우 서명을 *Haṭhapradīpikā*로 기록하고 있다. 이것은 후대의 저자들이나 주석가들도 Hp의 명칭을 *Haṭhapradīpikā*로 알고 있었다는 것을 의미한다.

3. 아누쉬뚜브-쉴로까의 운율 구조상 Haṭhayogapradīpikā(∪∪−−∪−∪−)라는 8음절은 짝수 구에서만 사용될 수 있는 제약적인 복합어이고 나머지 8음절로 동사와 주어(혹은 목적어)를 표현하기 어렵고 따라

서 저자나 직제자 혹은 최초의 필사자가 사용하기 꺼려 했다고 할 수 있다.

4. 브라흐마난다가 Hp 1장 3송에 대한 주석에서 '*Haṭhapradīpikā*'라는 서명의 의미를 풀이했는데, 이것은 '브라흐마난다가 이 문헌을 *Haṭhapradīpikā*로 알고 암송했다'는 것을 의미한다.

콜로폰, 타 문헌의 인용, 운율에 따른 표현에 따르면 *Haṭhapradīpikā*가 원제로 파악되지만 이 문헌이 출판되었던 시점부터는 상황이 완전히 바뀌게 된다.[63]

Hp에 대한 초기 출판물 중 널리 알려졌고 현재까지도 출판되고 있는 것은 두 종류이다. 하나는 1915년에 알라하바드(Allahabad)에서 출판된 Pancham Sinh의 *Haṭhayogarpadīpikā*(Hp²)이고 다른 하나는 1893년 Tookaram Tatya(ed.)와 Śrīnivāsa Iyāngar(tr.)에 의해 출판된 Bombay판본 그리고 이 판본에 대한 1933년도 교정본(2nd. Ed.)이다. 이 교정본은 Adayr에 소장된 필사본 "No. PM1431(Catalogue No. 134) *Haṭhay-*

---

63 하지만 어떤 이유와 계기 그리고 시기에 문헌 명칭이 바뀌었는지는 필자의 능력을 넘어선 것이다. 하지만 아마도 하타요가 수행법이 널리 알려지고 haṭhayoga라는 용어도 널리 통용되면서 이 문헌의 명칭도 *Haṭhayogapradīpikā*로 자연스럽게 오해되었을 가능성이 높은 것으로 보인다.
한편, 인도 철학에서 특정 문헌에 대해서 다양한 명칭이 있고 또 다양한 명칭으로 통용되고 있다.
Bhojavṛtti = *Rājamārtaṃḍavṛtti*, *Sāṃkhyatattvakaumudī* = *Tattvakaumudī*,
Brahmasūtra = *Vedāntasūtra*,
Dakṣiṇāmūrtistotravārttika = *Mānasollāsa*,
Toṭakāṣṭaka = *Śaṅkaradeśikāṣṭaka*

ogapradīpikā with comm. -Jyotsn"에 의거해서 편집 교정된 것으로 알려져 있다. 이 필사본의 제1장 콜로폰은 *Haṭhapradīpikā*로 되어 있지만[64] 나머지 장[65]과 마지막 콜로폰[66]이 *Haṭhayogapradīpikā*로 되어 있다. 이것은 1893년, 1915(?)년, 1933, 1975, 2000년에 출판된 Hp(Ad)의 서명, *Haṭhayogapradīpikā*가 전혀 근거없지 않다는 것을 의미한다.

한편 1915년 출판된 Hp(Pc)의 경우 어떤 사본을 근거로 원문을 확정했는지 분명치 않다. 하지만 놀라운 것은 출판본의 콜로폰엔 *Haṭhapradīpikā*로 되어 있음에도 불구하고 서명을 *Haṭhayogapradīpikā* 표기한 점이다. 이것이 시사하는 것은 '1915년에 이미 *Haṭhayogapradīpikā*라는 명칭이 일종의 공식명칭 또는 이미 널리 통용되던 명칭이었다는 것'이다.

현재까지 Hp가 *Haṭhayogapradīpikā*라는 명칭으로 널리 알려지게 된 계기는 아마도 위의 두 초기 출판물이 인도와 유럽 학자들에게 널리 알려지면서 부터 일 것이다. *Haṭhayogapradīpikā*의 두 출판본이 Winternitz를 비롯한 유럽의 문헌 학자에게 전달되어 *Haṭhayogarpadīpikā*가 하나의 표준적 명칭으로 받아들여졌던 것으로 보인다.[67] 이와 더불어 1920-1930년대에 하타요가쁘라디삐까의 실천법이

64 제1장의 콜로폰: "iti śrīhaṭhayogapradīpikāvyākhyāyāṃ brahmānandakṛtāyāṃ Jyotsnābhidhāyāṃ samādhinirūpaṇaṃ nāma caturthopadeśaḥ"

65 제2장의 콜로폰: "iti śrīhaṭhapradīpikāyāṃ jyotsnābhidhāyāṃ brahānandakṛtāyāṃ prathamopadeśaḥ"

66 제3장의 콜로폰: "iti śrīhaṭhapradīpikāvyākhyāyāṃ jyotsnābhidhāyāṃ brahānandakṛtāyāṃ dvitīyopadeśaḥ"
제4장의 콜로폰: "iti śrīhaṭhapradīpikāvyākhyāṃ brahmānandakṛtāyāṃ jyotsnābhidhāyāṃ mudrākathanaṃ nāma tṛtīyopadeśaḥ"

67 Winternitz: 1922, p. 557(n)에 *Haṭhayogapradīpikā*라는 문헌이 언급된다.

널리 알려지고[68] 1931년[69] 그리고 1950년대부터[70] Haṭhayoga라는 용어가 널리 보급되면서 Hp가 *Haṭhayogapradīpikā*로 굳어지면서 그 이후 인도학 관련 연구목록이나 요가 연구서 등의 기술에 따르면 *Haṭhayogapradīpikā*는 사실상 표준적 명칭(Unified Standard Title)으로 통용된다.[71]

*Haṭhayogapradīpikā*가 하나의 표준적 명칭으로 통용되고 있다는 점에서 이 문헌의 명칭을 *Haṭhapradīpikā*로 갑자기 바꾸는 것에 망설일 수밖에 없었지만[72] 저자나 직제자 혹은 최초 필사자 및 주석가의 의도

---

68 Liberman: 2007, p. 109를 참조.

69 Heinrich Zimmer, "Lehren des Hathayoga, Lehrtexte", *Yoga* 1, 1931, 45-62.

70 예를 들면 Theos Bernard, *Hatha Yoga*. London 1950; Hubert Risch, *Le Hatha Yoga*. Dissertation medicale, Paris. 1950; C. Kerneiz, *Hatha-Yoga*. Munchen 1952; Sivananda, *Hatha Yoga*. Gelnhausen 1954-56; Usharbudh Arya (Swamil Veda Bharati), *Philosophy of Hatha Yoga*. Honesdale, Penn. 1985.

71 ① Winternitz: 1963, p. 557.
② Eliade: 1969, pp. 131, 211, 229, 230, pp. 131-139 등.
③ Brown: 1935, pp. 248-249.
④ Renou: 1979, p. 325[1].
그리고 최근까지 인터넷으로 업데이트가 계속되고 있는, Texts whose Authors can be dated authors listed Chronologically 15th century to the present.(http: ‖ faculty.washington.edu/kpotter/xtxt4.htm.) 에서도 이 문헌의 명칭은 *Haṭhayogapradīpikā*로 되어 있다.
한편 일본에서도 사호다(佐保田鶴治) 박사의 번역 이후 이 문헌은 하타요가쁘라디삐까로 널리 알려졌으며 그 이후 야마모토에 의해 일본어로 번역된 Rouis Renou의 사전(山本智教, 1982)도 학계에 *Haṭhayogapradīpikā*라는 명칭을 알리는 데 기여했을 것이다. 그리고 일본에서 출판된 연구서나 연구목록(Mayeda: 985; Hara: 1985) 및 中村元: 1996, pp. 309-310에서도 이 문헌의 명칭은 *Haṭhayogapradīpikā*로 되어 있다.

72 그동안 역자는 이 문헌을 『하타(요가)의 등불』*Haṭha(yoga)pradīpikā*로 표기해 왔는데 그것은 *Haṭhayogapradīpikā*라는 명칭을 사용해도 Hp 외의 다른 문헌으로 오해될 소지가 없고 또 *Haṭhapradīpikā*로 명칭을 바꾸는 것 자체

를 존중해서 *Haṭhapradīpikā*로 표기하고 『하타의 등불』로 번역할 것이다.

가 비효율적일 수 있다고 판단했기 때문이었다.

▌제4장 ▌『하타의 등불』의 운율(Chandas)

[운율 약호]
^{a}: pāda^{a} = $1^{st.}$ pāda
^{b}: pāda^{b} = $2^{nd.}$ pāda
^{c}: pāda^{c} = $3^{rd.}$ pāda
^{d}: pāda^{d} = $4^{th.}$ pāda

Hp: *Haṭhapradīpikā*

P: Anuṣṭubh-śloka 중 비뿔라(Vipulā)가 사용된 빠다 수

Ś: Anuṣṭubh-śloka의 비뿔라 중 ^{a}, ^{c} 모두 비뿔라인 게송 수

U: Triṣṭubh-upajāti 중 Upendravajrā 운율이 사용된 빠다.

β: 동일 운율(Samavṛtta; 음절수, 장단 구조: $^{a} = ^{b} = ^{c} = ^{d}$)

γ: 교차 운율(Ardhasamavṛtta; 음절수, 장단 구조: $^{a} = ^{c}$, $^{b} = ^{d}$)

μ: 아리야(Āryā of Jāti)

ϕ: 아우빠찬다시까(Aupacchandasika of Jāti)

∅: 홀수 빠다의 5-6-7번째 음절

Σ: 홀수 빠다의 4-5-6-7번째 음절

★: 네 빠다의 장단 구조($^{a} = ^{b} = ^{c} = ^{d}$ of Vṛtta)

†: 네 빠다의 장단 구조($^{a} \neq {}^{b} \neq {}^{c} \neq {}^{d}$ of Vṛtta)

††: 네 빠다의 장단 구조($^{a} = {}^{c}$, $^{b} = {}^{d}$ of Vṛtta)

❖: 네 빠다의 장단 구조($^{a} \cong {}^{b} \cong {}^{c} \cong {}^{d}$ of Vṛtta)

Def.: 운율에 대한 정의

æ: 운율상의 휴지부(Caesura)

[ ]: [음절(akṣara) 수]

{ }: {마뜨라(Mātrā) 수}

◯: 단음 혹은 장음 모두 가능함.

⏓ ⏓ : 네 빠다(pāda$^{a, b, c, d}$)의 2-3번째 음절에서 사용 가능한 장단 구조
—∪ , ∪—, ——. (∪∪는 사용 불가)

⏓ ⏓ ⏓ : 짝수 빠다(pāda$^{b, d}$)의 2-3-4번째 음절에 사용 가능한 장단 구조:
∪—∪ , ——∪, ∪——, —∪∪,———. (∪∪—와 —∪—는 불가)

⏔⏔ : —— 혹은 ∪∪∪∪

⏔ : —— 혹은 ∪∪—

⏔ : —— 혹은 —∪∪

∪∪⏔ : ∪∪— 혹은 ∪∪∪∪

(—) : 짝수 빠다(pāda$^{b, d}$)에서만 추가되는 장음.

운각(韻脚, Gaṇa)

[Y]: 야-운각(Ya-gaṇa) ∪—— *Bacchius*

[M]: 마-운각(Ma-gaṇa) ——— *Amphimacer*

[T]: 따-운각(Ta-gaṇa) ——∪ *Anti-bacchius*

[R]: 라-운각(Ra-gaṇa) —∪— *Dactylus*

[J]: 자-운각(Ja-gaṇa) ∪—∪ *Amphibrachys*

[Bh]: 브하-운각(Bha-gaṇa) —∪∪ *Anapæstus*

[N]: 나-운각(Na-gaṇa) ∪∪∪ *Molossus*

[S]: 사-운각(Sa-gaṇa) ∪∪— *Tribrachys*

[L]: 단음(Laghu) ∪

[G]: 장음(Guru) —

[L2]: 단음 2개(∪∪)

[G2]: 장음 2개(——)

[A5]: '4 마뜨라(mātrā)로 구성된' 5 종류의 운각(Gaṇa) 중 하나.
∪∪∪∪, ∪∪—, —∪∪, ∪—∪, ——

[~J]: 자-운각([J] Gaṇa)를 제외한 '4 마뜨라로 구성된' 4 종류의 운각 중 하나. ∪∪∪∪, ∪∪—, —∪∪, ——

[V]: ∪∪∪∪ 혹은 ∪æ∪∪∪

I. 운율에 따른 용어 사용의 제한성

『하타의 등불』에 의해 하타요가의 수행적 목표라 할 수 있는 '꾼달리니(kuṇḍalinī)의 각성과 상승'에 필요한 무드라(mudrā)의 수행 체계가 정립되었다는 점에서 그리고 『하타의 등불』에서 정립된 수행법이 20세기 초까지 스승에서 제자로 전수되었다는 점에서 Hp의 성립사적 의의와 수행적 의의는 결코 과소평가될 수 없을 것이다. 덧붙이자면, 운율적인 제약을 교묘히 피하면서도 동작의 선후 관계를 지시할 수 있는 절묘한 절대구와 분사, 복합어들로 실천 기법을 전달하는 Hp의 절제된 원문 역시 세련된 산스끄리뜨 운문으로 평가될 수 있을 것이다. 또한 320개가 넘는 필사본이 현존한다는 점에서 이 문헌의 권위와 영향력은 가히 압도적인 것으로 평가될 수 있을 것이다.

하지만 역설적인 것은 Hp의 문헌적 권위를 스스로 하락시키는 요소가 다름 아닌 Hp 내에서 발견된다는 점이다. 그것은 용어 사용이 느슨할 뿐만 아니라 일관성을 결여하고 있다는 점이다. 단적인 예는, Hp가 manas와 citta와 같은 용어를 거의 구별하지 않았을 뿐만 아니라 심지어 동일 게송 내에서조차 혼용되고 있다는 것이다.

이와 관련해서 역자는, Hp의 manas와 citta가 '일반적인 의미에서의 마음'을 의미할지라도 '육체적 기능과 구별되는 심리적 기능만'을 citta로 사용했을 가능성 혹은 '외부 대상과 관련된 심리적 기능'을 manas로 표현했을 가능성 또는 그 반대의 가능성 등을 놓고 검토했지만 여러 가지 가설적인 기준을 충족시킬 수 있는 규칙을 발견할 수 없었다.[1]

하지만 Hp가 citta와 manas와 같은 용어를 혼용했던 이유 그리고 이다(īḍā), 삥갈라(piṅgalā), 수슘나(suṣumna), 꾼달리니(kuṇḍalinī) 등 하타요가 특유의 전문 용어들이 혼란스러울 만큼 다양한 대체어를 갖고 있는 이유는 의외로 단순한 것에서 발견되었다. citta와 manas가 동일 게송 내에서 혼용된 아래의 전형적인 아누쉬뚜브-쉴로까(anuṣṭubh-śloka)를 예로 들 수 있다.

III.90 [a] cittāyattaṃ nṛṇāṃ śukraṃ [b] śukrāyattaṃ ca jīvitam |

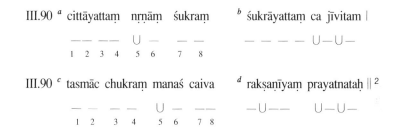

—— —— ∪ — — — — — — — ∪—∪—

1 2 3 4 5 6 7 8

III.90 [c] tasmāc chukraṃ manaś caiva [d] rakṣaṇīyaṃ prayatnataḥ ||[2]

— — — — ∪ — —— —∪—— ∪—∪—

1 2 3 4 5 6 7 8

---

1 이 문제는 2012년 1학기 원광대 동양학대학원 홍주현의 석사논문을 지도하면서 가장 골치 아팠던 문제 중 하나였음을 밝힌다. 2013년 9월 금강대(한국)-동경대(일본)의 제2회 학술교류 공동세미나 논문을 위해 『하타의 등불』 전체 운율을 분석하면서 비로소 이 문제에 대한 해답을 찾을 수 있게 되었다. 당시 논평과 질문을 했던 동경대의 마루이 히로시(丸井浩), 금강대의 박창환, 이영진 교수에게 늦게나마 감사의 마음을 전한다.

2 人間의 정(精)은 心(citta)에 의존하고, 생명은 정(精, śukra)에 의존한다. 따라서 모든 노력을 다해 精(śukra)과 心(manas)을 보존해야만 한다.

'정(精, śukra)은 마음(citta)에 의존하고 생명은 정에 의존하므로' (pāda[a-b]), 정과 마음을 통제해야 한다(pāda[b-d])는 문맥상 '첫 번째 빠다'(pāda[a])의 citta와 śukra는 '세 번째 빠다'(pāda[c])에서 등장해야 하지만 citta의 경우엔 manas로 대체되었다. 위 인용문에서 citta가 manas로 대체되어야 할 이유나 필요성이 발견되지 않으므로 여기서의 두 단어는 의심할 바 없는 동의어로 파악된다. 차이점은 citta와 manas가 똑같은 두 음절(akṣara)의 단어이지만 각각 장-단(長-短, Torchæus, ―∪)과 단-장(Iambus, ∪―)으로 장단 구조가 다르다는 것이다. 미세한 차이지만 운율에 지배를 받는 운문에서 장단 구조가 다른 두 단어가 사용될 수 있는 위치는 한정되고 선택적으로 사용될 수밖에 없다.[3]

좀더 구체적으로 논의하자면, 장-단(―∪)격의 citta는 세 번째 빠다(pāda[c])에서 단-장(∪―)격의 manas로 대체될 수밖에 없는데 그것은 아누쉬뚜브-쉴로까의 홀수 빠다(pāda[a, c])에서 다섯 번째와 여섯 번째(5th-6th) 음절에 장-단(―∪)격이 사용될 수 없기 때문이다. citta를 세 번째 빠다에 사용하기 위해서는 단어의 배열을 바꾸어야 하지만 현실적으로 가능한 조합은 'tasmāc chukraṃ cittaṃ caiva' 혹은 'tasmāc cittaṃ śukraṃ caiva' 뿐이다. 이 경우 'tasmāc chukraṃ cittaṃ caiva'와 'tasmāc cittaṃ śukraṃ caiva'로 바꿀 경우 장단 구조는 '―――――――∪'가 되고

3 더욱이, 예를 들어 제7격으로 격변화한 형태인 citte(――)와 manasi(∪∪∪)의 경우 음절수는 물론이고 장단 구조도 달라진다. 이 경우 장-장격의 2음절인 citte는 홀수 빠다(a, c)의 5th-6th 번째 음절(akṣara)을 제외한 모든 곳에서 사용될 수 있지만, 단-단-단격의 3음절로 된 manasi(∪∪∪)의 경우 'manasy atra'(∪―――∪)와 같은 '위치 장음'으로 음절수와 장단 구조가 바뀌어야만 아누쉬뚜브-쉴로까의 홀수 빠다(a, c)에서 사용될 수 없다. 물론 vipulā(확장된 형태)의 경우 manasi(∪∪∪)는 4th 5th 6th 음절(akṣara-s) 그리고 6th 7th 8th 음절(akṣara-s)에서 사용될 수 있다.

이 형식은 '기본형'(*Pathyā*)이 아니라 '확장형'(Vipulā)의 일종인 마-비뿔라(*ma-vipulā*)로 보일 수도 있지만 마-비뿔라(*ma-vipulā*)는 다섯 번째 음절과 여섯 번째 음절 사이가 휴지부이어야 하고 그 앞의 2nd-3rd-4th음절이 라-운각(Ⓡ *Gaṇa* : —∪—)이어야 하므로 이 두 형식마저도 허용되지 않는다고 할 수 있다. 따라서 위 게송의 경우, 어떤 경우에도 citta는 세 번째 빠다에서 사용될 수 없고 오직 manas만이 사용될 수 있다.

반대로 첫 번째 빠다(pāda[a])에서는 오직 citta만 사용될 수 있고 manas는 사용될 수 없는데 그 이유는 manas를 사용할 경우 연성법칙에 의거해서 1음절이 초과하기 때문이다. 단어의 순서를 바꾸고 두 번째 빠다(pāda[b])의 1음절 ca를 생략할 경우엔 16(8×2)음절수를 맞출 수 있지만 어떤 경우 역시 어떻게 조합해도 두 번째 빠다의 5-6-7번째 음절이 갖추어야 할 '단-장-단'(∪—∪)격을 맞출 수 없다.

요약하면 아누쉬뚜브-쉴로까의 운율 구조상, 위 인용문의 경우 citta는 오직 pāda[a]에서만 사용될 수 있고 pāda[c]에서는 사용될 수 없는 반면, manas는 오직 pāda[c]에서는 사용될 수 있지만 pāda[a]에서는 사용될 수 없다고 할 수 있다.

그 외에도 Hp는 쁘라나(prāṇa), 삥갈라(piṅgalā), 수슘나(suṣumnā), 꾼달리니(kuṇḍalinī)의 대체어로 다양한 단어들을 혼란스럽게 사용하고 있지만 이것 역시 운율적 제약 때문인 것으로 보인다. 쁘라나(prāṇa, —∪)의 경우 vāta(—∪), vāyu(—∪), māruta(—∪∪), marut(∪—), samīraṇa(∪—∪∪), anila(∪∪∪)와 같은 다양한 음절수와 장단 구조를 지닌 대체어들이 사용되었지만 모두 사전적 동의어이므로 문제시될 것은 없다.[4] 하지만 꾼달리니(kuṇḍalinī, —∪∪—)의 대체어로 사용된 bālaraṇḍā(젊은 과부, —∪

——), bhujaṅgī(독사, ∪——), śakti(—∪), arundhatī(∪—∪—) 등 문맥에서 그 의미를 결정할 수밖에 없는 단어들이 무질서하게 사용된 이유 역시 운율을 고려했기 때문인 것으로 판단된다.[5]

하타요가의 주요 술어라 할 수 있는 이다(iḍā)와 수슘나(suṣumnā)를 비롯해고 꾼달리니(kuṇḍalinī) 등, 음절수와 장단 구조를 맞추기 위해 대체된 다양한 단어들은 다음과 같다.[6]

---

4 물론 prāṇa, vāyu는 모두 2음절이고 —∪이라는 동일한 장단 구조를 지니지만 위치 및 격어미의 형태에 따라 장단 구조는 물론이고 음절수조차 전혀 다르게 변한다.
① atha prāṇasya (∪———∪, 5음절) ② atha vāyoḥ (∪∪——, 4음절)
위의 경우 ①은 아누쉬뚜브-쉴로까의 홀수 빠다(pāda[a, c])의 1-2-3-4-5번째 음절을 구성할 수 있지만 그 외의 위치엔 사용될 수 없다. ②는 1-2-3-4 or 4-5-6-7 번째 음절을 구성할 수 있지만 그 외의 위치(ex: 2-3-4-5, 5-6-7-8 etc.)엔 사용될 수 없다.

5 이 점에 대해서는 본 논문의 제 II편에서 자세히 논의할 것이다.
예를 들어 아누쉬뚜브-쉴로까의 pāda[a, c]에서, '꾼달리니'(kuṇḍalinī, —∪∪—)라는 네 음절이 사용될 수 있는 위치는 3-4-5-6번째 음절뿐이고 그 외의 어떤 위치에서도 사용될 수 없다. 반면 '젊은 과부'(bālaraṇḍā, —∪——)는 pāda[a, c]의 1-2-3-4 와 4-5-6-7번째 음절을 구성할 수 있지만 그 외의 위치(2-3-4-5, 3-4-5-6, 5-6-7-8)에서는 사용될 수 없다. pāda[b, d]의 경우 '젊은 과부'는 1-2-3-4 와 4-5-6-7번째 음절에 사용될 수 있지만 그 외의 위치(2-3-4-5, 3-4-5-6, 5-6-7-8)에선 사용될 수 없고 '꾼달리니'의 경우 3-4-5-6에서만 사용될 수 있다.

6 산스끄리뜨에서 운율은 단순히 시형을 아름답고 세련되기 만드는 도구가 아니라 자신의 말에 마법적인 힘을 불어넣는 수단이자 자신의 의도를 감추면서 신의 은총을 구하는 도구이며 문법마저 압도할 수 있다.

Iḍā의 대체어	음절수와 장단 구조	
	2	∪—
Yamunā(야무나)	3	∪∪—
Rātri(밤)	2	—∪
Candrā(달)	2	——
Candramas(달)	3	—∪—
Candramasa	4	—∪∪∪
Vāma(왼쪽)	2	—∪
Vāmamārga(좌도)	4	—∪—∪
Savyanāḍī(南管)	4	—∪——

Piṅgalā의 대체어	음절수와 장단 구조	
	3	—∪—
Gaṅgā(강가)	2	——
divā(대낮)	2	∪—
Sūrya(태양)	2	—∪
Dakṣanāḍī	4	—∪——
Vāma(왼쪽)	3	—∪
Vāmamārga(좌도)	4	—∪—∪
Savyanāḍī(南管)	4	—∪——

Suṣumnā의 대체어	음절수와 장단 구조	
	3	∪——
Śūnya(공)	2	—∪
Śmaśāna(무덤)	3	∪—∪
Śāṃbhavī(샴브하비)	3	—∪—
Madhyamārga(중도)	4	—∪—∪
Sarasvatī	4	∪—∪—
Mahāpatha(대도)	4	∪—∪∪
Śūnyapadavī(공의 길)	5	—∪∪∪—

Kuṇḍalinī(꾼달리니)	음절수와 장단 구조	
	4	—∪∪—
Śakti(샤띠)	2	—∪
Kuṇḍali(꾼달리)	3	—∪∪
Bhujaṅgī(뱀)	3	∪——
Bālaraṇḍa(젊은 과부)	4	—∪—∪
Arundhatī(아룬드하띠)	4	∪—∪—
Parameśvarī(위대한 여신)	5	∪∪—∪—

Prāṇa(호흡, 숨, 기)의 대체어	음절수와 장단 구조	
	2	—∪
Vāta	2	—∪
Vāyu	2	—∪
Marut	2	∪—
Māruta	3	—∪∪
Pavana	3	∪∪∪
Anila	3	∪∪∪
Samīraṇa	4	∪—∪∪

Citta(마음)의 대체어	음절수와 장단 구조	
	2	—∪
Manas	2	∪—
Manasa	3	∪∪∪
Mānasa	3	—∪∪

Amṛta(감로)의 대체어	음절수와 장단 구조	
	3	∪∪∪
Sāra(정수)	2	—∪
Amaravāruṇī(아마라 술)	6	∪∪∪—∪—

Jihvā(혀)의 대체어	음절수와 장단 구조	
	3	— —
Kalā(깔라)	2	∪ —
Gomāṃsa(쇠고기)	3	— — ∪
Amaravāruṇī(아마라 술)	6	∪ ∪ ∪ — ∪ —

운율은, 부정확한 음역으로 야기된 난해한 문장을 판독하는 데 유용할 뿐만 아니라 '젊은 과부, 쇠고기, 술 등 저자가 무의식적으로 혹은 의도적으로 비밀화시킨 단어'[7]의 의미를 파악하는 열쇠가 될 수 있고 또 텍스트 비평 작업에서 가장 먼저 고려되어야 할 요소이기도 하다.

II. 아누쉬뚜브-쉴로까(Anuṣṭubh-śloka)[8](352회)[8]

389개의 게송 중 전체의 90%에 해당하는 352개의 게송이 아누쉬뚜브-쉴로까(Anuṣṭubh-śloka)로 작성되었다.[9] 이 운율은 가자가띠(Gajagati), 쁘

7 III.47송에 대한 해설을 참조.

8 본서에서의 아누쉬뚜브-쉴로까는 산스끄리뜨 운율서에서 박뜨라(Vaktra) 운율군(群)에 속하는 몇몇의 8음절 운율을 의미한다. 이 운율에 대한 세부 정의와 분석은 박영길(2004, pp. 423-469)을 참조.

9 여기서의 아누쉬뚜브-쉴로까는 '리그베다의 뿌루샤 찬가 등에서 사용된 베딕 아누쉬뚭 운율에 기반을 둔 운율로 고전 산스끄리뜨에서 널리 사용된 아누쉬뚜브' 운율을 의미한다. 『찬다흐샤스뜨라』(*Chandaḥśāstra*), 『브릿따라뜨나까라』(*Vṛttaratnākara*), 『찬도만자리』(*Chandomañjarī*) 등의 운율서에 따르면 이 운율은 '아누쉬뚜브(Anuṣṭubh)'로 명명된 것이 아니라 박뜨라(vaktra)라는 명칭으로 설명된 것으로 가자가띠, 쁘라마니까 등등의 이른바, '아누쉬뚜브'로 알려진 운율과 구별되는 운율이다. 흥미로운 것은 『쉬루따보드하』(*Śrutabodha*)가 이 운율을 '쉴로까'(śloka)로 명명했다는 것이

라마니까(Pramāṇikā)를 비롯한 여타의 '8음절로 된 운율'들과 달리 4빠다의 장단 구조가 저마다 다르므로 본고에서는 동일 운율(samavṛtta)과 구별하였다.

352개의 아누쉬뚜브-쉴로까 중에서 294개의 게송은 '빠티야'(Pathyā, 일반형)이고 58개의 게송은 '비뿔라'(Vipulā, 확장형)이다.[10] Hp에서 사용된 비뿔라(확장형)는 마-비뿔라(Mavipulā), 나-비뿔라(Navipulā), 브하-비뿔라(Bhavipulā), 라-비뿔라(Ravipulā)와 같은 네 가지 종류로 모두 64개의 빠다(Pāda)에서 사용되었다. 64빠다에서 사용된 비뿔라 중 여섯 게송의 경우 첫 번째 빠다와 세 번째 빠다(a, c)가 모두 비뿔라이므로[11] 실제 비뿔라로 작성된 게송 수는 58개로 환산된다.

다. 하지만 '쉴로까'라는 단어 역시 '베딕 아누쉬뚜흐부에 근거를 둔 고전 산스끄리뜨의 아누쉬뚜브' 혹은 '가자가띠 등 동일 운율의 아누쉬뚜브'를 의미할 수 도 있고 혹은 단순히 '게송'을 의미하기도 하므로 여기서는 혼동을 피하기 위해 본고에서 다룰 '베딕에 근거한 아누쉬뚜브'를 편의상 아누쉬뚜브-쉴로까로 표기하고자 한다.
아누쉬뚜브-쉴로까는 아리야(Āryā)와 같은 자띠(jāti) 운율과도 다르고 또 '네 빠다의 음절수가 동일하지만 장단 구조가 다르다는 점에서' 사마브릿따(samavṛtta, 동일 운율)로도 비사마브릿따(visamavṛtta, 이질 운율)로도 규정될 수 없는 제3의 운율로 판단되어 별도로 분류하였다. 아누쉬뚜브-쉴로까 운율에 대해서는 박영길(2014) 논문을 참조.

10 비뿔라(Vipulā)는 첫 번째 빠다(1st pāda= a)와 세 번째 빠다(3rd pāda, = c) 중 하나 또는 모두가 확장된 것이다. 비뿔라를 일종의 '변형'으로 부를 수도 있지만 '허용 가능한 형식'이라는 의미가 더 강하므로 본고에서는 번역이 필요할 경우엔 '확장형'으로 번역하였다.

11 ① I.18 a Navipulā c Ravipulā ② II.39 a Bhavipulā c Navipulā
③ III.69 a Bhavipulā c Ravipulā ④ III.81 a Navipulā c Ravipulā
⑤ III.95 a Bhavipulā c Mavipulā ⑥ IV.83 a Mavipulā c Navipulā

1. 빠티야(기본형, *Pathyā*)

고전 산스끄리뜨의 아누쉬뚜브-쉴로까는 8음절씩 4개의 빠다로 구성되었지만, '베다 운율에 기원을 둔 운율'의 일반적 특징대로 장단 구조가 정형화된 것은 아니며 4 빠다의 장단 구조도 전부 다르다.

	1	2	3	4	5	6	7	8	
a	○	U̲	U̲	○	U	—	—	○	
b	○	U̲	U̲	U̲	U	—	U	○	|
c	○	U̲	U̲	○	U	—	—	○	
d	○	U̲	U̲	U̲	U	—	U	○	‖

Ex Hp. III.2

a suptā guruprasādena
b yadā jāgrati kuṇḍalī |
c tadā sarvāṇi padmāni
d bhiyante granthayo 'pi ca ‖
a ——U— U——U
b U——U U—U— |
c U——— U——U
d U——— U—UU ‖

352개의 아누쉬뚜브-쉴로까 중 294개의 게송이 빠티야(Pathyā, 일반형)이다.[12]

---

12 한편, 다음과 같은 여덟 게송은 6개의 pāda(*a-b, c-d, e-f*)로 구성되었다.
① I.12, ② I.41, ③ I.54, ④ I.61, ⑤ II.24, ⑥ II.75, ⑦ III.82, ⑧ III.31, ⑨ IV.80, ⑩ IV.100.

2. 비뿔라(확장형, *Vipulā*)

352개의 아누쉬뚜브-쉴로까 중 58개의 게송(64개의 pāda)은 Mavipulā, Ravipulā, Bhavipulā, Navipulā와 같은 4종류의 비뿔라로 작성되었다. 빠티야의 경우 *a, c* pāda의 5th 6th 7^{th}번째 음절이 [Y]gaṇa(∪ — —)로 되어 있지만 비뿔라의 경우 5th 6th 7^{th}번째 음절이 [Y]가 아니라 [M], [R], [Bh], [N] 중 하나로 된 것이다. 하지만 비뿔라에서 공통적으로 발견되는 하나의 원칙에 따르면, 비뿔라가 성립될 수 있는 중요한 전제 조건은 네 번째 음절(4th syllable)이 모두 장음(—, [G])이어야 한다는 것이고 따라서 2nd 3rd 4th 음절을 구성할 수 있는 운각(Gaṇa)은 [Y], [M], [R], [S] 중 하나이다. 반면, [T], [J], [Bh], [N] 운각은 모두 ∪([L])로 끝나므로 2nd 3rd 4th 음절에 사용될 수 없다.

Hp의 경우, 비뿔라 형식에서 사용된 2-3-4, 5-6-7번째 음절의 조합은 다음과 같다.

이 름	전(前)-운각(Gaṇa) 2nd-3rd-4th 음절	비뿔라 운각(Gaṇa) 5th-6th-7^{th}음절	휴지(Ceasura, æ) 위치
Mavipulā	[R]	[M] (— — —)	5th æ 6th 음절
Ravipulā	[Y] or [M] or [R] or [S]	[R] (— ∪ —)	4th æ 5th 음절
Bhavipulā	[Y] or [M] or [R]	[Bh] (— ∪ ∪)	-
Navipulā	[Y] or [M] or [R]	[N] (∪ ∪ ∪)	-

(1) 마-비뿔라(Mavipulā: —æ — —)

5th 6th 7th

pāda*a, c* : ○ — ∪ — —æ — — ○
1 2 3 4 5 6 7 8

마-비뿔라(— — —)는 [a,c] pāda에서 모두 13번 사용되었으며 사용된 운각(gaṇa)의 형식은 모두 Ⓡ Ⓜ이며 휴지(休止)부는 다섯 번째 음절과 여섯 번째 음절 사이이다.

1. Hp. I.23 [c] Ⓡ Ⓜ
2. Hp. I.51 [a] Ⓡ Ⓜ
3. Hp. II.6 [c] Ⓡ Ⓜ
4. Hp. II.19 [a] Ⓡ Ⓜ
5. Hp. II.22 [c] Ⓡ Ⓜ
6. Hp. III.95 [c] Ⓡ Ⓜ
7. Hp. III.100 [c] Ⓡ Ⓜ
8. Hp. III.118 [c] Ⓡ Ⓜ
9. Hp. IV.14 [c] Ⓡ Ⓜ
10. Hp. IV.16 [a] Ⓡ Ⓜ
11. Hp. IV.17 [c] Ⓡ Ⓜ
12. Hp. IV.83 [a] Ⓡ Ⓜ
13. Hp. IV.110 [a] Ⓡ Ⓜ

Ex

Hp. IV.16 [a] jñātvā suṣumnā sadbhedaṃ
— — ∪ — — æ — — — Ⓡ Ⓜ

Hp. IV.17 [c] bhoktrī suṣumnā kālasya
— — ∪ — — æ — — ∪ Ⓡ Ⓜ

(2) 라-비뿔라(Ravipulā: æ — ∪ —)

5th 6th 7th

pāda[a, c] : ○ ○ ○ — æ — ∪ — ○
1 2 3 4 5 6 7 8

라-비뿔라(— ∪ —)는 [a,c] pāda에서 모두 17번 사용되었으며 사용된 운각(韻脚, gaṇa) 형식은 Ⓨ Ⓡ, Ⓜ Ⓡ, Ⓡ Ⓡ, Ⓢ Ⓡ와 같은 네 종류이며 휴지 위치는 네 번째 음절과 다섯 번째 사이이다.

1. Hp. I.9^{c} [Y][R]
2. Hp. I.18^{c} [Y][R]
3. Hp. I.33^{a} [S][R]
4. Hp. I.41^{c} [R][R]
5. Hp. II.9^{a} [R][R]
6. Hp. II.25^{a} [M][R]
7. Hp. II.37^{a} [M][R]
8. Hp. II.45^{c} [Y][R]
9. Hp. II.49^{c} [R][R]
10. Hp. II.76^{a} [R][R]
11. Hp. III.64^{a} [M][R]
12. Hp. III.67^{a} [M][R]
13. Hp. III.69^{c} [M][R]
14. Hp. III.81^{c} [R][R]
15. Hp. III.92^{a} [Y][R]
16. Hp. IV.64^{a} [M][R]
17. Hp. IV.84^{c} [M][R]

Ex

Hp. II.45^{a} kumbhakānte recakādu
— ∪ — —$_{æ}$ —∪—∪ [Y][R]

Hp. I.33^{c} caturaśīty āsanāni
∪∪∪—$_{æ}$ —∪—∪ [S][R]

(3) 브하-비뿔라(Bhavipulā: — ∪∪)
5th 6th 7th

pāda$^{a,\ c}$: ○ ○ ○ — — ∪ ∪ ○
1 2 3 4 5 6 7 8

브하-비뿔라(—∪∪)가 사용된 곳은 모두 13곳이며 사용된 운각 형식은 [Y][Bh], [M][Bh], [R][Bh]와 같은 세 종류이다.

1. Hp. I.32^{c} [R][Bh]
2. Hp. I.42^{a} [M][Bh]
3. Hp. II.14^{a} [R][Bh]
4. Hp. II.39^{a} [R][Bh]
5. Hp. II.65^{c} [Y][Bh]
6. Hp. II.69^{a} [Y][Bh]

7.	Hp. II.70 [c]	Ⓡ Bh	*8.*	Hp. III.7 [c]	Ⓡ Bh
9.	Hp. III.69 [a]	Ⓡ Bh	*10.*	Hp. III.95 [a]	Ⓜ Bh
11.	Hp. III.104 [a]	Ⓨ Bh	*12.*	Hp. IV.63 [c]	Ⓨ Bh
13.	Hp. IV.87 [c]	Ⓨ Bh			

Ex

Hp. III.69[a] bilaṃ praviṣṭeva tato
∪— ∪——∪ ∪— Ⓡ Bh

Hp. I.32[c] śavāsanaṃ śrāntiharaṃ
∪—∪— —∪∪— Ⓡ Bh

(4) 나-비뿔라(Navipulā: ∪∪∪)
5th 6th 7th

pāda[a, c] : ○○○— ∪∪∪ ○
1 2 3 4 5 6 7 8

나-비뿔라(∪∪∪)는 pāda[a, c]에서 모두 21번 사용되었으며 사용된 운각 형식은 Ⓨ Ⓝ, Ⓜ Ⓝ, Ⓡ Ⓝ와 같은 세 가지이다.

1.	Hp. I.18 [a]	Ⓜ Ⓝ	*2.*	Hp. I.34 [c]	Ⓜ Ⓝ
3.	Hp. I.43 [a]	Ⓨ Ⓝ	*4.*	Hp. II.31 [a]	Ⓜ Ⓝ
5.	Hp. II.39 [c]	Ⓜ Ⓝ	*6.*	Hp. III.3 [a]	Ⓡ Ⓝ
7.	Hp. III.4 [a]	Ⓜ Ⓝ	*8.*	Hp. III.53 [a]	Ⓨ Ⓝ
9.	Hp. III.58 [a]	Ⓜ Ⓝ	*10.*	Hp. III.70 [a]	Ⓨ Ⓝ
11.	Hp. III.81 [a]	Ⓜ Ⓝ	*12.*	Hp. III.82 [a]	Ⓡ Ⓝ
13.	Hp. III.103 [a]	Ⓨ Ⓝ	*14.*	Hp. III.111 [a]	Ⓡ Ⓝ
15.	Hp. III.128 [c]	Ⓜ Ⓝ	*16.*	Hp. IV.1 [a]	Ⓡ Ⓝ
17.	Hp. IV.4 [c]	Ⓜ Ⓝ	*18.*	Hp. IV.83 [c]	Ⓜ Ⓝ

19. Hp. IV.91 [c] [M][N]   *20.* Hp. IV.95 [a] [Y][N]

21. Hp. IV.104 [c] [Y][N]

Ex

Hp. III.70 [a]   kaṇṭham ākuñcya hṛdaye
— ∪ —— ∪ ∪∪—   [Y][N]

Hp. III.128 [c]   ekaikā tāsu yaminām
——— —∪ ∪∪—   [M][N]

<table>
<tr><th colspan="5">아누쉬뚜브-쉴로까(Anuṣṭubh-śloka)</th></tr>
<tr><th colspan="3">정의(규칙)</th><th colspan="2">게송수(%)</th></tr>
<tr><td colspan="3">Pathyā
기본형 (∪——)$^{\varnothing}$</td><td colspan="2">294 (84%)</td></tr>
<tr><td rowspan="5">Vipulā
확장형</td><td>세부 명칭</td><td>비고</td><td></td><td rowspan="5">58
(16%)</td></tr>
<tr><td>Mavipulā (——æ——)Σ</td><td>p13 Ś2</td><td>12
(3.4%)</td></tr>
<tr><td>Ravipulā (—æ—∪—)Σ</td><td>p17 Ś3</td><td>15.5
(4.4%)</td></tr>
<tr><td>Bhavipulā (——∪∪)Σ</td><td>p13 Ś3</td><td>11.5
(3.3%)</td></tr>
<tr><td>Navipulā (—∪∪∪)Σ</td><td>p21 Ś4</td><td>19
(5.4%)</td></tr>
<tr><td colspan="2">합 계</td><td>p64 Ś12</td><td colspan="2">352 (100%)</td></tr>
<tr><td colspan="5">∅: 홀수 빠다의 5th 6th 7th 음절
Σ: 홀수 빠다의 4th 5th 6th 7th 음절
æ: 휴지부(Caesura)
p: 비뿔라 사용된 빠다(Pāda)의 수
Ś: $^{a,\ c}$ 가 모두 비뿔라로 사용된 게송의 수</td></tr>
</table>

III. 브릿따(Vṛtta) 운율

1. 동일 운율(Samavṛtta)

사마브릿따(samavṛtta)는 네 빠다의 음절수와 장단 구조가 동일한 형태로 8종류의 운율이 모두 31개의 게송에서 사용되었다. 그중에서 가장 빈번한 것은 11음절로 구성된 운율이다.

(1) 11음절(14회)

11음절로 작성된 게송은 14개인데 그중에서 인드라바즈라(Indravajrā)가 4개의 게송에서 사용되었고 샬리니(Śālinī)가 1개의 게송 그리고 나머지 9 게송은 우빠자띠(Upajāti)로 되어 있다. 인드라바즈라와 샬리니의 경우 4 빠다의 장단 구조가 동일한 전형적인 '동일 운율'(Samavṛtta)이지만 우빠자띠의 경우 일부 빠다만 동일하다. 뜨리쉬뚜브후 범주에 속하는 세부 운율의 용례는 다음과 같다.

1. Hp. I.1 : Indravajrā [a, b, c, d]
2. Hp. I.26 : Indravajrā [a, b, c, d]
3. Hp. I.27 : Upajāti (Indravajrā [a, c, d] Upendravajrā [b])
4. Hp. I.28 : Upajāti (Indravajrā [b, c] Upendravajrā [a, d])
5. Hp. I.30 : Upajāti (Indravajrā [b, c, d] Upendravajrā [a])
6. Hp. II.28 : Upajāti (Indravajrā [a, b, d] Upendravajrā [c])
7. Hp. II.34 : Upajāti (Indravajrā [a, b] Upendravajrā [c, d])
8. Hp. II.68 : Śālinī [a, b, c, d]
9. Hp. III.96 : Upajāti (Indravajrā [a, d] Upendravajrā [b, c])
10. Hp. III.112 : Upajāti (Indravajrā [b] Upendravajrā [a, c, d])
11. Hp. IV.24 : Upajāti (Indravajrā [a, b] Upendravajrā [c, d])

12. Hp. IV.25 : Indravajrā *a, b, c, d*
13. Hp. IV.66 : Upajāti (Indravajrā *a, c, d* Upendravajrā *b*)
14. Hp. IV.81 : Indravajrā *a, b, c, d*

1) 인드라바즈라(Indravajrā)

Def. syād indravajrā yadi tau jagau gaḥ ‖ VrK. 91 ‖ : ⓉⓉⒿⒼⒼ[5+6]

인드라바즈라 운율로 작성된 게송은 4개이다.

1. Hp. I.1 *2.* Hp. I.26
3. Hp. IV.25 *4.* Hp. IV.81

Ex Hp. I.1 *a, b, c, d*

a śrī ādināthāya namo 'stu tasmai
— —∪——∪ ∪ — ∪ — —

b yenopadiṣṭā haṭhayogavidyā |
— —∪—— ∪∪ —∪ — —

c vibhrājate pronnatarājayogam
— —∪— — ∪ ∪—∪— —

d ārodhum icchor adhirohiṇīva ‖
— —∪ — — ∪∪—∪——

그 외에 '인드라바즈라와 우뻰드라바즈라가 혼용된 운율인 우빠자띠(Upājati)'의 9게송 중 21 빠다에서 인드라바즈라 운율이 사용되었다.

1. Hp. I.27 Upajāti (1st, 3rd, 4th pāda-*s* Indravajrā)
2. Hp. I.28 Upajāti (2nd, 3rd pāda-*s* Indravajrā)
3. Hp. I.30 Upajāti (2nd, 3rd, 4th pāda-*s* Indravajrā)

4.	Hp. II.28	Upajāti	(1st, 2nd, 4th pāda-s	Indravajrā)
5.	Hp. II.34	Upajāti	(1st, 2nd pāda-s	Indravajrā)
6.	Hp. III.96	Upajāti	(1st, 4th pāda-s	Indravajrā)
7.	Hp. III.112	Upajāti	(2nd pāda	Indravajrā)
8.	Hp. IV.24	Upajāti	(1st, 2nd pāda-s	Indravajrā)
9.	Hp. IV.66	Upajāti	(1st, 3rd, 4th pāda-s	Indravajrā)

Ex Hp. IV.24(Rāmā)

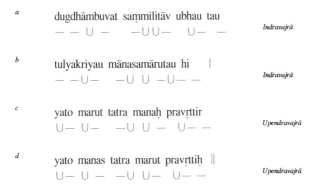

a dugdhāmbuvat saṃmilitāv ubhau tau
— — ∪ — —∪∪— ∪— — *Indravajrā*

b tulyakriyau mānasamārutau hi |
— —∪— —∪ ∪ —∪— — *Indravajrā*

c yato marut tatra manaḥ pravṛttir
∪— ∪— —∪ ∪ — ∪— — *Upendravajrā*

d yato manas tatra marut pravṛttiḥ ||
∪— ∪ — —∪ ∪— ∪— — *Upendravajrā*

2) 우뻰드라바즈라(Upendravajrā)

Def. upendravajrā jatajās tato gau || VrK. 91 || : Ⓙ Ⓣ Ⓙ Ⓖ Ⓖ [5+6]

Hp에서 우뻰드라바즈라 운율로만 작성된 게송은 발견되지 않지만 '인드라바즈라와 우뻰드라바즈라가 혼용된 운율인 우빠자띠(Upajāti)'의 9게송 중 15개의 빠다에서 우뻰드라바즈라 운율이 발견된다.

1.	Hp. I.27	Upajāti	(2nd pāda	Upendravajrā)
2.	Hp. I.28	Upajāti	(1st, 4th pāda-s	Upendravajrā)
3.	Hp. I.30	Upajāti	(1st pāda	Upendravajrā)
4.	Hp. II.28	Upajāti	(3rd pāda	Upendravajrā)

5. Hp. II.34 Upajāti (3rd, 4th pāda-s Upendravajrā)
6. Hp. III.96 Upajāti (2nd, 3rd pāda-s Upendravajrā)
7. Hp. III.112 Upajāti (1st, 3rd, 4th pāda-s Upendravajrā)
8. Hp. IV.24 Upajāti (3rd, 4th pāda-s Upendravajrā)
9. Hp. IV.66 Upajāti (2nd pāda Upendravajrā)

Ex Hp. III.112(Ṛddhi)

a avasthitā caiva phaṇāvatī sā
U—U— —U U—U— — *Upendravajrā*

b prātaś ca sāyaṃ praharārdhamātram |
— — U — — UU — U — — *Indravajrā*

c prapūrya sūryat paridhānayuktyā
U —U — — UU—U — — *Upendravajrā*

d pragṛhya nityaṃ paricālanīyā ||
U — U— — U U—U—— *Upendravajrā*

3) 우빠자띠(Upajāti)

우빠자띠(Upajāti)는 인드라바즈라와 우뻰드라바즈라가 혼용된 게송으로 모두 9게송에서 사용되었다. 두 바즈라 운율이 사용된 빠다의 위치에 따라 다음과 같은 14종류로 세분화될 수 있는데, 명칭과 해당 게송은 다음과 같다.

우빠자띠(Upajatī)의 구성과 세부 명칭				
번호	인드라바즈라가 사용된 빠다(들)	우뻰드라바즈라가 사용된 빠다(들)	세부명칭	해당 게송
1	1st	2nd, 3rd, 4th	Buddhi	-
2	1st, 2nd	3rd, 4th	Rāmā	II.34, IV.24
3	1st, 3rd	2nd, 4th	Bhadrā	-

4	1st, 4th	2nd, 3rd	Māyā	III.96
5	1st, 2nd, 3rd	4th	Bālā	-
6	1st, 2nd, 4th	3rd	Sālā	II.28
7	1st, 3rd, 4th	2nd	Vāṇī	I.27, IV.66
8	2nd	1st, 3rd, 4th	Ṛddhi	III.112
9	2nd, 3rd	1st, 4th	Ārdrā	I.28
10	2nd, 4th	1st, 3rd	Haṃsī	-
11	2nd, 3rd, 4th	1st	Kīrti	I.30
12	3rd	1st, 2nd, 4th	Premā	-
13	3rd, 4th	1st, 2nd	Mālā	-
14	4th	21st, 2nd, 3rd	Chāyā	-
1st = pāda*a* 2nd = pāda*b* 3rd = pāda*c* 4th = pāda*d*				

Ex Hp. IV.24(Upajāti: Rāmā)

a dugdhāmbuvat saṃmilitāv ubhau tau
——∪ ——∪ ∪—∪ — — *Indravajrā*

b tulyakriyau mānasamārutau hi |
——∪ ——∪ ∪—∪ — — *Indravajrā*

c yato marut tatra manaḥ pravṛttir
∪—∪ ——∪ ∪—∪ — — *Upendravajrā*

d yato manas tatra marut pravṛttiḥ ||
∪—∪ ——∪ ∪—∪ — — *Upendravajrā*

Ex Hp. III.96(Upajāti: Māyā)

a pittolbaṇatvāt prathamāmbudhārāṃ
— —∪— — ∪ ∪ — ∪ — — *Indravajrā*

b vihāya niḥsāratayāntya dhārām |
∪—∪ — —∪∪— ∪ — — *Upendravajrā*

c niṣevyate śītalamadhya dhārā
U—U— —U U—U — — *Upendravajrā*

d kāpālike khaṇḍamate 'marolī ||
——U— — U U— U—— *Indravajrā*

4) 샬리니(Śālinī)

Def. śāliny uktā mtau tagau go 'bdhilokaiḥ || VrK. 95 || : Ⓜ Ⓣ Ⓣ Ⓖ Ⓖ [4+7]

샬리니는 Hp. II.68에서 한 번 사용되었다.

Ex Hp. II. 68

a vegād ghoṣaṃ pūrakaṃ bhṛṅganādaṃ
— — — —æ —U— — U — —

b bhṛṅgīnādaṃ recakaṃ mandamandam |
— — — —æ —U— — U — —

c yogīndrāṇām evam abhyāsayogāc
— — — —æ —U — —U — —

d citte jātā kācidānandalīlā ||
—— ——æ —U——U——

11음절의 운율		
사용된 운율명	정의(구성)	게송수
Śālinī★	*Def.* māttau gau cec chālinī vedalokaiḥ Ⓜ Ⓣ Ⓣ Ⓖ Ⓖ (————æ—U——U——)	1
Indravajrā★	*Def.* syād indravajrā yadi tau jagau gaḥ Ⓣ Ⓣ Ⓙ Ⓖ Ⓖ (——U——UU—U——)	4
Upendravajrā★	*Def.* upendravajrā prathame lagau sā Ⓙ Ⓣ Ⓙ Ⓖ Ⓖ (U—U——UU—U——)	0

	구성 / 세부명칭	Indravajrā	Upendravajrā		
Upajāti ※	Rāmā	1st, 2nd	3rd, 4th	2	9
	Sālā	1st, 2nd, 4th	3rd	1	
	Māyā	1st, 4th	2nd, 3rd	1	
	Vāṇī	1st, 3rd, 4th	2nd	2	
	Ṛddhi	2nd	1st, 3rd, 4th	1	
	Ārdrā	2nd, 3rd	1st, 4th	1	
	Kīrti	2nd, 3rd, 4th	1st	1	
					14
⋆: 장단 구조 ($^{a} = {}^{b} = {}^{c} = {}^{d}$)					
※: 장단 구조 (네 빠다 중 일부만 동일)					

(2) 12음절(1회)

12음절로 구성된 운율(Jagatī) 중 Hp에서 사용된 운율은 방샤말라(Vaṃśamālā)인데 이 운율은 인드라방샤(Indravaṃśa)와 방샤스타(Vaṃśastha)가 혼용된 운율이다. 방샤말라는 네 빠다가 각각 12음절로 된 사마브릿따(Samavṛtta, $^{a} = {}^{b} = {}^{c} = {}^{d}$)이지만 장단격의 형태는 마치 교차 운율(Ardhasamavṛtta $^{a} = {}^{c}, {}^{b} = {}^{d}$)처럼 Hp. II.78 a, c는 방샤스타 운율로 작성되었고 b, d는 인드라방샤 운율로 작성되었다.

1) 방샤스타(Vaṃśastha 혹은 Vaṃśanita, Vaṃśasthavila)

Def. jatau tu vaṃśastham udīrataṃ jarau || VrK. 107 || : [J][T][J][R]

방샤스타는 '11음절의 우뻰드라바즈라'(∪ – ∪ – – ∪ ∪ – ∪ – –)의 마지막 음절 앞에 ∪([L])가 추가된 12음절의 운율인데 Hp. II.78$^{a, c}$에서 사용되었다.

II.78 [a] vapuḥ kṛśatvaṃ vadane prasannatā

U— U— — UU— U—U—

II.78 [c] arogatā bindujayo 'gnidīpanaṃ

U—U— —UU— U—U—

2) 인드라방샤(Indravaṃśa)

Def. syād indravaṃśā tatajai rasaṃyutaiḥ ‖ VrK. 108 ‖ : Ⓣ Ⓣ Ⓙ Ⓡ

인드라방샤는 '11음절의 인드라바즈라'(——U——UU—U——)의 마지막 음절 앞에 U(Ⓛ)가 추가된 12음절의 운율로 Hp. II.78[b, d]에서 사용되었다.

II.78 [b] nādasphuṭatvaṃ nayane sunirmale |

— — U—— UU— U—U—

II.78 [d] nāḍīviśuddhir haṭhasiddhilakṣaṇam ‖

— — U— —UU—U—U—

11음절(Jagatī)			
종 류	정의 및 구성		게송수
Vaṃśamāla❖	Vaṃśastha[a, c]	Def. ja tau tu vaṃśastham udīritaṃ jarau Ⓙ Ⓣ Ⓙ Ⓡ (U—U——UU—U—U—)	0.5
	Indravaṃśa[b, d]	Def. syād indravaṃśā ta ta jai rasaṃyutaḥ Ⓣ Ⓣ Ⓙ Ⓡ (——U——UU—U—U—)	0.5
❖: 장단격의 형태(a = c, b = d)			

(3) 14음절

14음절로 구성된 운율 중 Hp에서 사용된 것은 바산따띨라까(Vasantatilakā) 한 종류이며 모두 4번 사용되었다.

바산따띨라까(Vasantatilakā)

Def. uktā vasantatilakā tabhajā jagau gaḥ ‖ VrK. 136 ‖ Ⓣ Ⓑⓗ Ⓙ Ⓙ Ⓖ Ⓖ [8+6]

1. Hp. I.59 *2.* Hp. I.62
3. Hp. IV.15 *4.* Hp. IV.58

Ex Hp. IV.58

a saṃkalpamātrakalanaiva jagatsamagraṃ
— — ∪ — ∪ ∪ ∪ — ∪ ∪ — ∪ — —

b saṃkalpamātrakalanaiva manovilāsaḥ |
— — ∪ — ∪ ∪ ∪ — ∪ ∪ — ∪ — —

c saṃkalpamātramatim utsṛja nirvikalpam
— — ∪ — ∪ ∪ ∪ — ∪ ∪ — ∪ — —

d āśritya niścayam avāpnuhi rāma śāntim ‖
— — ∪ — ∪ ∪ ∪ — ∪ ∪ — ∪ — —

(4) 15음절

15음절로 된 운율(Ātiśakvarī) 운율 중 Hp에서 사용된 것은 말리니(Mālinī)이다.

말리니(Mālinī)

Def. nanamayayayuteyaṃ mālinī bhogilokaiḥ ‖ VrK. 142 ‖ : Ⓝ Ⓝ Ⓜ Ⓨ Ⓨ

[8+7]

Ex Hp. I.31

a harati sakalarogān āśu gulmodarādīn
∪ ∪ ∪ ∪ ∪ ∪ — —æ — ∪ — — ∪ — —

b abhibhavati ca doṣān āsanaṃ śrīmayūram |
∪ ∪ ∪ ∪ ∪ ∪ — —æ — ∪ — — ∪ — —

c bahu kadaśanabhuktaṃ bhasma kuryād aśeṣaṃ
∪ ∪ ∪ ∪ ∪ ∪ — —æ — ∪ — — ∪ — —

d janayati jaṭharāgniṃ jārayet kālakūṭam ||
∪ ∪ ∪ ∪ ∪ ∪ — —æ — ∪ — — ∪ — —

(5) 17음절

17음절로 구성된 운율(Atyaṣṭi) 중에서 Hp에서 사용된 운율은 만다끄란따(Mandākrāntā)이고[13] 모두 2번 사용되었다.

만다끄란따(Mandākrāntā)

Def. mandākrāntā jaladhiṣaḍagair mbhau natau tādgurū cet || VrK. 152 || : Ⓜ Ⓑⓗ Ⓝ Ⓣ Ⓣ Ⓖ Ⓖ [4+6+7]

1. Hp. III.52
2. Hp. IV.114

13 깔리다사(Kālidāsa)의 『구름의 사자』(*Meghadūta*)는 모두 만다끄란따 운율로 작성되었다.

Ex Hp. IV.114.

a yāvan naiva praviśati caran māruto madhyamārge
— — — —æ U U U U U —æ —U— — U— —

b yāvad bindur na bhavati dṛḍhaḥ prāṇavātaprabandhāt |
— — — —æ U U U U U —æ —U — —U— —

c yāvad dhyāne sahajasadṛśaṃ jāyate naiva tattvaṃ
— — — —æ U U U U U —æ —U——U — —

d tāvaj jñānaṃ vadati tad idaṃ dambhamithyāpralāpaḥ ||
— — — —æ U U U U U —æ — U — —U——

(6) 19음절

19음절로 된 운율(Atidhṛti) 중에서 Hp에서 사용된 운율은, 대중적인 운율이라 할 수 있는 샤르둘라비끄리디따(Śārdūlavikrīḍita)이고 모두 9번 사용되었다.

샤르둘라비끄리디따(Śārdūlavikrīḍita)

Def. sūryāś vair masajas tatāḥ saguravaḥ śārdūlavikrīḍitam || VrK. 157 || : Ⓜ︎Ⓢ︎Ⓙ︎Ⓢ︎Ⓣ︎Ⓣ︎Ⓖ︎[12+7]

1. Hp. I.13	*2.* Hp. I.35
3. Hp. I.44	*4.* Hp. I.48
5. Hp. II.10	*6.* Hp. III.50
7. Hp. III.51	*8.* Hp. IV.37
9. Hp. IV.41	

Ex Hp. IV.37

a antarlakṣyavilīnacittapavano yogī yadā vartate
———U U—U—U U U—æ — — U— —U—

b dṛṣṭyā niścalatārayā bahiradhaḥ paśyann apaśyann api |
— — —UU—U — UUU—æ — — U —— U—

c mudreyaṃ khalu śāṃbhavī bhavati sā labdhā prasādād guroḥ
— — — UU — U — UUU —æ — — U— — U—

d śūnyāśūnyavilakṣaṇaṃ sphurati tat tattvaṃ padaṃ śāṃbhava ||
— — — UU—U — UUU —æ — — U — — U —

2. 이질 운율(Visamavṛtta)

이질운율(visamavṛtta)는 네 빠다의 음절수와 장단 구조가 모두 다른 형태인데 『하타의 등불』에서 이 유형의 운율은 사용되지 않았다. 물론 앞에서 언급한 아누쉬뚜브-쉴로까를 모두 이질운율로 간주한 예도 있지만[14] 아누쉬뚜브-쉴로까는 기본적으로 네 구의 음절수가 8음절로 동일하다는 점에서 이질운율과 구별되고 또 이질운율은 네 구의 음절수는 다를지라도 각 구별로 장단 구조가 정형화되었다는 점에서 아누쉬뚜브-쉴로까와는 구별되는 것으로 판단된다.[15]

---

14 라뜨나까라샨띠(Ratnākaraśānti, 975-1050)의 *Chandoratnākara*는 아누쉬뚜브-쉴로까(여기서는 박뜨라Vaktra 운율군을 의미함)를 이질 운율로 분류하고 1982년에 이 문헌을 교정해서 출판했던 한(Hahn, Michale) 역시 이질 운율로 분류한다.((Hahn: 2012, p. 3.) 하지만 이 분류가 온당한 것으로 보이지는 않는다. 이 점에 대해서는 박영길(2015, pp. 434-435) 및 박영길(2014)을 참조.

15 이질 운율이라고 해서 4구의 음절수와 장단 수가 제각각인 것은 결코 아니다. 이질 운율의 경우데도 각 구별의 음절수와 장단수는 엄격하게 정해져 있는데 예를 들어 우드가따(udgatā) 운율의 경우엔 반드시 다음과 같은 음절수(1구 10음절, 2구 10음절, 3구 11음절, 4구 13음절)에 다음과 같은 장단 구조를 유지해야 한다.

a UU—U—UUU—— b UUUUU—U—U— |
c —UUUUUU—UU— d UU—U—UUU—U—U— ||

IV. 교차운율(Ardhasamavṛtta: 절반운율)

교차 운율(Ardhasamavṛtta) 부류에 속하는 운율은 네 빠다 중 절반(ardha)인 ^{a}와 ^{c} 빠다의 음절수와 장단 구조가 동일하고 ^{b}와 ^{d} 빠다가 동일한 운율이다. Hp에서 사용된 두 종류의 교차 운율은 자띠(Jāti)로도 분석될 수 있고 브릿따(Vṛtta)로도 분석될 수 있는 특이한 운율이다. 시형론자들은 대체적으로 말라브하리니(Mālabhāriṇī)와 뿌쉬삐따그라(Puṣpitāgrā)를 자띠(Jāti)로 분류해서 아우빠찬다시까(Aupacchandasika)로 명명하지만 브릿따(Vṛtta)의 교차 운율(Ardhasamavṛtta)로 분석하는 경우도 있다.[16]

말라브하리니와 뿌쉬삐따그라를 브릿따로 분석할 경우, 말라브하리니의 음절수는 $[11^{a,c} + 12^{b,d}]$이고 뿌쉬삐따그라는 $[12^{a,c} + 13^{b,d}]$로 구성된 별개의 교차 운율이지만 자띠로 분석할 경우 두 운율의 마뜨라(Mātrā) 수는 $\{16^{a,c} + 18^{b,d}\}$로 동일한 아우빠찬다시까 운율이다.[17]

(1) 말라브하리니(Mālabhāriṇī)[18][11 $^{a,\ c}$+12 $^{b,\ d}$ akṣara-*s*](1회)

Def. viṣame sasajā yadā guru cet sabharā yena tu mālabhāriṇīyam‖ChM. III.15‖ Ⓢ Ⓢ Ⓙ Ⓖ Ⓖ+Ⓢ Bh Ⓡ Ⓨ [11+12] ∪∪—(—)∪∪—∪—∪——

반면 아누쉬뚜브-쉴로까는 이질 운율과 달리 음절수가 8개로 고정되어 있지만 5-6-7번째 음절을 제외하고는 장단 구조가 사실상 자유롭다.

16 vadanty aparavaktrākhyāṃ vaitālīyaṃ vipaścitaḥ |
puṣpitāgrābhidhaṃ kecid aupacchandasikaṃ tathā ‖ VrK. 180 ‖
한편, 말라브하리니와 뿌쉬삐따그라는 25개의 음절로 2개의 빠다로 구성된 Ardhasamacatuṣpadī(^{a}+^{b})로 분류될 수도 있다.

17 본서에서는 일반적인 관례대로 이 운율을 자띠에 속하는 아우빠찬다시까로 분류하고 또 교차 운율로서의 말라브하리니와 뿌쉬삐따그라로도 간략히 정리할 것이다.

18 말라브하리니는 쉬슈릴라(Śiśulīlā)로도 불린다.

말라브하리니(Mālabhāriṇī)는 [a]와 [c]가 11음절이고 ‘∪∪—∪∪—∪—∪——’의 장단 구조를 지니고 [b]와 [d] 빠다는 12음절로 ‘∪∪——∪∪—∪—∪——’의 장단 구조를 지닌다.

Hp. I.29 [a=c, b=d]

[a] iti paścimatānam āsanāgryaṃ
∪ ∪—∪∪—∪ —∪— — 11음절

[b] pavanaṃ paścima vāhinaṃ karoti |
∪∪— —∪∪ —∪— ∪—— 12음절

[c] udayaṃ jaṭharānalasya kūryād
∪∪— ∪∪ —∪—∪ — — 11음절

[d] udare kārśyam arogatāṃ ca pūsām ||
∪∪— — ∪ ∪—∪— ∪ — — 12음절

(2) 뿌쉬삐따그라(Puṣpitāgrā)[12 [a, c]+13 [b, d] akṣara-*s*](1회)

[Def.] ayuji nayugarephato yakāro yuji tu najau jaragāśca puṣpitāgrā ||
VrK. 179 || ⓃⓃⓇⓎ+ⓃⒿⒿⓇⒼ[12+13]
∪∪∪∪(—)∪∪—∪—∪——

뿌쉬삐따그라(Puṣpitāgrā)는 [a]와 [c]가 12음절에 ‘∪∪∪∪∪∪—∪—∪——’의 장단 구조를 지니고 [b, d]는 13음절에 ‘∪∪∪∪—∪ ∪—∪—∪——’의 장단 구조를 지닌다.

Hp. II.38 [a=c, b=d]

[a] udaragatapadārtham udvamanti
∪∪∪∪∪∪— ∪ —∪—— 12음절

b pavanam apānam udīrya kaṇṭhanāle |

U U U U —U U—U —U—— 13음절

c kramaparicaya vaśya nāḍicakrā

UUUUUU —U —U—— 12음절

d gajakaraṇīti nigadyate haṭhajñaiḥ ||

UUUU—UU—U— U — — 13음절

V. 자띠(Jāti) 운율

Hp에서 3종류의 자띠(Jāti) 운율이 6개의 게송에서 사용되었다. 이 중에서 대표적인 자띠 운율인 아리야(Āryā)가 4개의 게송에서 사용되었고 아우빠찬다시까(Aupacchandasika)가 2개의 게송에서 사용되었다.

	게 송	세부 운율	빠다(pāda)당 마뜨라(mātrā) 수
1	I.29	Aupacchandsika	$\{16^a\ 18^b + 16^c\ 18^d\} = \{34^{a\text{-}b}+34^{c\text{-}d}\}$
2	I.60	Āryā(Upagīti)	$\{12^a\ 15^b + 12^c\ 15^d\} = \{27^{a\text{-}b}+27^{c\text{-}d}\}$
3	II.38	Aupacchandsika	$\{16^a\ 18^b + 16^c\ 18^d\} = \{34^{a\text{-}b}+34^{c\text{-}d}\}$
4	III.33	Āryā	$\{12^a\ 18^b + 12^c\ 15^d\} = \{30^{a\text{-}b}+27^{c\text{-}d}\}$
5	IV.68	Āryā	$\{12^a\ 18^b + 12^c\ 15^d\} = \{30^{a\text{-}b}+27^{c\text{-}d}\}$
6	IV.99	Āryā(Upagīti)	$\{12^a\ 15^b + 12^c\ 15^d\} = \{27^{a\text{-}b}+27^{c\text{-}d}\}$

4개의 게송에서 사용된 아리야 중 III.33과 IV.68송은 $\{12^a\ 18^b + 12^c\ 15^d\}$ 마뜨라(mātrā)로 구성된 전형적인 아리야이고 I.60과 IV.99는 $\{12^a\ 15^b + 12^c\ 15^d\}$마뜨라로 구성된 아리야로 흔히 우빠기띠(Upagīti)로 불리는 운율이다. 일반적으로 우빠기띠는 9종류의 아리야 중 하나로 분류될 수 있지만[19] 아래의 도표에서 알 수 있듯이 아리야의 마뜨라 수가

19 pathyā vipulā capalā mukhacapalā jaghanacapalā ca |

$\{12^a\,18^b + 12^c\,15^d\}$로 일정한 반면 아리야기띠(Āryāgīti), 기띠(Gīti), 우드기띠(Udgīti), 우빠기띠(Upagīti)와 같은 '~기띠'(~gīti) 군(群)의 마뜨라 수는 조금씩 다르므로 기띠 군으로 세분할 수 있다. 이 경우 $^{a\text{-}b}$, $^{c\text{-}d}$ pāda의 IVth, VIth 그리고 VIIIth에 사용될 수 있는 운각(gaṇa)은 다음과 같다.

범주 및 구분		Mātrā 수	세부 운율명	특정 위치의 운각(Gaṇa)			
				IVth *Gaṇa*		VIth *Gaṇa*	
				Pāda$^{a\text{-}b}$	Pāda$^{c\text{-}d}$	Pāda$^{a\text{-}b}$	Pāda$^{c\text{-}d}$
ĀRYĀ	Āryā 群	$\{12^a 18^b+12^c 15^d\}$	① Pathyā ② Vipulā	[A5]	[A5]	[V] *or* [J]	∪ {1}
			③ (Mahā)capalā = Ubhayacapalā	∪—∪	∪—∪		
			④ Mukhacapalā	∪—∪	[~J]		
			⑤ Jaghanacapalā	[~J]	∪—∪		
	Gīti 群			VIth *Gaṇa*		VIIIth *Gaṇa*	
				Pāda$^{a\text{-}b}$	Pāda$^{c\text{-}d}$	Pāda$^{a\text{-}b}$	Pāda$^{c\text{-}d}$
		$\{12^a\ 18^b+12^c\ 18^d\}$	① Gīti	[V] *or* [J]	[V] *or* [J]	— {2}	— {2}
		$\{12^a\ 15^b+12^c\ 15^d\}$	② Upagīti	∪ {1}	∪ {1}		
		$\{12^a\ 15^b+12^c\ 18^d\}$	③ Udgīti	∪ {1}	[V] *or* [J]		
		$\{12^a\ 20^b+12^c\ 20^d\}$	④ Āryāgīti (=Skandhaka)	[V] *or* [J]	[V] *or* [J]	——/∪∪	——/∪∪

{ }: 4 mātrā가 아닌 Gaṇa의 경우, 해당 Gaṇa의 mātrā수 = {2} 혹은 {1}
[A5]: '4 mātrā로 구성된 모든 Gaṇa'(∪∪∪∪, ∪∪—, —∪∪, ∪—∪, ——)
[~J]: [J](∪—∪)를 제외하고 '4 mātrā로 구성된 모든 Gaṇa'
(∪∪∪∪, ∪∪—, —∪∪, ——)
[V]: ∪∪∪∪ 혹은 $∪_{æ}$∪∪∪
——/∪∪ : —— 혹은 ∪∪—

gītyupagītyudgītaya āryāgītir navaiva vāryāyāḥ ‖ Āpte(1957) appendix p. 11에서 재인용.

1. 아리야(Āryā){$30^{a\text{-}b}+27^{c\text{-}d}$ mātrā-s or $27^{a\text{-}b}+27^{c\text{-}d}$ mātrā-s}

아리야 운율은 다음과 같은 4개의 게송에서 사용되었으며 아리야 群과 기띠 群으로 세분화할 수 있다.

범 주		운율명	마뜨라(mātrā) 수	유 형	게 송
Āryā	Āryā 群	Ārya	{12^{a} 18^{b} + 12^{c} 15^{d} }	Pathyā	III.33
		Ārya	{12^{a} 18^{b} + 12^{c} 15^{d} }	Vipulā	IV.68
	Gīti 群	Upagīti	{12^{a} 15^{b} + 12^{c} 15^{d} }		I.60
		Upagīti	{12^{a} 15^{b} + 12^{c} 15^{d} }		IV.99

(1) 아리야(Āryā){12^{a} 18^{b} + 12^{c} 15^{d}} = {$30^{a\text{-}b}$ + $27^{c\text{-}d}$}

Def. yasyāḥ pāde prathame dvādaśamātrāstathā tṛtīye ’pi |
aṣṭādaśa dvitīye caturthake pañcadaśa sāryā || ŚrB. 4 ||

		I	II	III	IV	V	VI	VII	VIII
gaṇa	*a-b*	– –	– –	∪ ∪ –æ	– ∪ ∪	– –	∪ – ∪	– –	–
	c-d	– –	∪ ∪ –	– –	∪ – ∪	– –	∪	∪ ∪ –	–
mātrā	*a-b*	1-2 3-4	5-6 7-8	9 10 11-12	1-2 3 4	5-6 7-8	9 10-11 12	13-14 15-16	17-18
	c-d	1-2 3-4	5 6 7-8	9-10 11-12	1 2-3 4	5-6 7-8	9	10 11 12-13	14-15

아리야에서 사용될 수 있는 운각(Gaṇa)의 수는 7½이며 마지막 여덟 번째의 Ⓖ를 제외한 나머지 일곱 운각(韻脚, gaṇa)에 사용될 수 있는 운각은 ‘4 마뜨라(mātrā)로 구성된’ Ⓢ, Ⓣ, Ⓥ, Ⓙ, G2와 같은 다섯 종류의 운각이다. 이 중에서 자-운각(Ⓙ gaṇa: ∪—∪)은 *a-b*와 *c-d*의 I^st^, IIIrd, V^th^, VIIth 및 *c-d*의 VI^th^에 사용될 수 없다.[20] 공식화하면 다음과 같다.

a-b (1st Half-Verse) Pathyā

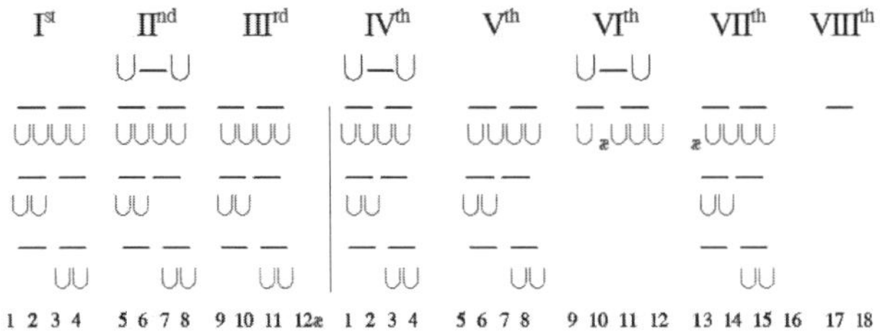

c-d (2nd Half-Verse) Pathyā

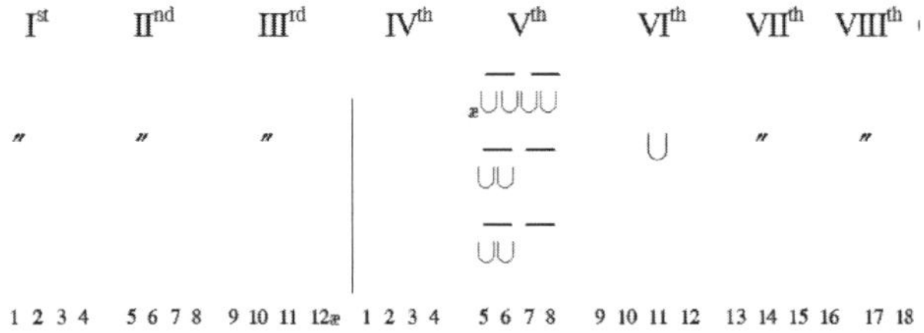

위 공식에 부합하는 아리야 운율은 Hp. III.33과 Hp IV.68에서 사용되었는데, 그중에서 III.33은 기본형(Pathyā)이고 IV.68은 확장형(Vipulā)이다.

Hp. III.33.

a-b chedanacālanadohaiḥ kalāṃ krameṇātha vardhayet tāvat |

I	II	III	IV	V	IV	VII	VIII
—UU	—UU	— —	U — U	——	U — U	— —	—
1-2 3 4	5-6 7 8	9-10 11-12 æ	1 2-3 4	5-6 7-8	9 10-11 12	13-14 15-16	17-18

20 하지만 Gīti군에서는 Upagīti를 제외한 나머지 운율, 즉 Gīti, Udgīti, Āryāgīti에서는 Ⓙ운각을 VIth에 선택적으로 사용할 수 있다.

c-d sā yāvad bhrūmadhyaṃ spṛśati tadā khecarīsiddhiḥ ||

I	II	III	IV	V	VI	VII	VIII
— —	— —	— —	U U U U	— —	U — —	—	
1-2 3-4	5-6 7-8	9-10 11-12 æ	1 2 3 4	5-6 7-8	9 10-11	12-13	14-15

Hp IV.68

a-b śravaṇapuṭanayanayugalaghrāṇamukhānāṃ nirodhanaṃ kāryam |

I	II	III	IV	V	VI	VII	VIII
UUUU	UUUU	U U —	— U U	— —	U — U	— —	—
1 2 3 4	5 6 7 8	9 10 11-12	1-2 3 4	5-6 7-8	9 10-11 12	13-14 15-16	17-18

c-d śuddhasuṣumnāsaraṇau sphuṭam amalaḥ śrūyate nādaḥ ||

I	II	III	IV	V	VI	VII	VIII
— U U	— —	U U —	U U U U	— —	U	— —	—
1-2 3 4	5-6 7-8	9 10 11-12 æ	1 2 3 4	5-6 7-8	9	10-11 12-13	14-15

(2) 우빠기띠(Upagīti){12^a 15^b + 12^c 15^d} = {$27^{a,\ b}$ + $27^{c,\ d}$}

Def. āryottarārdhatulyaṃ prathamārdhamapi prayuktaṃ cet |
kāmini tāmupagītiṃ pratibhāṣante mahākavayaḥ || ŚrB. 6 ||

우빠기띠가 사용된 곳은 두 곳이다.[21]

1. Hp. I.60 {$12^{a,\ c}$ $15^{b,\ d}$}

a-b bhojanam ahitaṃ vidyāt punar asyoṣṇīkṛtaṃ rūkṣam |

I	II	III	IV	V	VI	VII	VIII
— U U	U U —	— —	U U —	— —	U	— —	—
1-2 3 4	5 6 7-8	9-10 11-12 æ	1 2 3-4	5-6 7-8	9	10-11 12-13	14-15

21 Upagīti는 위의 Āryā와 동일하되 여섯 번째 Gaṇa가 모두 U(Ⓛ)로 되어 있다.

c-d atilavaṇam amlayuktaṃ kadaśanaśākotkaṭaṃ varjyam ||

I II III IV V VI VII VIII

U U U U U—U — — U U U U — — U — — —

1 2 3 4 5 6-7 8 9-10 11-12 1 2 3 4 5-6 7-8 9 10-11 12-13 14-15

æ

2. Hp. IV.99 $\{12^{a,\ c}\quad 15^{b,\ d}\}$

a-b ghaṇṭādināḍasaktastabdhāntaḥkaraṇahariṇasya |

I II III IV V VI VII VIII

— — U—U — — —— —U U U U U — —

1-2 3-4 5 6-7 8 9-10 11-12 1-2 3-4 5-6 7 8 9 10 11 12-13 14-15

æ

c-d praharaṇam api sukaraṃ syāc charasaṃdhānapravīṇaś cet ||

I II III IV V VI VII VIII

U U U U U U U U — — U U— — — U — — —

1 2 3 4 5 6 7 8 9-10 11-12 1 2 3-4 5-6 7-8 9 10-11 12-13 14-15

æ

2. 아우빠찬다시까(Aupacchandasika)$\{16^{a}\ 18^{b} + 16^{c}\ 18^{d}\} = \{34^{a\text{-}b} + 34^{c\text{-}d}\}$

$\{16^{a,c} + 18^{b,d}\}$ 마뜨라(mātrā)로 구성된 아우빠찬다시까는 바이딸리야(Vaitālīya) 운율[22]의 마지막에 —(Ⓖ)를 추가한 형태로서 ^{a,b,c,d}의 후반부 운각(gaṇa)의 구조가 모두 ⓇⓎ(— U — U — —)로 끝을 맺는다. 홀수 빠다(^{a,c})의 경우 6번째 마뜨라 이후부터, 그리고 짝수 빠다(^{b,d})는 8번째 마뜨라 이후부터 각각 ⓇⓎ를 형성한다. 아우빠찬다시까 운율은 자띠 범주에 속한 운율이지만 '음절수와 장단 구조로 결정되는 교차 운율(ardhasamavṛtta)'로 분석될 수도 있는데, 예를 들어 아우빠찬다시까 운

22 바이딸리야(Vaitālīya)는 ⓇⓁⒼ Gaṇa(— U — U —)로 끝나야 하는데, ^{a,c}는 7번째 마뜨라(mātrā)부터, 그리고 ^{b,d}는 9번째 마뜨라부터 ⓇⓁⒼ Gaṇa를 형성한다.

율로 작성된 Hp. I.29와 II.38을 교차 운율로 분석할 경우 I.29는 ∪∪—∪∪—∪—∪——^{a,c} ∪∪— —∪∪—∪—∪——^{b,d}의 장단 구조에 $[11]^{a,c}+[12]^{b,d}$ 음절(akṣara)로 구성된 말라브하리니(Mālabhāriṇī)로 불리고 II.38은 ∪∪∪∪∪∪—∪—∪——^{a,c} ∪∪∪∪—∪∪—∪—∪——^{b,d}의 장단 구조에 $[12]^{a,c}+[13]^{b,d}$ 음절로 구성된 뿌쉬삐따그라(Puṣpitāgrā)로 불린다. 바로 이 교차 운율로서의 말라브하리니와 뿌쉬삐따그라의 음절수는 각각 $[11]^{a,c}+[12]^{b,d}$ 그리고 $[12]^{a,c}+[13]^{b,d}$로 구성된 전혀 별개의 운율이지만 만약 여기서와 같이 Jāti로 분석할 경우 두 운율의 마뜨라 수는 모두 $\{16^{a,c}\ 18^{b,d}\}$로 동일한 하나의 아우빠찬다시까 운율이다.[23] 따라서 아우빠찬다시까의 장단 구조는 다음과 같

<table>
<tr><th colspan="3">자띠(Jāti)</th><th>브릿따(Vṛtta)</th><th>게 송</th></tr>
<tr><td colspan="3">Aupacchandasika {16a, c+18b, d}</td><td>Ardhasamavṛtta</td><td></td></tr>
<tr><td rowspan="2">a, c</td><td>∪∪ — ∪∪
1 2 3-4 5 6</td><td rowspan="2">— ∪ — ∪ — —
7-8 9 10-11 12 13-14 15-16</td><td>Mālabhāriṇi [11$^{a, c}$]</td><td>I.29$^{a, c}$</td></tr>
<tr><td>∪∪∪∪∪∪
1 2 3 4 5 6</td><td>Puṣpitāgrā [12$^{a, c}$]</td><td>II.38$^{a, c}$</td></tr>
<tr><td rowspan="2">b, d</td><td>∪∪— — ∪∪
1 2 3-4 5-6 7 8</td><td rowspan="2">— ∪ — ∪ — —
9-10 11 12-13 14 15-16 17-18</td><td>Mālabhāriṇi [12$^{b, d}$]</td><td>I.29$^{b, d}$</td></tr>
<tr><td>∪∪∪∪—∪∪
1 2 3 4 5-6 7 8</td><td>Puṣpitāgrā [13$^{b, d}$]</td><td>II.38$^{b, d}$</td></tr>
</table>

23 이와 유사하게 Ardhasamavṛtta에 속하는 Viyoginī와 Aparavaktra역시 Jāti의 Vaitālīya로 분류될 수 있는데 그 경우 두 운율의 Mātrā 수는 모두 $\{14^{a,c}+16^{b,d}\}$이고 다음과 같은 두 가지 형태의 장단 구조를 지닌다.

① ∪∪—∪∪ —∪—∪—｜∪∪— — ∪∪ —∪—∪—$\{14^{a,c}+16^{b,d}\}$
1 2 3–4 5 6 1 2 3-4 5-6 7 8

② ∪∪∪∪∪∪ —∪—∪—｜∪∪∪∪—∪∪ —∪—∪—$\{14^{a,c}+16^{b,d}\}$
1 2 3 4 5 6 1 2 3 4 5-6 7 8

이 중에서 ①은 Ardhasamavṛtta의 Viyoginī[10a, c + 11b, d]로 분류될 수 있고 ②는 Ardhasamavṛtta의 Aparavaktra[11a, c + 12b, d]로 분류될 수 있다.

은 2가지 형태를 지닌 것으로 분석된다.

위 도표의 아우빠찬다시까{16[a, c]+18[b, d]} 운율 중 [a, c]빠다의 3번째 마뜨라와 [b, d]빠다의 3-4-5-6번째 마뜨라(mātra)의 장단 구조가 모두 장음(—)으로 된 것이 브릿따에서는 말라브하리니[11[a, c]+12[b, d]]로 불리고, [b, d]빠다의 5-6번째 마뜨라만 장음으로 된 것이 뿌쉬삐따그라[12[a, c]+13[b, d]]로 불린다.[24]

아우빠찬다시까 운율로 작성된 게송은 I.29와 II.38 송이다.

Hp. I.29

a iti paścimatānam āsanāgryam
1 2 3-4 5 6 — ∪ —∪— — {16}

b pavanaṃ paścima vāhinaṃ karoti |
1 2 3-4 5-6 7 8 —∪— ∪—— {18}

---

24 한편, 교차 운율의 비요기니(Viyoginī)와 아빠라박뜨라(Aparavaktra)의 마지막 부분에 —(Ⓖ)를 추가한 것이 자띠의 아우빠찬다시까이므로, '비요기니와 아빠라박뜨라를 포함한 교차 운율'과 자띠의 아우빠찬다시까의 관계를 살펴보면 다음과 같다.

Ardhasamavṛtta(Vṛtta)		Jāti		
세부 명칭	음절수	마뜨라 수	게송	세부 명칭
Viyoginī (Sundarī)	[10][a, c] [11][b, d]	{14}[a, c] {16}[b, d]	-	Vaitālīya
Aparavaktra	[11][a, c] [12][b, d]	{14}[a, c] {16}[b, d]	-	
Mālabhāriṇi (Śiśulīlā)	[11][a, c] [12][b, d]	{16}[a, c] {18}[b, d]	I.29	Aupacchandasika
Puṣpitāgrā	[12][a, c] [13][b, d]	{16}[a, c] {18}[b, d]	II.38	

c udayaṃ jaṭharānalasya kūryād
1 2 3-4 5 6 —U—U — — {16}

d udare kārśyam arogatām ca pūsām ||
1 2 3-4 5-6 7 8 —U— U — — {18}

Hp. II.38

a udaragatapadārtham udvamanti
1 2 3 4 5 6 — U —U— — {16}

b pavanam apānam udīrya kaṇṭhanāle |
1 2 3 4 5-6 7 8 —U—U —— {18}

c kramaparicaya vaśya nāḍicakrā
1 2 3 4 5 6 —U —U—— {16}

d gajakaraṇīti nigadyate haṭhajñaiḥ ||
1 2 3 4 5-6 7 8 —U— U — — {18}

VI. 운율 체계

Hp에서 사용된 운율은 범주에 따라 12종(도표1) 혹은 13종(도표2)으로 분류될 수 있는데 이 중에서 압도적인 것은 8음절씩 4개의 빠다(pāda)로 구성된 아누쉬뚜브-쉴로까(Anuṣṭubh-śloka)이다. 전체의 90%에 해당하는 352개의 게송이 아누쉬뚜브-쉴로까로 작성되었다.

그다음으로 많이 사용된 운율은 11음절의 운율인데 그중에서 Hp에서 사용된 운율은 인드라바즈라(Indravajrā)와 샬리니(Śālinī), 우빠자띠(Upajāti)이고 모두 14개의 게송에서 사용되었다. 그 외에 12음절 중 방샤스타(Vaṃśastha)와 인드라방샤(Indravaṃśa) 운율이 혼용된 방샤말라(Vaṃśamālā)가 1개의 게송에서 사용되었고 14음절 중 바산따띨라까

(Vasantatilakā)가 4개의 게송에서 사용되었다. 15음절 중 말리니(Mālinī)가 1개의 게송에서 사용되었고 17음절 중 만다끄란따(Mandākrāntā)가 2개의 게송에서 사용되었으며 19음절로 구성된 샤르둘라비끄리디따(Śārdūlavikrīḍita)가 9개의 게송에서 사용되었다.

자띠(Jāti)의 경우 아리야(Āryā)와 우빠기띠(Upagīti)가 각각 2개의 게송에서 사용되었는데 그중에서 $\{12\}^a+\{18\}^b$, $\{12\}^c+\{15\}^d$ 마뜨라(mātrā)로 구성된 전형적인 아리야가 2개의 송에서 사용되었고 $\{12\}^a+\{15\}^b$, $\{12\}^c+\{15\}^d$ 마뜨라로 된 우빠기띠가 2개의 게송에서 사용되었다.

한편, 자띠에 속하는 아우빠찬다시까(Aupacchandasika) 운율도 2게송에서 사용되었는데, Hp에서 사용된 아우빠찬다시까는 교차 운율의 말라브라리니와 뿌쉬삐따그라로도 분석될 수 있는 특이한 운율이다.

따라서 Hp에서 사용된 운율의 종류는 분류법에 따라 12종류(표1) 혹은 13종류(표2)로 말해질 수 있다.

각 운율의 세부적인 내용과 해당 게송 수를 정리하면 다음과 같다.

[표 1] 말라브하리니와 뿌쉬삐따그라를 아우빠찬다시까로 분류할 경우

사용된 운율의 유형과 범주		번호	세부 운율: 운율 명(구성)			게송수		합계
Anuṣṭubh-Śloka[8]		1	*Pathyā* †			294		352
			Vipulā †	Mavipulā	p 13 § 2	*12*	58	
				Navipulā	p 17 § 3	*15.5*		
				Bhavipulā	p 13 § 3	*11.5*		
				Ravipulā	p 21 § 4	*19*		
VṚTTA	11음절 $^{\beta}$	2	Indravajrā ★			4		14
		3	Upajāti ❖	Māyā	2nd 3rd U	*1*	9	
				Sālā	3rd	*1*		
				Rāmā	3rd 4th U	*2*		
				Ārdrā	1st 4th U	*1*		
				Vāṇī	2nd U	*2*		
				Ṛddhi	1st 3rd 4th U	*1*		
				Kīrti	1st U	*1*		
		4	Śālinī ★			*1*		
	12음절 $^{\beta}$	5	Vaṃśamālā ††	Vaṃśastha		*0.5*	1	1
				Indravaṃśa		*0.5*		
	14음절 $^{\beta}$	6	Vasantatilakā ★			4		4
	15음절 $^{\beta}$	7	Mālinī ★			1		1
	17음절 $^{\beta}$	8	Mandākrāntā ★			2		2
	19음절 $^{\beta}$	9	Śārdūlavikrīḍitam ★			9		9
JĀTI	Āryā {57} 혹은 {54}	10	Āryā $\{12^{a}\ 18^{b} + 12^{c}\ 15^{d}\}$	*Pathyā*		*1*	2	4
				Vipulā		*1*		
		11	Upagīti $\{12^{a,c}\ 15^{b,d}\}$			2		
	Aupacchandasika $\{34^{a\text{-}b}+34^{c\text{-}d}\}$	12	$\{16^{a,c}\ 18^{b,d}\}$	(Mālabhāriṇī[$11^{a,c}$ $12^{b,d}$])$^{\gamma}$		*1*	2	2
				(Puṣpitāgrā[$12^{a,c}$ $13^{b,d}$])$^{\gamma}$		*1*		
								389

[표 2] 말라브하리니와 뿌쉬삐따그라를 교차 운율(Ardhasamavṛtta)로 분류할 경우

<table>
<tr><td rowspan="3">V
Ṛ
T
T
A</td><td colspan="6">[표1]의 1-9까지 동일함</td><td>383</td></tr>
<tr><td>Mālabhāriṇī
[46] $^{\gamma}$</td><td>10</td><td colspan="2">[11]$^{a,\ c}$ [12]$^{b,\ d}$</td><td colspan="2">1</td><td>1</td></tr>
<tr><td>Puṣpitāgrā
[50] $^{\gamma}$</td><td>11</td><td colspan="2">[12]$^{a,\ c}$ [13]$^{b,\ d}$</td><td colspan="2">1</td><td>1</td></tr>
<tr><td rowspan="3">J
Ā
T
I</td><td rowspan="3">Āryā
{57} or{54}</td><td rowspan="2">12</td><td rowspan="2">Āryā {12^{a} 18^{b} + 12^{c} 15^{d}}</td><td>Pathyā</td><td>1</td><td rowspan="2">2</td><td rowspan="3">4</td></tr>
<tr><td>Vipulā</td><td>1</td></tr>
<tr><td>13</td><td colspan="2">Upagīti {12^{a,c} 15^{b,d}}</td><td colspan="2">2</td></tr>
<tr><td colspan="7"></td><td>389</td></tr>
<tr><td colspan="8">
β: Samavṛtta (^{a} = ^{b} = ^{c} = ^{d}) of Vṛtta
γ: Ardhasamavṛtta (^{a} = ^{c}, ^{b} = ^{d}) of Vṛtta
[ ] , { } : [pāda당 akṣara 수] , {mātrā 수}
P: Ānuṣṭubh에서 Vipulā가 사용된 Pāda의 개수
Ś: Ānuṣṭubh의 Vipulā 중 a, c 가 모두 Vipulā로 사용된 게송 수
U: Triṣṭubh의 Upajāti 중 Upendravajrā 운율이 사용된 pāda(s)
★: 장단구조 ^{a} = ^{b} = ^{c} = ^{d}
†: 장단구조 ^{a} ≠ ^{b} ≠ ^{c} ≠ ^{d}
††: 장단구조^{a} = ^{c}, ^{b} = ^{d}
❖: 장단구조 ^{a} ≅ ^{b} ≅ ^{c} ≅ ^{d}
</td></tr>
</table>

389개의 게송 중 아누쉬뚜브-쉴로까로 작성된 352게송을 제외한 37게송 번호와 운율명은 다음과 같다.

No.	게송	운율명	음절수, 마뜨라수	유형
1.	I.1	Indravajrā	11음절	Vṛtta
2.	I.13	Śārdūlavikrīḍitam	19음절	=

3.	I.26	Indravajrā	11음절	=
4.	I.27	Upajāti(Vāṇī)	11음절	=
5.	I.28	Upajāti(Ārdrā)	11음절	=
6.	I.29	Aupacchandasika *or Mālabhāriṇī of Ardhasamavṛtta*	64마뜨라	Jāti
7.	I.30	Upajāti(Kīrti)	11음절	Vṛtta
8.	I.31	Mālinī	15음절	=
9.	I.35	Śārdūlavikrīḍitam	19음절	=
10.	I.44	Śārdūlavikrīḍitam	19음절	=
11.	I.48	Śārdūlavikrīḍitam	19음절	=
12.	I.59	Vasantatilakā	14음절	=
13.	I.60	Upagīti	54마뜨라 (Ārya)	Jāti
14.	I.62	Vasantatilakā	14음절	Vṛtta
15.	II.10	Śārdūlavikrīḍitam	19음절	=
16.	II.28	Upajāti(Sālā)	11음절	=
17.	II.34	Upajāti(Rāmā)	11음절	=
18.	II.38	Aupacchandasika *or Puṣpitāgrā of Ardhasamavṛtta*	64마뜨라	Jāti
19.	II.68	Śālinī	11음절	Vṛtta
20.	II.78	Vaṃśamālā (Vaṃśastha[*a, c*] Indravāmśa[*b, d*])	12음절	=
21.	III.33	Āryā (pathyā)	57마뜨라(Ārya)	Jāti
22.	III.50	Śārdūlavikrīḍitam	19음절	Vṛtta
23.	III.51	Śārdūlavikrīḍitam	19음절	=
24.	III.52	Mandākrāntā	17음절	=
25.	III.96	Upajāti(Māyā)	11음절	=
26.	III.112	Upajāti(Ṛddhi)	11음절	=
27.	IV.15	Vasantatilakā	14음절	=
28.	IV.24	Upajāti(Rāmā)	11음절	=
29.	IV.25	Indravajrā	11음절	=

30.	IV.37	Śārdūlavikrīḍitam	19음절	=
31.	IV.41	Śārdūlavikrīḍitam	19음절	=
32.	IV.58	Vasantatilakā	14음절	=
33.	IV.66	Upajāti(Vāṇī)	11음절	=
34.	IV.68	Āryā (Vipulā)	57마뜨라(Ārya)	Jāti
35.	IV.81	Indravajrā	11음절	Vṛtta
36.	IV.99	Upagīti	54마뜨라(Ārya)	Jāti
37.	IV.114	Mandākrāntā	17음절	Vṛtta

352개의 아누쉬뚜브-쉴로까 중 비뿔라(Vipulā, 허용가능한 형식 혹은 확장형)가 사용된 58게송(64 pāda-s)의 위치와 유형은 다음과 같다.

제 I 장

번호	게송	명칭	Gaṇa 2-3-4	Gaṇa 5-6-7th음절
1.	I.9 [c]	Ra-vipulā	Y	R
2.	I.18 [a]	Na-vipulā	M	N
	I.18 [c]	Ra-vipulā	Y	R
3.	I.23 [c]	Ma-vipulā	R	M
4.	I.32 [c]	Bha-vipulā	R	Bh
5.	I.33 [a]	Ra-vipulā	S	R
6.	I.34 [c]	Na-vipulā	M	N
7.	I.41 [c]	Ra-vipulā	R	R
8.	I.42 [a]	Bha-vipulā	M	Bh
9.	I.43 [a]	Na-vipulā	Y	N
10.	I.51 [a]	Ma-vipulā	R	M

제 II 장

번호	게송	명칭	2-3-4	Gaṇa 5-6-7th음절
11.	II.6 [c]	Ma-vipulā	[R]	[M]
12.	II.9 [a]	Ra-vipulā	[R]	[R]
13.	II.14 [a]	Bha-vipulā	[R]	[Bh]
14.	II.19 [a]	Ma-vipulā	[R]	[M]
15.	II.22 [c]	Ma-vipulā	[R]	[M]
16.	II.25 [a]	Ra-vipulā	[M]	[R]
17.	II.31 [a]	Na-vipulā	[M]	[N]
18.	II.37 [a]	Ra-vipulā	[M]	[R]
19.	II.39 [a]	Bha-vipulā	[R]	[Bh]
	II.39 [c]	Na-vipulā	[M]	[N]
20.	II.45 [c]	Ra-vipulā	[Y]	[R]
21.	II.49 [c]	Ra-vipulā	[R]	[R]
22.	II.65 [c]	Bha-vipulā	[Y]	[Bh]
23.	II.69 [a]	Bha-vipulā	[Y]	[Bh]
24.	II.70 [c]	Bha-vipulā	[R]	[Bh]
25.	II.76 [a]	Ra-vipulā	[R]	[R]

제 III 장

번호	게송	명칭	2-3-4	Gaṇa 5-6-7th음절
26.	III.3 [a]	Na-vipulā	[R]	[N]
27.	III.4 [a]	Na-vipulā	[M]	[N]
28.	III.7 [c]	Bha-vipulā	[R]	[Bh]
29.	III.53 [a]	Na-vipulā	[Y]	[N]
30.	III.58 [a]	Na-vipulā	[M]	[N]
31.	III.64 [a]	Ra-vipulā	[M]	[R]
32.	III.67 [a]	Ra-vipulā	[M]	[R]
33.	III.69 [a]	Bha-vipulā	[R]	[Bh]
	III.69 [c]	Ra-vipulā	[M]	[R]
34.	III.70 [a]	Na-vipulā	[Y]	[N]
35.	III.81 [a]	Na-vipulā	[M]	[N]

	III.81 [c]	Ra-vipulā	R	R
36.	III.82 [a]	Na-vipulā	R	N
37.	III.92 [a]	Ra-vipulā	Y	R
38.	III.95 [a]	Bha-vipulā	M	Bh
	III.95 [c]	Ma-vipulā	R	M
39.	III.100 [c]	Ma-vipulā	R	M
40.	III.103 [a]	Na-vipulā	Y	N
41.	III.104 [a]	Bha-vipulā	Y	Bh
42.	III.111 [a]	Na-vipulā	R	N
43.	III.118 [c]	Ma-vipulā	R	M
44.	III.128 [c]	Na-vipulā	M	N

제 IV 장

번호	게송	명칭	2-3-4	Gaṇa 5-6-7th음절
45.	IV.1 [a]	Na-vipulā	R	N
46.	IV.4 [c]	Na-vipulā	M	N
47.	IV.14 [c]	Ma-vipulā	R	M
48.	IV.16 [a]	Ma-vipulā	R	M
49.	IV.17 [c]	Ma-vipulā	R	M
50.	IV.63 [c]	Bha-vipulā	Y	Bh
51.	IV.64 [a]	Ra-vipulā	M	R
52.	IV.83 [a]	Ma-vipulā	R	M
	IV.83 [c]	Na-vipulā	M	N
53.	IV.84 [c]	Ra-vipulā	M	R
54.	IV.87 [c]	Bha-vipulā	Y	Bh
55.	IV.91 [c]	Na-vipulā	M	N
56.	IV.95 [a]	Na-vipulā	Y	N
57.	IV.104 [c]	Na-vipulā	Y	N
58.	IV.110 [a]	Ma-vipulā	R	M

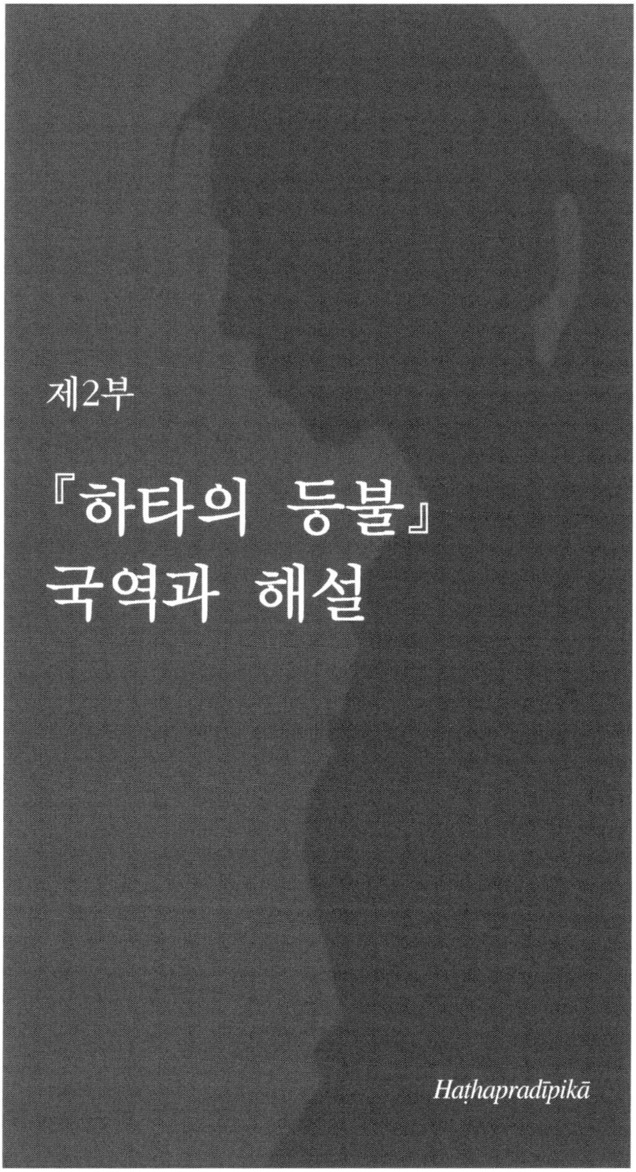

제2부

『하타의 등불』 국역과 해설

Haṭhapradīpikā

범 례

① 운율 표기: 389개의 게송 중 아누쉬뚭 쉴로까 기본형(pathyā)으로 작성된 293개의 게송에 대해서는 별도로 설명하지 않았다. 일종의 허용가능한 형식이라 할 수 있는 확장형(vipulā)에 대해서는 각주에서 표기하였다. 그 외의 운율에 대해서는 【해설】 에서 밝혔다.

② [ ] : 원문에 없지만 번역상 내용을 추가할 필요가 있을 경우엔 [ ] 속에 넣었다.

③ 소제목: 소제목은 내용에 따라 혹은 브라흐마난다의 해설에 의거해서 붙였다.

④ 월광: 브라흐마난다의 해설은 '월광' 이하에서 번역하고 원문을 제시하였다.

⑤ 월광(Hp-Jt.)의 페이지 및 행: 월광(Hp-Jt.)의 페이지(*p* 또는 *pp*)와 행(*l* 또는 *ll*)은 저본의 페이지와 행이며 '행의 숫자'는 해당 게송의 주석이 시작하는 첫 행에서부터 세었다.

⑥ 원문 교정: 월광의 원문을 교정할 경우 교정한 글자를 렘마(Lemma) 부호 " 」 " 앞에 기록하였고 이 부호 다음에 Hp-Jt^{Adyar} 본의 원문을 기록하였다. 월광의 거의 모두 연성과 관련된 교정이다.[1]

1 주석서에서 흔히 발견되는 연성 무시는 연성을 크게 고려하지 않는 회화체의 특성 그리고 단어 분석과 관련된 사항이므로 굳이 수정할 필요가 없기도 하지만 일관성을 위해 수정하였다.

문법 약호

I. 1인칭.	*II.* 2인칭.	*III.* 3인칭.
sg. 단수.	*du.* 양수.	*pl.* 복수.
m. 남성 명사.	*n.* 중성 명사.	*f.* 여성 명사.

No. 주격.	*Ac.* 목적격.	*Ins.* 구격.
Da. 위격.	*Ab.* 탈격.	*Ge.* 소유격.
Lo. 처격.	*Vo.* 호격.	

Ā. 위자태.	*P.* 위타태.

BahVr.	소유복합어.
DvG	수사한정복합어.
DvnDv.	병렬복합어.
KarDh.	동격한정복합어.
TatPu.	격한정복합어.

Fpt.	미래수동 분사.
Gen.ab.	절대 속격.
Ger.	절대 분사.
Impf.	직설법 과거.
Impv.	명령법.
Loc.ab.	절대 처격.
Opt.	원망법.
Pf.	완료.

Pp. 현재분사.

Ppt. 과거수동 분사.

Pres. 직설법 현재

Snd. 연성의 규칙

indec. 불변화사

√ 어근

æ 운율상의 휴지부(休止部, caesur)

▌제1장▌ 첫 번째 가르침

아사나(체위, 좌법)

Prathamopadeśaḥ: Āsanam

첫 번째 짜끄라(ādhāracakra)에 대한 설명을 담은 채색. 스크롤 필사본 중 일부

Ms. H.738 (Lahore Museum)

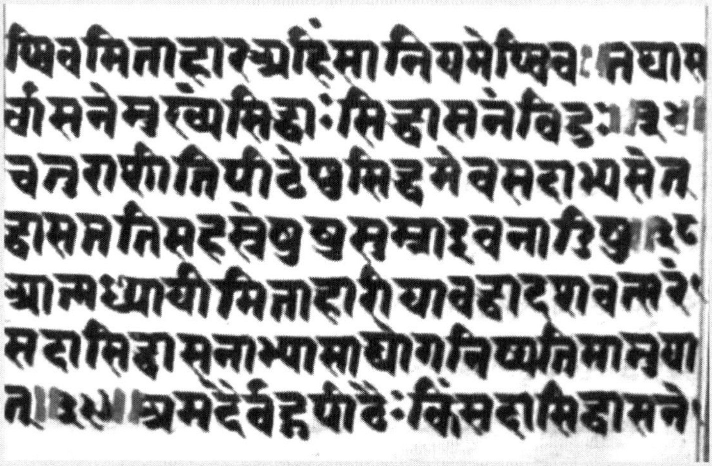

Haṭhapradīpikā. Woolner Collection(Punjab Univ. Library), Ms. Nr. 403, F.8v.
산스끄리뜨 필사본『하타의 등불』제I장 중 일부

{yame-}
1 ṣv iva mitāhāra ahiṃsā niyameṣv iva ‖ tathā sa-
2 rvāsane mukhyaṃ siddhāḥ siddhāsanaṃ viduḥ ‖ 37 ‖
3 caturāśītipīṭheṣu siddham eva sadābhyaset
4 dvāsaptatisahasreṣu susumnā(!) iva nāḍiṣu ‖ 38 .
5 ātmadhyāyī mitāhārī yāvad dvādaśavatsaraṃ
6 sadā siddhāsanābhyāsād yoganiṣpatim apnuyā-
7 t ‖ 39 ‖ amadair(!) va(!)hupīṭhaiḥ kiṃ sadā siddhāsane {sati}
(!) : *sic.*

{야마}들
중에서는 절식이, 그리고 니야마들 중에서 불살생[이 가장 중요]하듯이 성
자들은 모든 아사나 중에서 달인좌를 으뜸으로 꼽는다. 37.
84가지 체위 중에서 달인좌만큼은 언제나 수련해야 한다.
72,000개의 나디들 중에서 수슘나가 [가장 중요]한 것과 같다. 38.
12년 동안 아뜨만을 명상하고 절식하며 늘 달인좌를 수련한다면
요가를 완성할 것이다. 39.
달인좌에 {통달했다면} 다른 체위들을 할 이유가 있겠는가.

귀경게(maṅgala)[1]

1

쉬리아디나타에게 경배할지어다.
그가 교시했던 '하타요가의 도법'은
심원한 라자요가로 상승하길 원하는 자에게
마치 사다리처럼 빛난다.

I.1[a] śrīādināthāya namo 'stu tasmai
I.1[b] yenopadiṣṭā haṭhayogavidyā |
I.1[c] vibhrājate pronnatarājayogam
I.1[d] ārodhum icchor adhirohiṇīva ||

【해설】

본 게송의 운율은 '——∪——∪∪—∪——'의 장단 구조를 지닌 11음절의 인드라바즈라(Indravajrā)인데 첫 번째 구(pāda[a])는 운율의 규칙이 문법을 압도한 예 중 하나이다. 첫 번째 구의 śrī는 연성 법칙에 의거해서 śry로 바뀌어야 함에도 불구하고 "śrīādināthāya"로 되어 있는데[2] 이에 대해 브라흐마난다는 운율(chandas)이 문법에 선행하는 것으로

1 망갈라(maṅgala)는 장애물을 제거하고 은총을 구하는 게송 내지는 길상(吉祥)의 의미를 담은 축원, 기도문(gir)을 의미한다. 여기서는 스승이나 아디나타(=쉬바)에 대한 경배나 찬탄의 시구로 구성되어 있으므로 귀경게(歸敬偈)로 번역하였다. 망갈라는 본 게송처럼 운율을 갖춘 귀경게로 표현될 수도 있고 "śrīganeśāya namaḥ" 또는 두 음절의 "atha"로 표현될 수도 있다.

2 'śryādināthāya'로 될 경우 첫 번째 구(pāda[a])는 한 음절(akṣara)이 사라진 10음절(—∪——∪∪—∪——)이 되므로 11음절의 인드라바즈라(indravajrā: ——∪ ——∪ ∪—∪ ——) 운율에 어긋나게 된다.

해설한다.

월광 "śrīādināthāya"(쉬리아디나타에게)라는 말에서 [śrī의 모음 ī가] 반모음화되지 않았지만(yaṇ-abhāvas) 그것은 "māṣa(콩)[라는 음절]을 maṣa로 바꿀지언정 기도문의 운율을 어겨선 안 된다."는 것이 운율을 아는 사람들에게 대대로 전수되어 온 전통이기 때문에 그리고 발성이 지고선(至高善)이기 때문인 것으로 알아야만 한다. śrīādināthāyety atra yaṇabhāvas tv[3] api māṣaṃ maṣaṃ kuryāc chandobhaṅgaṃ tyajed girām[4] iti cchandovidāṃ[5] saṃpradāyād uccāraṇasauṣṭhavāc ceti bodhyam | Hp-Jt. I.1, *p*. 2, *ll*. 2-4.

'베다 시대 이래로, 신령스런 존재에게 은총을 구하거나 주문을 발설할 때 운율을 어기는 것이 괘씸한 잘못을 범하는 것으로 간주되어 왔다'는 지적대로 산스끄리뜨에서 운율은 단순히 시형을 아름답게 만드는 도구가 아니라 '은총을 구하는 수단'이자 '시에 마법적인 힘을 불어넣는 도구'이기도 했다.[6] 운율을 어김으로써 자신의 시가 암송되거나 기억되기를 거부할 작가는 없으며 15세기의 바라문 학자가 운율, 특히 망갈라의 운율을 어기는 것은 있을 수 없다고 할 수 있다.

브라흐마난다는 본 게송의 취지를 다음과 같이 해설한다.

---

3 tv | tu. Hp-Jt[Adyar].

4 브라흐마난다가 인용한 반송(半頌, half-verse) "api māṣaṃ maṣaṃ kuryāc chandobhaṅgaṃ tyajed girām"(∪∪——∪——— ————∪—∪—)의 운율은 전형적인 8음절의 아수쉬뚜브-쉴로까이다.

5 iti cchandovidāṃ | iti chandovidāṃ. Hp-Jt[Adyar].

Snd: 단모음+ch = 단모음+cch.

6 브라운: 2013, p. 13을 참조.

월 광 해탈하기를 원하는 사람을 돕기 위해 '독존이라는 은총을 주는'[7] 『하타의 등불』을 '라자요가로 인도하는 문'으로 만들고자 하는 자비로운 스바뜨마라마 요긴드라는 '이 작업의 장애물'을 없애기 위해 하타요가의 창시자(haṭhayoga-pravartaka)인 '쉬리마뜨 아디나타'에게 경배를 담은 망갈라를 "śrīādinathāya"(쉬리아디나타에게)라는 [첫 복합어 이하]로 표명한다.

mumukṣujanahitārthaṃ rājayogadvārā kaivalyaphalāṃ haṭhapradīpikāṃ vidhitsuḥ paramakāruṇikaḥ svātmārāmayogīndras tatpratyūhanivṛttaye haṭhayogapravartakaśrīmadādināthanamaskāralakṣaṇaṃ maṅgalaṃ tāvad ācarati - śrīādināthāyety ādinā | Hp-Jt. I.1, *p.* 1, *ll.* 6-8.

쉬리아디나타에게 경배할지어다:

브라흐마난다는 하타요가의 창시자인 아디나타(Ādinātha)를 '나타(nātha) 중에서도 으뜸인 나타'(ādinātha), 즉 '나타파(派) 요가의 첫(ādi) 스승'인 쉬바(Śiva)[8]로 해설하고 한편으로는 '쉬리나타'를 '락쉬미(Śrī = Lakṣmī)의 남편(nātha)인 비쉬누(Viṣṇu)'로 파악할 수도 있다고 말한다.

월 광 "tasmai śrīādināthāyā namo 'stu"(그 쉬리아디나타에게 경배할지어다)가 자연스러운 문장이다.[9] '아디나타'(ādinātha)는 '첫 번째의(ādiḥ)

---

7 kaivalyaphalāṃ은 소유복합어(*BahVr.*)로 haṭhapradīpikāṃ(*f.sg.Ac.*)을 수식한다.

8 브라흐마난다는 Hp. I.5에 대한 해설에서 아디나타(Ādinātha, Śiva)에 의해 맛첸드라나타, 고락샤나타, 미나나타 등으로 이어지는 나타파(派)의 전통이 개시되었다는 것을 말한다.
"아디나타는 쉬바, 즉 모든 나타 중에서도 첫 번째의 나타이다. '아디나타로부터 나타[파]의 전통(nāthasaṃpradāya)이 개시되었다'고 나타[파] 전통권(圈)의 [스승]들은 말한다."(원문은 Hp. I.5에 대한 해설을 참조.)

9 Hp. I.1의 첫 번째 구(pāda[a])는 "śrīādināthāya namo 'stu tasmai"라는 배열로 인드라바즈라 운율을 맞추고 있지만 "tasmai śrīādināthāyā namo 'stu"가 더 자

보호자(nātha)'인 만물의 주(sarveśvara), 즉 쉬바(Śiva)를 의미한다. '쉬리아디나타에게(śriādināthāya)'[라는 말은] '고결한 자'(śrīmān)이면서 '태초의 보호자(ādinātha, =쉬바)인 그에게'[를 의미한다]. 여기서 '고결한 이라는 말'(śrīśabda)을 '처음'(ādi)으로 갖게 된 자가 '고결한 첫 분'(śrīādi)이고, 이와 같이 '고결한 첫 분'(śrīādi)이면서 [동시에 만물의] 보호자(nātha)인 그가 바로 '쉬리아디나타'(śrīādinātha, 고결하신 첫 보호자)인데 바로 그 '쉬리아디나타에게' [경배한다는 것이 본 게송의 의미이다]. 혹은 '쉬리(Śrī = 락쉬미Lakṣmī)의 남편(nātha)에게'(śrīnāthāya),[10] 다시 말해서 '비쉬누에게'(viṣṇave)로 파악할 수도 있다.

tasmai śrīādināthāya namo 'stv ity anvayaḥ | ādiś cāsau nāthaś cādināthaḥ sarveśvaraḥ | śiva ity arthaḥ | śrīmān ādināthaḥ tasmai śrīādināthāya | śrīśabda ādir yasya sa[11] śrīādiḥ, śrīādiś cāsau nāthaś ca śrīādināthaḥ, tamai śrīādināthāya | śrīnāthāya viṣṇava iti vārthaḥ | Hp-Jt. I. *pp.* 1, *ll.* 8 ~ *p.* 2, *l.* 2.

하타요가:

브라흐마난다는 복합어 하타요가(haṭhayoga)를 '태양(ha)과 달(ṭha)의 결합(yoga)'으로 분석하고[12] '태양'(ha)과 '달'(ṭha)의 의미를 각각 쁘라나(prāṇa)와 아빠나(apāna)로 해설한다. 브라흐마난다의 해설에 따르면 하타요가(haṭhayoga)는 '쁘라나(ha)와 아빠나(ṭha)의 결합(yoga)'을 의미한다.[13]

연스런 문장이라는 의미이다.

10 여기서의 śrīnāthāya를 격한정복합어 6격으로 분석하였다.

11 sa] saḥ. Hp-Jt[Adyar].

12 이 경우 haṭhayoga는 병렬복합어(*DvnDv.*)인 'ha와 ṭha'가 'yoga'를 한정하는 격한정복합어(*TatPu.*)로 '하와 타의 결합'으로 번역될 수 있다.

13 하타요가의 정의에 대한 비판적 논의는 박영길: 2013, pp. 63-81을 참조.

월광 아디나타(쉬바)가 빠르바띠[14]에게 가르친 '하타요가의 도법'(haṭhayogavidyā)이란 '하(ha)와 타(ṭha)' 다시 말해서 '태양과 달'로 [상징되는] '하와 타'를 결합하는(yoga) 하타요가이다. 이것으로써 '하와 타라는 말이 지시하는 태양과 달로 불리는 두 가지', 즉 '쁘라나(prāṇa, = ha)와 아빠나(apāna, = ṭha)라는 두 가지의 결합(yoga)을 본성으로 하는 쁘라나야마(prāṇāyāma)가 하타요가이다'라는 하타요가의 정의가 확립되었다. 이 정의에 대해서는 이미 고락샤나타(Gorakṣanātha)가 『싯드하싯드한따빠드핫띠』에서 다음과 같이 말한 바 있다. "하(ha)라는 말은 태양을 지칭하고 타(ṭha)라는 말은 달을 [지칭하는 것]으로 말해졌는데 [바로 이] 태양(ha)과 달(ṭha)이 결합(yoga)하기 때문에 하타요가(하와 타의 결합)로 불렸다."[15] 그

14 '기리자'(Girijā. *BahVr.*)는 '히말라야 신의 딸'이자 '쉬바(Śiva)의 배우자'인 빠르바띠(Pārvatī) 여신을 의미한다. '쉬바가 빠르바띠에게 요가를 가르쳤다는 전설'에 대해서는 아래의 Hp. I.5송에 대한 브라흐마난다의 해설 중 '맛첸드라' 항목을 참조.

15 브라흐마난다가 인용한 고락샤나타의 『싯드하싯드한따빠드핫띠』(*Siddhasiddhāntapaddhati*, SsP)의 원문은 2005년 로나블라에서 출판된 SsP에선 발견되지 않는다. 로나블라의 SsP 교정본 I.67(2005, p. 23)에 따르면 이 부분은 '10개의 바유'(十風, daśavāyu)를 설명하는 부분 중 심장에서 작용하는 바유를 설명하는 것(hṛdaye prāṇavāyur ucchvāsa niḥśvāsakārako hakāra sakārātmakaś ca: 심장에서 쁘라나 바유를 마시는 것과 내쉬는 것이 '하'와 '사'를 본질로 하는 것이다)으로 브라흐마난다의 인용문이 이 부분에 있었을 가능성은 희박하다. 하지만 이 부분에 대한 로나블라의 교정본(2005)의 각주2(p. 23)는 "1938(v.s.1996)년에 출판된 하리드와르(Haridwar)본에는 't(!)makaś cāsyai vāvasthābhede haṭhayoga iti saṃjñā, hakāraḥ kīrtitaḥ sūryaṣ ṭhakāraś candra ucyate sūryācandramasor yogād [d]haṭhayogo nigdyate'라는 문장이 있다"고 밝히고 있다(인용된 게송의 윗 첨자-역자 추가). 또한 1954년에 출판된 말릭(Kalyani Mallik)의 SsP 교정본(Mallik: 1954), I.69(p. 7) 역시 브라흐마난다의 인용문 대신 "hṛdaye prāṇavāyur ucchvāsa-niśvāsa-kārako dṛkāra-sakārātmakaś ca|"라는 문장이 있을 뿐이다. 하지만 이 부분에 대한 각주26(p. 7)에서 말릭은 "하리드바르의 필사본에는 'asyaivāvasthābhede haṭhayoga iti saṃjñā hakāraḥ kīrtitaḥ sūryaṣ ṭhakāraś candra ucyate|

것('하'와 '타'의 '결합', =하타요가)을 환하게 밝히는 도법(道法)이 '하타요가의 도법'인데, 말하자면(iti yāvat) '하타요가서(書)'라 할 수 있다. 아디나타(쉬바)가 빠르바띠를 위해(Girijāyai) 만든 '하타의 도법에 대한 가르침'은 『마하깔라요가샤스뜨라』[16] 등에서 널리 알려져 있다.

yenādināthenopadiṣṭā girijāyai haṭhayogavidyā haś ca ṭhaś ca haṭhau sūryacandrau tayor yogo haṭhayogaḥ, etena haṭhaśabdavācyayoḥ sūryacandrākhyayoḥ prāṇāpānayor aikyalakṣaṇaḥ prāṇāyāmo haṭhayoga iti haṭhayogasya lakṣaṇaṃ siddham | tathā coktaṃ gorakṣanāthena siddhasiddhāntapaddhatau "hakāraḥ kīrtitaḥ sūryaṣ ṭhakāraś candra ucyate | sūryācandramasor yogād dhaṭhayogo nigadyate ‖"(SsP. I.69) iti | tatpratipādikā vidyā haṭhayogavidyā haṭhayogaśāstram iti yāvat | girijāyā[17] ādināthakṛto haṭhavidyopadeśo mahākālayogaśāstrādau prasiddhaḥ | Hp-Jt.

śūryācandramaso yogāt haṭhayogo* nigadyate'로 되어 있다."고 밝힌 바 있다.
* yogād dhaṭhayogo ⌋ yogāt haṭhayogo. SsP[Mallik]
세 판본의 서지 사항은 다음과 같다.
① M. L. Gharote and G. K. Pai(Eds., Tr.) *Siddhasiddhāntapaddhatīḥ: A treatise on the nātha philosophy by Gorakṣanātha*, Lonavla: The Lonavla Yoga Institute, 2010.
② *Siddhasiddhānta-paddhati with Skt. Commentary of Pt. Dravyesh Jha Shastri and bhāṣā ṭīka of Pt. Yogī Brahmanathji*. Mayapur-Haridwar: Yogashram Sanskrit College. Vi.Sam. 1996(1938.A.D.).
③ Smt. Kalyani Mallik(Ed.), *Siddha-siddhānta-praddhati and other works of the nātha yogīs*. Poona: Poona Oriental Book House, 1954.

16 브라흐마난다가 언급했던 『마하깔라요가샤스뜨라』(*Mahākālayogaśāstra*)는 아직 학계에서 알려지지 않은 문헌이다. 부이(Bouy: 1994, 73, 각주327)에 따르면 14세기에 성립된 아디나타(Ādinātha)의 『케짜리비디야』(*Khecarīvidyā*)가 『마하깔라요가샤스뜨라』라는 명칭으로 불리기도 한다. 하지만 브라흐마난다가 언급한 『마하깔라요가샤스뜨라』와의 관계는 명확지 않다.

17 girijāyā ⌋ girijāyai. Hp-Jt[Adyar].

I.1, *p.* 2, *ll.* 10-17.

쁘라나(prāṇa)와 아빠나(apāna)의 의미는 산스끄리뜨 문헌마다 다르지만[18] 『하타의 등불』과 주석서 『월광』을 비롯한 하타요가 문헌의 경우 아빠나는 '아래로 내려가려는 성향'(adhogamanaśīla, 하기 성향)의 숨을 의미하고 쁘라나는 '폐 위쪽에서 작용하거나 혹은 위(上)로 상승하려는(ūrdhva) 숨'을 의미한다.[19] 쁘라나가 '상승하는 숨'(혹은 위쪽에서 작용하는 숨)이고 아빠나가 '하기 성향의 숨'이라고 한다면 양자의 결합, 즉 '태양과 달의 결합'(haṭhayoga, 하타요가)이란 '상기 성향의 쁘라나'(ha)와 '하

---

18 쁘라나와 아빠나의 다양한 의미에 대해서는 박영길: 2012, pp. 49-52를 참조.

19 다음과 같은 용례들을 들 수 있다.

"아빠나를 위로 끌어올리고서 쁘라나를 목 아래로 내려야 한다." (apānam ūrdhvam utthāpya prāṇaṃ kaṇṭhād adhonayet. Hp. II.47[a].)

"아래로 흐르는 [성향의] 아빠나를 강력하게 상승하는…"(adhogatim apānaṃ vā ūrdhvagaṃ kurute balāt. Hp. II.62[a-b].)

"잘란드하라 무드라를 통해서 바유들, 즉 '쁘라나' 등등의 흐름 다시 말해서 상승하거나 하강하려는 등등의…" (jālaṃdharamudrayā vāyūnāṃ prāṇādīnāṃ gatim ūrdhvādhogamanādi… Hp-Jt. III.26, *p.* 81, *ll.* 3-4.)

"아빠나, 다시 말해서 아래로 흐르는 바유를…" (apānam adhogatiṃ vāyum… Hp-Jt. III.61, *p.* 95, *l.* 3.)

"쁘라나와 아빠나 양자, 즉 상승하려는 바유와 하강하려는 바유 양자는" (prāṇāpānāv ūrdhvādhogatī vāyū । Hp-Jt. III.64, *p.* 96, *ll.* 2-3.)

"물라 반드하 [무드라]를 통해서 아빠나, 즉 아래로 흐르려는 성향의 바유가 상승함으로써, 다시 말해서 위쪽으로 갈 때…" (mūlabandhanād apāne ' dhogamanaśīle vāyāv* ūrdhvage ūrdhvaṃ gacchatīty । Hp-Jt. III.66, *p.* 97, *ll.* 1-2.)

* vāyāv] vāyau. Hp-Jt[Adyar].

"지속적으로 아빠나를 위로 끌어 올리고, 채워진 쁘라나를 아래로 내린다면 샥띠(꾼달리니)의 각성을 통해 인간은 비견할 수 없는 지혜를 얻는다." (vāraṃ vāram apānam ūrdhvam anilaṃ protsārayan pūritaṃ । nyañcan prāṇam upaiti bodham atulaṃ śaktiprabhāvān naraṃ ॥ Hp. I.48.)

기 성향의 아빠나'(ṭha)의 '결합'(yoga)으로 파악된다. 하타요가를 '쁘라나(ha)와 아빠나(ṭha)의 결합(yoga)'으로 분석하는 것은 심층적인 어원 해설이긴 하지만 하타요가의 수행 방법론과 목표를 온전하게 전달하는 해석으로 파악된다. 그 이유는 '아래로 흐르는 아빠나를 위로 끌어올려[20] 쁘라나와 결합시킨 이후'에 하타요가의 일차적 목표라 할 수 있는 꾼달리니의 각성이 이루어지기 때문이다.[21] 쁘라나와 아빠나를 결합시키는 전문적인 수행법이 제III장에서 설명될 무드라(mudrā)인데 마하무드라, 물라반드하를 비롯한 무드라들의 공통점은 세 가지 호흡법(prāṇāyāma) 중 '들숨 후 그 숨을 최대한 유지하는 뿌라까 쁘라나야마'(pūrakaprāṇāyāma: 들숨 후 멈춤), 즉 꿈브하까(kumbhaka) 상태에서 실행된다는 것이다.[22] 무드라를 통해 쁘라나와 아빠나가 결합할 때 꾼달리니가 각성되고, 각성된 꾼달리니(=질적 변화를 겪은 쁘라나)가 수슘나를 통해 정수리의 브라흐마란드흐라에 도달할 때 하타요가가 완성된다는 점에

---

20 아빠나를 끌어올려야 할 위치는 '불꽃의 수레'인데 브라흐마난다의 해설에 따르면 그 위치는 배꼽이다.
"불꽃 수레, 즉 불꽃의 수레는 삼각형으로 배꼽의 아래에 있다." (vahnimaṇḍalaṃ vahner maṇḍalaṃ trikoṇaṃ nābher adhobhāge 'sti | Hp-Jt. III.66, *p.* 97, *ll.* 11-12.)

21 "아빠나는 상승함으로써 불꽃의 수레(火輪)에 도달한다 … 그 후 불꽃과 아빠나는 원래 뜨거운 본성의 쁘라나와 합쳐진다. … 그것으로 인해 잠자고 있던 꾼달리니의 강렬한 불꽃은 완전히 각성된다. … [꾼달리니는] 각성된 후 브라흐마 나디(수슘나) 안으로 들어간다."(apāna ūrdhvage jāte prayāte vahnimaṇḍalam | … tato yāto vahnyapānau prāṇam uṣṇasvarūpakam | … tato yāto vahnyapānau prāṇam uṣṇasvarūpakam | … tena kuṇḍalinī suptā saṃtaptā saṃprabudhyate | … brahmanāḍyantaraṃ vrajet | Hp. III.66-69^{a-b}.) 꾼달리니를 각성시키는 무드라 행법은 뒤의 제III장에서 설명된다.

22 다시 말해서 '들숨 후 그 숨을 참은 상태'에서 물라 반드하를 실행함으로써 '아래에 있는 혹은 하기 성향의 아빠나를 위로 끌어올릴 때' 아빠나는 쁘라나와 결합될 수 있다.

서[23] 브라흐마난다가 하타요가를 '쁘라나(ha)와 아빠나(ṭha)의 결합(yoga)'으로 해설했던 것은 하타요가의 핵심 수행법이라 할 수 있는 '쁘라나야마와 병행해서 실행되는 무드라'의 중요성을 부각시킬 뿐만 아니라 '꾼달리니의 각성'이라는 하타요가의 수행적 목표까지 제시하는 해석으로 판단된다. 한편, 하타요가를 '하(ha)와 타(ṭha)의 결합(yoga)'으로 정의한 예는 고락샤나타의 것으로 귀속되는 『요가비자』(*Yogabīja*)와 『싯드하싯드한따빠드하띠』(*Siddhasiddhāntipaddhati*)를 비롯해서 쉬리니바사요기(Śrīnivāsayogī)의 『하타라뜨나발리』(*Haṭharatnāvalī*) 그리고 브하바데바 미쉬라(Bhavadeva Miśra)의 『육따브하바데바』(*Yuktabhavadeva*) 그리고 후대의 『요가쉬카-우빠니샤드』(*Yogaśikhopaniṣad*) 등에서도 발견된다.[24]

---

23 "쁘라나와 아빠나가 합일할 때 꾼달리니가 각성된다. 꾼달리니가 각성된 후 쁘라나는 수슘나를 통해 브라흐마란드흐라로 간다. 쁘라나(각성된 꾼달리니)가 [정수리에 있는] 브라흐마란드흐라에 도달할 때 마음은 고정된다. '마음이 고정될 때' 곧바로 '아뜨만에 대한 직접적인 자각'이 일어난다는 의미이다."(prāṇāpānayor aikye kuṇḍalinībodho bhavati | kuṇḍalinībodhe suṣumnāmārgeṇa prāṇo brahamarandhraṃ gacchati | tatra gate cittasthairyaṃ bhavati | cittastairye saṃyamād ātmasākṣātkāro bhavatīty arthaḥ || Hp-Jt. I.48, *p*. 27, *ll*. 1-3.)
위 인용문에서 흥미로운 것은 '잠재된 에너지 꾼달리니'가, 일단 각성된 이후엔 '쁘라나'로 표현되었다는 점이다. 여기서 알 수 있는 것은 '각성된 꾼달리니의 형질(形質)이 정액이나 혈액과 같은 액체가 아니라 기체라는 것이다. 이와 관련된 논의는 박영길: 2013, pp. 300-304를 참조.

24 "'하'(ha)라는 말은 태양(sūrya)을, '타'(ṭha)는 달(indu)이라고 말해졌다. 태양과 달이 결합하므로 하타요가로 말해졌다."
(hakāreṇa tu sūryo 'sau ṭhakāreṇendur ucyate ||
sūryācandramasor yogād dhaṭhayogo 'bhidhīyate | *Yogabīja*. 181송(p. 65) 및 *Yuktabhavadeva*. 148^{c-d}-149^{a-b}.)
"'하'(ha)라는 말은 태양(sūrya)을 지칭하고
'타'(ṭha)라는 말은 달(candra)[을 지칭한다]고 말해졌다.
태양과 달이 결합하므로 하타요가로 말해졌다."

라자요가:

여기서의 라자요가(rājayoga)는 빠딴잘리 요가 체계(Pātañjalāyoga) 혹은 빠딴잘리의 팔지요가를 의미하는 것이 아니라[25] '요가 수행의 결과로 획득된 특별한 경지',[26] 즉 삼매(三昧, samādhi)를 의미한다.[27] 브라흐마난다

(hakāraḥ kīrtitaḥ sūryaṣ ṭhakāraś candra ucyate |
sūryācandramasor yogād dhaṭhayogo nigadyate || .)
위 게송은 브라흐마난다의 *Jyostnā* I.1에 인용된 *Siddhasiddhāntapaddhati*의 한 게송인데 이 게송의 출처에 대해서는 제1송의 '하타요가' 항목을 참조. 『요가쉬카 우빠니샤드』와 『하타라뜨나발리』의 정의도 위 인용문과 거의 흡사하다.
hakāreṇa tu sūryaḥ syād sakāreṇendur ucyate |
sūryācandramasor aikayaṃ haṭha ity abhidhīyate || *Yogaśikhopaniṣad*. I.133.
hakāreṇocyate sūryas ṭhakāraś candrasañjñakaḥ |
candrasūrye samībhūte haṭhaś ca paramārthadaḥ || *Haṭharatnāvalī*. I.22.

25 비베까난다 이래로 라자요가를 빠딴잘리의 요가(Pātañjalayoga), 혹은 빠딴잘리의 팔지요가로 간주하는 것이 일반적인 경향이지만 뷔네만의 지적대로 이것이 문헌적 근거를 지닌 것은 아니다. 산스끄리뜨 문헌에서 라자요가의 의미는 종잡을 수 없을 정도로 다양한데 라자요가를 '남녀의 성적 결합'으로 규정하거나 '15지로 구성된 베단따적 요가'로 규정한 예도 있고 반대로 오히려 '빠딴잘리의 팔지요가를 하타요가로 규정한 예'도 적지 않다는 점에서 라자요가의 의미는 원전과 문맥에서 신중하게 파악되어야 할 것으로 판단된다. 이 점에 대해서는 박영길: 2013, p. 30, 82) 및 뷔네만: 2011, pp. 34-45를 참조.

26 "마음이 한곳에 집중된 상태(cittasyaikāgratā)가 바로 라자요가이다는 의미이다."(cittasyaikāgrataiva rājayoga ity arthaḥ | Hp-Jt. IV. 77, *p*. 166, *l*. 3.)

27 대부분의 하타요가 문헌에서 언급된 '라자요가'는 거의 대부분 삼매 또는 무상삼매의 동의어이고 드물게 샴브하비, 운마니와 같은 명상적인 무드라를 의미하는 경우(Hp. III.125, II.76)도 있다. 스바뜨마라마는 IV.3-4송에서 다음과 같이 삼매의 동의어를 열거한다.
"라자요가, 삼매, 운마니, 마논마니, 불멸성, 라야, 진리, 공-불공(空-不空), 최고의 경지, 그와 같이 무심지(無心地), 불이(不二), 자존(自存: 의존하는 바 없이 존재함), 무구(無垢), 생해탈, 본연의 상태, 제사위(第四位)는 [모두] 동의어(ekavācaka)들이다."(원문은 제IV장 3-4송을 참조.)

는 삼매를 '일체 지멸'(一切止滅, sarvanirodha)'로 해설하고 이것을 '무상(無想, asaṃprajñāta)삼매', '무종자삼매', '라자요가'로 해설하기도 하는데[28] 본 게송에서는 라자요가를 무상요가(asaṃprajñātayoga)로 해설한다.

월광 라자요가는 '모든 작용의 지멸'(sarvavṛttinirodha)을 특징으로 하는 무상(無想)요가(=무상삼매)이다.

rājayogaś ca sarvavṛttinirodhalakṣaṇo 'saṃprajñātayogaḥ | Hp-Jt. I.1, *p*. 2, *l*. 19.

브라흐마난다가 라자요가와 무상삼매(asaṃprajñātaḥ samādhiḥ)를 동일시한 예는 IV.102에서도 발견된다.[29]

---

28 일체 지멸(sarvanirodha)은 '마음의 작용(心作用, cittavṛtti)은 물론이고 상스까라의 작용을 포함한 모든 것의 소멸'을 의미하므로 무종자삼매와 다를 바 없는 것으로 파악된다. 빠딴잘리 요가에서 무종자삼매는 '분류 체계가 다르긴 하지만 대체로 무상삼매 보다 높은 단계'로 간주되지만 여기서의 무상삼매는 '상스까라를 포함한' 일체 지멸(sarvanirodha)이라는 점에서 무종자삼매와 같은 의미로 사용된 것으로 보인다. 브라흐마난다는 IV.7송에서 다음과 같이 해설한다.
"이것이 [이른바] 요가 문헌에서 널리 알려진 삼매, 즉 무종자삼매(無種子三昧)로 불리는, 명명된 그것이다. 그와 같이 빠딴잘리 수뜨라는 '그것(억제하는 잠재력)마저도 지멸될 때 모든 것이 지멸되었으므로(sarvanirodhāt) [이 상태는] 종자없는 삼매(無種子三昧)이다'(YS. I.51)라고 말한 바 있다. 이것으로서 무상삼매(無想三昧, asaṃprajñātaḥ samādhiḥ)가 설명되었는데 그것의 진정한 의미는 '선정에 든 자, 선정 상태, 선정의 대상' 등으로 구별되지 않는 상태가 무상[삼매]라는 것이다. 무상[삼매], 무소연[삼매], 무종자[삼매], 라자요가(rājayoga), 지멸(nirodha)과 같은 이 [용어]들은 널리 알려진 '무상[삼매]의 동의어들'이다." (원문은 IV.7에 대한 해설을 참조.)

29 "'장작에서 타오르는 불은…'(Hp. IV.98)으로 시작해서 [지금까지의] 게송들은 '라자요가의 또 다른 동의어인 무상삼매'를 설명한 것이다." ("kāṣṭhe pravartito vahniḥ…"(IV.98) ityādibhiḥ ślokai rājayogāparaparyāyo 'saṃprajñātaḥ samādhir uktaḥ || Hp-Jt. IV.102, *p*. 176, *ll*. 1-2.)

탐구 주제와 저술 목적

2

신령스런 스승, 나타에게 경배한 후 요가 수행자 스바뜨마라마는 오직 라자요가를 [성취하기] 위해 하타[요가의] 도법(道法)을 가르쳤다.

I.2^{a-b} praṇamya śrīgurum nātham svātmārāmeṇa yoginā |
I.2^{c-d} kevalaṃ rājayogāya haṭhavidyopadiśyate ||

【해설】

첫 번째 게송에서 쉬바(Ādinātha)에 대한 망갈라(귀경게)가 있었음에도 불구하고 본 송의 첫 구(pāda^{a})에서 재차 망갈라가 등장하는데 브라흐마난다는 그 이유를 '하타요가에는 장애물이 많으므로 망갈라도 그만큼 많이 필요하기 때문'으로 해설하고 본 송의 취지를 '스바뜨마라마가 자신의 스승(svaguru)에게 망갈라를 바치면서 본서(asya granthasya)의 주제와 집필 동기 등을 천명하는 것'으로 해설한다.[30]

월광 [이미 첫 번째 게송에서] '최고의 스승'(paramaguru, = Ādinātha, = Śiva)에 대한 예경을 담은 망갈라를 바쳤지만 [하타요가에는] 장애물이 많은 만큼 [장애물을 제거하는] 망갈라 역시 많이 필요하기 때문에[31] [스바뜨마라마는 본 송에서] '자신의 스승'(svaguru)에 대

30 한편 본 게송과 3, 4송은 본서의 저자를 언급하고 있는데 이 게송들은 그의 직제자 또는 초기 필사자에 의해 덧붙여진 것으로 추정되지만 까이발야담마의 5장본이나 로나블라의 10장본은 물론이고 거의 모든 필사본에서 발견된다.

한 예경을 담은 망갈라를 바치면서 본서의 주제와 [집필] 동기 등에 대해 "praṇamya"(경배한 후에)로 [시작하는 첫 단어 이하에서] 천명한다. [본 게송에서의] '쉬리구루나타'(śrīgurunātha)는 … 다름 아닌 '자신(스바뜨마라마)의 스승'이라 할 수 있다.

evaṃ paramagurunamaskāralakṣaṇaṃ maṅgalaṃ kṛtvā vighnabāhulye maṅgalabāhulyasyāpy apekṣitatvāt svagurunamaskārātmakaṃ maṅgalam ācarann asya granthasya viṣayaprayojanādīn pradarśayati - praṇamyeti | … svagurum iti yāvat | Hp-Jt. I.2, *p*. 3, *ll*. 1-4.

오직 라자요가를 [성취하기] 위해 하타[요가의] 도법(道法)을 가르쳤다:

월광 오직(kevalam) 라자요가(삼매)를 위해서, 다시 말해서 전적으로 라자요가를 위해 [스바뜨마라마가] 하타[요가]의 도법을 가르쳤다는 맥락이다. 하타[요가]의 도법은 오직 라자요가(삼매)만을 핵심 목표로 삼을 뿐 초능력을(siddhayaḥ)[32] 추구하는 것이 아니란 것이 '오직'(kevalam)이라는 단어가 의도하는 바이다. 초능력이란 [본질적인 것이 아니라] '필연적으로 뒤따르는 부수적인 것'(ānuṣaṅgikyaḥ)이다.

kevalaṃ rājayogāya kevalaṃ rājayogārthaṃ haṭhavidyopadiśyata ity anvayaḥ | haṭhavidyāyā rājayoga eva mukhyaṃ phalaṃ na siddhaya iti kevalapadasyābhiprāyaḥ | siddhayas tv ānuṣaṅgikyaḥ | Hp-Jt. I.2, *p*. 3, *ll*. 5-7.

월광 이것으로 본서에서 다룰 영역이 '라자요가라는 결과를 수반하는

---

31 장애물이 많은 만큼 망갈라도 많이 필요하다는 점은 IV.1송에 대한 브라흐마난다의 해설에서 다시 언급된다.

32 siddhayaḥ는 복수 주격(*pl.No.*)이지만 단수로 번역했다. 8가지 초능력에 대해서는 III.8송에 대한 해설을 참조.

것으로서의 하타요가'[라는 것이 천명되었다]. 본서의 목표는 '라자요가로 인도하는 문(=하타요가)을 통해서 독존을 성취하는 것'이다. 그것(하타요가를 통한 독존)을 원하는 것이 [본서의] 저자이다. '본서의 영역'과 '본서'의 관계는 '논의해야 할 주제'와 '그 주제를 설명하는 것'의 관계에 있다. 그리고 '본서'와 '독존'의 관계는 '실천법'(방법)과 '실천되어야 할 것'(목표)의 관계에 있다. '본서에서 설명되어야 할 효과적인 수단으로서의 요가'와 '독존'의 관계는 '그것에 도달하는 방법'과 '성취 대상'의 관계를 맺는다고 할 수 있다.
etena rājayogaphalasahito haṭhayogo 'sya granthasya viṣayaḥ | rājayogadvārā kaivalyaṃ cāsya phalam | tatkāmaś cādhikārī | granthaviṣayayoḥ pratipādyapratipādakabhāvaḥ saṃbandhaḥ | granthasya kaivalyasya ca prayojyaprayojakabhāvaḥ saṃbandhaḥ | granthābhidheyasya saphalayogasya kaivalyasya ca sādhyasādhanabhāvaḥ saṃbandha ity uktam || Hp-Jt. I.2, *p*. 3, *ll*. 7-11.

3

잡다한 가르침을 맹신하면서 헤매기 때문에 라자요가를 알지 못하는 사람들을 위해 자비로운 스바뜨마라마는 『하타의 등불』을 들어올렸다.

I.3[a-b] bhrāntyā bahumatadhvānte rājayogam ajānatām |
I.3[c-d] haṭhapradīpikāṃ dhatte svātmārāmaḥ kṛpākaraḥ ||

【해설】

브라흐마난다는 본 게송의 취지를 다음과 같이 해설한다.

월광 "만뜨라 요가, 사구나 선정(saguṇadhyāna), 니르구나 선정(nirguṇadhyāna)[33] 및 무드라 등등만으로도 라자요가(=삼매)를 성취할 수 있는데 굳이 하타의 지혜를 가르칠 필요가 있겠느냐?"는 의구심이 일어날 수 있다. [이에 대해 스바뜨마라마는] '마음이 심하게 동요된 사람들은 만뜨라 요가 등으로는 라자요가(=삼매)를 성취할 수 없고 오직 하타요가를 통해 라자요가를 성취할 수 있다는 것을 말하면서 "헤매기 때문에"(bhrāntyā)라는 [첫 단어로] [본] 계송을 시작한다.

nanu mantrayogasaguṇadhyānanirguṇadhyānamudrādibhir eva rājayogasiddhau kiṃ haṭhavidyopadeśenety āśaṅkya vyutthitacittānāṃ mantrayogādibhī[34] rājayogāsiddher haṭhayogād eva rājayogasiddhiṃ vadan granthaṃ pratijānīte - bhrāntyeti | Hp-Jt. I.3, *p.* 3, *ll.* 1-3.

---

33 사구나-선정은 '신의 속성에 대해 명상하는 구체적인 것'이고 니르구나-선정은 '존재, 무한, 영원 등 추상적인 것'에 대한 선정이다. 9세기 이후의 베단따 철학에서 브라흐만은 사구나-브라흐만(전지, 전능 등의 덕성을 갖춘 브라흐만)과 니르구나-브라흐만(속성이 없는 절대의 브라흐만)으로 구별되는데, 이와 유사한 맥락에서 두 선정을 이해할 수 있을 것이다. 한편, 닷따뜨레야(Dattātreya, 13-14세기)의 『요가샤스뜨라』(*Yogaśāstra*)에서 두 종류의 선정이 설명되는데 사구나-선정에서 더 진전된 상태가 니르구나-선정이고 니르구나-선정이 더 발전된 형태가 삼매(samādhi)인데 사구나-선정에 의해 축소술 등의 초능력을 얻을 수 있고 니르구나-선정에 의해서는 해탈을 얻을 수 있다.

"그와 같이 사구나-선정을 수련한다면 '축소술' 등의 초능력이 생기고 허공과 같은 니르구나-선정에 의해서는 해탈의 길에 들어간다."(112)

"니르구나-선정을 성취한 자가 삼매를 수련해야 한다면
12일 만에 삼매를 획득할 것이다." (113)

saguṇadhyānam evaṁ syād aṇimādiguṇapradam |
nirguṇaṁ kham iva dhyātvā mokṣamārgaṁ prapadyate || 112 ||
nirguṇadhyānasampannaḥ samādhiṁ ca tato 'bhyaset |
dinadvādaśakenaiva samādhiṁ samavāpnuyāt || 113 || (*Yogaśāstra*).

34 mantrayogādibhī rāja°] mantrayogādibhiḥ rāja°. Hp-Jt[Adyar].

스바뜨마라마:

월 광 자신의 참된 본성 속에서 즐거워하는 자가 스바뜨마라마이다. … '스바뜨마라마'라는 이 말은, [그가] 일곱 번째 경지의 지혜를 구비한 자, 즉 '브라흐만을 아는 가장 위대한 사람'(brahmavidvariṣṭha)이라는 것을 의미한다. '브라흐만을 아는 가장 위대한 사람'의 [의미]에 대해서는 "아뜨만 속에서 유희하고, 아뜨만 속에서 즐거움을 찾는 바로 그가 브라흐만을 아는 자들 중에서도 가장 뛰어난 자이다."(『문다까 우빠니샤드』III.1.4)로 설명된 바 있다. 그리고 '[지혜의] 일곱 단계들'에 대해서는 『요가바시쉬타』(*Yogavāsiṣṭha*)에서 다음과 같이 열거된 바 있다. "지혜의 첫 단계는 '올바른 성향을 구비한 상태'이고 두 번째는 '올바르게 사유하는 상태'이고 세 번째는 '사유가 미세해지는 상태'이고 네 번째는 '진리를 획득한 상태'이고 다섯 번째는 '다른 것에 영향 받지 않는 상태'이고 여섯 번째는 '그 [브라흐만] 외의 대상이 소멸된 상태'이고 일곱 번째는 '제사위(第四位, turya)[35]에 들어간 상태'로 알려져 있다."

35 사위설(四位說)은 자아의 상태를 네 가지 의식 상태로 비유한 것이다. 『만두꺄 우빠니샤드』(Māṇḍ-Up.)에 따르면 첫 번째 상태는 '깨어 있는 상태'(jāgarita-sthāna)이고 두 번째는 그것보다 조금 더 미묘한 의식 상태인 '꿈꾸는 상태'(svapna-sthāna)이고 세 번째는 '꿈 없는 깊은 숙면 상태'(suṣupta-sthāna)이다. 이 중에서 삼매와 가장 거리가 먼 상태는 '깨어 있는 상태의 의식'이다. 깨어 있을 때는 외부 사물이나 소리와 같은 거친 대상을 인식하는데 두 번째인 꿈꾸는 상태는 '깨어 있을 때의 경험을 재료로 하는 상태'이므로 조금 더 미세해진 상태이고 이 상태는 삼매의 관점에서 보면 '거친 대상을 인식하는 깨어 있는 상태'보다 더 내면적인 의식이다. 세 번째의 깊은 숙면 상태는 사물이나 미세한 대상을 인식하는 것이 아니라는 점에서 좀 더 삼매에 가까운 의식상태로 비유될 수 있다. 마지막의 네 번째 상태(제사위, turyā)는 무분별삼매(nirvikalpasamādhi)의 주객미분(主客未分)의 상태이다.
브라흐마난다는 Hp. IV.48에 대한 주석에서 제사위를 다음과 같이 해설한다.

svātmany āramate iti svātmārāmaḥ | … | svātmārāma ity anena jñānasya saptamabhūmikāṃ prāpto brahmavidvariṣṭha ity uktam | tathā ca śrutiḥ "ātmakrīḍa ātmaratiḥ kriyāvān eṣa brahmavidāṃ variṣṭhaḥ"(Muṇḍ-Up. III.1.4)iti | saptabhūmayaś coktā yogavāsiṣṭhe "jñānabhūmiḥ śubhecchākhyā prathamā samudāhṛtā | vicāraṇā dvitīyā syāt tṛtīyā tanumānasā || sattvāpattiś caturthī syāt tato 'saṃsaktināmikā | parārthābhāvinī ṣaṭhī saptamī turyagā smṛtā ||" asyārthaḥ | Hp-Jt. I.3, *p.* 4, *ll.* 2-12.

계속해서 브라흐마난다는 『요가바시쉬타』에서 설명된 일곱 단계에 대해 하나씩 해설한 후 스바뜨마라마라는 이름에서 알 수 있듯이 그를 일곱 번째 단계에 도달한 사람이라고 말한다. 일곱 단계에 대한 브라흐마난다의 해설을 요약하면 다음과 같다.

첫 단계의 '올바른 성향의 구비'란 (1) 식별, (2) 이욕 그리고 (3) '평정(śama)을 비롯한 [여섯 조건]을 구비하고, (4) 해탈하기를 열망하는 것과 같은 조건을 구비하는 것이고[36] 두 번째 단계는 '문·사(聞·思,

"마음이 소멸된 그 상태는 제사위(第四位)의 경지로서, '깨어 있는 상태'(覺醒位), '꿈꾸는 상태'(夢眠位), '깊은 숙면상태'(睡眠位)보다 [뛰어난] '네 번째 상태'(第四位, turya)로 불리는 것으로 알아야만 한다."(원문은 Hp. IV.48에 대한 해설을 참조.)

36 수행자가 갖추어야 할 네 가지 조건(catūḥ-sādhana)은 식별(viveka), 무관심(virāga), 여섯 가지 조건을 구비함(ṣāṭkasaṁpatti), 해탈하기를 소망하는 것(mumukṣutva)와 같은 네 가지이다. 이 조건은 요가 문헌에서 설명된 것이 아니라 주로 베단따 문헌에서 설명되었는데 문헌에 따라 조금씩 다르기도 하지만 대체로 다음과 같이 정리할 수 있다.

(1) 식별(viveka): 브라흐만만이 유일한 실재이고 다양한 현상세계는 비실재이라는 확신을 가지고 영원한 것과 무상한 것을 식별하는 것(nityānitya vastuvivekaḥ).

śravaṇa-manana)에 의거해서 올바르게 사유하는 것'이고 세 번째 단계는 '지속적인 명상(nididhyāsana)'의 상태로 한 대상에 마음이 집중된 상태이다. 이상의 세 단계를 구비한 자가 수행자로 불린다. 네 번째 단계는 '내가 브라흐만이다'라는 통찰이 일어난 상태이다. 이 상태를 유상요가의 단계(saṃprajñātayogabhūmikā)라 할 수 있는데 이 단계에 도달한 요가 수행자는 '브라흐만을 아는 자'(brahmavit)로 불린다. 다섯 번째부터 일곱 번째는 무상요가의 단계들(asaṃprajñātayogabhūmayaḥ)인데 그중에서 다섯 번째 단계는 '초능력에 대해서도 무관심한 상태'이고 이 단계를 획득할 경우에는 '브라흐만을 아는 훌륭한 자'(brahmavidvara)로 불린다. 여섯 번째는 브라흐만 외의 것이 모두 사라진 단계인데 이 단계를 획득한 수행자는 '브라흐만을 아는 더 훌륭한 자'(brahmavidvarīyān)로 불린다. 일곱 번째 단계는 제사위(turya)에 도달한 단계인데 이 단계에 도달한 수행자가 '브라흐만을 아는 최고의 사람'(brahmavidvariṣṭha)이자 생해탈자(jīvanmukta)이다. 브라흐마난다는 스바뜨마라마가 바로 이 일곱 번째

---

(2) 무관심(virāga 또는 vairāga): 현세나 내세에서 좋은 과보를 향수하는 것에 대한 무관심이다.(ihamūtra arthabhoga virāgaḥ.)

(3) 여섯 가지 조건을 구비함(ṣaṭkasaṁpatti): 여섯 가지 조건은 평정(śama), 자제(dama), 마음의 통제(uparama), 인내(titikṣa), 믿음(śraddhā), 정신 집중(samādhāna)이다. 이 중에서 ① 평정은 외적 대상으로 기울어 있는 마음을 제어하는 것(mano nigrahaḥ)이고, ② 자제는 눈, 귀와 같은 감관을 제어하는 것(cakṣurādibāhyendriyanigrahaḥ)이고, ③ 우빠라마(uparama) 는 마음이 대상에 이끌리지 않도록 하는 것 또는 자신의 의무를 행하는 것(svadharmānuṣṭhānameva)이고, ④ 인내는 추위, 더위, 기쁨, 고통을 인내하는 것(śītoṣṇasukhaduḥkhādisahiṣṇutvam)이고, ⑤ 믿음은 스승과 베단따(=우빠니샤드)의 말에 믿음을 갖는 것(guruvedāṁtavākyādiṣu viśvāsaḥ)이며 마지막 ⑥은 마음을 한곳에 집중(cittaikāgratā)하는 것이다.

(4) 해탈에 대한 열망(mumukṣūtva): '해탈이 나에게 일어나소서'라고 바라는 것(mokṣo me bhūyād itīcchā)이다.

단계에 도달한 사람이라고 해설한다.

『하타의 등불』을 들어 올렸다:

월광 '하타'[라는 말은] '하타요가'[를 의미하는데] 그것이 마치 등불처럼 빛나기 때문에 『하타의 등불』이라고 [할 수 있는데] 그것을 [스바뜨마라마가 들어올렸다는 의미이다]. 혹은 오직 '하타만'이 라자요가를 밝히므로 '등불'[이라 할 수]있는데 그 [하타의 등불]을 [스바뜨마라마가] 들어올렸다[는 의미이다]. 말하자면 [스바뜨마라마가 『하타의 등불』을] 집필했다는 뜻이다.

haṭhasya haṭhayogasya pradīpikeva prakāśakatvād dhaṭhapradīpikā[37] tām | athavā haṭha eva pradīpikā rājayogaprakāśakatvāt, tāṃ dhatte vidhatte, karotīti yāvat | Hp-Jt. I.3, *p*. 4, *ll*. 2-4.

스바뜨마라마의 요가 전통

4

맛첸드라와 고락샤를 필두로 하는 [하타요가의 스승]들이 하타[요가]의 지혜를 가르쳤고
그 은총으로 요가수행자 스바뜨마라마도 [하타요가를] 알게 되었다.

I.4$^{a\text{-}b}$ haṭhavidyāṃ hi matsyendragorakṣādyā vijānate |

37 °tvād dhaṭha° | °tvāt haṭha°. Hp-Jt[Adyar].

I.4$^{c\text{-}d}$ svātmārāmo 'thavā yogī jānīte tatprasādataḥ ||

【해설】

본 게송은 스바뜨마라마의 요가 전통이 맛첸드라나타와 고락샤나타에 의해 확립된 나타(nātha)파(派) 전통에 입각해 있다는 것을 암시한다. 맛첸드라나타는 까울라(Kaula) 또는 요기니 까울라(Yoginī Kaula) 계열의 요가 수행자로 알려져 있는데 그는 인도에서뿐만 아니라 티벳과 네팔에서도 위대한 성자 내지는 관세음보살로 추앙되었다. 전통적으로 맛첸드라나타는 아디나타(쉬바)에게 요가를 배운 첫 번째 인간으로[38] 5-6세기부터 약 10세기까지 수백 년 동안 생존하면서 고락샤나타, 짜우랑기(Caurańgī)와 같은 12명의 제자를 두었던 것으로 알려져 있다. 하지만 학계에서 맛첸드라나타의 생존 시기에 대해서는 대체로 박치(Bagchi: 1934, pp. 25-27) 박사의 '10세기 전후설'이 통용되어 왔고 근래엔 멀린슨(Mallinson: 2011d)도 '1100년경에 성립된 아비나바굽타(Abhinavagūpa)의 『딴뜨라의 광명』(*Tantrāloka*)에 꿍꾸남바(Kuṅkuṅāmbā)의 배우자로서의 마찬다(Macchanda, =Matsyendra)가 언급되었다'는 점에서 맛첸드라의 생존 시기를 9-10세기로 주장한 바 있다. 박치(Bagchi: 1934, pp. 12, 13, 21, 23, 24)에 따르면 티벳에서 맛첸드라나타는 위대한 성자인 루이빠(Lui pā, 또는 Luipāda, 980년경)와 동일 인물로 간주되었고 네팔에서 맛첸드라나타는 '미나나타(Mīnanātha)와 동일인'(혹은 미나가 맛첸드라의 동생)으로 알려져 있는데 맛첸드라나타는 마찬다(Macchanda), 마차그흐나(Maccaghna) 등 지역과 언어에 따라 다양한 이름으로 불렸다.[39]

고락샤나타(Gorakṣanātha, 힌디로 Gorakhnāth)는 깐파따 요기(kānphaṭayogī)이

---

38 이와 관련된 일화는 아래의 5송에 대한 해설을 참조.

39 박영길(2013: pp. 13-16)을 참조.

자[40] 하타요가의 개조로 알려져 있다. 전통적으로 고락샤는 맛첸드라의 제자로 알려져 있지만 제5송의 계보에서 알 수 있듯이 제6대 나타인 미나나타(Minanātha)의 제자로 추정된다.

맛첸드라와 고락샤를 필두로 하는 [하타요가의 스승]들이:

월 광 "'필두로 하는 분들'(ādyāḥ)이라는 말이 있으므로"(ādyaśabdena) [본송에선 언급되지 않았지만] 잘란드하라나타(Jālaṃdharanātha)[41]와 브하르뜨리하리(Bhartṛhari),[42] 고삐짠다(Gopīcanda)[43] 등과 같은 [스

40 깐파따 수행자가 언급된 최초의 문헌은 『마이뜨리 우빠니샤드』인데 이 점에 대해서는 아래의 제8송에 대한 해설을 참조. 한편, 엘리아데(Eliade: 1969, p. 301)는 근대의 깐파따 파(派)에 대해 다음과 같이 말한 바 있다.
"상당수의 요가수행자들은 자신을 고락샤나타(Gorakṣnātha/Gorakhnāth)의 제자라고 주장하고 스스로를 '고락크나티'(Gorakhnātis) 혹은 '깐파따 요기'(Kānphaṭa Yogīs)라고 부른다. 깐파따라는 단어는, 입문식 때 큰 귀걸이가 들어갈 수 있게끔 입문자의 귀를 찢는다(kān=귀, phaṭa=찢다)는 사실에서 유래한다."

41 잘란드하라나타는 '잘란드하리'(Jālandhari), '잘란드하리빠'(Jālandharipā), '하디빠'(Hāḍipā), '즈발렌드라'(Jvālendra), '발라나타'(Bālanātha) 등으로도 불리는데 그는 펀잡 출신으로 벵갈에서 활동했던 것으로 알려져 있다. 그는 전통적으로 맛첸드라의 제자이자 깐하빠(Kānhapā)와 고삐짠다(Gopīcanda)의 스승으로 알려져 있지만 생존했던 시기는 13세기로 추정된다. 한편 아직 학계에 공개되지 않은 필사본 중 잘란드하라의 것으로 귀속된 2종류의 문헌이 현존하는데 그중에 *Jālandharasaṃhitā*는 벵갈문자로 된 두 개의 필사본(① JORI. Nr.2249c, F.142, C, 13x34.5cm. ② JORI. Nr.1502, F.138, C, 12x34.5cm)이 있고 *Jālandharavidhānakathana*는 데바나가리로 된 두 개의 필사본(① JORI, Nr.1500A, F.3. ② JORI. Nr.1500B, F.3)이 현존하지만 모두 3폴리오로 된 단편이다.

42 브하르뜨리하리는 웃자인(Ujjain)의 왕이었지만 요가수행자가 된 것으로 알려져 있다. 그는 잘란드하라나타의 제자로 알려져 있고 비짜라나타(Vicāranātha) 또는 쉬링가리 빠바(Śṛṅgārī Pāva)로 불리기도 한다.

43 고삐짠다(Gipīcanda)는 '고빈다짠드라'(Govindacandra)로 불리기도 하는데 그는 벵갈의 여왕 마야나마띠(Mayanāmatī)의 아들로 알려져 있다. 그의 스

승들도 있었던 것으로] 이해해야 한다.
ādyaśabdena jālaṃdharanāthabhartṛharigopīcandaprabhṛtayo grāhyāḥ | Hp-Jt. I.4, *p*. 5, *l*. 3.

그 은총으로 요가수행자 스바뜨마라마도 [하타요가를] 알게 되었다

월광 '스바뜨마라마'는 '스바뜨마라마로 불리는 사람'[을 의미하고] "athavā"라는 말은 집합적인 의미의 접속사이다. [게송의 전체적인 의미는] 요기, 즉 요가 수행자[인 스바뜨마라마도] 그 은총으로, 다시 말해서 고락샤의 은총으로 [하타요가를] 알게 되었다는 맥락이다.
svātmārāmaḥ svātmārāmanāmā | athavāśabdaḥ samuccaye | yogī yogavāṃs tatprasādato[44] gorakṣaprasādāj jānīta ity anvayaḥ | Hp-Jt. I.4, *p*. 5, *ll*. 5-6.

브라흐마난다는 『요기야갸발꺄캬스므릿띠』(*Yogiyājñavalkyasmṛti*)를 인용하며 히란야가르브하(Hiraṇyagarbha, 黃金胎)가 요가를 처음으로 교시한 이래 브라흐만, 비쉬누, 쉬바도 요가를 수련했다고 말한다.

월광 으뜸이고 위대한 존재인 브라흐만도 이 [하타요가]의 도법에 몰두했다는 것에 대해선 "히란야가라브하(Hiraṇyagarbha)가 요가를 최초로 발설한 자이다. 그보다 앞선 이는 없다."고 『요기야가발꺄스므리띠』에서 언급된 바 있다.[45] … [한편] 쉬바(Śiva)는 요가수행자로 알려져 있다. 이처럼 위대한 존재라 할 수 있는 브라흐만, 비

승은 잘란드하라나타로 알려져 있다.
44 yogavāṃs tatprasādato | yogavān tatprasādataḥ. Hp-Jt[Adyar].
45 브라흐마난다가 인용한 『요기야가발꺄스므릿띠』의 "hiraṇyagarbho yogasya vaktā nānyaḥ purātanaḥ"는 바짜스빠띠 미쉬라(Vācaspati Miśra, 9-10세기)의 *Tattvavaiśaradī*. I.1에도 인용된 바 있다.

쉬누, 쉬바도 바로 이 [요가의] 지혜에 헌신했다.
paramamahatā brahmaṇāpīyaṃ vidyā sevitety atra yogiyājñavalkyasmṛtiḥ | "hiraṇyagarbho yogasya vaktā nānyaḥ purātanaḥ" | … śivas tu yogī prasiddha eva | evaṃ ca sarvottamair brahmaviṣṇuśivaiḥ seviteyaṃ vidyā | Hp-Jt. I.4, *p*. 5, *ll*. 6-11.

계속해서 브라흐마난다는 『브라흐마경』(*Brahmasūtra*)의 저자인 뷔야사(Vyāsa)도 요가를 부정했던 것이 아니하고 말한 후[46] '단지 요가를 알고자 하는 바람(yogajijñāsoḥ)만으로도 최고의 존재가 되는데 하물며 요가 수행자의 경우엔 더 말할 것이 있겠느냐.'고 반문하며 요가의 중요성을 역설한다.

---

46 일반적으로 학계에서 『브라흐마경』은 상캬(Sāṃkhya)학파와 요가를 비판했고 불이론(Advaitavedānta)을 대표하는 샹까라(Śaṅkara, 700-750) 역시 요가에 적대적이었던 것으로 알려져 있다. 하지만 『브라흐마경』 II.1.3의 "이것으로 요가는 논파되었다."(etena yogaḥ pratyuktaḥ)에 대한 샹까라의 해설을 검토해 보면 비판의 표적은 '요가 자체'에 대한 비판이 아니라 '상캬가 상정하는 근본 원질의 불합리성'에 초점이 있다는 것을 알 수 있다. 비판의 요지는 크게 두 가지인데 첫 번째는 상캬의 근본원질이 의식을 결여한 것(acetana)이므로 "내가 … 전개하리라"(vyākaravāṇi)와 같이 '의식을 지닌 존재에 의해 세계가 전개된다.'고 말하는 우빠니샤드의 가르침과 일치하지 않을 뿐만 아니라 의식을 결여한 승인(勝因, pradhāna)은 창조(전변)의 동기를 가질 수 없고 따라서 논리적으로도 근본원질-전변설이 성립할 수 없다는 것이다. 두 번째는 '우빠니샤드가 세계의 원인을 최고주재신에 지배되는 것(parameśvarādhīnā)'으로 말했으므로 상캬에서 상정하는 독립적인 근본원질이 천계서의 가르침과 양립할 수 없다는 것이다.
브라흐마난다의 해설대로 『브라흐마경』의 요가 비판 역시 '원질(prakṛti)이 독립적인 존재(svātantrya)라는 것과 [원질이] 지성을 결여한다(cid-bheda)는 난점을 지닌 상캬적 요가'에 대한 비판이지 요가 자체에 대한 비판으로 파악되지는 않는다.

월광 그리고 『브라흐마경』(*Brahmasūtra*)의 저자인 뷔야사(Vyāsa)[47]가 요가를 배척했던 것으로 의심해서는 안 된다. [뷔야사는] '원질(原質, prakṛti)이 독립성(svātantrya)과 지성(cit)을 결여한다(bheda)'는 측면만(āṃśa- mātra) 배척했기 때문이다. 하지만 요가 특유의 수행법이 부정된 것은 아니다. 수행은 모든 사람이 인정하는 것이기 때문이고 또 수행하지 않으면 행복도 있을 수 없기 때문이다. 이 점에 대해서는 [이미] 『바가바드기따』가 "통제되지 않은 자에게는 지성이 없고 통제되지 않은 자에게는 수행이 없다. 수행하지 않은 자에게는 적정(寂靜, śānti)이 일어나지 않는다. 적정을 얻지 못한 자가 어찌 행복을 [얻을 수] 있겠는가?"(BG. II.66)라고 말한 바 있다 … 또한 세존(끄리쉬나)께서는 "이것을 알게 되면 요가수행자는 베다나 제사나 고행이나 보시에서 생겨난 공덕의 결과를 모두 초월해서 최고의 경지에 도달한다."(BG. VIII.28)고 말씀하셨기 때문이다. [따라서 요가 수행의 중요성에 대해] 더 말할 필요가 있겠는가? [더욱이] "단지 요가를 알고자 하는 바람(yogajijñāsoḥ)만으로도 '소리로서의 브라흐만'[48](śabdabrahman)을 초월한다."(BG. VI.44)라는 세존(끄리쉬나)의 말씀대로 '단지 요가를 알고자 하는 욕구만으로도 최고의 존재가 되는데' 하물며 요가수행자의 경우 더 말할 것

47 베단따 학파의 소의 경전인 『브라흐마경』의 저자는 바다라야나(Bādarāyaṇa) 혹은 드바이빠야나(Dvaipāyana)로도 불린다.

48 브라흐마난다가 인용한 『바가바드기따』 VI.44송의 '소리로서의 브라흐만'의 의미는 분명치 않지만 이 부분에 대한 샹까라의 주석에 따르면 '소리로서의 브라흐만'은 '베다에서 규정된 행위를 실행함으로써 생겨난 과보'(vedoktakarmānuṣṭhānaphalam, BG-Śbh. VI.44)를 의미한다. 한편, 『마이뜨리 우빠니샤드』에서도 '소리로서의 브라흐만'과 '그것을 초월한 브라흐만'이 언급되었는데 해당 게송은 다음과 같다.
"'소리로서의 브라흐만'과 '그것을 넘어선 [브라흐만'이라는] 두 브라흐만이 있는 것으로 알아야 한다. '소리로서의 브라흐만'을 아는 자는 최고의 브라흐만으로 들어간다." (dve brahmaṇī veditavye śabdabrahma parañ ca yat, śabdabrahmaṇi niṣṇātaḥ paraṃ brahmādhigacchati ‖ Mait-Up. VI.22.)

이 있겠는가. [또한] 나라다(Nārada)와 같은 훌륭한 박띠 수행자(bhakta)들과 야갸발캬를 비롯한 위대한 철학자(jñānin)들도 이것(요가의 도법)을 수련했으므로 박띠 수행자들과 철학자들이 양립할 수 없다는 [의심을] 버려야 한다.

na ca brahmasūtrakṛtā vyāsena yogo nirākṛta iti śaṅkanīyam । prakṛtisvātantryacidbhedāṃśamātrasya nirākaraṇāt । na tu bhāvanā viśeṣarūpayogasya । bhāvanā yāś ca sarvasaṃmatatvāt tāṃ vinā sukhasyāpy asaṃbhavāt । tathoktaṃ bhagavadgītāsu - "nāsti buddhir ayuktasya na cāyuktasya bhāvanā । na cābhāvayataḥ śāntir aśāntasya kutaḥ sukham ॥" iti । (BG. II.66) … । "vedeṣu yajñeṣu tapaḥsu caiva dāneṣu yatpuṇyaphalaṃ pradiṣṭam । atyeti tatsarvam idaṃ viditvā yogī paraṃ sthānam upaiti cādyam ॥ "(BG. VIII.28) iti bhagavad ukteḥ । kiṃ bahunā । "jijñāsur api yogasya śabdabrahmātivartate"(BG. VI.44) iti vadatā bhagavatā yogajijñāsor apy autkṛṣṭyaṃ varṇitaṃ kim uta yoginaḥ । nāradādibhaktaśreṣṭhair yājñavalkyādijñānimukhyaiś cāsyāḥ sevanād bhaktajñāninām apy aviruddhety uparamyate ॥ Hp-Jt. I.4, *pp.* 5, *ll.* 11 ~ *p.* 6, *ll.* 15.[49]

49 브라흐마난다가 인용한 BG의 게송 중 II.66과 VI.44는 전형적인 아누쉬뚜브-쉴로까이고 III.28의 운율은 11음절의 인드라바즈라이다.

5

쉬리아디나타, 맛첸드라,[50] 샤바라,[51] 아난다브하이라바, 짜우랑기, 미나, 고락샤,[52] 비루빡샤,[53] 빌레샤야

I.5^{a-b} śrīādināthamatsyendraśābarānandabhairavāḥ |
I.5^{c-d} cauraṅgīmīnagorakṣavirūpākṣabileśayāḥ ||

50 맛첸드라나타의 것으로 알려진 저술은 『아꿀라비라딴뜨라』(*Akulavīratantra*), 『꿀라난다딴뜨라』(*Kulānandatantra*), 『갸나까리까』(*Jñānakārikā*), 『까마캬구히야싯드히』(*Kāmākhyāguhyasiddhi*) 등이 있다. 맛첸드라나타의 저작은 박치(Bagchi, 1934)에 의해서 산스끄리뜨로 출판되었지만 번역을 비롯해서 생애나 사상 등은 아직 연구 과제로 남아 있다.

51 샤바라는 샤라다(Śārada)로 알려진 연금술사(rasācārya)와 동일시되기도 한다.

52 고락샤나타의 작품으로는 『고락샤샤따까』(*Gorakṣaśataka*), 『비베까마르딴다』(*Vivekamārtaṇḍa*), 『아마라우그하쁘라보드하』(*Amaraughaprabodha*) 등이 있고 그 외에도 *Gorakṣasaṃgraha, Yogamārtaṇḍa, Siddhasiddhāntapraddhatī, Gorakṣavacanasaṃgraha, Carpataśataka, Gorakhbodh, Yogabīja, Amanaskayoga, Āṣṭāṅgayoga, Amaraughaśāsana, Amaraughaprabodha, Gorakṣasiddhāntasaṅgrahaḥ, Jñānāmṛta, Mārtaṇḍagrantha, Yogatārāvalī* 등이 산스끄리뜨 필사본으로 현존한다. 이 중에서 고락샤나타의 진작은 『고락샤샤따까』를 비롯한 몇 개일 것으로 추정되고 대부분 13-4세기에 현재의 형태를 갖추었을 것으로 보인다. 한편, 고락샤의 것으로 알려진 *Haṭhayoga*는 현존하지 않는다.

53 멀린슨(Mallinson: 2011b, p. 771)에 따르면 비루빡샤(Virūpākṣa, 혹은 Virūpākṣasiddha 혹은 Virūpa로도 불림)는 11세기의 인물로 추정되고 그의 대표작은 『불멸의 완성』(*Amṛtasiddhi*: 혹은 *Amṛtasiddhiyoga*로도 불림)으로 알려져 있다. 『불멸의 완성』 필사본은 여섯 개가 현존하는데 텍스트 비평을 포함한 문헌학적 연구와 번역 등은 향후의 연구 과제이다. 근래 멀린슨에 의해 이 문헌의 구성 및 주요 내용이 밝혀졌지만 보다 세부적인 논의가 더 필요할 것으로 보인다. 한편, 비루빡샤의 것으로 귀속된 *Aṣṭasiddhivivaraṇam, Virūpākṣapañcāśikā* 등도 필사본도 남아 있다.

【해설】

본 송에서 9송은 33명의 하타요가 스승(nātha)을 열거하는데 이 계보가 직계도일지 아니면 아누쉬뚜브-쉴로까 운율에 끼워 맞춘 단순 나열일지에 대해서는 논의가 필요할 것으로 보인다. 일단 운율적인 측면에서 보자면 위 게송들은 운율적 제약을 피하려는 흔적이 많으므로[54] 이 계보는 단순한 나열이 아니라 '15세기의 스바뜨마라마가 알고 있던 직계도'일 것으로 추정된다. 한편 스바뜨마라마는 33명의 스승을 열거한 후 제9송의 서두에 "ityādayo mahāsiddhāḥ"("와 같은 등등의 위대한 도사들은")이라는 표현을 사용했으므로 본서에서 열거된 33명의 스승 외에도 다수의 나타가 존재했다는 것을 알 수 있다.

아디나타(ādinātha):

아디나타는 나타파(派) 하타요가의 첫 번째 나타이자 하타요가의 창시

54 예를 들면 제5송은 여타의 게송과 달리 복합어로 구성되었으며 6송의 경우 3음절의 vairavaḥ가 bairavo yogī라는 5음절의 —∪———로 끼워 맞추어져 있고 8송의 경우 조사 ca의 위치와 tathā의 위치가 어색하다는 것을 들 수 있다.
한편 박치(Bagchi: 1934, p. 23) 박사는 '스바뜨마라마 시대에도 이미 초기 스승들의 이름에 대한 기억이 가물거렸던 탓에 스바뜨마라마가 열거한 스승의 이름들도 상당히 와전된 것이다.'고 말하는데 그에 따르면 제5송의 Virūpakṣa는 Virūpā가 와전된 것이고 8송의 Ṭiṇṭiṇi는 Ḍheṇḍhaṇa가 와전된 것이고 Nāradeva는 Nāḍapaṇḍita가 와전된 것이다. 하지만 맛첸드라(Matsyendra)가 지역에 따라 Macchanda, Maccaghna 등으로 불렸고 또 짜우랑기(Cauraṅgī)가 힌두스탄에서는 친나하스따빠다(Chinnahastapāda)로 불렸으며 까네리(Kānerī)가 까네리(Kaṇerī), 깐하빠(Kānhapā), 깐후(Kānhu), 끄리쉬나빠다(Kṛṣṇapāda), 까르나리빠(Karṇaripā), 까니파(Kānipha) 등으로 불렸듯이 하타요가 스승들은 다수의 별칭을 가지고 있었던 것으로 보이고 따라서 스마뜨마라마가 열거했던 스승의 이름들은 와전된 것이기보다는 운율을 맞추기 위해 사용된 다양한 별칭이었던 것으로 파악된다.

자(haṭhayoga-pravartaka)[55]인 쉬바(Śiva)를 의미하는데 그의 첫 제자는 물고기였던 맛첸드라나타로 전해진다.

월 광 아디나타는 쉬바(Śiva)이고 모든 나타들 중에서도 첫 번째(으뜸)의 나타이다. "아디나타로부터 나타파(派)의 전통(nāthasampradāya)이 개시되었다."고 나타[파] 전통권(圈)의 [스승]들은 말한다.

ādināthaḥ śivaḥ sarveṣāṃ nāthānāṃ prathamo nāthaḥ | tato nāthasaṃpadāyaḥ pravṛtta iti nāthasaṃpradāyino vadanti | Hp-Jt. I.6, *ll*. 2-3.

맛첸드라나타(Matsyendranātha):

월 광 맛첸드라로 불리는 [스승]은 아디나타(Ādinātha, = Śiva)의 제자이다. 그에 대해서는 다음과 같은 일화가 전해진다. 언젠가 아디나타께서 어떤 섬에 있을 때 "여기엔 아무도 없겠지."(tatra vijanam)라고 생각하고서 빠르바띠(Girijā)에게 요가를 가르쳤다. 해안가의 물속에 있던 어떤 물고기가 그 요가의 가르침을 [우연히] 듣고 난 후엔 마음이 한곳으로 집중되었고 몸도 움직일 수 없게 되었다. 그렇게 된 그(물고기)를 보고 "이리하여 요가를 누설하고 말았구나."고 생각해서 자비로운 아디나타께선 그(물고기)에게 물을 뿌려 정화시켰다. 물에 젖자마자 물고기는 신령스런 몸을 지닌 맛첸드라라는 도사가 되었는데 사람들은 바로 그를 맛첸드라나타로 부른다.

matsyendrākhyaś cādināthaśiṣyaḥ | atraivaṃ kiṃvadantī kadācid ādināthaḥ kasmiṃścid dvīpe sthitaḥ tatra vijanam iti matvā girijāyai yogam upadiṣṭavān | tīrasamīpanīrasthaḥ kaścana matsyas taṃ yogopadeśaṃ śrutvā ekāgracitto niścalakāyo '

55 아디나타가 '하타요가의 창시자'(haṭhayoga-pravartaka, *p*. 1, *l*. 7)라는 점에 대해서는 I.1에 대한 해설을 참조.

vatasthe | taṃ tādṛśaṃ dṛṣṭvānena yogaḥ śruta iti taṃ matvā kṛpālur ādinātho jalena prokṣitavān | sa ca prokṣaṇamātrād divyakāyo matsyendraḥ siddho 'bhūt | tam eva matsyendranātha iti vadanti | Hp-Jt. I.5, *pp*. 6, *ll*. 3 ~ *p*. 7, *l*. 3.

짜우랑기(Cauraṅgī):

월 광 힌두스탄 지역의 방언에서는 '친나하스따빠다'(Chinnahastapāda)[56] 라는 사람을 짜우랑기로 부르기도 한다.[57] 언젠가, '아디나타(쉬바)로부터 요가를 배워 하늘을 날고 있던 맛첸드라나타'께서 어떤 외진 숲에 있던 [손발이 잘린 짜우랑기를] 자애롭게 바라보자마자 '짜우랑기의 잘려진 손과 발'이 [새롭게] 생겨났다. 짜우랑기는 '그의 자비로 생겨난 손과 발이 나의 것이다.'고 생각하고서 맛첸드라나타의 두 발에 절한 후 "[새롭게 생겨난 손과 발을] 부디 저에게 주십시오."(mamānugrahaṃ kuru)[58]라고 간청하였다. 맛첸드라께선 기꺼이 그에게 은혜를 베풀었다. 맛첸드라나타의 은총으로(tasyānugrahāt)으로 [그는] 짜우랑기로 알려진 도사가 되었다.
chinnahastapādaṃ puruṣaṃ hindusthānabhāṣāyāṃ cauraṅgīti vadanti | kadācid ādināthāl labdhayogasya bhuvaṃ paryaṭato matsyendranāthasya kṛpāvalokanamātrāt kutracid araṇye sthitaś cauraṅgyaṅkuritahastapādo babhūva | sa ca tatkṛpayā saṃjātahastapādo 'ham iti matvā tatpādayoḥ praṇipatya

---

56 *BahVr.*: 손과 발이 잘린 자.

57 멀린슨(Mallionson: 2011d)에 따르면, 짜우랑기는 사랑가드하라(Sāraṅgadhara) 혹은 뿌랑 브하갓(Pūraṇ Bhagat)으로도 불리는데 그는 벵갈의 데바빨라(Devapāla)왕의 아들이었고 아버지에 의해 사지가 절단된 채 유기되었지만 맛첸드라나타에 의해 사지를 회복했다고 한다. 멀린슨에 따르면 뿌랑 브하갓으로서의 샤랑가드하라는 펀잡 지역에서 유명하고 현 파키스탄의 시알콧(Sialkot)에 그의 사당(祠堂)이 있다.

58 kuru (√kṛ. *Impv.*, *II.sg.*).

mamānugrahaṃ kurv iti prārthitavān | matsyendro 'pi tam anugṛhītatvān | tasyānugrahāc cauraṅgīti prasiddhaḥ siddhaḥ so 'bhūt | Hp-Jt. I.5, *p.* 7, *ll.* 4-9.

미나(Mīna):

월광 [본 게송의] '미나'는 '미나나타'[를 의미한다].
mīno mīnanāthaḥ, Hp-Jt. I.5, *p.* 7, *l.* 9.

박치(Bagchi: 1934, p. 13, 21)에 따르면 전통적으로 맛첸드라나타는 고락샤나타의 스승으로 알려져 있고 또 맛첸드라나타와 미나나타(Mīnanātha)는 동일 인물로 간주되어 왔다. 맛첸드라나타와 미나나타가 동일시된 단적인 예는 『요가비사야』(*Yogaviṣaya*)라는 단편에서 발견되는데 말릭(Mallik)의 1953년 교정본 제5송은 저자를 미나나타로 밝힌 반면[59] 콜로폰에는 저자가 맛첸드라나타로 되어 있다.[60] 하지만 이것은 미나나타와 맛첸드라나타가 역사적인 동일 인물이라는 것을 입증하는 단서라기 보다는 미나나타와 맛첸드라나타가 동일시되면서 후대의 필사자도 무의식 중에 동일시했던 것으로 의심해 볼 수도 있다. 『하타의 등

---

59 kṛpayaiva paraṃ tattvaṃ mīnanātho 'pi bodhataḥ |
mīnanātho 'pi sac chiṣyaṃ pratyuvāca samāhitaḥ || 5 || .

60 " || iti matsyendranāthaviracitaṃ bhaktisaṃ (?) sampūrṇam || " Mallik: 1953, p. 47.
한편 마드라스(첸나이: Government Oriental Manuscripts Library)에 소장된 2개의 『요가비사야』의 필사본엔 저자가 미나나타로 되어 있는데 두 필사본에 대한 간략한 정보는 다음과 같다.
① Ms. Nr.4367 (F.5, 20L), ② Ms. Nr.4368 (F.5, 8L). 이 중에서 ①은 원래 Nr.4336번 필사본 중 196폴리오의 뒷면에서 시작하고 ②는 Nr.4337 필사본의 19번째 폴리오의 뒷면에서 시작한다. 부이(Bouy: 1994, pp. 12-13)에 따르면 4367번 필사본이 말릭본(Mallik: 1953)의 저본이다.

불』 제5송의 계보에 따르면 맛첸드라나타와 미나나타는 별개의 인물이고 또 고락샤나타는 맛첸드라나타의 제자가 아니라 미나나타의 제자였던 것으로 보인다. 하지만 맛츠야(matsya)와 미나(mīna)가 모두 '물고기'를 의미한다는 점에서 맛첸드라나타와 미나나타가 동일시되고 또 이 이유에서 고락샤나타가 맛첸드라나타의 직제자로 알려졌을 가능성이 높을 것으로 보인다.[61] 하지만 하타요가의 계보도는 지역과 문헌에 따라 다르고 무수한 민담과 전설이 뒤섞여 있으므로 초기 스승들의 연대기를 온전하게 재구성하는 것은 거의 불가능할 것으로 보인다.[62]

6-8

만타나, 요기 브하이라바, 싯드히, 붓다, 깐타디.
꼬란따까, 수라난다, 싯다빠다, 짜르빠띠[63]

까네리,[64] 뿌즈야빠다, 니띠야나타, 니랑자나,

61 한편 박치(Bagchi: 1934, p. 23)는 맛첸드라나타와 미나나타를 다른 인물로 보는 것은 『하타의 등불』과 같은 후대 문헌의 일반적 경향이라고 말하지만 이 부분에 대해선 논의가 더 필요할 것으로 보인다.

62 나타파에는 고락샤나타(Gorakṣanātha)를 비롯한 84명의 위대한 도사들과 잘란드하라나타(Jālandharanātha)를 비롯한 9명의 도사 계보도 전해지고 있지만 문헌과 지역에 따라 이름이나 순서 등에는 많은 차이가 있다. 다양한 계보도에 대해선 브릭스(Briggs, 1938), 박치(Bagchi, 1934), 화이트(White, 1996)를 참조.

63 짜르빠띠는 연금술사로도 널리 알려져 있다.

64 까네리(Kānerī)는 까네리(Kaṇerī), 깐하빠(Kānhapā), 깐후(Kānhu), 끄리쉬나빠다(Kṛṣṇapāda), 까르나리빠(Karṇaripā), 까니파(Kānipha) 등으로 불리기도 하는데 그는 잘란드하라나타의 제자로 10세기경에 주로 벵갈 지역에서 활동했던 것으로 알려져 있지만 명확하지는 않다. 한편, 그하로테·데브나트(Gharote & Devnath: 2006, pp. 8-9)는 '까네리가 도사(道師) 나가르주나(Nāgārjuna)의 제자이고 주로 마하라쉬뜨라의 네바사(Nevasa) 지역에서 활

까빨리, 빈두나타, 까까짠디쉬바라로 불리는 [스승]

알라마, 쁘라브후데바, 그호다쫄리,[65] 띤띠니,
브하누끼, 나라데바, 칸다, 까빨리까

I.6$^{a\text{-}b}$ manthāno bhairavo yogī siddhir buddhaś ca kanthaḍiḥ |
I.6$^{c\text{-}d}$ koraṇṭakaḥ surānandaḥ siddhapādaś ca carpaṭiḥ ||
I.7$^{a\text{-}b}$ kānerī pūjyapādaś ca nityanātho nirañjanaḥ |
I.7$^{c\text{-}d}$ kapālī vindunāthaś ca kākacaṇḍīśvarāhvayaḥ ||
I.8$^{a\text{-}b}$ allāmaḥ prabhudevaś ca ghoḍācolī ca ṭiṇṭiṇiḥ |
I.8$^{c\text{-}d}$ bhānukī nāradevaś ca khaṇḍaḥ kāpālikas tathā ||

【해설】

까빨리(7송) … **까빨리까**(8송):

까빨리(Kapālī)는 23번째 스승(나타)으로 언급되고 까빨리까(Kāpālika)는 33번째 스승으로 언급되는데 까빨리와 까빨리까는 '해골을 들고 다니

동했다.'고 말한다. 그하로테·데브나트(Gharote & Devnath: 2006, p. 9)에 의하면 Siddheśvara와 Raseśāni의 사원 근처에 있는 까네리쉬바라(Kānerīśvara)의 사원에 그의 무덤이 있는데 비명(碑銘)에 따르면 까네리는 1078(A.D.)년부터 이곳에서 활동했고 1138년에 영원한 삼매에 들었다.

한편 나가르주나의 것으로 귀속된 『요가의 보석 목걸이』(*Yogaratnāvalī*)에 대한 쉬베땀바라의 해설(*Śvetāmbaravivṛtti*)이라는 필사본이 바라나시 힌두대학에 소장되어 있지만(*Yogaratnāvalī*. Ms. Nr. C-3792, F.31, Inc, saṃ1840) 『요가의 보석 목걸이』가 나가르주나의 진작인지 여부는 논의되지 않았다.

65 그호다쫄리는 그호라쫄리(Ghorācolī)로 불리기도 한다. 한편, 『그호다쫄리의 말씀』(*Ghoḍācolivākya*)이라는 세 개의 필사본이 조드흐뿌르(Jodhpur)의 동양학연구소(Oriental Institute)에 남아 있는데 모두 한 개의 폴리오로 구성된 단편이고 그의 진작인지는 분명치 않다. Ghoḍācolivākya ① MS. Nr. N.1481 (F.1), ② MS. Nr. 1482(A), (F.1), ③ MS. Nr. N.1482(B) (F.1).

는 수행자'를 의미한다. 19-20세기에 목격된 까빨리까는 하타요가 수행자라기보다는 대체로 극단적인 고행자 또는 '시체를 먹고 공동 묘지를 떠돌던 아그호리(Aghorī)'와 같은 비밀스런 집단으로 알려져 있지만(혹은 혼동되었지만) 본서에 따르면[66] 까빨리까는 좌도 딴뜨라적인 하타요가 수행자들이다.[67]

까빨리까의 요가와 고락샤 계열의 깐파따(Kānphaṭa)파 및 맛첸드라 계열의 까울라(Kaula)파의 요가가 8-9세기에 하타요가로 성립되는데 하타요가의 원류라 할 수 있는 까빨리까와 깐파따가 최초로 언급된 문헌은 『마이뜨리 우빠니샤드』이다. 『마이뜨리 우빠니샤드』는 '지혜를 얻는 데 장애가 되는 요소들'을 언급하는데 그중에 VII.8송은 '[자격도 없으면서] 제멋대로 주황색 옷을 걸치고 귀고리를 한 자, 해골을 지닌 자들'[68]을 언급하는데 문맥상 제멋대로가 아니라 '주황색 옷에 귀고리를 착용할 자격이 있는 자들'(kaṣāyakuṇḍalinaḥ)과 '해골을 들고 다닐 자격이 있는 자들'도 그 당시에 존재했다는 것을 알 수 있다. 두 부류 중 '주황색 옷에 귀고리를 착용한 자들'이 '고락샤나타가 속한 바로

---

66 『하타의 등불』 제III장 96송은 '소변의 중간 물을 음용하는' 아마롤리 무드라를 까빨리까의 가르침으로 언급한다. 97송에 대한 브라흐마난다의 해설에 따르면 까빨리까는 아마롤리와 바즈롤리 무드라를 수련하는 자이다. 브라흐마난다는 다음과 같이 해설한 바 있다. "바즈롤리를, 즉 '남근으로 조심스럽게'라고 [III.85] 송에서 언급된 [바즈롤리 무드라]를 올바르게 수련한다면 그는 '아마롤리를 하는 자'(amarolī)로 불려진다. [본 게송에] '까빨리까들에 의해서'라는 [말을] 보충해야 한다." (원문은 III.97에 대한 해설을 참조.)

67 한편 께랄라 대학에서 소장된 필사본 『까빨리까딴뜨라』(*Kāpālikatantra*-with Commentary. MS. Nr. 7475)에 주목할 수 있다. 이 필사본은 제목이 알려지지 않은 주석도 함께 수록되어 있는데 유실된 부분 없이 완벽한 상태로 보존되어 있는 것으로 보이지만 분량이 어느 정도인지는 알려져 있지 않다.

68 atha ye cānye ha vṛthā kaṣāyakuṇḍalinaḥ kāpālino 'tha ye cānye ··· Mait-Up. VII.8.

그 깐파따(Kānphaṭa)派'의 선조들이고 또 '해골을 소지한 자'가 본서(Hp. I.7, I.8, III.97)에 언급된 바로 그 까빨리까라면 하타요가의 연원은 기원 전후로 거슬러 갈 수도 있을 것이다.

까빨리까는 『마이뜨리우빠니샤드』와 15세기의 『하타의 등불』에서 홀연히 등장했던 것이 아니라 수많은 산스끄리뜨 문헌에서도 언급되었는데 브릭스(Briggs: 1938, p. 224-225)에 따르면 마하라쉬뜨라에서 성립된 6세기 문헌인 『10 왕자들의 행적』(*Daśakumāracarita*)을 비롯해서 8세기에 성립된 브하브후띠(*Bhavabhūtī*)의 희극 『말라띠 마드하바』(*Mālatī Mādhava*)에서도 등장하고 또 '인도를 방문했던 현장도 두개골을 소지한 자'를 보고 묘사한 바 있다.[69] 역자가 살펴본 바에 따르면 샤이비즘 문헌 외에 『스깐다뿌라나』,[70] 『꾸르마뿌라나』,[71] 『쉬바뿌라나』[72]를 비롯해서 닷따뜨레야의 『요가샤스뜨라』[73]에서도 까빨리까가 언급되었는데 까빨리까의 수행법과 관련된 비판은 12세기 베단따 철학자인 라마누자(Rāmānuja: 1017-1137)의 『브라흐마경 묘주(妙註)』(*Śrībhāṣya*, II.2,35-38)에서 발견된다.[74] 라마누자는 '여섯 무드라(mudrā)의 참된 의미를 알고, 최고

---

69 브릭스(Briggs: 1938, p. 224)에 따르면 샹까라(Śaṅkara, 700-750)와 라마누자(Rāmānuja(12세기)는 까빨리까를 비판했는데, 이것은 8-12세기에 까빨리까의 세력이 강했다는 것을 의미할 것이다. * 라마누자의 비판에 대해서는 아래를 참조.

70 kṛtvā kāpālikaṃ rūpaṃ yayau dāruvanaṃ prati |
mahāhināṃ jaṭājūṭaṃ niyamya śaśibhūṣaṇaḥ ‖ Skandha-P.(RKS) 76.20.

71 kāṣāyiṇo 'tha nirgranthāstathā kāpālikāśca ye |
vedavikrayiṇaścānye tīrthavikrayiṇaḥ pare ‖ Kūrma-P. I.28.16.

72 śaivāḥ siddhāṃtamārgasthāḥ śaivāḥ pāśupatāstathā |
śaivā mahāvratadharāḥ śaivāḥ kāpālikāḥ pare ‖ Śiva-P. VII.2.31.173.

73 brāhmaṇaḥ śramaṇo vā bauddho vāpy ārhato 'thavā ‖ YoŚ. 80.
kāpāliko vā cārvākaḥ śraddhayā sahitaḥ sudhīḥ ‖ YoŚ. 81.
yogābhyāso 'to nityaṁ sarvasiddhimavāpnuyāt ‖ YoŚ. 82.

74 이 점에 대해서는 엘리아데(Eliade: 1969, p. 298)를 참조. 엘리아데에 따르

의 무드라를 이해하고 브하가좌(座)(bhagāsana)로 불리는 자세[75]로 자아를 명상하는 까빨리까는 열반(nirvāṇa)에 도달한다'[76]는 까빨리까의 주장을 인용하며 한정불이론 베단따(Viśiṣṭādvaita Vedānta)의 입장에서 비판하는데 라마누자가 인용했던 까빨리까의 행법은 『하타의 등불』에서 설명된 까빨리까의 수행법과 거의 일치하는 것으로 보인다.[77]

한편, 『샤바라딴뜨라』(*Śābaratantra*)는 12명의 까빨리까 스승과 12명의 제자를 언급하는데 흥미로운 것은 미나나타와 고락샤, 짜르빠따(Carpaṭa) 등을 12제자로 열거했다는 점이다.[78] 일반적으로 미나나타[79]는

면 라마누자는 까빨리까를 극단적인 까빨리까와 온건한 까빨리까로 분류했는데 이것이 시사하는 것은 12세기에 까빨리까가 상당히 많았고 또 유명했다는 것이다.

75 브하가(bhaga)의 의미는 명확지 않지만 아마도 '여성의 음부'를 의미할 것으로 추정되고 '브하가좌로 불리는 자세'란 성교와 관련된 자세, 즉 바즈롤리 무드라를 실행한다는 의미로 파악된다.

76 Eliade: 1969, p. 298에서 재인용.

77 제III장 96-97송을 참조.

『하타의 등불』에서 설명된 아마롤리 무드라는 단순히 소변을 음용하는 것이지만 기본적으로 아마롤리 무드라는 '남녀의 성적 결합을 포함하는 바즐롤리 무드라와 사하졸리 무드라'와 하나의 세트를 이룬다. 브라흐마난다는 『하타의 등불』에 대한 주석 『월광』에서 다음과 같이 말한다.

"바즈롤리를, 즉 '남근(男根)으로 조심스럽게'라고 [III.85] 송에서 언급된 [바즈롤리 무드라]를 올바르게 수련한다면 그는 '아마롤리를 수련하는 자'(amarolī)로 불려진다. '까빨리까들에 의해서'라는 [말을 원문에] 보충해야 한다." (원문은 Hp. III.97송에 대한 해설을 참조.)

78 박치는 다음과 같이 말한다.

"『샤바라딴뜨라』(Lévi- Le Nepal I. p. 355. n2; Tucci- J.A.S.B 1930, I, p. 132)에서 쉬바(Śiva)의 12명의 화신으로서의 12 스승과 12명의 제자들과 같은 24명의 까빨리까(Kāpālikas)가 언급되었다. 12 제자들 중에서 미나나타, 고락샤, 짜르빠따(Carpaṭa) 등등의 이름이 발견된다." Bagchi: 1934, p. 22.

디조코프스키(Dyczkowski: 1989, p. 28)에 따르면 『샤바라딴뜨라』에서 언급된 까빨리까의 12 스승은 Ādinātha, Anādi, Kāla, Atikāla, Karāla, Vikrāla,

까울라 계열의 수행자이고 고락샤는 깐파따 계열의 수행자로 알려져 있지만 '모두 까빨리까의 12제자로 언급되었다는 것'은, 사실 여부를 떠나 까빨리까가 상당한 세력을 얻고 있었다는 것을 암시한다.

9

등등의 위대한 도사들은 하타요가의 도술(prabhāva)로 시간의 막대기를 파괴한 후 우주 안에서 돌아다닌다.

I.9^{a-b} ityādayo mahāsiddhā haṭhayogaprabhāvataḥ |
I.9^{c-d} khaṇḍhayitvā kāladaṇḍaṃ brahmāṇḍe vicaranti te ‖ [80]

【해설】

등등의:

월광 '등등(等等) 이라는 말'(ādi-śabda)이 있으므로 [여기엔 열거되지 않았지만] 따라나타(Tārānātha)[81] 등과 같은 [스승]들도 [있는 것으로] 알아야 한다.
ādiśabdena tārānāthādayo grāhyāḥ | Hp-Jt. I.9, *p*. 8, *ll*. 1-2.

Mahākāla, Kālabhairava, Baṭuka, Bhūtanātha, Vīranātha, Śrīkaṇṭha이고 12제자는 Nāgārjuna, Jaḍabhārata, Hariścandra, Satyanātha, Bhīmanātha, Gorakṣa, Carpaṭa, Avadya, Vairāgya, Kanthādhāri, Jālandhara, Malayārjuna이다.

79 여기서의 미나나타는 아마도 맛첸드라나타와 동일 인물로서의 미나나타일 것으로 추정된다.

80 세 번째 구(pāda^{c})는 아누쉬뚜브-쉴로까(Anuṣṭubh-Śloka)의 확장형인 라-비뿔라(Ra-vipulā)이다.

81 따라나타는 1576-1634년까지 생존했던 티벳의 성자인데 브라흐마난다가 언급한 따라나타와 동일 인물인지는 분명치 않다. 브라흐마난다가 티벳 성자인 따라나타를 알고 있었다면 『월광』의 성립 시기도 그 무렵 또는 그 이후가 될 것이다.

위대한 도사들:

월광 무애한 지배력을 가진 자들

apratihataiśvaryāḥ, Hp-Jt. I.9, *p*. 8, *l*. 2.

시간의 막대기를 파괴한 후:

여기서의 시간은 죽음을 의미하고 '시간의 막대기를 파괴한다'는 것은 죽음을 정복한다는 것을 의미한다.

월광 '시간'[이란 말은] '죽음'[을 의미하고] '시간의 막대기'라는 [말은] '몸과 기(氣)를 분리시키는 작용을 하는 [죽음이라는] 막대기'를 [의미하는데] '바로 그 시간의 막대기를 파괴한 후에' [라는 말은] '죽음을 정복한 후에' 라는 뜻이다.

kālo mṛtyuḥ tasya daṇḍanaṃ daṇḍo[82] dehaprāṇaviyogānukūlo vyāpāraḥ taṃ khaṇḍayitvā chitvā mṛtyuṃ jitvety arthaḥ | Hp-Jt. I.9, *p*. 8, *ll*. 3-4.

모든 요가의 토대인 하타요가

10

하타[요가]는 모든 [종류의] 고통으로 괴로워하는 사람들이 머물 수 있는 사원이며,

하타[요가]는 모든 [종류의] 요가에 몰두해 있는 사람들을 지탱하

82 daṇḍo | daṇḍaḥ. Hp-Jt[Adyar].

는 거북이이다.

I.10^{a-b} aśeṣatāpataptānāṃ samāśrayamaṭho haṭhaḥ |

I.10^{c-d} aśeṣayogayuktānām ādhārakamaṭho haṭhaḥ ||

【해설】

고통:

월광 모든(aśeṣa) [고통]이란 '자기 자신에서 유래하는 것'(依內苦)과 '타자(他者)로 인한 것'(依外苦) 그리고 '하늘의 자연 현상에서 유래한 것'(依天苦)과 같은 세 종류이다. 그중에서 '자신에서 유래한 [고통]'은 육체적인 [고통]과 심적인 [고통]과 같은 두 가지가 있다. 여기서 육체적인 고통은 질병(vyādhi) 때문에 생겨난 것이고 심적인 고통은 욕망(kāma) 따위에서 생겨난 것이다. '타자로 인한 [고통]'은 호랑이나 뱀 등에서 비롯된 것이고 '하늘의 자연 현상에서 유래한 [고통]'은 행성(graha) 등[의 운행이나 영향력]에서 초래된 [고통]이다.

ādhyātmikādhibhautikādhidaivikabhedena trividhaḥ | tatrādhyātmikaṃ dvividham | śārīraṃ mānasaṃ ca | tatra śārīraṃ duḥkhaṃ vyādhijaṃ, mānasaṃ duḥkhaṃ kāmādijam | ādhibhautikaṃ vyāghrasarpādijanitam | ādhidaivikaṃ grahādijanitam | Hp-Jt. I.10, *p.* 8, *ll.* 2-4.

지탱하는 거북이이다:

I.10^{d}의 'ādhārakamaṭha'를 I.10^{b}의 마지막 복합어 'samāśraya-maṭha'(머물 수 있는 사원)의 짝을 이루는 'ādhāraka-maṭha'(지탱하는 사원)로 분석할 수도 있지만 브라흐마난다는 이 부분을 '지탱하는 거북이'(ādhārakamaṭha)로 해설한다.

월광 그리고 마치 거북이(kamaṭha)가 세상을 지탱하듯이 그와 같이 하타[요가]가 모든 요가 수행자들을 지탱한다는 의미이다.

yathā ca viśvādhāraḥ kamaṭha[83] evaṃ nikhilayoginām ādhāro haṭha ity arthaḥ | Hp-Jt. I.10, *p.* 8, *ll.* 9-10.

비밀의 준수

11

[요가를] 완성하고자 하는 수행자는 하타[요가]의 도법(道法)을 최고의 비밀로 보호해야만 한다.
비밀이 지켜질 때 [하타요가의 도법]은 힘을 지니지만 공개되면 힘을 잃게 된다.

I.11$^{a\text{-}b}$ haṭhavidyā paraṃ gopyā yoginā siddhim icchatā |
I.11$^{c\text{-}d}$ bhaved vīryavatī guptā nirvīryā tu prakāśitā ||

【해설】

신체(身體)를 신체(神體)로 만드는 하타요가의 인체 연금술은 생명 에너지인 쁘라나를 꿈브하까와 무드라로 조절하고 운용한다는 점에서 '칼날 위의 춤'으로 비유될 수 있고 이 점에서 칭송되는 미덕은 하타요가를 만인에게 공개하는 것이 아니라 그 반대로 '비밀을 지키며 자격을 갖춘 제자에게 전수하는 것'이다.[84] 누구나 하타요가를 할 수 있지만

83 kamaṭha | kamaṭhaḥ. Hp-Jt^{Adyar}.
84 하타요가가 주로 출가자 내지는 입문 제자를 중심으로 전수되었다는 점에

하타요가는 맨손으로 독사를 잡는 것처럼 위험할 수밖에 없으므로 '호흡과 무드라를 수련하기에 적합한 조건을 갖추어야 하고' 또 훌륭한 스승을 만나는 행운(bhāgya)이 따라야 한다.[85]

[요가를] 완성하고자 하는 수행자는:

월광 축소술 등과 같은 초능력을 원하는 자 혹은 독존(獨存, kaivalya)을 성취하고자 하는(icchatā, vāñchatā) 요가 수행자는 …
siddhim aṇimādyaiśvaryam icchatā yad vā siddhir kaivalya-siddhim icchatā vāñchatā yogiṇā. Hp-Jt. I.11, *p*. 8, *l*. 2.

공개되면 힘을 잃게 된다:

월광 오랫동안 수련할지라도 '무애한(apratihata) 초능력(aiśvarya)'이 생기지 않거나 혹은 '독존을 성취할 수 없을 것'이다.
dīrghakālasevitāpy apratihataiśvaryajananāsamarthā kaivalya-siddhijananāsamarthā vā syāt | Hp-Jt. I.11, *p*. 9, *l*. 4.

수련장의 입지 조건과 구조

12

하타요가 수행자는 선정(善政)이 이루어지는 곳, 덕을 갖춘 곳, 식량이 풍부한 곳, 위험하지 않은 곳,

대해서는 아래의 12송에 대한 해설을 참조.
85 본 게송은 『쉬바상히따』 V.254에서도 발견된다.

[그리고] 활의 길이 정도의 범위 내에 바위나 불, 물이 없는 한적한(ekānte) 암자(庵子)에 머물러야만 한다.

I.12[a-b] surājye dhārmike deśe subhikṣe nirupadrave |
I.12[c-d] dhanuḥ pramāṇaparyantaṃ śilāgnijalavarjite |
I.12[e-f] ekānte maṭhikāmadhye sthātavyaṃ haṭhayoginā ‖

【해설】

'수행터에 대한 첫 번째 조건' 중 하나가 음식을 구걸하기 적절한 곳이라는 점에서 당시의 하타요가 수행자들이 탁발(托鉢, bhikṣa) 생활했다는 것을 알 수 있고 또 '옷 등을 갖추는 것만으로 하타요가를 완성할 수 없다.'(I.66)는 게송에 대한 브라흐마난다의 주석을 통해 하타요가 수행자들의 옷이 '주황색'(kāṣāyavastra, Hp-Jt. I.66, *p.* 34, *l.* 8)이었다는 것을 알 수 있다. 하타요가가 주로 출가자 혹은 입문 제자를 통해 전승되었다는 근거는 14세기 문헌인 『쉬바상히따』(*Śivasaṃhitā*)에서도 발견되는데 『쉬바상히따』는 마지막 제VI장의 후반부에서 '집에 머물지라도 성공할 수 있다.'(gṛhastho 'pi …. siddhim avāpnoti … Śs. VI.229)고 말할 뿐만 아니라 '재가자(gṛhī) 또는 부인과 자식을 둔 사람도 올바르게 요가를 수련한다면 성공할 수 있다.'(Śs. VI.258-260)고 말함으로써 책을 마무리한다.[86] 재가자도 성공할 수 있으므로 올바르게 수련할 것을 에필로그에서 당부

86 재가자도 하타요가를 수행했다는 것은 I.61송에 대한 브라흐마난다의 해설에서도 발견된다.
"[예를 들어 수행이 확립된 수행자의 경우] 추울 땐 불을 쬘 수 있고, 재가자(在家者, gṛhastha)는 '적절한 시간에'(ṛtau) 자신의 부인과 성관계를 맺을 수 있고, 성지 순례(tīrthayātrā) 등과 같은 여행도 금기시 되지 않는다는 것이 '초기[에]라는 단어가'(ādipadena) 암시하는 것이다." (원문은 I.61에 대한 해설을 참조.)

했다는 것은 하타요가가 주로 출가자나 입문 제자를 통해 전수되었다는 것을 반증한다.

덕을 갖춘 곳:

월광 '덕(德)을 갖춘 곳'라는 말은 '덕(德)이 있는 곳'[을 의미한다]. 이 말은 '하타요가 수행자들이 호의적으로 음식 등'을 얻을 수 있다는 것을 암시한다.

dharmike dharmavati | anena haṭhābhyāsino 'nukūlāhārādilābhaḥ sūcitaḥ | Hp-Jt. I.12, *p.* 10, *ll.* 3-4.

식량이 풍부한 곳:

월광 '음식이 풍족한 곳에'(subhikṣe)라는 이 말은 쉽게 음식(tat)을 얻을 수 있는 [장소이어야 한다는 것]을 암시한다.

subhikṣa ity anenānāyāsena tallabhaḥ sūcitaḥ | Hp-Jt. I.12, *p.* 10, *ll.* 4-5.[87]

활의 길이 정도의 범위 내에 바위나 불, 물이 없고:

월광 활의 치수, 즉 활 길이인 4뼘 정도의 범위에 이르기는 곳에 바위와 불과 물이 없는 곳, 다시 말해서 바위, 즉 암벽 그리고 불, 즉 열기 그리고 물, 즉 습기와 같은 것이 없는 곳이다. 따라서 수련터에서 4뼘 정도에 바위와 불과 물이 없어야 한다(na syuḥ)는 의미이다. 이 말은 추위와 더위 등과 같은 방해 요인이 없어야 한다는 것을 암시한다.

dhanuṣaḥ pramāṇaṃ dhanuḥpramāṇaṃ caturhastamātraṃ tatparyantam | śilāgnijalavarjite śilā prastaro 'gnir vahnir[88]

---

87 브라흐마난다의 해설을 통해 하타요가 수행자들이 주로 출가자들로 걸식 생활했다는 것을 알 수 있다.

jalaṃ toyaṃ tair varjite rahite | yatrāsanaṃ tataś caturhastamātre śilāgnijalāni na syur ity arthaḥ | tena śītoṣṇādivikārābhāvaḥ sūcitaḥ | Hp-Jt.I.12, *p*. 10, *ll*. 6-9.

위험하지 않은 곳:

월광 위험하지 않은 곳이란 '도둑(caura)과 호랑이(vyāghra) 등등에 의한 위험이 없는 곳'이다. 이 말은 오랫동안 머물기에 적합한 장소[이어야 한다는 것]을 암시한다.

nirupadrave cauravyāghrādyupadravarahite | etena deśasya dīrghakālavāsayogyatā sūcitā | Hp-Jt. I.12, *p*. 10, *ll*, 5-6.

한적한 암자:

월광 ['한적한'이라는] 이 말은, 사람들이 왕래하지 않으므로 다툼 따위가 없어야 한다는 것을 암시한다. 그 이유는 사람들과 만나면 분쟁 따위만 생길 뿐이기 때문이다. 이 점에 대해 『바가바따뿌라나』(XI.9.10)는 "사람들이 많은 곳엔 다툼이 일어나기 마련이고 심지어 둘만 모여도 말다툼(artā) 한다."고 말한 바 있다. [요가 수행자는] 이와 같은 암자에 [머물러야 하는데, 본 게송에서 언급된] 암자(maṭhikā)란 '작은 오두막'(alpo māthaḥ) [을 의미]한다.

anena janasamāgamābhāvāt kalahādyabhāvaḥ sūcitaḥ | janasaṃmarde tu kalahādikaṃ syād eva | tad uktaṃ bhāgavate 'vāse bahūnāṃ kalaho bhaved vārtā dvayor api' iti | tādṛśo maṭhikāmadhye | alpo mātho maṭhikā | Hp-Jt. I.12, *p*. 10, *l*. 9-11.

한편, 브라흐마난다는 원문에 대한 해설 작업뿐만 아니라 원문에 대

---

88 vahnir | vahniḥ. Hp-Jt^{Adyar}.

한 비평과 교정 작업도 병행했던 것으로 보이는데 그 근거는 본 송에 대한 해설 말미에서 발견된다.[89]

월 광 여기에는(본 게송에는) "하타요가를 완성하기 위해서는 규정된 음식을 취함으로써"라는 반송(半頌)이 있지만 [이것은 후대의] 누군가가 삽입한 것이므로 해설하지 않고 원래의 게송들에 대해서만 해설하였다. 향후에도(agre 'pi) 이처럼 내가 해설하지 않은 게송이 『하타의 등불』에서 발견된다면 그 게송들을 모두 [후대에] 삽입된 것(kṣipta)으로 간주해야 한다.

atra "yuktāhāravihāreṇa haṭhayogasya siddhaye" ity ardhaṃ kenacit kṣiptatvān na vyākhyātam | mūlaślokānām eva vyākhyānam | evam agre 'pi ye mayā na vyākhyātā ślokā haṭhapradīpikāyām upalabhyeraṃs te[90] sarve kṣiptā iti boddhavyam || Hp-Jt. I.12, *p.* 11, *l.* 2-5.

13

출입문이 작고, 아래에 구멍이 없고, 지나치게 높거나 낮지 않은 곳,
쇠똥으로 칠해지고, 깨끗한 곳, 벌레로부터 완벽하게 자유로운 곳,
외부엔 누각과 연못(kūpa)으로 꾸며지고 울타리로 둘러싸인 곳이
하타수련의 달인들이 말했던 요가 수련터에 대한 규정이다.

---

89 또한 브라흐마난다는 III.91송을 해설하면서 이 게송을 후대에 삽입된(prakṣipta) 것으로 해설하기도 했고 또 III.53, 66송에 대한 주석에선 다른 필사본의 원문에 대해 언급하기도 했다. 한편, 중세의 주석가들이 원문에 대한 해설 작업뿐만 아니라 텍스트 교정(text-editing) 작업도 병행했다는 또 다른 사례는 샤르마(Sharma: 1982, pp. 280-288)에 의해 보고된 바 있다.

90 upalabhyeraṃs te] upalabhyeran te. Hp-Jt[Adyar].

I.13^{a} alpadvāram arandhragartavivaraṃ nātyuccanīcyāyataṃ |
I.13^{d} samyaggomayasāndraliptam amalaṃ niḥśeṣajantūjjhitam |
I.13^{c} bāhye maṇḍapavedikūparuciraṃ prākārasaṃveṣṭitaṃ
I.13^{d} proktaṃ yogamaṭhasya lakṣaṇam idaṃ siddhair haṭhābhyāsibhiḥ ||

【해설】

본 송의 운율은 19음절로 구성된 샤르둘라비끄리디따(Śārdūlavikrīḍita: ———∪∪—∪—∪∪∪—æ——∪——∪—)이다. 이 운율은 『기따고빈다』(*Gītagovinda* of Jayadeva, 12세기)를 비롯해서 『히또빠데샤』 등에서 널리 사용된 대중적인 운율이다.

14

이와 같이 규정된 암자(庵子)에 머물면서 일체의 잡념을 버리고 스승이 가르친 방법에 의거해서 '오직 요가만'을 항상 수련해야 한다.

I.14$^{a\text{-}b}$ evaṃ vidhe maṭhe sthitvā sarvacintāvivarjitaḥ |
I.14$^{c\text{-}d}$ gurūpadiṣṭamārgeṇa yogam eva sadābhyaset ||

【해설】

오직 요가만을:

월광 "오직"(eva)이라는 말은 '수행 외의 것'은 [모두] 요가의 장애물이라는 것을 암시한다.

evaśabdenābhyāsāntarasya yoge vighnakaratvaṃ sūcitam | Hp-Jt. I.14, *p*. 12, *l*. 5.

주의 사항과 수행의 권유

15

과식, 과로, 말을 많이 하는 것, 통설을 고수하는 것
사람들과 어울리는 것, 변덕과 같은 여섯 가지가 요가를 망친다.
I.15$^{a\text{-}b}$ atyāhāraḥ prayāsaś ca prajalpo niyamagrahaḥ |
I.15$^{c\text{-}d}$ janasaṅgaś ca laulyaṃ ca ṣaḍbhir yogo vinaśyati ||

【해설】

통설을 고수하는 것:

niyamagraha의 문자적 의미는 '권계를 고수하는 것'이지만 여기서는 문맥상 '잘못된 통념 내지는 통설을 고집하는 것'을 의미한다. 아래에 인용된 브라흐마난다의 해설 중 마지막의 '과실을 먹는 것'을 '단식'으로 해석할 수 있는데 그 근거는 Hp. I.61에 언급된 주의 사항 중 '이른 아침의 목욕' 외에 '단식'(upavāsa)이 금기 사항으로 포함되어 있기 때문이다.[91]

월광 차가운 물로(śītodakena) 아침에(prātaḥ) 목욕하는 것(snāna)과 밤에 먹는 것(naktabhojana) 그리고 과일을 먹는 것(phalāhāra) 등과 같은 종류의 '통념을 따르는 것'이 '통설을 고수하는 것'(niyamagraha)이다.
śītodakena prātaḥ snānanaktabhojanaphalāhārādirūpaniyamasya grahaṇaṃ niyamagrahaḥ | Hp-Jt. I.15, *p.* 13, *ll.* 3-4.

---

91 "… 그리고 아침의 목욕, 단식(斷食, upavāsa) 등 '몸에 고통을 주는 행위'를 피해야 한다."(원문은 I.61을 참조.)

16

굳은 의지와 대범함, 끈기, 진리를 아는 것, 확고한 믿음
사람들과 어울리지 않는 것과 같은 여섯 가지가 요가를 완성시킨다.
I.16^a-b^ utsāhāt sāhasād dhairyāt tattvajñānāc ca niścayāt |
I.16^c-d^ janasaṅgaparityāgāt ṣaḍbhir yogaḥ prasiddhyati ||

【해설】

많은 유포본(vulgate)엔 본 송의 윗부분에 다음과 같은 다섯 개의 게송이 추가되어 있다.

"이제 야마(yama)와 니야마(niyama)를 설한다.[92] 불살생 · 정직 · 불투도 · 금욕 · 인내 · 강건 · 인자 · 정직 · 절식 · 정결이 10가지의 야마이다. 고행 · 만족 · 신에 대한 믿음 · 보시 · 자재신(스승)에 대한 헌신 · 확립된 말씀을 들음 · 겸손 · 통찰력 · 염송 · 제사, 이것들이 요가에 도통한 사람들이 설명했던 10가지 니야마이다."(athā yamaniyamāḥ | ahiṃsā satyam asteyaṃ brahmacaryaṃ kṣamā dhṛtiḥ | dayārjavaṃ mitāhāraḥ śaucaṃ caiva yamā daśa | tapaḥ saṃtoṣa āstikyaṃ dānam īśvarapūjanam | siddhāntavākyaśravaṇaṃ hrīmatī ca japo hutam || niyamā daśa saṃproktā yogaśāstraviśāradaiḥ.)

하지만 브라흐마난다가 이 다섯 게송에 대해 해설하지 않았으므로 이 부분은 아마도 17세기 이후 혹은 현대의 편집자에 의해 삽입된 것으

92 여기서의 야마와 니야마는 각각 금계(禁戒)와 권계(勸戒)라기보다는 요가 수행자가 '반드시 지켜야 할 대서원'과 '권장 사항' 정도로 파악된다. I.38에 대한 해설을 참조.

로 추정된다.[93] 더욱이 I.38송은 야마 중에선 절식(節食, mitāhāra)이 가장 중요하고 니야마 중에선 불살생이 가장 중요하다고 말하므로 불살생을 야마로 분류하는 위 삽입문이 하타요가적 야마-니야마 규정과 다르다는 것을 알 수 있다.[94]

진리를 아는 것:

월광 '진리를 아는 것'이란 '오직 브라흐만이 진리이다.'와 같은 참된 앎, 혹은 요가를 올바르게 아는 것이다.

brahmaiva satyam iti vāstavikaṃ jñānaṃ tattvajñānaṃ yogānāṃ vāstavikaṃ jñānaṃ vā | Hp-Jt. I.16, *p.* 14, *ll.* 3-4.

확고한 믿음:

월광 확고한 믿음이란 경전과 스승의 말씀에 대해 확신하는 것이다.

śāstraguruvākyeṣu viśvāso niścayaḥ | Hp-Jt. I.16, *p.* 14, *ll.* 4-5.

---

93 브라흐마난다는 I.12송에 대한 해설에서 다음과 같이 말한 바 있다.
"향후에도 이처럼 내가 해설하지 않은 게송이 『하타의 등불』에서 발견된다면 그것들을 모두 [후대에] 삽입된 것으로 간주해야 한다." (원문은 I.12에 대한 해설을 참조.)

94 한편, 스바뜨마라마는 절식과 불살생과 같은 야마와 니야마를 언급하기는 했지만 하타요가의 지분(aṅga)으로 간주했던 것은 아니다. 하타요가의 지분은 아사나, 쁘라나야마, 무드라, 삼매와 같은 네 가지로 파악된다.(이 점에 대해서는 I.17, 56송 및 IV.2, 10에 대한 해설을 참조.) 브라흐마난다도 기본적으론 하타요가를 아사나, 쁘라나야마, 무드라, 삼매(또는 비음명상)와 같은 사지(四支) 요가로 해설하지만 비음명상이 제감, 응념, 선정, 유상삼매, 무상삼매를 사실상 포괄하는 것으로 해설하므로(Hp-Jt. I.17) 그에 따르면 8지요가는 ① 아사나, ② 쁘라나야마, ③ 무드라, ④ 제감, ⑤ 응념, ⑥ 선정, ⑦ 유상삼매, ⑧ 무상삼매이다. (이 점에 대한 논의는 IV.113송에 대한 마지막 해설을 참조.)

사람들과 어울리지 않는 것:

월광 요가 수련을 방해하는 사람들과의 교제를 끊음으로써.

janānāṃ yogābhyāsapratikūlānāṃ yaḥ saṅgas tasya parityāgāt | Hp-Jt. I.16, *p*. 14, *ll*. 5-6.

아사나(āsana: 체위, 좌법)의 전통

17

아사나가 하타[요가]의 '첫 번째 지분'(prathamāṅga)이기 때문에 [아사나를] 먼저 설명한다.

체위를 수련한다면 [몸과 마음이] 안정되고 질병이 없어지고 사지가 가벼워진다.

I.17$^{a\text{-}b}$ haṭhasya prathamāṅgatvād āsanaṃ pūrvam ucyate |

I.17$^{c\text{-}d}$ kuryāt tad āsanaṃ sthairyam ārogyaṃ cāṅgalāghavam ||

【해설】

아사나가 하타[요가]의 '첫 번째 지분'(prathamāṅga)이기 때문에:

월광 하타[요가]는 뒤에서 설명할 "아사나, 다양한 꿈브하까, 무드라로 불리는 행법, 비음(秘音)명상"(I.56)이라는 네 가지 지분으로 구성되어 있다. 제감(制感, pratyāhāra)에서 시작해서(ādi) 삼매(samādhi)로 끝나는 [4가지 지분]들은[95] 비음명상에 포함된다. 그중에서(하

95 브라흐마난다가 언급한 "제감(pratyāhāra)에서 시작에서(ādi) 삼매(samādhi)로 끝나는 [지분]들"은 팔지요가(빠딴잘리의 팔지요가)의 다섯 번째 지분인

타요가의 지분들 중에서) 아사나(āsana)가 첫 번째 지분이기 때문에(prathamāṅgatvāt) 아사나를 먼저 설명한다는 맥락이다.

haṭhasya "āsanaṃ kumbhakaṃ citraṃ mudrākhyaṃ karaṇaṃ tathā | atha nādānusaṃdhānam"(Hp. I.56) iti vakṣyamāṇāni catvāry aṅgāni | pratyāhārādisamādhyantānāṃ nādānusaṃdhāne 'ntarbhavaḥ | tanmadhye āsanasya prathamāṅgatvāt pūrvam āsanam ucyata iti saṃbandhaḥ | Hp-Jt. I.17, *pp*. 14, *ll*. 1 ~ *p*. 15, *l*. 2.

[몸과 마음이] 안정되고:

월 광 [첫 번째 지분인] 아사나는 몸을 강건하게 하고 또 '활동적인 성향의 동질(動質)'의 기능을 없앰으로써 마음을 안정시킨다. 왜냐하면 "아사나에 의해 동질(rajas)이 소멸한다."고 말해진 바 있기 때문이다.

tad āsanaṃ sthairyaṃ dehasya manasaś cāñcalyarūparajodharmanāśakatvena sthiratāṃ kūryāt | "āsanena rajo hanti" iti vākyāt | Hp-Jt. I.17, *p*. 15, *ll*. 2-3.

질병이 없어지고:

월 광 질병이 없어지는 것이란 '산란심이라는 병'이 사라지는 것이다. '산란한 마음이 질병이라는 것'에 대해선 '빠딴잘리의 수뜨라'(pātañjalasūtra)에서 "질병, 침체, 의심, 부주의, 나태, 무절제, 착오, [요가의] 경지를 얻지 못함, 불안정과 같은 [9가지] 산란심이 장애이다."(YS. I.30)로 언급된 바 있다.

ārogyaṃ cittavikṣepakarogābhāvaḥ | rogasya cittavikṣepakat-

'제감'(pratyāhāra)과 여섯 번째 지분인 '응념'(dhāraṇā), 일곱 번째인 '선정'(dhyāna) 그리고 마지막 여덟 번째인 '삼매'(samādhi)와 같은 네 종류의 내지칙을 의미한다.

vam uktaṃ pātañjalasūtre- ‘vyādhistyānasaṃśayapramādālasyāviratibhrāntidarśanālabdhabhūmikatvānavasthitatvāni cittavikṣepās te 'ntarāyāḥ’(YS. I.30) iti ‖ Hp-Jt. I.17, *p.* 15, *ll.* 3-6.

사지가 가벼워진다:

월광 ‘가벼움’이란 사지(四肢)가 가벼워지는 것이다. 이 말은 [아사나를 수련할 경우] ‘무거움’을 속성으로 하는 따마스적 요소도 역시 소멸된다는 의미를 내포한다. [또한 본 게송의 pāda[d]에] ‘그리고’(ca)라는 말이 있으므로 [본 게송에서는 언급되지 않았지만] 배고픔·노화 등도 [역시 소멸되는 것으로] 알아야 한다.

aṅgānāṃ lāghavaṃ laghutvam | gauravarūpatamodharmanāśakatvam apy etenoktam | cakārāt kṣudvṛddhyādikam api bodhyam ‖ Hp-Jt. I.17, *p.* 15, *ll.* 6-7.

18

바시쉬타를 필두로 하는 성자들과 맛첸드라를 필두로 하는 요가 수행자들이
선별했던 몇 가지 체위들에 대해 설명하고자 한다.

I.18[a-b] vasiṣṭhādyaiś ca munibhir matsyendrādyaiś ca yogibhiḥ | [96]
I.18[c-d] aṅgikṛtāny āsanāni kathyante kānicin mayā ‖ [97]

---

96 첫 번째 구(pāda[a])는 아누쉬뚜브-쉴로까(Anuṣṭubh-Śloka)의 확장형인 나-비뿔라(Na-vipulā)이다.

97 세 번째 구(pāda[c])는 아누쉬뚜브-쉴로까(Anuṣṭubh-Śloka)의 확장형인 라-비뿔라(Ra-vipulā)이다.

【해설】

본 게송에 따르면 아사나(āsana)는 두 가지 전통에서 유래하는데 하나는 바시쉬타와 야갸발꺄와 같은 명상적인 성자(muni)들이 행하는 아사나이고 다른 하나는 맛첸드라나타, 잘란드하라나타와 같은 요가 수행자(yogī)들이 행하는 아사나이다.[98] 브라흐마난다는 이에 덧붙여 본 게송에 "ca"(그리고)라는 접속사가 있으므로 성자들과 요가수행자들이 선별했던 아사나 외에 만뜨라 요가와 무드라 수행자들이 선별했던 아사나도 있는 것으로 해설한다.

바시쉬타를 필두로 하는 성자들:

월광 바시쉬타를 필두로 해서 야갸발꺄 등과 같은 명상적인 성향의 성자들에 의해서[라는 의미이다]. 한편 [본 게송에] "ca"(그리고)라는 말이 있으므로 '만뜨라[요가] 등등 여타의 수행자들에 의해서'[라는 의미도 포함한다].

vasiṣṭha ādyo yeṣāṃ yājñavalkyādīnāṃ tair munibhir mananaśīlaiḥ | cakārān mantrādiparaiḥ | Hp-Jt. I.18, *p*. 15, *l*. 2.

맛첸드라를 필두로 하는 요가 수행자들:

월광 맛첸드라[나타]를 필두로 해서 잘란드하라나타를 비롯한 그 요가 수행자들, 즉 하타수행자들에 의해서[라는 의미이다]. [본 게송에] "ca"(그리고) 라는 말이 있으므로 '무드라(mudrā) 등을 수련

98 한편, 뷔네만(Bühnemann: 2011, pp. 39-40)에 따르면 1363년경에 성립된 *Śārṅgadharapaddhati*(157-158송)는 하타요가의 아사나 전통을 ① 고락샤와 그의 추종자들, ② 므리깐다뿌뜨라(Mṛkaṇḍaputra(혹은 마르깐데야 Mārkaṇḍeya)와 그의 추종자들의 것과 같은 두 부류로 언급하는데 여기서 마르깐데야는 『마르깐데야뿌라나』에서 요가를 가르친 스승일 수도 있고 또는 필사본으로 현존하는 *Mārkaṇḍeyayoga*의 화자 내지는 저자일 수도 있다.

하는 다른 수행자들에 의해서'[라는 의미도 포함한다].
matsyendra ādyo yeṣāṃ jālandharanāthādīnāṃ taiḥ | yogibhir[99] haṭhābhyāsibhiḥ | cakārān mudrādiparaiḥ | Hp-Jt. I.18, *p.* 15, *ll.* 3-4.

선별했던 몇 가지 체위들에 대해 설명하고자 한다:

월광 [성자들과 요가 수행자들에 의해] '확정된 84개의 체위들' 중에서 탁월한 몇 가지를 친히 설명하겠다[는 의미이다]. [한편] 비록 두 부류(바시쉬타와 같은 성자들과 맛첸드라와 같은 수행자)는 명상과 하타[요가]를 모두 수련했지만 그럼에도 불구하고 바시쉬타 등은 명상을 중요시했고 맛첸드라 등은 하타 수행을 중요시했던 것으로 [약간] 구별해야 한다.
aṅgīkṛtāni caturaśītyāsanāni tanmadhye kānicic chreṣṭhāni[100] mayā kathyante | yady apy ubhayor api mananahaṭhābhyāsau stas[101] tathāpi vasiṣṭhādīnāṃ mananaṃ mukhyaṃ matsyendrādīnāṃ haṭhābhyāso mukhya iti pṛthaggrahaṇam || Hp-Jt. I.18, *p.* 15, *ll.* 4-6.

길상좌(Svastikāsanam)

19

두 무릎(jānu)과 허벅지(ūru) 안쪽에 두 발바닥을 정확히 놓고서

99 yogibhir | yogibhiḥ. Hp-Jt^{Adyar}.
100 kānicic chreṣṭhāni | kānicit śreṣṭhāni. Hp-Jt^{Adyar}.
101 stas. (√ as. *Pres.*, *III.du.*).

신체를 곧게 해서 앉는 그것을 길상[좌]라 한다.
I.19^{a-b} jānūrvor antare samyak kṛtvā pādatale ubhe |
I.19^{c-d} ṛjukāyaḥ samāsīnaḥ svastikaṃ tat pracakṣate ||

【해설】

길상좌는 뷔야사(Vyāsa)의 『요가경주해』(YSbh)와 『마르깐데야뿌라나』(*Mārkaṇḍeyapurāṇa*)를 비롯한 여러 문헌에서 언급된 대중적인 아사나이다. 『하타의 등불』에 설명된 길상좌의 원문은 11세기의 『샤라다띨라까』(*Śaradātilaka*)와 9-12세기 문헌인 『요가야갸발꺄』(*Yogayājñavalkya*. III.3), 13세기의 『바시쉬타상히따』(*Vasiṣṭhasaṃhitā*)의 「요가편」(Yogakāṇḍa. I.68), 14세기의 『쉬바상히따』(*Śivasaṃhitā*. III.113)와 일치하고 또 17-18세기 문헌인 『게란다상히따』(*Ghreṇḍasaṃhitā*)의 행복좌(sukhāsanam, II.13)와도 일치한다.[102]

길상좌:

월광 체위들 중에서 가장 쉬운 것이기 때문에 길상좌를 제일 먼저 설명한다.
tatra sukaratvāt prathamaṃ svastikāsanam āha | Hp-Jt. I.19, *p.* 15, *l.* 11.

102 이 점에 대해서는 박영길(2013, pp. 194-195)을 참조.

소얼굴 체위(Gomukhāsanam)

20

왼쪽 [대퇴부]에 오른쪽 발목(복사뼈)을 붙여라.
그와 같이 오른쪽에도 또한 왼쪽[발목]을 [두는 것]이 소의 얼굴과 닮은 소얼굴 [체위]이다.

I.20^{a-b} savye dakṣiṇagulphaṃ tu pṛṣṭhapārśve niyojayet |
I.20^{c-d} dakṣiṇe 'pi tathā savyaṃ gomukhaṃ gomukhākṛti ||

【해설】

『하타의 등불』에서 설명된 소얼굴 체위는 9-11세기 문헌인 『요가야갸발꺄』(*Yogayajñavalkya*) III.5[103]와 13세기 문헌인 『바시쉬타상히따』(*Vasiṣṭhasaṃhitā*)의 「요가편」(Yogakāṇḍa) I.70[104]에서 설명된 것과 동일하다.

영웅좌(Vīrāsanam)

21

그와 같이 한쪽(=오른쪽) 발을 다른 쪽(=왼쪽) 허벅지(ūru)에 견고

---

103 savye dakṣiṇagulphaṃ tu pṛṣṭhapārśve niveśayet ||
dakṣiṇe 'pi tathā savyaṃ gomukhaṃ gomukhaṃ yathā | YoY. III.5.

104 savye dakṣiṇagulphaṃ tu pṛṣṭhapārśve niveśayet |
dakṣiṇe 'pi tathā savyaṃ gomukhaṃ tat pracakṣate || VaS. I.70.

하게 두어라.
다른 쪽(왼쪽 발)도 그와 같이 [오른쪽] 허벅지에 [두는 것이] 영웅 체위라고 말해졌다(īrita).
I.21$^{a\text{-}b}$ ekaṃ pādaṃ tathaikasmin vinyased ūruṇi sthiram |
I.21$^{c\text{-}d}$ itarasmiṃs tathā coruṃ vīrāsanam itīritam ||

【해설】

다른 체위들과 마찬가지로 영웅좌는 현대 요가에서 수없이 많은 형태로 변형되었는데 스바뜨마라마가 설명한 영웅좌는 영웅좌는 일반적으로 널리 알려진 반가부좌(ardhāsana)와 유사하다. 반가부좌(ardhāsana)가 처음으로 등장한 문헌은 『마르깐데야뿌라나』(*Mārkaṇḍeyapurāṇa*)[105]인데 반가부좌는 『가루다뿌라나』,[106] 『링가뿌라나』[107] 및 『이쉬바라기따』(*Īśvaragītā*)로 불리기도 하는 '『꾸르마뿌라나』(*Kūrmapurāṇa*) 제2편'의 11장 43송에서도 발견된다.[108] 16세기의 비갸나빅슈도 『요가사라상그라하』(*Yogasārasaṃgraha*, YsS.) 73송에서 '생명체의 종류만큼이나 많은 아사나 중에서 세 가지의 중요한 아사나가 『이쉬바라기따』(*Īśvaragītā*) 등에서 설명되었다'고 말한 후 『이쉬바라기따』를 인용하며 반가부좌를 언급한 바 있다.[109]

---

105 padmam ardhāsanañ cāpi tathā svastikam āsanam |
āsthāya yogaṃ yuñjīta kṛtvā ca praṇavaṃ hṛdi || Marka-P. 39.28.
106 āsanaṃ svastikaṃ proktaṃ padmam ardhāsanaṃ tathā || Garuḍ-P. I.238.11$^{e\text{-}f}$.
107 āsanaṃ svastikaṃ baddhvā padmam ardhāsanaṃ tu vā || Liṅga-P. I.8.86.
108 āsanaṃ svastikaṃ proktaṃ padmam ardhāsanaṃ tathā |
sādhanānāṃ ca sarveṣām etat sādhanam uttamam || Kūrma-P. II.11.43.
109 āsanaṃ …(중략)… yāvatyo jīvajātayastāsānam upaveśaneśu …(중략)… teṣu mukhyāni trīṇyāsanānīśvaragītādiṣūktāni | tathā | "āsanaṃ svastikaṃ proktaṃ padmam ardhāsanaṃ tathā …(중략)… jānūrvor antreṇa hi" (YsS, 73) '…(중

스바뜨마라마가 설명한 영웅좌는 『바시쉬타상히타』의 「요가편」(I.72)[110] 과 『요가야갸발꺄』(III.8)[111] 『게란다상히따』(II.17)[112]의 영웅좌와 동일하고 『하타라뜨나발리』(III.54)의 경우 원문도 동일하다.

거북이 체위(Kūrmāsanam)

22

요가를 아는 사람들은, 양 발목(gulphābhyā)으로 항문을 압박하고서 [양 발을] 반대 방향으로 두고 앉는
바로 이것을 거북이 체위라고 말한다.

I.22^a-b^ gudaṃ nirudhya gulphābhyāṃ vyutkrameṇa samāhitaḥ |
I.22^c-d^ kūrmāsanaṃ bhaved etad iti yogavido viduḥ ||

【해설】

본 게송의 원문은 13세기에 성립된 『바시쉬타상히따』(*Vasiṣṭhasaṃhitā*)의 「요가편」(Yogakāṇḍa) I.80송과 동일하다.

략)…'은 필자.

110 ekaṃ pādam athaikasmin vinyasyorau ca saṃsthitam |
itarasmins tathaivoruṃ vīrāsanam itīritam || VaS. I.72.

111 ekaṃ pādam athaikasmin vinyasyoruṇi saṃsthitam |
itarasmiṃs tathā coruṃ vīrāsanam udāhṛtam || YoY. III.8.

112 ekaṃ pādam athaikasmin vinyased ūrusaṃsthitam |
itarasmiṃs tathā paścād vīrāsanam itīritam || GhS. II.17.

수탉 체위(Kukkuṭāsanam)

23

연화좌를 취한 후에 무릎과 종아리 안쪽에 두 손을
넣어서 [손바닥을] 땅에 대고서, [몸을 들어올려] 공중에 두는 것이 수탉 체위이다.

I.23$^{a\text{-}b}$ padmāsanaṃ tu saṃsthāpya jānūrvor antare karau |
I.23$^{c\text{-}d}$ niveśya bhūmau saṃsthāpya vyomasthaṃ kukkuṭāsanam ‖[113]

【해설】

본 송에서 설명된 수탉 체위는 『바시쉬타상히따』(*Vasiṣṭhasaṃhitā*)의 「요가편」(Yogakāṇḍa) I.78 및 『맛첸드라상히따』(*Matsyendrasaṃhitā*) III.10과 동일하고 후대 문헌인 『육따브하바데바』(*Yuktabhavadeva*), 『게란다상히따』(*Ghreṇḍasaṃhitā*)의 수탉 체위와도 동일하다.

누운 거북이 체위(Uttānakūrmāsanam)

24

수탉 체위를 취한 상태에서 두 팔뚝으로 목을(kandharām) 감싼 후

---

113 세 번째 구(pāda^{c})는 아누쉬뚜브-쉴로까(Anuṣṭubh-Śloka)의 확장형인 마-비뿔라(Ma-vipulā)이다.

거북이처럼 뒤로 눕는 이것이 누운 거북이 자세이다.
I.24[a-b] kukkutāsanabandhastho dorbhyāṃ saṃbadhya kandharām |
I.24[c-d] bhavet kūrmavad uttāna etad uttānakūrmakam ||

【해설】

본 송에서 설명된 누운 거북이 체위는 14세기 문헌인『쉬바상히따』(*Śivasaṃhitā*) III.108과 유사(원문은 다름)하다.

활 체위(Dhanurāsanam)

25

두 엄지발가락을 양손으로 잡은 후 [한쪽 발은 그대로 두고, 한쪽 발을] 귀까지 [당겨서]
활을 당기는 [모양을] 취해야 한다. [이것이] 활 체위로 말해졌다.
I.25[a-b] pādāṅguṣṭhau tu pāṇibhyāṃ gṛhītvā śravaṇāvadhi |
I.25[c-d] dhanurākarṣaṇaṃ kuryād dhanurāsanam ucyate ||

【해설】

본서에서 설명된 활 체위는 '앉은 상태에서 실행하는 동작'이다. 일반적으로 널리 알려진 활 체위법은『게란다상히따』에서 설명된 대로 '배를 바닥에 대고 누운 상태에서 두 손으로 양 발목을 잡고 들어 올리는 것'이다.[114]

두 엄지발가락을 양손으로 잡은 후 [한쪽 발은 그대로 두고, 한쪽 발을] 귀까지 [당겨서], 활을 당기는 [모양을] 취해야 한다:

월광 한 손으로 엄지발가락을 잡고 [다리를] 쭉 편 후 다른 쪽 손으로 [다른 쪽] 엄지발가락을 잡아 귀까지 끌어당겨야 한다는 의미이다.

gṛhītāṅguṣṭham ekaṃ pāṇiṃ prasāritaṃ kṛtvā gṛhītāṅguṣṭham itaraṃ pāṇiṃ karṇaparyantam ākuñcitaṃ kuryād ity arthaḥ । Hp-Jt. I.25, *p*. 17, *ll*. 2-4.[115]

맛첸드라 체위(Mastyendrāsanam)

26

왼쪽 허벅지 아래에(ūru-mūla) 고정된 오른쪽 발을 [왼손으로 잡고]

---

114 『게란다상히따』에서 설명된 활 체위는 다음과 같다. "두 발을 펴서 막대기처럼 바닥에 대로 그리고 [등] 뒤에서 양 손으로 양발을 잡은 후 활처럼 사지를 구부리는 그것이 활 체위라고 말해졌다."(prasārya pādau bhuvi daṇḍarūpau karau ca pṛṣṭhe dhṛtapādayugmam । kṛtvā dhanurvat parivaritāṅgaṃ nigadyate vai dhanurāsanaṃ tat ॥ GhS.II.18.)

115 『하타의 등불』의 설명만으로는 활 체위의 형태가 잘 이해되지 않지만 브라흐마난다의 해설에 따르면, 한쪽 발은 바닥에 그대로 두고 '한쪽 손으로'(ekaṃ pāṇiṃ prasāritaṃ) 시위를 당기듯 반대쪽 발을 귀까지 끌어당기는 것이다.
게송과 주석에서는 언급되지 않았지만 체위 중에서 좌우로 비트는 등의 동작을 취하는 체위는 좌우로 자세를 바꾸어 양쪽의 횟수가 동일할 때가지 실행된다.

[오른쪽 발의] 무릎 바깥으로 꼰(veṣṭita) 왼쪽 발을
[오른손으로] 잡은 후에 [오른쪽으로] 몸을 비트는 것이
쉬리맛츠야나타가 가르친 체위이다.
I.26[a] vāmorumūlārpitadakṣapādaṃ
I.26[b] jānor bahir veṣṭitavāmapādam |
I.26[c] pragṛhya tiṣṭhet parivartitāṅgaḥ
I.26[d] śrīmatsyanāthoditam āsanaṃ syāt ||

【해설】

본 송의 운율은 11음절의 인드라바즈라(Indravajrā: ——∪ ——∪ ∪—∪ ——)이다.

쉬리맛츠야나타가 가르친 체위:

월광 이 체위는 맛첸드라나타가 가르친 것, [다시 말해서 맛첸드라나타가] 설명했던 것이다. 그가 가르쳤기 때문에 [이 체위가] '맛첸드라 체위'로 불리게 되었다고 사람들은 말한다.
tadāsanaṃ matsyendranāthenoditaṃ kathitaṃ syāt | taduditatvāt tannāmakam eva vadanti | Hp-Jt. I.26, *p.* 17, *ll.* 5-6.

맛첸드라 체위는 앉은 상태에서 실행되는데 먼저 왼발을 구부려 오른쪽 허벅지 아래에 둔 상태에서 오른발을 왼쪽 허벅지 옆에 두고 왼손으로 오른쪽 발목을 잡고, 오른손으로 왼쪽 발목을 잡은 후 오른쪽으로 상체를 비트는 것이다. 본 게송은 상체를 오른쪽으로 비트는 동작만 설명하고 있지만 브라흐마난다의 해설에 따르면 자세를 바꾸어 반대쪽으로도 동일하게 실행되어야 한다.

월광 그와 같은 방식으로 [자세를 바꾸어] 반대쪽으로 수련해야 한다.

evaṃ parivartitāṅgaś cābhyaset ‖ Hp-Jt. I.26, *p.* 18, *ll.* 2-3.

27

맛첸드라 체위는 소화의 불을 지피고
치명적인 질병 덩어리를 파괴하는 무기이다.
[맛첸드라 체위를] 수련함으로써 꾼달리니가 각성되고,
수행자의 달(candra, 감로)을 고정시킨다.

I.27[a] matsyendrapīṭhaṃ jaṭharapradīptiṃ
I.27[b] pracaṇḍarugmaṇḍalakhaṇḍanāstram |
I.27[c] abhyāsataḥ kuṇḍalinīprabodhaṃ
I.27[d] candrasthiratvaṃ ca dadāti puṃsām ‖

【해설】

본 송의 운율은 11음절의 인드라바즈라와 우뻰드라바즈라가 혼용된 우빠자띠(Upajāti)이다. 이 중에서 두 번째 구(pāda[b])는 우뻰드라바즈라(∪ — ∪ — — ∪ ∪ — ∪ — —)이고 나머지 구(pāda[a, c, d])는 인드라바즈라(— — ∪ — — ∪ ∪ — ∪ — —)인데 이와 같은 구조의 우빠자띠는 재차 바니(Vāṇī)로 불린다.

달이 고정된다:

월광 구개(口蓋) 위에 있는 달[에서 분비되는 감로]는 언제나 [아래쪽에 있는 소화의 불로 떨어져] 소멸된다. '[달이] 안정된다는 것'은 [감로가] 소멸되지 않게끔 해 준다는 의미이다.

candrasya tāluna uparibhāge sthitasya nityaṃ kṣarataḥ sthiratvaṃ kṣaraṇābhāvaṃ ca dadātīty arthaḥ ‖ Hp-Jt. I.27, *p.* 18, *ll.* 5-6.

등펴기 체위(Paścimatāna)

28

막대기처럼 두 발을 바닥에 편 다음,
[상체를 숙여] 두 손으로 두 발끝을 잡고서
이마(lalāṭa) 부분을 무릎 위에 두고 [그 자세를]
유지해야 한다. 이것을 사람들은 '등펴기' [체위]라고 말한다.

I.28[a] prasārya pādau bhuvi daṇḍarūpau
I.28[b] dorbhyāṃ padāgradvitayaṃ gṛhītvā |
I.28[c] jānūpari nyastalalāṭadeśo
I.28[d] vased idaṃ paścimatānam āhuḥ ||

【해설】

본 송의 운율은 11음절의 인드라바즈라와 우뻰드라바즈라가 혼용된 우빠자띠(Upajāti)이다. 이 중에서 두 번째와 세 번째 구(pāda[b, c])는 인드라바즈라(— — ∪ — — ∪ ∪ — ∪ — —)이고 첫 번째와 네 번째 구(pāda[a, d])는 우뻰드라바즈라(∪ — ∪ — — ∪ ∪ — ∪ — —)인데 이와 같은 구조의 우빠자띠는 재차 아르드라(Ārdrā)로 불린다.

본 게송에서 설명된 등펴기는 후대 문헌인 『게란다상히따』의 따다기(tāḍagī, 연못) 무드라와 유사하다. 따다기 무드라는 등펴기 체위를 유지한 상태에서 웃디야나 반드하로써 복부를 등 쪽으로 끌어당기는 것인데 스바뜨마라마 역시 등펴기 체위의 주요한 효과를 '쁘라나가 수슘나로 흐르게 하는 것'으로 말하므로 본서의 등펴기 역시 웃디야나 반드하와 병행된다는 것을 알 수 있다.[116]

두 손으로:

본 게송에서는 두 손가락의 모양이 언급되지 않았지만 브라흐마난다는 '양 집게손가락을 구부려서 발끝을 잡는 것'으로 해설한다.

월광 두 손으로, 즉 구부린 두 집게손가락으로.
dorbhyām ākuñcitatarjanībhyāṃ bhujābhyāṃ… Hp-Jt. I.28, *p.* 18, *ll.* 2-3.

두 발끝을 잡은 후:

본 게송은 두 집게손가락으로 잡아야 할 부위 및 잡는 방법을 설명하지 않았지만 브라흐마난다는 '양 엄지발가락을 잡아서 몸쪽으로 끌어당기는 것'으로 해설한다.

월광 [구부린 두 집게손가락으로] 양쪽, 즉 엄지발가락 한 쌍을 강하게 끌어당긴 후.
dvayam aṅguṣṭhapradeśayugmaṃ balād ākarṣaṇapūrvakaṃ… Hp-Jt. I.28, *p.* 18, *ll.* 3-4.

29

[이와 같은] 등펴기 체위는 최고의(agrya) 체위로서
기(氣, pavana)를 등 쪽으로(수슘나로)[117] 흐르게 한다.[118]

---

116 웃디야나 반드하는 '들숨 후 그 숨을 참은 상태'에서 실행되는 동작이므로 『하타의 등불』에서 설명된 등펴기 체위 역시 따다기 무드라와 동일하게 '숨을 참은 상태에서 상체를 숙이고 또 복부를 등 쪽으로 끌어당기는 형태'로 파악된다.

117 paścima의 사전적 의미는 후방, 후에, 마지막, 최종, 서쪽 등의 의미가 있다. 여기서는 뒤쪽, 즉 수슘나 나디를 의미한다.

소화의 불을 증대시키고
사람들의 복부(udara)를 가늘게 하고 질병을 없앤다.
I.29[a] iti paścimatānam āsanāgryaṃ
I.29[b] pavanaṃ paścima vāhinaṃ karoti |
I.29[c] udayaṃ jaṭharānalasya kūryād
I.29[d] udare kārśyam arogatāṃ ca puṃsām ||

【해설】

본 송은 교차 운율이라 할 수 있는 말라브하리니(Mālabhāriṇī)로 작성되었다. 이 운율의 홀수 구(pāda)는 ∪∪－∪∪－∪ －∪－－의 11음절이고 짝수 구(pāda)는 ∪∪－－∪∪－∪－ ∪－－의 12음절이다. 한편 이 운율은 자띠의 아우빠찬다시까(Aupacchandasika)로 분석될 수도 있다.[119]

기를 등 쪽으로 흐르게 한다:

월 광 기, 즉 쁘라나를 등 쪽의 길, 즉 수슘나의 길로 흐르게 한다.
pavanaṃ prāṇaṃ paścimavāhinaṃ··· suṣumnāmārgeṇa vahatīti··· Hp-Jt. I.29, *p.* 19, *l.* 2.

118 등펴기 체위는 쁘라나를 수슘나로 보내는 체위이므로 '숨을 마시고 참아야 하며'(뿌라까 쁘라나야마, =꿈브하까) 또 세 종류의 반드하를 병행해야 한다.

119 제1부의 운율분석 편을 참조.

공작 체위(Mayūrāsanam)

30

두 손[바닥]으로 땅을 짚고 팔꿈치(kūrpara)를 배꼽 근처에 붙인 채 막대기처럼 [몸을] 공중으로 들어올려 [그 상태를] 유지하는 이 자세를 사람들은 공작 체위라 한다.

I.30[a] dharām avaṣṭabhya karadvayena
I.30[b] tatkūrparasthāpitanābhipārśvaḥ |
I.30[c] uccāsano daṇḍavad utthitaḥ khe
I.30[d] māyūram etat pravadanti pīṭham ||

【해설】

본 송의 운율은 11음절의 인드라바즈라와 우뻰드라바즈라가 혼용된 우빠자띠(Upajāti)이다. 이 중에서 첫 번째 구(pāda[a])는 우뻰드라바즈라(∪ –∪ ––∪ ∪–∪ ––)이고 나머지 세 구(pāda[b, c, d])는 인드라바즈라(––∪ ––∪ ∪–∪ ––)인데 이와 같은 구조의 우빠자띠는 재차 끼르띠(Kīrti)로 불린다. 한편 마지막 구(pāda[d])의 첫 번째 단어인 māyūram은 '공작(mayūra) 체위'를 의미한다.

공작 체위는 9-11세기경에 성립된 『요가야갸발꺄』(*Yogayājñavalkya*. YoY) III.15-16[120]와 13-14세기 문헌인 『바시쉬타상히따』(*Vasiṣṭhasaṃhitā*, Vas)

120 『요가야갸발꺄』의 성립 시기에 대해서는 기원 전후설(Divanji: 1954, p. 105)과 14세기 이전 설(Bouy: 1994, p. 84) 등과 같이 극단적으로 나누어진다. 흥미로운 것은 근래, 대영박물관(British Museum, London)에 소장된 데바나가리와 굽따(gupta) 문자로 된 9-11세기의 패엽 필사본(MS. No. 3568: Palm

의 「요가편」(Yogakāṇḍa) I.76-77,[121] 『맛첸드라상히따』(*Matsyendrasaṃhitā*) III.13을 비롯한 여러 문헌에서 설명되었고 심지어 빠딴잘리의 『요가경』에 대한 비갸나빅슈(Vijñānabhikṣu, 16세기)의 주석 『요가수뜨라바르띳까』(*Yogasūtravārttika*)[122]와 나라야나띠르따(Nārāyaṇatīrtha, 17세기)의 『요가싯드한따짠드리까(*Yogasiddhāntacandrikā*)』[123]에서도 열거되었을 만큼 인기 있었던 체위로 추정된다. 한편, 17세기 후반에 성립된 『하타라뜨나발리』(*Haṭharatnāvalī*)는 공작 체위를 Daṇḍamayūra, Pārśvamayūra, Bandhamayūra, Piṇḍamayūra, Ekapādamayūra와 같은 다섯 종류로 설명하는데 그중에서 첫 번째의 공작 체위가 『하타의 등불』과 동일한 동작이고(원문도 동일함) 나머지는 결가부좌를 취한 상태에서 머리와 다리를 들어 올리는 것(baddhamayūra), 공작 체위를 취한 상태에서 다리를

leaf, Devanagari & Gupta, 57 Folios, 28.7x3.7, 9th to 11th Centuries, 6, 27 missing)이 보고되었다는 점이다. 이 필사본에 따르면 『요가야갸발꺄』의 성립 시기는 9세기 이전으로 거슬러 갈 수도 있을 것이다.

한편, 1954에 출판된 디반지(Divanji)의 교정본에 따르면 공작 체위의 원문은 다음과 같다.

avaṣṭabhya dharāṃ samyak talābhyāṃ tu karadvayoḥ ǀ
hastayoḥ kūrparau cāpi sthāpayann ābhipārśvayoḥ ǁ YoY. III.16.
samaunnataśraḥ pādo daṇḍavavadyomni saṃsthitaḥ ǀ
mayūrāsanam etat tu sarvapāpapraṇāśanam ǁ YoY. III.17.

121 avaṣṭabhya dharāṃ samyak talābhyāṃ ca karadvayam ǀ
hastayoḥ kharpare cāpi sthāpayenn ābhipārśvayoḥ ǁ VaS. I.76.
samunnataśiraḥ pādo daṇḍavad vyomni saṃsthitaḥ ǀ
mayūrāsanam etad dhi sarvapāpavināśanam ǁ VaS. I.77.

122 "[뷔야사의 주석에] '기타 등등이라는 말이 있으므로'(ādiśabdena) [여기서 열거되지는 않았지만] 공작 등등의 체위들[도 있는 것으로] 파악해야 한다. (ādiśabdena māyūrādyāsanāni grāhyāṇi ǀ *Yogasūtravārttika*. II.46.)

123 『요가경』(*Yogasūtra* of Patañjali) II.46경문에 대한 나라야나띠르따의 해설 중 10번째 인용문(pp. 100-110)이 공작 체위에 대한 것인데 원문은 YoY와 VaS와 거의 일치한다.

옆으로 비트는 것(pārśvamayūra), 공작 체위를 취한 상태에서 한쪽 발을 앞으로 펴서 머리 위에 두는 것(ekapādamayūra), 공작 체위를 취한 상태에서 한쪽 발을 앞으로 펴서 턱 옆에 두는 것(piṇḍamayūra)과 같은 변형 동작이다.

공작 체위의 기본 형태는 대동소이한데 요지는 본서의 설명대로 '두 손 바닥을 땅바닥에 대고 팔꿈치를 하복부에 붙인 상태에서 상체와 하체를 땅에서 들어 올리는 것'이다.

31

공작 체위는 비장과 위(胃) 등[에서 발생한] 모든 질병들을 신속히 제거하고 도샤(doṣa)들[의 불균형]을 치유한다.
수많은 해로운 음식을 모두 소화시키고
소화의 불을 일으켜 맹독(kālakūṭa)[조차] 소화시킬 것이다.

I.31[a.] harati sakalarogān āśu gulmodarādīn
I.31[b.] abhibhavati ca doṣān āsanaṃ śrīmayūram |
I.31[c.] bahu kadaśanabhuktaṃ bhasma kuryād aśeṣaṃ
I.31[d.] janayati jaṭharāgniṃ jārayet kālakūṭam ||

【해설】

본 송의 운율은 15음절로 구성된 말리니(Mālinī: ∪∪∪∪∪∪——æ—∪ ——∪——, Na, Na, Ma, Ya, Ya. 8+7)이다.

도샤들[의 불균형]을 치유한다:

월광 바따, 삐따, 까파의 도샤들과[124] 기력 부족을 극복하게 한다, 정복

124 바따(vāta), 삐따(pitta), 까파(kapha)와 같은 세 가지 요소(dhātu)가 균형을 이

한다.

doṣān vātapittakaphān ālasyadāṃś cābhibhavati tiraskaroti | Hp-Jt. I.31, *p.* 19, *ll.* 3-4.

맹독(kālakūtam)을 소화시킬 것이다:

'**kālakūṭa**'(혹은 hālāhala로 불림)는 '세상을 구하기 위해 쉬바(Śiva)가 삼켰던 독'을 의미한다. 이 독이 쉬바의 목에 걸려 쉬바의 목을 푸르게 만들었는데 이 때문에 쉬바는 '푸른 목을 가진 자'(nīlakaṇṭha)로 불리기도 한다.

월 광 맹독(kālakūṭa)은 독(毒)을 의미하는데 [공작 체위는] 맹독과 같은 해로운 음식을 전부 소화시킬 것이다….

kālakūṭaṃ viṣaṃ kālakūṭavad apakārakānnaṃ samastaṃ jārayej … Hp-Jt. I.31, *p.* 20, *l.* 2.

루지 못하거나 원래의 기능을 수행하지 못할 때는 도샤(doṣa)로 불린다. 바따와 삐따, 까파의 성품은 다음과 같다.

① 바따(vāta): 건조함(rūkṣa), 차가움(śīta), 가벼움(laghu), 미세함(sūkṣma), 바람처럼 움직임(cala), 흩어지기 쉽고(viśada), 매움(khara).

② 삐따(pitta): 기름짐(sneha), 뜨거움(uṣṇa), 격렬함(tikṣṇa), 물처럼 흐름(drava), 시큼함(amla), 액체(sara), 쓴맛(kaṭu).

③ 까파(kapha): 무거움(guru), 차가움(śīta), 순함(mṛdu), 부드러움(snigdha), 달콤함(madhura), 안정적(sthira), 끈적거림(pichila).

도샤의 불균형와 꿈브하까의 관계는 II.66송에 대한 해설을 참조.

송장 체위(Śavāsanam)

32

죽은 사람처럼 등을 바닥에 대고 누워 있는 것이 송장 체위이다. 송장 체위는 피로를 풀어 주고 마음을 이완시킨다.

I.32^{a-b} uttānaṃ śavavad bhūmau śayanaṃ tac chavāsanam |
I.32^{c-d} śavāsanaṃ śrāntiharaṃ cittaviśrāntikārakam || [125]

【해설】

송장 체위는 닷따뜨레야(Dattātreya, 13-14세기)의 『요가샤스뜨라』(*Yogaśāstra*)에서 처음 언급되었고[126] 『하타의 등불』을 비롯해서 후대 문헌인 『하타라뜨나발리』, 『게란다상히따』, 『육따브하바데바』 그리고 『요가싯드한따짠드리까』 등에서도 발견되는데 방법은 거의 동일하고 『게란다상히따』의 경우 원문도 『하타의 등불』과 일치한다. 송장 체위의 효과는 32^{c-d}에서 설명된 대로 신체의 피로를 풀어 주고 마음을 이완시키는 것이므로 체위 중에서 제일 마지막으로 해야 할 동작으로 판단된다.[127] 이 점은 Hp. II.48에 대한 브라흐마난다의 해설에서 발견된다.

[스승을 예경하고] 그 다음에는 체위들을 수련해야 한다. [모든

125 세 번째 구(pāda^{c})는 아누쉬뚜브-쉴로까(Anuṣṭubh-Śloka)의 확장형인 브하-비뿔라(Bha-vipulā)이다.

126 uttānaṃ śaravad bhūmau śayanaṃ tac chavāsanam | YoŚ. 24^{ab}.

127 『하타의 등불』에 많은 영향을 받은 후대 문헌인 『하타라뜨나발리』 역시 송장 체위를 제일 마지막 동작으로 설명하는데 그 직전에 설명된 아사나는 '전갈 체위'(vṛścikāsana)이다.

체위를] 끝낼 무렵에 피로가 생기면 그것(송장 체위)을 하되 피로하지 않은 [고급 수행자]는 [송장 체위를] 하지 않아도 된다. '도립으로 불리는 행법'(도립 무드라)을 꿈브하까를 수련하기 전에 수련해야 한다. 이 이유는 잘란드하라[반드하]를 편하게 하기 위해 꿈브하까를 하기 전에 해야 하기 때문이다.

tato 'bhyased āsanāni śrame jāte śavāsanam | ante samabhyaset tat tu śramābhāve tu nābhyaset || 5 || kāraṇīṃ viparītākhyāṃ kumbhakāt pūrvam abhyaset | jālaṃdharaprasādārthaṃ kumbhakāt pūrvayogataḥ || 6 || Hp-Jt. II.48, *p.* 57, *ll.* 5-8.

브라흐마난다의 해설에서 흥미로운 것은 피로할 경우만 송장 체위를 해야 한다는 것이고 또 하나는 그 다음의 수행법인 꿈브하까를 수련하기에 앞서 도립 무드라(kāraṇīṃ viparītākhyā)[128]를 해야 한다는 것이다. 브라흐마난다의 해설에 따르면 활, 공작 등 역동적인 아사나를 수련한 후 마지막으로 해야 할 동작이 송장 체위인데 송장 체위를 통해 몸과 마음을 이완시킨 후 호흡과 무드라를 수련하기에 앞서 도립 무드라를 실행해야 효과적이라는 것을 알 수 있다.

이하에서 설명할 아사나는 대체로 쁘라나야마(꿈브하까)를 실행하기에 적합한 정좌 자세들인데 이 중에서 가장 중요한 것은 하타요가 특유의 좌법이라 할 수 있는 달인좌(siddhāsana)이다. 달인좌는 최초의 하타요가 문헌인 『고락샤샤따까』에서 처음 등장한 이래 거의 모든 하타요가 문헌에서 언급된 동작이고 또 스바뜨마라마가 가장 중요시하고 강조하는 좌법이다.

128 도립 무드라(kāraṇīṃ viparītākhyā)의 형태에 대해서는 제III장 79송에 대한 해설을 참조.

요가의 84가지 체위와 달인좌(Siddhāsanam)

33

쉬바는 84(caturaśīti)개의 체위들을 설명했는데
그중에서 나는 핵심적인 4가지를 선별해서(ādāya) 설명하겠다.
I.33$^{a\text{-}b}$ caturaśītyāsanāni śivena kathitāni ca |[129]
I.33$^{c\text{-}d}$ tebhyaś catuṣkam ādāya sārabhūtaṃ bravīmy aham ||

【해설】

본 송에 대한 브라흐마난다의 주석에 인용된 『고락샤샤따까』(5-6송)는 뷔네만(Bühnemann: 2013, p. 149)의 지적대로 '쉬바가 84개의 아사나를 선별했다'는 '84아사나' 설의 전통을 개시한 문헌이다. 하지만 실제로 84가지 아사나가 존재했던 것은 아니다. '84 아사나설'이 말하고자 하는 것은 840만 개의 체위 중에서 쉬바가 84개를 선별했다는 것이 아니라 '쉬바가 선별한 84개의 아사나 중에서도 달인좌가 가장 중요하다는 것'이다.[130]

쉬바는 84개의 체위들을 설명했는데:

월광 쉬바(Śiva), 즉 자재신(Īśvara)에 의해서 84개의 아사나들이 설명되었는데 [본 게송의 마지막에] '그리고'(ca)라는 [접속사가] 있으므로 [원래] 840만 개[의 아사나가 있었다는 것을 알 수] 있다.

129 첫 번째 구(pāda^{a})는 아누쉬뚜브-쉴로까(Anuṣṭubh-Śloka)의 확장형인 라-비뿔라(Ra-vipulā)이다.

130 이 점에 대한 자세한 논의는 아래의 34송 및 박영길(2013, pp. 131-180)을 참조.

이 점에 대해 고락샤나타는 다음과 같이 말한 바 있다.

"생명체의 종류만큼이나 많은 아사나들이 있는데 마헤쉬바라(Maheśvara, =쉬바)가 그 모든 종류를 안다. [쉬바는] 84락샤(84 lakṣa, =840만 개)의 [아사나]에서 1[락샤]에서 각각 하나씩 선별했다. 따라서 쉬바에 의해 84개의 아사나가 선별되었다."[131](『고락샤샤따까』 5-6.)

śiveneśvareṇa caturadhikāśītisaṃkhyākāny āsanāni kathitāni, cakārāc caturaśītilakṣāṇi ca | tad uktaṃ gorakṣanāthena- "āsanāni ca tāvanti yāvantyo jīvajātayaḥ | eteṣām akhilān bhedān vijānāti maheśvaraḥ || (GoŚ.5) caturaśītilakṣāṇī ekaikaṃ samudāhṛtam | tataḥ śivena pīṭhānāṃ ṣoḍaśonaṃ śataṃ kṛtam || "(GoŚ.6) iti | || Hp-Jt. I.33, *p*. 20, *ll*. 1-7.

브라흐마난다가 인용한 바와 같이 『고락샤샤따까』 5-6송은 '840만 개의 체위 중에서 쉬바가 84개를 선별했다.'고 언급한 후 제 7송은 '쉬바가 선별한 84개의 체위 중에서도' 달인좌와 연화좌가 중요하다고 말한다.[132]

34

[쉬바가 선별했던 84개의 아사나 중에서도] 달인, 연화, 사자, 행운이라는 네 가지가 탁월하다.

---

131 * 840만(caturaśītilakṣa) : 1 lakṣa= 100,000, 84 lakṣa = 8,400,000.
* 84락샤 중에서 1락샤씩(caturaśītilakṣāṇām ekaikaṃ): 84 lakṣa(8,400,000) 중에서 1 lakṣa(100,000) 씩 = 84.
* 84(ṣoḍaśonaṃ śataṃ): 16(śodaśa)이 부족한(ūna) 100(śata) = 84.

132 "모든 아사나 중에서 두 가지가 뛰어난데 하나는 달인좌이고 두 번째는 연화좌이다."(āsanebhyaḥ samastebhyo dvayam eva viśiṣyate | ekaṃ siddhāsanaṃ proktaṃ dvitīyaṃ kamalāsanam || GoŚ. I.7.)

그 네 가지 중에서도 언제나 편하게 유지해야 하는 것은 달인좌이다.

I.34^a-b siddhaṃ padmaṃ tathā siṃhaṃ bhadraṃ ceti catuṣṭayam |
I.34^c-d śreṣṭhaṃ tatrāpi ca sukhe tiṣṭhet siddhāsane sadā ‖ [133]

【해설】

『하타의 등불』은 '쉬바가 84개의 아사나를 선별했다'는 하타요가의 전통적인 가르침(쉬바의 84 아사나설)을 알고 있었지만 바시쉬타와 맛첸드라와 같은 성자와 수행자들에 의해 전수된 15개의 아사나를 설명하면서 15개 중에서도 달인, 연화, 사자, 영웅이라는 4개의 좌법을 중요시하고, 4개 중에서도 달인좌 하나가 특별히 중요하다는 것을 역설한다. 여기서 아사나의 중요성은 84개 → 15(중복 포함 19개) → 4개→ 1개로 집중되고 있다. 따라서 문맥과 정황상 『하타의 등불』이 강조하는 것은 '쉬바가 84개의 아사나를 선별했다는 사실'이 아니라 '쉬바가 선별한 84가지 중에서도 4가지가 중요하고 그중에서도 특히 달인좌가 중요하다는 것'이다. 이 점에서 '쉬바가 84개의 아사나를 선별했다'는 전설적인 84 아사나설(說)은 달인좌가 가장 중요하다는 것을 강조하는 역설적인 수단으로 파악된다. 또한 『하타의 등불』의 주석서로 별개의 권위를 지닌 브라흐마난다의 『월광』 역시 84아사나를 해설하지 않았다는 것은 그가 '84아사나 목록을 담고 있는 문헌'을 알지 못했거나 혹은 '84 아사나가 실재하지 않았을 가능성'을 높여 준다.[134]

133 세 번째 구(pāda^c)는 아누쉬뚜브-쉴로까(Anuṣṭubh-Śloka)의 확장형인 나-비뿔라(Na-vipulā)이다.

134 이 점에 대한 자세한 논의는 박영길(2013, pp. 131-180)을 참조.

『하타의 등불』을 포함한 하타요가 문헌이 달인좌를 중요시하는 이유는 꾼달리니를 각성시키고 상승시키는 하타요가의 핵심 기법(호흡법, 그리고 호흡법과 병행해서 실행되는 무드라)이 모두 '회음을 압박하는 자세', 즉 달인좌 상태에서 실행되기 때문이다.[135]

그중에서도:

월광 [달인, 연화, 사자, 행운]이라는 네 가지가 특히 탁월한 것으로 칭송되어야 하는데 그 네 가지 중에서도….
iti catuṣṭayaṃ śreṣṭham atiśayena praśasyam, tatrāpi catuṣṭaye …Hp-Jt. I. 34, *p*. 21, *ll*. 2-3.

언제나 편하게 유지해야 하는 것은 달인좌이다:

월광 이 말은 네 가지 [아사나] 중에서도 달인좌가 가장 뛰어나다는 것을 암시한다.
etena siddhāsanaṃ cautṣṭhaye 'py utkṛṣṭam iti sūcitam ‖ Hp-Jt. I. 34, *p*. 21, *ll*. 3-4.

달인좌

35

달인좌는 다음과 같다.
회음부에 [한쪽 발의] 발꿈치(aṅghrimūla)를 붙이고서, 한쪽 발을

135 이 점에 대해서는 박영길(2013, pp. 103-105)을 참조.

성기 [위]에 확고히 두고
가슴에 턱을(hanum) 정확히 붙여야 한다.[136]
감관을 통제하고, 움직임 없이 고정된 시선은 '양 눈썹 안쪽'(미간)을 응시해야 한다.[137]
실로 이것이 '해탈의 문을 열게 해 주는 달인좌'로 말해졌다.

tatra siddhāsanam

I.35[a] yonisthānakam aṅghrimūlaghaṭitaṃ kṛtvā dṛḍhaṃ vinyasen
I.35[b] meṇḍhre pādam athaikam eva hṛdaye kṛtvā hanuṃ susthiram |
I.35[c] sthāṇuḥ saṃyamitendriyo 'caladṛśā paśyed bhruvor antaraṃ
I.35[d] hy etan mokṣakapāṭabhedajanakaṃ siddhāsanaṃ procyate ||

【해설】

본 송의 운율은 19음절로 구성된 샤르둘라비끄리디따(Śārdūlavikrīḍita: ———∪∪—∪—∪∪∪—æ——∪——∪—)이다.

본 게송에서 설명된 달인좌는 고락샤의 것으로 알려진 『식별의 태양』(*Vivekamārtaṇḍa*) 7송과 동일하다.

---

136 턱을 가슴(쇄골)에 붙인다는 것은 잘란드하라 반드하를 행하는 것으로 이해될 수 있다. 잘란드하라 반드하의 방법은 III.26에 설명된다.

137 달인좌는 하타요가에서 가장 중요시되는 좌법(āsana)이다. 꾼달리니의 각성이나 상승과 관련된 호흡법이나 무드라는 달인좌에서 실행되는데 여기서 알 수 있는 것은 '달인좌 자세에서 눈을 감는 것'이 아니라 시선을 미간 쪽에 둔다는 것이다. 하지만 이것은 쁘라나를 수슘나로 상승시킬 수 있는 고급 수행자에게 해당되는 내용이고 초보자는 배꼽 주위에 의식을 집중함으로써 상기(上氣)의 부작용을 예방하는 것이 좋을 것이다.

달인좌는 다음과 같다:

월광 네 가지 아사나 중에서도 [달인좌가] 가장 탁월하기 때문에 "회음부에"로 [시작하는 단어 이하에서] 제일 먼저 달인좌를 설명한다.

āsanacatuṣṭaye 'py utkṛṣṭatvāt prathamaṃ siddhāsanam āha – yonisthānakam iti | Hp-Jt. I.35, *p*. 21, *l*. 1.

회음부에 [한쪽 발의] 발꿈치(aṅghrimūla)를 붙이고서, 한쪽 발을 성기 [위]에 확고히 두고:

월광 '요니스타나까'(회음이 있는 곳)는 회음부(yonisthāna)이다. 'ka'(까)는 [yonisthāna(회음부)라는 단어]에 내재된 원래적 의미를 표현하는 접미사이다. 항문(guda)과 성기(upastha)의 중간 부분이 회음부이다. [회음부에] 발, 즉 왼쪽 발의 끝, 즉 발꿈치로 바짝 붙인 후에 다른 한쪽 발, 즉 오른발을 성기의(meṇḍhrendriyasya) 윗 부분에(uparibhāge) 그와 같이 단단히 고정시켜야 한다.

yonisthānam eva yonisthānakam | svārthe kapratyayaḥ | gudopasthayor madhyamapradeśo[138] yonisthānaṃ tat | aṅghrir vāmaś caraṇas tasya mūlena pārṣṇibhāgena ghaṭitaṃ saṃlagnaṃ kṛtvā | sthānāntaram ekaṃ pādaṃ dakṣiṇaṃ pādaṃ meṇḍhrendriyasyoparibhāge dṛḍhaṃ yathā syāt tathā vinyaset | Hp-Jt. I.35, *p*. 21, *ll*. 2-5.[139]

36

하지만 다른 견해도 있다.

---

138 pradeśo | pradeśaḥ. Hp-Jt[Adyar].

139 브라흐마난다의 해설에 따르면 달인좌는 먼저 왼발을 끌어 당겨 발꿈치를 회음에 붙인 후 오른쪽 발을 끌어당겨 성기 위에 두는 것이다.

성기 위에 왼쪽 발목을 두고 그와 같이 [그] 위에
다른 쪽(오른쪽) 발목을 고정시키는 이것이 달인좌이다.

matāntare tu
I.36[a-b] meṇḍhrād upari vinyasya savyaṃ gulphaṃ tathopari |
I.36[c-d] gulphāntaraṃ ca nikṣipya siddhāsanam idaṃ bhavet ||

【해설】

본 게송에서 설명된 달인좌의 경우 '두 발꿈치가 성기 위에 있고 발가락이 아래로 향하는 형태'인데 이러한 형태의 달인좌는 13세기 문헌인 『바시쉬타상히따』의 「요가편」 I.81에서 설명된 해탈좌(muktāsana)와 동일하고[140] 또 『요가야갸발꺄』에서 설명된 두 종류의 해탈좌 중 III.14송에서 설명된 해탈좌와도 일치한다.[141]

다른 견해도 있다:

월광 [앞에서] 맛첸드라가 높게 평가했던 달인좌를 설명한 후 [본 송에서는] 다른 수행자들이 실행하는 [달인좌]를 설명하기 위해서 "하지만 다른 견해도 있다."라고 말한다.
matsyendrasaṃmataṃ siddhāsanam uktvānyasaṃmataṃ vaktum āha - matāntare tv iti | Hp-Jt. I.36, *p*. 22, *l*. 1.

37

[어떤 수행자는] 이것을 달인좌로 부르고 다른 사람은 금강좌라

---

140 meṇḍhrād upari nikṣipya savyaṃ gulpaṃ tathopari |
gulphāntaraṃ vinikṣipya muktāsanam idaṃ smṛtam || VaS. I.81.
141 meḍhrād upari nikṣipya savyaṃ gulphaṃ tathopari |
gulphāntareaṃ ca nikṣipya muktāsanam idaṃ tu vā || YoY. III.14.

고 한다.

[또] 어떤 이는 [이것을] 해탈좌로, 어떤 이는 비밀좌라고 말한다.

I.37$^{a\text{-}b}$ etat siddhāsanaṃ prāhur anye vajrāsanaṃ viduḥ |

I.37$^{c\text{-}d}$ muktāsanaṃ vadanty eke prāhur guptāsanaṃ pare ||

【해설】

달인좌, 금강좌, 해탈좌, 비밀좌:

월광 왼발 뒤꿈치를 회음부에 고정시키고서 오른발 뒤꿈치를 성기 위에 두는 것이 달인좌(siddhāsana)이다. 오른쪽 발꿈치를 회음부에 고정시킨 후 왼쪽 발꿈치를 성기 위에 붙이는 것이 금강좌(vajrāsana)이다. 오른쪽과 왼쪽의 두 발꿈치를 아래 방향으로 모은 후 회음부 쪽에 함께 붙이는 것이 해탈좌(muktāsana)이다. 앞에서의 자세를 취하고 두 발꿈치가 성기 위에 붙여진 것이 비밀좌(guptāsana)이다.

yatra vāmapādapārṣṇiṃ yonisthāne niyojya dakṣiṇapādapārṣṇir meṇḍhrād upari sthāpyate tat siddhāsanam | yatra dakṣiṇapādapārṣṇiṃ yonisthāne niyojya vāmapādapārṣṇir meṇḍhrād upari sthāpyate tad vajrāsanam | yatra tu dakṣinasavyapādapārṣṇidvayam uparyadhobhāgena saṃyojya yonisthānena saṃyojyate tan muktāsanam | yatra ca pūrvavat saṃyuktaṃ pārṣṇidvayaṃ meṇḍhrād upari nidhīyate tad guptāsanam iti || Hp-Jt. I.37, *p*. 22, *ll*. 4-9.

달인좌에 대한 칭송[142]

38

마치 야마(yama) 중에서는 절식(節食)이 [가장 중요하고] 니야마(niyama) 중에서는 불살생이 [가장 중요하듯이]
[그와 같이] [하타요가를] 완성한 사람들은, 모든 아사나 중에서도 달인좌를 가장 중요하다고 말한다.
I.38$^{a\text{-}b}$ yameṣv iva mitāhāram ahiṃsāṃ niyameṣv iva |
I.38$^{c\text{-}d}$ mukhyaṃ sarvāsaneṣv ekaṃ siddhāḥ siddhāsanaṃ viduḥ ||

【해설】

빠딴잘리의 요가에서 야마(yama)는 '언제 어디서나 어떠한 경우에도 지켜야 하는 대서원'(大誓願, mahāvrata)으로[143] 불살생(ahiṃsā), 진실을 말하는 것(satya), 도둑질하지 않는 것(asteya), 금욕(brahmacarya), 무소유(aparigraha)와 같은 다섯 가지가 있고, 권장 사항이라 할 수 있는 니야마(niyama)엔 청정(śauca), 만족(santoṣa), 고행(tapas), 경전 공부(svādhyāya), 자재신(혹은 스승)에 대한 헌신(īśvarapraṇidhāna)과 같은 다섯 가지가 있다.
베단따 문헌이나 하타요가, 뿌라나에서 설명된 야마와 니야마의 정의와 구성 요소는 문헌에 따라 조금씩 다른데[144] 흥미로운 것은 위 게송

142 "지금부터 7개의 게송들이 달인좌를 칭송한다."(atha saptabhiḥ ślokaiḥ siddhāsanaṃ praśaṃsanti. Hp-Jt. I.38. *p.* 23, *l.* 1.)

143 "[생명체의] 종류, 장소와 시간 및 의무에 상관없이 어떤 곳이나 대상에 관계없이 [지켜야 할] 대서원이다."(jātideśakālasamayānavacchinnāḥ sārvabhumā mahāvratam || YS. II.31.)

144 예를 들어 9-11세기경에 성립된 『요가야갸발꺄』 제I장 18에 따르면 야마는 불살생(ahiṃsā), 정직(satya), 부도(asteya), 범행(brahmacārya), 동정심(daya),

에서 알 수 있듯이 스바뜨마라마가 절식과 불살생을 각각 야마와 니야마 중에서 가장 중요한 것으로 말했다는 것이다. 이와 유사한 내용은 닷따뜨레야(Dattātreya, 13-14세기)의 『요가샤스뜨라』(*Yogaśātra*)에서도 발견되는데 닷따뜨레야는 야마 중에서는 소식(小食, laghu-āhāra)이 가장 중요하고 니야마 중에서는 불살생(ahiṃsā)이 가장 중요하다고 말한다.[145] 절식(節食)은 아래의 I.58에서 정의되고 I.40, 57, II.1, III.131 등에서도 재차 강조되고 있다.

39

84가지 체위 중에서 달인좌만큼은 항상 수련해야 한다.
[달인좌는] 72,000 나디(nāḍī)들 [속에 있는] 불순물을 청소한다.
I.39^{a-b} caturaśītapīṭheṣu siddham eva sadābhyaset |
I.39^{c-d} dvāsaptisahasrāṇāṃ nāḍīnāṃ malaśodhanam ||

【해설】

72,000 나디(nāḍī)들:

나디(nāḍī)는 쁘라나(prāṇa)의 이동 통로인데 한의학의 경락(經絡)과 유사한 개념이다. 『하타의 등불』은 나디의 개수를 '72,000개'로 말하지만 문헌에 따라 나디의 수는 다르다. 고-우빠니샤드의 경우 『찬도갸 우빠니샤드』와 『까타우빠니샤드』, 『쁘라쉬나우빠니샤드』는 101개의 나

성실(ārjava), 인내(kṣamā), 평정함(dhṛti), 절식(節食, mitāhāra), 청정(śauca)이고 니야마는 고행(tapas), 만족(saṃtoṣa), 믿음(āstikya), 보시(dāna), 자재신에 대한 경배(īśvarapūjana), 규칙의 준수(siddhāntaśravaṇa), 잘못한 일에 수치(羞恥)를 느끼는 것(hrī), 믿음(mati), 만뜨라 염송(japa), 준법(vrata)이다.

145 laghvāhāras tu teṣv eko mukhyo bhavati nāpare|YoŚ.65
ahiṃsā niyameṣv ekā mukhyā bhavati nāpare || YoŚ.66.

디가 있다고 말하지만[146] 『브리하다란야까 우빠니샤드』는 72,000개의 나디가 있다고 말한다.[147] 초기 하타요가 문헌인 『고락샤샤따까』(*Gorakṣaśataka*)는 300,000개,[148] 1,000개와 72개[149]를 언급하고 『쉬바상히따』는 450,000개,[150] 『하타의 등불』은 72,000개[151] 그리고 후대 우빠니샤드인 『뜨리쉬키브라흐마나 우빠니샤드』(*Triśikhibrāhamaṇopaniṣad*) 26송과 67송은 각각 101개, 80,000개의 나디를 언급한다. 하지만 실제로 거론되거나 명칭이 밝혀진 나디는 10에서 14개이다.[152] 이 중에서 가

---

146 Chānd-Up. VIII.6.6, Kaṭha-Up. II.3.6, Praśna-Up. III.8.

147 hitā nāma nāḍyo dvāsaptatiḥ sahasrāṇi … Bṛhad-Up. II.1.19; 한편 『쁘라쉬나 우빠니샤드』 III.6에 따르면 나디의 수는 굉장히 많다. 101개의 나디들이 각각 100개로 나누어지고 그 각각은 다시 72,000개로 나누어진다.

148 "자신의 몸 안에 있는 6짜끄라와 16토대, 300,000 [나디]와 5 공기를 알지 못하는 요가수행자가 어떻게 [요가를] 완성할 수 있겠는가."
ṣaṭcakram ṣoḍaśādhāraṃ trilakṣaṃ vyomapañcakam |
svadehe yen ajānanti kathaṃ sidhyanti yoginaḥ || GoŚ.13(Briggs: 1938, p. 287.)
* 1 lakṣa = 100,000, trilakṣa = 300,000.

149 "1,000개의 나디 중에서 72개가 설명되었다."
teṣu nāḍīsahasreṣu dvisaptatir udāhṛtāḥ | GoŚ.26a.

150 "450,000개의 나디들이 인간의 몸속에 있는데
이 중에서 중요한 것은 14개이다.
sārdhalakṣatrayaṃ nādyaḥ santi dehāntare nṛṇām |
pradhānabhūtā nādyas tu tāsu santi caturdaśa || Śs. II.13.

151 "몸속에는 72,000개의 나디 관이 있다."
dvāsaptatisahasrāṇi nāḍīdvārāṇi pañjare | HP. IV.18$^{a\text{-}b}$.
"72,000 나디들의 오물을 청소하는데 있어서…"
dvāsaptatisahasrāṇāṃ nāḍīnāṃ malaśodhane | Hp. III.123$^{a\text{-}b}$.
"[달인좌는] 72,000 나디들 [속에 있는] 불순물을 청소한다."
dvāsaptisahasrāṇāvṃ nāḍīnāṃ malaśodhanam | Hp. I. 39$^{c\text{-}d}$.

152 『쉬바상히따』는 다음과 같이 말한다.
"하지만 그 중에서 중요한 나디들은 14개이다."
pradhānabhūtā nāḍyas tu tāsu mukhyāś caturdaśa || Śs. II.13$^{c\text{-}d}$.
『바시슈타상히따』의 「요가편」은 다음과 같이 말한다.

장 중요한 것은 수슘나이다.

40

12년 동안[153] 아뜨만을 명상하고, 절식하며,

"아들아! 모든 나디들 중에서도 중요한 것은 14가지이다."
nāḍīnāmapi sarvāsāṃ mukyāḥ putra caturdaśa ‖ VaS. II.20.
또한 위의『쉬바상히따』II.13을 참조.
한편, 10개 혹은 14 나디의 명칭과 위치는 문헌에 따라 조금씩 다르다.
『고락샤샤따까』(27-31)는 '10개(daśa)의 나디'의 명칭과 위치에 대해 언급하는데 10나디의 명칭은 iḍā, piṅgalā, suṣumṇā, gāndhārī, hastijihvā, pūṣa, yaśasvanī, alambuṣā, kuhū, śaṅkhinī이다.
『쉬바상히따』는 14개의 나디를 설명하는데 14나디는 iḍā, piṅgalā, suṣumṇā, gāndhārī, hastijihvikā, pūṣa, yaśasvinī, alambuṣā, kuhū, śaṅkhinī, sarasvatī, payasvinī, vāruṇi, viśvodarī이다.
닷따뜨레야(Dattātreya, 13-14세기)의『요가샤스뜨라』(*Yogaśāstra*) IV.25-46송은 suṣumnā, iḍā, piṅgalā, vāruṇī, alambuṣā, viśvodarā, kuhū, śaṅkhinī, yaśasvinī, puṣā, gāndhārī, hastijihvā와 같은 11개 나디와 그것의 위치를 설명한다.
14세기의『아난다사무짜야』(*Āandasamuccaya*) 제2장은 iḍā, yaśā, kuhū, piṅgalā, gajajihvām, ulmukā, suṣumnā, pūṣā, gāndhārī, śaṅkhinī와 같은 10개의 나디를 설명한다. 원문은 Katre: 1961-2, p. 408을 참조함.
『바시슈타상히따』의「요가편」II.21-22은 14개의 나디를 열거하는데 그것은 suṣumṇā, iḍā, piṅgalā, sarasvatī, kuhū, varaṇā, yaśasvinī, pūṣā, payasvinī, śaṅkhinī, gāndhārī, hastijihvā viśvodarā, alambuṣā이다.
쉬리니바사요기(Śrīnivāsayogī)의『하타라뜨나발리』(*Haṭharatnāvalī*, 1625-1695년경) 제4장 31-41송도 14개의 나디들을 열거한다. 특히,『바시슈타상히따』의「요가편」(Yogakāṇḍa, II.31-40)과『육따브하바데바』(*Yuktabhavadeva*, 1623년경) 제III장은 14개의 나디의 시작점과 종착점에 대해 자세히 설명하고 있다.

153 수행자의 자질에 따라 다르긴 하지만 보통 하루 16시간 수련하면 1개월, 8시간 명상하면 2년이면 목적을 달성한다고 한다. 호흡과 명상을 집중적으로 실행하는 것이 더 효과적이다. 하지만 호흡과 무드라를 집중적으로 수련하기 위해서는 상당한 체력을 갖추어야 하고 또 무엇보다 스승의 지도를

언제나 달인좌를 수련하는 요가 수행자는 '궁극적인 목표'를 얻을 것이다.

I.40$^{a\text{-}b}$ ātmadhyāyī mitāhārī yāvaddvādaśavatsaram |
I.40$^{c\text{-}d}$ sadā siddhāsanābhyāsād yogī niṣpattim āpnuyāt ||

【해설】

12년 동안:

월광 '12년 동안'(yāvaddvādaśavatsara)이란 열두 해에 이르기까지[를 의미한다]. [이 복합어에 대해 빠니니는] "한정하는 yāvad는 불변화 복합어이다."로 [말한 바 있다]. [전체적인 의미는] '12년에 이르기까지'를 의미한다.

yāvanto dvādaśa vatsarāḥ yāvaddvādaśavatsaram | 'yāvadavadhāraṇe' ity avyayībhāvaḥ samāsaḥ(Pān. II.1.8) | dvādaśavatsaraparyantam ity arthaḥ | Hp-Jt. I.40, *p*. 23, *ll*. 2-3.

41

달인좌에 통달했다면 그 외의 다양한 체위들이 무슨 쓸모가 있겠는가.
께발라 꿈브하까(완전한 멈춤)[154]에 의해 쁘라나-기(氣)가 확고하게 고정된다면 노력하지 않아도 저절로 운마니-깔라(unmanīkalā)가 일어난다.

I.41$^{a\text{-}b}$ kim anyair bahubhiḥ pīṭhaiḥ siddhe siddhāsane sati |

받아야 한다.

154 께발라 꿈브하까는 꿈브하까(들숨 후 그 숨을 최대한 참음) 상태가 연장되어 '노력하지 않아도 저절로 들숨과 날숨의 흐름이 없어진 상태'이다. 께발라 꿈브하까에 대한 정의는 아래의 II.71-74송에 대한 해설을 참조.

I.41$^{c\text{-}d}$ prāṇānile sāvadhāne baddhe kevalakumbhake[155]
I.41$^{e\text{-}f}$ utpadyate nirāyāsāt svayam evonmanīkalā ||

【해설】

본 게송은 달인좌의 중요성을 언급할 뿐만 아니라 쁘라나가 통제될 때 삼매가 성취된다는 하타요가 특유의 방법론을 언급하고 있다. 하타요가의 경우 삼매는, 쁘라나가 수슘나로 상승해서 정수리의 브라흐마란드흐라에 도달할 때 저절로 성취되는데 『하타의 등불』은 쁘라나가 브라흐마란드흐라에 머무는 것을 쁘라나의 소멸이라 하고 이와 같이 쁘라나가 소멸할 때 '쁘라나와 함께 작용하는 마음' 역시 소멸된다고 한다.[156]

달인좌에 통달했다면 그 외의 다양한 체위들이 무슨 쓸모가 있겠는가:

월광 달인좌에 통달했다면 다른 다양한 동작들, 즉 아사나들이 무슨 쓸모가 있겠는가? 어떤 것도 쓸모없다는 의미이다.
siddhāsane siddhe saty anyair bahubhiḥ pīṭhair āsanaiḥ kim? na kim apīty arthaḥ | Hp-Jt. I.41, *p.* 23, *ll.* 1-2.

---

155 세 번째 구(pāda^{c})는 아누슈뚜브-쉴로까(Anuṣṭubh-Śloka)의 확장형인 라-비뿔라(Ra-vipulā)이다.

156 "쁘라나와 아빠나가 결합될 때 꾼달리니가 각성한다. 꾼달리니가 각성된 후 쁘라나는 수슘나를 통해 브라흐마란드흐라로 간다. 그곳에 도달할 때 '마음의 고정'(=삼매)이 이루어진다. '마음이 고정될 때' 곧바로 '아뜨만에 대한 직접적인 자각'이 일어난다는 의미이다." Hp. I.48.
"쁘라나가 브라흐마란드흐라에 머무는 것이 [쁘라나의] 소멸이다. 쁘라나가 소멸할 때 마음도 또한 소멸한다 … 그때 인간은 살아 있으면서 해탈한다." IV.16.
이와 관련된 내용는 아래의 IV.16에 대한 해설 및 박영길(2013, pp. 1-7, 88-97)을 참조.

저절로 운마니-깔라(unmanīkalā)가 일어난다:

월광 쁘라나 기(氣, prāṇānila), 즉 쁘라나 바유가 께발라 꿈브하까에 의해 고정될 때 운마니, 즉 운마니 상태가 [일어난다]. 운마니 상태(sā)는 마치 깔라(kalā)처럼[157] 새롭게 생성되는 것이기 때문에 그리고 달(月)의 행로처럼 자발적인 것이기 때문에, 노력하지 않아도 저절로 일어난다(utpadyate), 즉 생성된다.

sāvadhāne prāṇānile prāṇavāyau kevalakumbhake baddhe saty[158] unmanī unmanyavasthā । sā kalevāhlādakatvāc candralekheva nirāyāsād anāyāsāt svayam evotpadyata udeti ॥ Hp-Jt. I.41, *pp.* 23, *ll.* 2 ~ *p.* 24, *l.* 2.

42

그와 같이 오직 하나, 달인좌만 완벽히 유지한다면
세 가지 반드하는 노력하지 않아도 저절로 이루어진다.

I.42$^{a\text{-}b}$ tathaikasminn eva dṛḍhe baddhe siddhāsane sati ।[159]
I.42$^{c\text{-}d}$ bandhatrayam anāyāsāt svayam evopajāyate ॥

---

157 kalā라는 단어는 본 송을 비롯해서 제III장과 제IV장 1송에서 등장하는데 제III장의 깔라는 문맥상 '혀' 또는 '감로'를 의미하지만 본 송 및 제IV장 1송의 깔라의 의미를 파악하는 것은 쉽지 않다. 브라흐마난다는 IV장 1송에 대한 주석에서 깔라를 "kalā nādaikadeśaḥ"(Hp-Jt. IV.1, *p.* 123, *l.* 9)으로 해설하는데 이 부분을 '깔라는 나다(비음)의 한 부분'으로 이해할 수도 있고 '깔라는 나다와 동일한 것'으로 이해할 수도 있다.

158 saty] sati. Hp^{Adyar}.

159 첫 번째 구(pāda^{a})는 아누쉬뚜브-쉴로까(Anuṣṭubh-Śloka)의 확장형인 브하-비뿔라(Bha-vipulā)이다.

【해설】

세 가지 반드하는 노력하지 않아도 저절로 이루어진다:

월광 물라 반드하, 웃디야나 반드하, 잘란드하라 반드하와 같은 세 가지 반드하(수축 혹은 조임)는 '노력하지 않아도'(anayāsāt) [다시 말해서] '발꿈치 부분으로 회음을 압박한 후에 항문을 수축시켜야 한다.'는 식으로 [제3장에서] 설명될 물라 반드하 등등은 노력하지 않아도, [노력을] 결여해도 저절로 일어난다. [이 말은 세 가지 반드하가] 자발적으로 이루어진다는 의미이다.

bandhatrayaṃ mūlabandhoḍḍīyānabandhajālaṃdharabandharūpam anayāsāt 'pārṣṇibhāgena saṃpīḍya yonim ākuñcayed gudam' ityādivakṣyamāṇamūlabandhādiṣv āyāsastaṃ vinaiva svayam evopajāyate svata evotpadyata ity arthaḥ ‖ Hp-Jt. I.42, *p.* 24, *ll.* 1-4.

43

달인좌에 견줄 아사나는 없고 께발라[꿈브하까][160]에 비견할 꿈브하[까]는 없으며,
케짜리[무드라][161]에 비견할 만한 무드라는 없고 '나다(秘音) [명상]'에 견줄 만한 라야[의 기법]은 없다.[162]

I.43^{a-b} nāsanaṃ siddhasadṛśaṃ na kumbhaḥ kevalopamaḥ | [163]
I.43^{c-d} na khecarīsamā mudrā na nādasadṛśo layaḥ ‖

160 께발라 꿈브하까에 대해서는 II.71-74송을 참조.

161 케짜리 무드라는 III.32-54, IV.43-53에서 설명된다.

162 비음명상(Nādānusaṃdhāna, Nādopāsana)은 IV.65-102에서 설명된다.

163 첫 번째 구(pāda^{a})는 아누쉬뚜브-쉴로까(Anuṣṭubh-Śloka)의 확장형인 나-비뿔라(Na-vipulā)이다.

【해설】

본 송은 14세기 문헌인 『쉬바상히따』(*Śivasaṃhitā*) V.47과 거의 일치한다.[164]

연화좌(Padmāsanam)

44

이제 연화좌(결가부좌)가 [설명된다].
왼쪽 허벅지(vāma-ūru) 위에(ūpari) 오른쪽 발(caraṇa)을 올려놓고서
그와 같이 왼쪽 [발]을 오른쪽 허벅지(ūru) 위에(ūpari) [두고]
두 손을 등 쪽으로 보내어 두 엄지발가락을 단단히 잡고 난 후
턱을 가슴에 붙이고 코끝을 응시해야 한다. 요가수행자들은[165] 질
병을 파괴하는 이 [아사나]를 연화좌로 부른다.[166]

atha padmāsanam
I.44[a] vāmorūpari dakṣiṇaṃ ca caraṇaṃ saṃsthāpya vāmaṃ tathā
I.44[b] dakṣorūpari paścimena vidhinā dhṛtvā karābhyāṃ dṛḍham |
I.44[c] aṅguṣṭhau hṛdaye nidhāya cibukaṃ[167] nāsāgram ālokayed
I.44[d] etad vyādhivināśakāri yamināṃ padmāsanaṃ procyate ||

---

164 nāsanaṃ siddhasadṛśaṃ na kumbhasadṛśaṃ balam |
na khecarīsamā mudrā na nādasadṛāo layaḥ || ŚS. V.47.

165 "통제자들, 즉 요가수행자들은" (yamināṃ yogīnāṃ. Hp-Jt. I.44, *p*. 25, *l*. 6.)

166 턱을 가슴에 붙인다는 점에서 연화좌는 달인좌와 동일하지만, 연화좌는 시선을 코끝에 둔다는 점에서 '시선을 미간에 두는 달인좌'와 차이가 있고 또 연화좌가 결가부좌 자세로 두 발을 교차시켜 양 무릎에 두는 데 반해 달인좌는 한쪽 발로 회음을 압박한다는 점에서 다르다.

167 본 송의 cibuka와 cubuka(III.20), hanu(I.35)는 모두 '턱'을 의미한다.

【해설】

본 송의 운율은 19음절로 구성된 샤르둘라비끄리디따(Śārdūlavikrīḍita: ———∪∪—∪—∪∪∪—æ——∪——∪—)이다.

『하타의 등불』은 두 종류의 연화좌를 설명하는데 본 게송에서 설명된 연화좌는 결가부좌 자세에서 두 손을 등 뒤로 보내 두 엄지발가락을 잡는다는 의미에서 흔히 결박연화좌(baddhapadmāsana)로 불리는 좌법이다. 본 게송에서 설명된 연화좌는 『고락샤샤따까』(*Gorakṣaśataka*)에서 설명된 '연화좌'와 동일하며 원문도 거의 일치하고[168] 멀린슨(Mallinson: Unpd)에 따르면 고락샤의 또 다른 작품(아마도 후대에 증보 편집된 문헌)으로 알려진 『식별의 태양』(Vivekamārtaṇḍa. 8)의 원문과도 거의 일치한다. 일반적으로 널리 알려진 연화좌는 아래의 45-46송에서 설명된다.

45

다른 학파에서 [말하는 연화좌는 다음과 같다]
조심스럽게 두 발을 [교차시켜] 양 허벅지 위에 올리고
그리고 '펼친 두 손을' 양 허벅지 사이에 올려놓은 후 두 눈을

matāntare

I.45[a-b] uttānau caraṇau kṛtvā ūrusaṃsthau prayatnataḥ |

---

168 [a] vāmorūpari dakṣiṇaṃ hi caraṇaṃ saṃsthāpya vāmaṃ tathā
[b] dakṣorūpari paścimena vidhinā dhṛtvā karābhyāṃ dṛḍham |
[c] aṅguṣṭhau hṛdaye nidhāya cibukaṃ nāsāgram ālokayed
[d] etad vyādhivikāra* nāśanakaraṃ padmāsanaṃ procyate || GoŚ. 12(Briggs, 1938)
* vyādhivikāra] vayādhivikāra. GoŚ[Briggs] (브릭스 본의 경우 운율이 어긋남)
한편, Kaivalyadhama본 GoŚ의 제9송 네 번째 구는 다음과 같다.
[d]etad vyādhivikārahāri yamināṃ padmāsanaṃ procyate ||

I.45[c-d] ūrumadhye tathottānau pāṇī kṛtvā tato dṛśau[169] ||

【해설】

45-46송에서 설명된 연화좌는 닷따뜨레야의 『요가샤스뜨라』(*Yogaśāstra*. 35-36)와 『쉬바상히따』(*Śivasaṃhitā*. III.102-103)의 연화좌와 동일하며 원문도 거의 일치한다.

브라흐마난다는 본 송에서 설명된 연화좌를 맛첸드라나타가 선호했던 연화좌라고 해설한다.

월광 [본 게송은] 맛첸드라나타 등이 애호하는 연화좌에 대해 말한다.
matsyendranāthābhimataṃ padmāsanam āha | Hp-Jt. I.45, *p*. 25, *l*. 1.

두 발을 [교차시켜] 올려놓고:

월광 [두 발을] 올리는 것이란, 양 허벅지에 두 발등을 [교차해서] 붙이는 것이다.
uttānāv[170] ūrusaṃlagnapṛṣṭhabhāgau caraṇau pādau··· Hp-Jt. I.45, *p*. 25, *ll*. 1-2.

그리고:

월광 [본 게송 세 번째 구의] "tathā"[라는 단어]는 '그리고'(ca)를 의미한다.
tathā cārthe | Hp-Jt. I.45, *p*. 25, *l*. 3.

---

169 dṛśau (√dṛś: *m.du.Ac.*)
170 uttānāv] uttānau. Hp-Jt[Adyar].

펼친 두 손을:

월광 '왼 손을 편 후 그 위에 오른쪽 손을 펼치고서'라는 의미이다.

savyaṃ pāṇim uttānaṃ kṛtvā tadupari dakṣiṇaṃ pāṇiṃ cottānaṃ kṛtvety arthaḥ | Hp-Jt. I.45, *p.* 25, *ll.* 4-5.

두 눈을:

월광 그 후에, 즉 [펼친 두 손을 양 허벅지 사이에 올려놓자]마자 곧바로 두 눈을(dṛśau), 즉 양 눈동자를(dṛṣṭī).[171]

tatas tadanantaraṃ dṛśau dṛṣṭī … || Hp-Jt. I.45, *p.* 25, *l.* 5.

46

코끝에 두어야 한다. 그리고 혀를 라자단따의 뿌리에
올려 붙인 후 턱을 가슴에(vakṣasi) [붙인] 다음 천천히 기(氣, pavana)를 끌어올려야 한다.

I.46^{a-b} nāsāgre vinyased rājadantamūle tu jihvayā |
I.46^{c-d} uttambhya cibukaṃ vakṣasy utthāpya pavanaṃ śanaiḥ ||

【해설】

라자단따(rājadanta)는 앞니 혹은 어금니를 의미하고 드물게 왕의 이빨이라고 할 수 있는 '목젖'(uvula)을 의미하기도 하는데 여기서는 앞니를 의미한다. 브라흐마난다는 라자단따에 혀를 붙이는 것을 '지흐바 반드하'(jihvābandha)로 부른다.

[시선을] 코끝에 두어야 한다:

월광 [시선을] 코끝에, 즉 콧등에 두어야 한다. [눈동자를] 움직이지 말

171 dṛṣṭī. *m.du.Ac.*

고 [코끝에] 고정시켜야 한다는 의미이다.
nāsāgre nāsikāgre vinyased viśeṣeṇa niścalatayā nyased ity arthaḥ | Hp-Jt. I.46, *p*. 25, *l*. 1.

혀를 라자단따의 뿌리에 붙이고:

월광 바로 이 지흐바 반드하(jihvābandha: 혀-붙임)는 스승의 입(가르침)을 통해서 터득해야만 한다. [한편, 본 게송에선] "턱을 가슴에"라고만 되어 있지만 '붙인 후에'라는 말을 보충해야 한다.
gurumukhād avagantavyo 'yaṃ jihvābandhaḥ | cibukaṃ vakṣasi nidhāyeti śeṣaḥ | Hp-Jt. I.46, *p*. 25, *ll*. 2-4.

기(氣)를 천천히 끌어올려야 한다:

기(pavana)를 끌어올리는 행법이 물라 반드하이지만(물라 반드하의 주요한 효과가 '아빠나 바유를 위로 끌어올리는 것'이라는 점에 대해서는 제III장 11송, 61-63송 등을 참조) 브라흐마난다는 지흐바 반드하(jihvābandha)만으로도 기를 끌어올리는 것이 가능하다고 해설한다.

월광 '천천히, 조심스럽게 기(氣), 즉 바유를 끌어올리고서'[라는] 이 말은 물라 반드하(회음 수축 무드라)[를 실행하는 것을] 의미한다. 물라 반드하 역시 스승의 가르침을 통해 터득해야만 한다. 하지만 '하타[요가]의 비밀을 아는 사람들'은 지흐바 반드하(jihvābandha)만으로도 이것이 충분히 가능하다고 [말한다].
śanair mandmandaṃ pavanaṃ vāyum utthāpya | anena mūlabandhaḥ protktaḥ | mūlabandho 'pi gurumukhād evāvagantavyaḥ | vastutas tu jihvābandhenaivāyaṃ caritārtha iti haṭharahasyavidaḥ || Hp-Jt. I.46, *pp*. 25, *l*. 4 ~ *p*. 26, *l*. 2.

47

이 연화좌는 모든 질병을 파괴한다고 말해졌다.
보통 사람들은 얻기 힘들지만 현명한 자는 [이] 땅에서 성공한다.

I.47[a-b] idaṃ padmāsanaṃ proktaṃ sarvavyādhivināśanam |
I.47[c-d] durlabhaṃ yena kenāpi dhīmatā labhyate bhuvi ||

【해설】

보통 사람들은 얻기 힘들지만:

월광 행운(bhāgya)이 따르지 않는 사람들은 얻기 힘들다.[172]
yena kenāpi bhāgyahīnena durlabham | Hp-Jt. I.47. *p.* 26, *ll.* 2-3.

48

두 손을 사발 [모양]으로 만듦으로써 더 견고한 연화좌를 취한 후 턱을 가슴에 단단히 붙이고서 그(브라흐만 혹은 자신이 좋아하는 신)를 마음속으로 명상하면서
지속적으로 아빠나 기를 위로 올리면서 [동시에, 흡입해서 신체에] 채워진
쁘라나를 아래로 내린다면, 샥띠(꾼달리니)를 각성시킴으로써 인간은 비견할 수 없는 지혜를 얻는다.

I.48[a] kṛtvā saṃpuṭitau karau dṛḍhataraṃ baddhvā tu padmāsanaṃ
I.48[b] gāḍhaṃ vakṣasi saṃnidhāya cibukaṃ dhyāyaṃś ca tac cetasi |

---

172 행운이 따르지 않는다는 것은 '스승을 만나지 못했다는 것'을 의미한다.

I.48c vāraṃ vāram apānam ūrdhvam anilaṃ protsārayan pūritaṃ
I.48d nyañcan[173] prāṇam upaiti bodham atulaṃ śaktiprabhāvān naraḥ ||

【해설】

본 송의 운율은 19음절로 구성된 샤르둘라비끄리디따(Śārdūlavikrīḍita: ———∪∪—∪—∪∪∪—æ——∪——∪—)이다. 본 게송은 멀린슨(Mallinson: 2011a)이 새롭게 발굴한 필사본(*Gorakṣaśataka*, Ms. No. R. 7874) 35송과 동일하다.

두 손을 사발 [모양]으로 만듦으로써:

월광 '두 손을 반구형의 사발 [모양]으로 만듦으로써'[라는 말]에 '감싼 두 손으로'라는 [말을] 보충해야 한다.

… saṃpuṭīkṛtau karāv utsaṅgasthāv iti śeṣaḥ | Hp-Jt. I.48. *p.* 26, *l.* 2.

턱을 가슴에 단단히 붙이고서:

월광 [턱을 당겨] 4앙굴라(약 9cm) 안쪽으로 [붙이는 것이] 요가수행자들 사이에서 대대로 전수되었기 때문에 [이와 같이 해야 하는 것으로] 알아야 한다. ['턱을 가슴에 단단히 붙이고서'라는 말은] '잘란드하라 반드하를 실행한 후에'라는 뜻이다.

caturaṅgulāntareṇeti yogisaṃpradāyāj jñeyam | jālaṃdhara-bandhaṃ kṛtvety arthaḥ | Hp-Jt. I.48, *p.* 26, *l.* 4-5.[174]

---

173 '내린다면'(nyañcan: 현재분사).

174 보다 자세한 방법은 III.70송에 대한 브라흐마난다의 해설에서 발견된다. "목, 즉 목구멍(galabila)을 수축한 후, 즉 조인 후에 가슴, 즉 '4앙굴라 안쪽 지점의 흉곽 근처'에 턱(cubuka, = hanu)을 단단히, 강하게 붙여야 한다, [턱을 가슴에] 확고히 붙여야 한다. 이것, 즉 '목을 조인 후 4앙굴라 안쪽의 가

그(브라흐만 혹은 자신이 좋아하는 신)**를 마음속으로 명상하면서:**

월광 [여기서] '그'라는 것은 '각자 자기 자신이 흠모하는 신의 형상' 내지는 '브라흐만'이다. 그 이유는 "브라흐만은 '옴', '땃뜨'(진리), '삿뜨'(존재)라는 세 가지로 알려져 있다"고 바가바뜨(끄리쉬나)께서 말씀하셨기 때문이다. '[바로 그를] 마음에서, 즉 마음속으로 명상하면서, 생각하면서'[라는 의미이다].

tat svasveṣṭadevatārūpaṃ brahma vā | "oṃ tat sad iti nirdeśo brahmaṇas trividhaḥ smṛtaḥ"(BG. XVII.23) iti bhagavaduktеḥ, cetasi citte dhyāyaṃś[175] cintayan | Hp-Jt. I.48, *p.* 26, *ll.* 5-7.

아빠나 기를 위로 올리면서 … 쁘라나를 아래로 내린다면:

월광 아빠나 기, 즉 아빠나 바유를 위로 끌어올리면서, [다시 말해서] 물라반드하를 행함으로써 수슘나로 쁘라나를 위쪽으로 올리면서, [또 한편으론] 채워진 [숨, 즉] '숨을 마셔서 [몸] 안에 채워진 쁘라나'를 내린다면, 다시 말해서 [체내에 채워진 쁘라나를] '아래쪽으로(nīcais) 끌어내린다면', 즉 아래 방향으로 운반한다면[이라는 의미이다]. … ['아빠나 기를 위로 올리면서 쁘라나를 아래로 내린다면'이라는 표현이 의도하는 것은] '쁘라나와 아빠나를 결합시킨 후에'라는 의미이다.

apānam anilam apānavāyum ūrdhvaṃ protsārayan mūlabandhaṃ kṛtvā suṣumnāmārgeṇa prāṇam ūrdhvaṃ nayan, pūritaṃ pūrakeṇāntardhāritaṃ prāṇaṃ nyañcan nīcair adho 'ñcan gamyan | … prāṇāpānayor aikyaṃ kṛtvety arthaḥ | Hp-Jt. I.48, *p.* 26, *ll.* 7-9.

슴에(=쇄골에) [고개를] 아래로 숙여서 턱을 붙인(cubuka-sthāpana) 형태'가 바로 잘란드하라로 불리는, 즉 잘란드하라로 일컬어지는 반드하이다. (원문은 III.70에 대한 해설을 참조.)

175 dhyāyaṃś] dhyāyan. Hp-Jt^{Adyar}.

샥띠(꾼달리니)를 각성시킴으로써 인간은 비견할 수 없는 지혜를 얻는다:

월광 인간, 즉 사람은 비견할 수 없는 지혜, 즉 비교될 수 없는 [최고의] 지혜를 '샥띠의 각성을 통해서', 다시 말해서 샥띠, 즉 아드하라(회음, =물라드하라 짜끄라)에 있는 샥띠, 즉 꾼달리니를 각성시킴으로써 얻는다, 획득한다.

naraḥ pumān atulaṃ bodhaṃ nirupamajñānaṃ śaktiprabhāvāc chaktir ādhāraśaktiḥ kuṇḍalinī tasyāḥ prabhāvāt sāmarthād upaiti prāpnoti | Hp-Jt. I.48, *pp.* 26, *ll.* 10 ~ *p.* 27, *l.* 1.

계속해서 브라흐마난다는 꾼달리니의 각성 및 그 이후의 상황에 대해 간략히 요약하는데 이 내용은 하타요가 수행이 완성되는 과정을 보여준다. 꾼달리니는, 각각 '하(ha)와 타(ṭha)'로 상징되는 '쁘라나와 아빠나'가 결합(yoga)할 때 각성되고[176] 각성된 이후엔 수슘나로 진입하고 상승해서 정수리의 브라흐마란드흐라에 도달한다.[177]

월광 "쁘라나와 아빠나가 결합할 때 꾼달리니가 각성한다. 꾼달리니가 각성된 후 쁘라나는 수슘나를 통해 [정수리의] 브라흐마란드흐라로 간다.[178] 그곳에 도달할 때 마음이 고정된다. '마음이 고정될 때' 곧바로 '아뜨만에 대한 직접적인 자각'[179]이 일어난다

176 haṭhayoga를 '하(ha)와 타(ṭha)의 결합(yoga)'으로 정의하는 것에 대해서는 I.1송에 대한 해설을 참조.

177 『하타의 등불』은 '쁘라나가 브라흐마란드흐라에 머무는 것'을 '쁘라나의 소멸'로 표현하고 이와 같이 쁘라나가 소멸될 때 '쁘라나와 세트로 작용하는 마음'도 저절로 소멸된다고 말한다. (이 점에 대해서는 IV.6. 10, 15, 16송에 대한 해설을 참조.)

178 "꾼달리니가 각성된 후 쁘라나는 수슘나를 통해 [정수리의] 브라흐마란드흐라로 간다."는 말에서 알 수 있는 것은 '각성되기 이전의 에너지'는 꾼달리니로 표현되지만 각성된 이후에는 쁘라나로 표현된다는 것이다.

179 지혜, 즉 아뜨만에 대한 직접적인 자각은 '대상에 대한 앎', 즉 이원적인 앎

는 의미이다.

prāṇāpānayor aikye kuṇḍalinībodho bhavati | kuṇḍalinībodhe suṣumnāmārgeṇa prāṇo brahamarandhraṃ gacchati | tatra gate cittasthairyaṃ bhavati | cittastairye saṃyamād ātmasākṣātkāro bhavatīty arthaḥ || Hp-Jt. I.48, *p.* 27, *ll.* 1-3.

49

연화좌를 취한 요가수행자가, [무드라를 통해] 나디에 채웠던 기(氣, māruta)를 [수슘나로 끌어올려]
[정수리의 브라흐마란드흐라에] 보유한다면 그는 해탈한 사람이다. 여기엔 의심할 여지가 없다.

I.49^{a-b} padmāsane sthito yogī nāḍīdvāreṇa pūritam |
I.49^{c-d} mārutaṃ dhārayed yas tu sa mukto nātra saṃśayaḥ ||

【해설】

기(氣, māruta)를 [수슘나로 끌어 올려] [정수리의 브라흐마란드흐라에] 보유한다면:

월광 [본 게송에] '요가수행자가 숨을 마셔 [신체] 안쪽에 채운 기, 즉 바유를 수슘나로 정수리(브라흐마란드흐라)로 끌어올린 후에'라는 말을 보충해야 한다. [바유를 끌어올린 후 브라흐마란드흐라에 기를] 보유한다면, 즉 고정시킨다면 그는 해탈자이다.

yogābhyāsī pūritaṃ pūrakeṇāntarnītaṃ mārutaṃ vāyuṃ suṣumnāmārgeṇa mūrdhānaṃ nītveti śeṣaḥ, dhārayet sthirīkuryāt sa muktaḥ | Hp-Jt. I.49, *p.* 27, *ll.* 1-3.

을 의미하는 것이 아니라 '자기 자신이 아뜨만이 되는 것'이다. 이 점에 대해서는 IV.8-9송에 대한 해설을 참조.

사자좌(Siṃhāsanam)

50

이제 사자좌를 설한다.
양 발목을 음낭 아래의 봉합선에 붙혀야 한다.
오른쪽에 왼쪽 발목을, 오른쪽 발목을 왼쪽에 [붙인 상태에서]

atha siṃhāsanam
I.50$^{a\text{-}b}$ gulphau ca vṛṣaṇasyādhaḥ sīvanyāḥ pārśvayoḥ kṣipet |
I.50$^{c\text{-}d}$ dakṣiṇe savyagulphaṃ tu dakṣagulphaṃ tu savyake ||

【해설】

『하타의 등불』 I.50-52$^{a\text{-}b}$에서 설명된 사자좌는 『요가야갸발꺄』(III.9-11$^{a\text{-}b}$)와 『바시쉬타상히따』의 「요가편」(Yogakāṇḍa. I.73-75)에서 설명된 사자좌와 동일하며 원문도 거의 일치한다.[180]

51

두 손을 양 무릎에 올려놓은 다음 자신의 손가락들을 펼치고 입을 벌린 수행자는(vyāttavaktraḥ) 정신을 통일해서 코끝을 응시해야 한다.

I.51$^{a\text{-}b}$ hastau tu jānvoḥ saṃsthāpya svāṅgulīḥ saṃprasārya ca |[181]
I.51$^{c\text{-}d}$ vyāttavaktro nirīkṣeta nāsāgraṃ susamāhitaḥ ||

---

180 『바시쉬타상히따 I.73-75^{ab}송의 경우 75송의 두 번째 구(pāda^{b})가 pūjitaṃ yogabhiḥ sadā로 된 것을 제외하곤 동일하다.

181 첫 번째 구(pāda^{a})는 아누쉬뚜브-쉴로까(Anuṣṭubh-Śloka)의 확장형인 마-비뿔라(Ma-vipulā)이다.

【해설】

입을 벌린 수행자는(vyāttavaktraḥ):

브라흐마난다는 소유복합어 '입을 벌린 수행자'(vyāttavaktraḥ)의 의미를 단순히 입을 벌리는 것이 아니라 '혀를 입 밖으로 빼서 늘어뜨린 것'으로 해설한다.

월광 입을 벌린 자, 즉 [입 밖으로] 펼쳐지고 늘어뜨린 혀를 가진 자는. vyāttavaktraḥ saṃprasāritalalajjihvamukhaḥ, Hp-Jt. I.51, *p.* 27, *l.* 3.

정신을 통일해서 코끝을 응시해야 한다:

월광 정신을 통일해서, 즉 일념으로 코끝, 즉 콧등을 응시해야 한다. susamāhita ekāgracitto[182] nāsāgraṃ nāsikāgraṃ yasmin nirīkṣeta ‖ Hp-Jt. I.51, *p.* 27, *ll.* 3-4.

52

바로 이 사자 체위는 요가의 영웅들(puṃgavaḥ)이 칭송했던
최고의 체위로 세 가지 반드하를 결합시킨다.

I.52^{a-b} siṃhāsanaṃ bhaved etat pūjitaṃ yogipuṃgavaiḥ |
I.52^{c-d} bandhatritayasaṃdhānaṃ kurute cāsanottamam ‖

【해설】

세 가지 반드하를 결합시킨다:

월광 사자 체위는 물라 반드하 등등의 세 가지 반드하를 결합한다. 다

182 susamāhita ekā° | susamāhitaḥ ekā°. Hp-Jt^{Adyar}.

시 말해서 [사자 체위는 세 반드하가 쉽게] 이루어지게 한다. siṃhāsanaṃ bandhānāṃ mūlabandhādīnāṃ tritayaṃ tasya saṃdhānaṃ saṃnidhānaṃ kurute | Hp-Jt. I.52, *p*. 28, *ll*. 1-2.

행운좌(Bhadrāsanam)

53

양 발목을 음낭 아래의 봉합선에 붙여야 한다.
그와 같이 왼쪽 발목을 [음낭의] 왼쪽[봉합선]에 [두고], 오른쪽 발목을 [음낭의] 오른쪽 [봉합선]에 [붙여라].

atha bhadrāsanam
I.53[a-b] gulphau ca vṛṣaṇasyādhaḥ sīvanyāḥ pārśvayoḥ kṣipet |
I.53[c-d] savyagulphaṃ tathā savye dakṣagulphaṃ tu dakṣiṇe ‖

【해설】

53-54송에서 설명된 행운좌는 9-12세기 문헌인 『요가야갸발꺄』(*Yogayājñavalkya*. III.12)와 13세기 문헌인 『바시쉬타상히따』(*Vasiṣṭhasaṃhitā*)의 「요가편」(Yogakāṇḍa. I.79)와 동일하며 원문도 거의 일치한다.

54

그리고 '[양 발바닥을] 붙인 두 발'을 두 손으로 단단히 잡고서 유지하는 것이 행운좌인데
바로 이 행운좌는 모든 질병을 없앤다.

요가를 완성한 수행자들은 바로 이것을 고락샤좌(坐)라고 부른다.
I.54^{a-b} pārśvapādau ca pāṇibhyāṃ dṛḍhaṃ baddhvā suniścalam |
I.54^{c-d} bhadrāsanaṃ bhaved etat sarvavyādhivināśanam |
I.54^{e-f} gorakṣāsanam ity āhur idaṃ vai siddhayoginaḥ ||

【해설】

『하타의 등불』은 행운좌와 고락샤좌를 동일한 것으로 보지만 『게란다상히따』는 행운좌와 고락샤좌를 별도의 아사나로 설명하는데 『게란다상히따』의 행운좌는 『하타의 등불』에서 설명된 것과 달리 '두 손을 교차시켜 등 뒤로 보내 양 엄지발가락을 잡는 형태'[183]이다.

고락샤 체위:

월 광 고락샤가 수련했기 때문에 사람들은 일반적으로 [이것을] 고락샤좌(坐)로 부른다.
gorakṣeṇa prāyaśo 'bhyastatvād gorakṣāsanam iti vadanti | Hp-Jt. I.54, *p*. 28, *l*. 5.

하타요가의 수련 순서

55

이처럼, 체위를 수련하면서 피로를 없앤 최고의 요가 수행자들은

183 … vyutkrameṇa samāhitaḥ | pādaṅguṣṭhau karābhyāṃ ca dhṛtvā… GhS. II.9-10.

나디 정화법과 무드라를 비롯해서 '기-수련(氣修練, pavanakriyā)'을 해야 한다.
I.55^{a-b} evam āsanabandheṣu yogīndro vigataśramaḥ |
I.55^{c-d} abhyasen nāḍikāśuddhiṃ mudrādipavanakriyām ||

【해설】

"체위를 수련함으로써 피로를 없앤"이라는 말은 체위(āsana)의 주요한 효과가 무엇인지를 암시한다. 체위의 목적은 일차적으로 마음과 몸의 피로를 없앰으로써 그다음 단계인 호흡수련과 무드라를 수련할 수 있게끔 또는 쁘라나가 순환할 수 있게끔 흐름을 뚫어 주거나 또는 기를 저장하기에 적합한 몸을 갖추는 것이라 할 수 있다.[184] 하타요가가 요구하는 균형잡힌 신체란 바디빌더의 나르시즘적인 근육질이 아니라 그 반대로 근력이 이완되어 부드럽고 귀티나며 쁘라나가 잘 순환되는 유연한 몸이다. 『하타의 등불』에 설명된 모든 체위는 근력을 생성시키는 것이 아니라 그 반대로 이완시키는 것이고 이것은 심지어 공작 체위의 경우도 동일하다.

피로를 없앤:

월 광 피로가 사라진 자 그가 '피로를 없앤 사람'이다.[185]

---

184 이 점에서 요가의 체위법과 다른 운동법의 차이를 언급할 수 있는데 그것은 에너지의 생성 여부이다. 체위는 에너지를 소진시키는 운동이 아니라 그 반대로 에너지를 생성시키고 활력을 얻는 수련법이고 따라서 만약 체위를 한 후에 지쳐 버린다면 그것은 요가의 목적에서 어긋난 것이라 할 수 있다. 체위를 모두 실행할 경우 사지는 이완되고 긴장이 풀어져 약간 나른하지만 힘과 활력이 느껴지고 정신이 은화처럼 빛나야 성공적으로 수행된 것이라 할 수 있다. 체위를 끝낸 직후엔 송장 체위로 몸과 마음을 이완시킨 후 정좌자세에서 1시간 정도 호흡과 무드라를 수련해야 한다.

vigataḥ śramo yasya sa vigataśramaḥ. Hp-Jt. I.55, *p*. 29, *l*. 2.

56

'아사나'(체위와 좌법)와 '다양한 꿈브하까' 그리고 '무드라로 불리는 행법'
그리고 그 다음의 '비음(秘音) 명상'이 하타[요가]에서 수련[해야 할] 순서이다.
I.56$^{a\text{-}b}$ āsanaṃ kumbhakaṃ citraṃ mudrākhyaṃ karaṇaṃ tathā |
I.56$^{c\text{-}d}$ atha nādānusaṃdhānam abhyāsānukramo haṭhe ||

【해설】

월광 이제 하타[요가]의 수련 순서에 대해서 "아사나"(āsana)라는 [첫 단어 이하에서] 언급하는데 아사나는 [지금까지] 설명했던 것이고 다양한, 즉 다종다양한 꿈브하까들에 대해서는 "태양관통, 승리"(Hp. II.44) 등으로 추후에 설명될 것이다. '무드라라는 명칭을 가진 것'이 "무드라로 불리는 것"(mudrākhyam. *n.sg.No*)[이라는 소유복합어의 의미]인데 [바로 이 무드라는] 하타[요가]를 완성하는 데 탁월한 수련법들이라 할 수 있는 마하무드라 등과 같은 종류의 수행법[을 의미한다]. [한편, 두 번째 구의 마지막 단어인] "tathā"는 'ca'(그리고)를 의미한다.
atha haṭhābhyasanakramam āha - āsanam iti | āsanam uktalakṣaṇaṃ citraṃ nānāvidhaṃ kumbhakaṃ "sūryabheda- nam ujjāyī"(Hp. II.44) ityādivakṣyamāṇam | mudrā ity ākhyā yasya tan mudrākhyam | mahāmudrādirūpakaraṇaṃ haṭhasidd- hau prakṛṣṭopakārakam | tathā cārthe | Hp-Jt. I.56, *p*. 29, *ll*. 1-4.

185 'vigataśramaḥ'는 소유복합어로 '피로를 없앤 사람'을 의미한다.

비음명상:

월광 그리고 이 세 가지(체위, 호흡, 무드라)를 수련하고 곧바로 '비음'(秘音, nāda), 즉 '부딪쳐서 울리는 것이 아닌 소리'(an-āhata-dhvani)에 대한 명상, 집중이 '하타에서(haṭhe)', 즉 '하타요가에서' 수행해야 할 순서, 다시 말해서 [수행의] 앞뒤 순서이다.

athaitat trayānuṣṭhānānantaraṃ nādasyānāhatadhvaner anusaṃdhānam anucintanaṃ haṭhe haṭhayoge 'bhyāso 'bhyasanaṃ tasyānukramaḥ paurvāparyakramaḥ | Hp-Jt. I.56, *p*. 29, *ll*. 4-5.

57

금욕하고, 절식(節食)하며, [욕망을] 버리고 [오직] 요가에 전념하는 자는
1년 후에 [하타요가를] 완성할 것이다. 여기에 의구심을 가져서는 안 된다.
I.57$^{a\text{-}b}$ brahmacārī mitāhārī tyāgī yogaparāyaṇaḥ |
I.57$^{c\text{-}d}$ abdādūrdhvaṃ bhavet siddho nātra kāryā vicāraṇā ||

【해설】

brahmacārī(금욕하는 자), mitāhārī(절식하는 자), tyāgī(욕망을 버린 자)는 모두 '요가에 전념하는 자'를 수식한다. '절식'에 대해서는 아래의 58송에서 설명된다.

음식에 대한 규정[186]: 절식(節食, mitāhāra)

58

아주 부드럽고 달콤한 음식을, [위장의] ¼ 부분을 비워 둔 채 쉬바를 즐겁게 하기 위해 먹는 것이 절식이라고 말해졌다.

I.58$^{a\text{-}b}$ susnigdhamadhur āhāraś caturthāṃśavivarjitaḥ |
I.58$^{c\text{-}d}$ bhujyate śivasaṃprītyai mitāhāraḥ sa ucyate ||

---

186 『하타의 등불』은 제I장 45송까지 아사나를 설명했고 마지막 55-57송에서 아사나를 수련한 이후에 수련해야 할 것을 언급했으므로 지금부터는 두 번째 수행법인 호흡법(prāṇāyāma)을 설명해야 할 순서이다. 하지만 58송에서부터 음식에 대한 규정을 나열한다. 그 이유는 호흡법을 설명하는 제II장 첫 번째 게송이 '아사나에 통달함으로써 [몸을] 통제한 요가수행자는 영양가 있는 [음식을 취하고] 절식하면서 호흡을 수련해야 한다.'라고 호흡 수련의 조건으로 음식 규정을 언급하지만, 음식 규정을 제II장 호흡수련 편(篇)에서 다룰 수는 없기 때문으로 보인다.
음식에 대한 규정 중에서 가장 중요한 것은 영양가 있는 음식을 섭취해야 한다는 것이고(Hp. I.63) 두 번째는 절식(節食)하는 것(Hp. I.38, 40, 57)이다. 하타요가 문헌이 영양가 있는 음식을 섭취할 것을 중요시하는 이유는 하타요가의 모든 수행이 쁘라나를 조절하고 운용하는 것이므로 쁘라나로 충만한 몸을 갖추지 못한다면 하타요가에 성공할 수 없기 때문이다. 이 점에서 알 수 있는 것은 재차, 하타요가의 기법이 목적 없는 수행이나 단식, 고행과 구별된다는 점이다. 절식에 대한 규정은 58송에서 언급되는데 마치 체위 중에서는 달인좌가 가장 중요하고 무드라 중에서는 케짜리가 그리고 호흡법 중에서는 께발라가 가장 중요하듯이 야마(yama) 중에선 절식이 가장 중요시된다. 한편, 하타요가 문헌에 언급되었던 것은 아니지만 오후불식 역시 쁘라나의 소실을 방지하므로 중요하다고 할 수 있다. 하지만 음식에 대한 규정은 대부분 초보자를 위한 것이고 예를 들어 많은 에너지를 필요로 하는 고급과정의 무드라 수련생에겐 해당되지 않는다. "만약 음식이 부족하면 [소화의] 불은 곧바로 [신체를] 태운다."(alpāhāro yadi bhaved agnir dahati tatkṣaṇāt | Hp. III.81$^{a\text{-}b}$.)

【해설】

위장의 ¼을 비운다는 점에서 'mitāhāra'를 소식(小食)으로 파악할 수도 있지만 아주 부드럽고 달콤한 음식을 먹되 자신을 위해 먹는 것이 아니라 '자신의 몸속에 있는 쉬바'를 즐겁게 하기 위해서라는 의미도 강조되므로 여기서는 절식(節食)으로 번역하였다.[187] 브라흐마난다는 본송의 취지를 다음과 같이 해설한다.

월 광 앞 게송에서 '절식하는 자'에 대해 말했으므로 여기선 어떤 것이 요가수행자가 [지켜야 할] 절식인지를 설명하기 위해 "아주 부드러운"이라는 [첫 단어 이하에서] 말한다.
pūrvaśloke mitāhārīty uktaṃ tatra yogināṃ kīdṛśo mitāhāra ity apekṣāyām āha – susnigdheti | Hp-Jt. I.58, *p*. 30, *ll*. 1-2.

¼을 비워 둔 채:

월 광 네 번째 부분을 남겨 두어야 한다. 즉 [위장의] 네 번째 부분을 비워야 한다[는 의미이다]. 이 점에 대해서는 다음과 같은 시구로 설명된 바 있다. "[위장의] 두 부분은 음식으로 채우고 한 부분은 물로 채워야 한다. 기(vāyu)를 돌리기 위해서 네 번째 부분을 비워 놓아야 한다."라고.
caturthāṃśavivarjitaś caturthabhāgarahitaḥ | tad uktam abhyuktaiḥ - "dvau bhāgau pūrayed annais toyenaikaṃ prapūrayet | vāyoḥ saṃcaraṇārthāya caturtham avaśeṣayet ‖ "iti | Hp-Jt. I.58, *p*. 30, *ll*. 2-5.

---

187 소식(小食, laghvāhāra)이 중요하다는 내용은 닷따뜨레야의 『요가샤스뜨라』에서 발견되는데 이와 관련된 내용은 앞의 I.38송에 대한 해설 중 각주를 참조.

쉬바를 즐겁게 하기 위해 먹는 것:

월광 '[여기서의] 쉬바'는 인간 혹은 자재신이다. 왜냐하면 "음식을 먹는 자가 신이고 위대한 자재신이다."라는 말씀이 있기 때문이다. [위장의 ¼을 비우고] 그를 즐겁게 하기 위해서, 다시 말해서 [그를] 정말로 기쁘게 하기 위해서 먹는 것이 절식이라고 말해졌다. śivo jīva[188] īśvaro vā | "bhoktā devo maheśvaraḥ" iti vacanāt | tasya saṃprītyai samyakprītyarthaṃ yo bhujyate sa mitāhāra ity ucyate || Hp-Jt. I.58, *p*. 30, *ll*. 6-7.

브라흐마난다의 해석에서 알 수 있는 것은 '자기 자신이 음식을 먹는 것이 아니라 쉬바가 먹는다는 것'이다. 하타요가에서 신체는 죄악의 근원이 아니라 '신이 머무는 사원'이고 바로 이 사원에 쁘라나가 충만할 때 하타요가가 완성될 수 있다. 이 점에서 하타요가가 고행이나 단식을 금기시하고(I.61) 영양가 있는 음식을 섭취할 것을 강조하는 것은 당연하다고 할 수 있다.

---

188 jīva | jīvaḥ. Hp-Jt^{Adyar}.

음식에 대한 규정: 부적당한 음식[189]

59

쓰고, 시큼하고, 매운 것, 짠 것, 뜨거운 것, 모링가, 오트밀, 기름, 참기름, 겨자, 술(madya), 생선(matsya) 그리고
염소 등의 육류(māṃsa), 응유, 탈지유, 말콩, 대추, 사프란, 흥거(興渠, hiṅgu), 마늘(laśuna) 등이 [요가수행자에게] 부적절한 음식이라고 말한다.

I.59$^{a\text{-}b}$ kaṭvamlatīkṣṇalavaṇoṣṇaharītaśākasauvīratailatilasarṣapa-madyamatsyā |

189 음식 규정의 요지는 요가 수행에 필요한 영양을 보충하거나 혹은 마음을 동요시키지 않는 좋은 음식을 취해라는 것이다. 금기시되는 음식과 권장하는 음식에 대한 규정에서 유의해야 할 것은 한국의 기후나 풍토 및 개인의 체질이 더 중요하다는 것이다. 일반적으로 수행자에게 해로운 음식은 오신채(五辛菜)와 같이 마음을 흥분시키는 음식으로 알려져 있는데 대표적인 것이 마늘이다. 마늘이 수행자에게 해로운 이유는, 마늘이 마음을 동요시켜 정(精)이라는 에너지를 정액으로 바꾸어 버리기 때문이다. 하타요가에 따르면 정액, 다시 말해서 무형의 에너지로서의 정(精)이 기화(氣化)되어 정수리로 상승하지 못하고 정액으로 변한 것은 그 자체가 이미 누설된 것으로 간주되고 따라서 정액은 회수할 대상이 아니다. 쁘라나와 정의 조절과 운용이 무드라와 같은 하타요가의 핵심 기법이라는 것을 고려한다면 영양가 있는 음식을 통해 쁘라나를 생성시키고 또 금기시되는 음식을 피함으로써 정의 누설을 막는 것은 대단히 중요한 조건이라 할 수 있다. 마음을 흥분시키고 정을 동요시키는 음식으로는 마늘 외에 부추, 달래, 육식동물(뱀, 갑각류, 비늘 없는 생선) 등이다. 한편, 마늘의 항암 효과는 널리 알려져 있고 한국 음식의 대부분이 마늘을 담고 있지만 역설적인 것은 그럼에도 불구하고 위암 발생률은 최고라는 것이다. 인삼이 체질에 따라 독이 되듯이 만인의 명약이란 결코 존재할 수 없다. 체질과 기질을 고려해서 유익한 음식을 취하는 것이 중요하며 마늘과 같은 금기 식품 역시 약으로는 사용할 수 있다.

I.59c-d ājādimāṃsadadhitakrakulatthakolapiṇyākahiṅgulaśunādyam apathyam āhuḥ ‖ 190

【해설】

본 송의 운율은 14음절로 된 바산따띨라까(Vasantatilakā: — — ∪ — ∪ ∪ ∪ — ∪ ∪ — ∪ — —)이다.

60

다시 가열한 음식, 바짝 마른 것은 '영양가가 없는 음식'(bhojanam ahitam)으로 알아야 한다.

---

190 분철하면 다음과 같다.

katu-amla-tīkṣṇa-lavaṇa-uṣṇa-harītaśāka-sauvīra-taila-sarṣapa-madya-matsyā ājādimāṃsa-dadhi-takra-kulattha-kola-piṇyāka-hiṅgu-laśunādyam apathyam āhuḥ

브라흐마난다가 해설한 항목은 다음과 같다.

쓴 것(kaṭu): 고과(苦瓜 또는 여주, kāravella) 등과 같은 열매.

시큼한 것(amla): 따마린드 열매(ciñcāphala)/ 매운 것(tīkṣaṇa): 후추(marīca) 등.

짠 것(lavana): 소금/ 뜨거운 것(uṣṇa): 용골목(龍骨木 guḍa) 등.

모링가(patraśāka, *Moringa Pterygosperma*): 빠뜨라샤까(patraśāka).

오트밀(sauvīra): 귀리가루/ 참기름(taila): 참깨나 겨자 등의 오일(tilasarṣapādisneha).

술(madya): 술(surā)/ 생선(matsya): 물고기(jhaṣa)/ 염소(āja) 등의(ādi) 고기(māṃsa).

응유(dadhi): 우유로 만든 응유제품(dugdhapariṇamaviśeṣa).

탈지유(takra).

말콩(kulattha): 두 잎을 지닌 열매의 일종(dvidalaviśeṣa).

대추(kola): 대추나무의 열매(kolyāḥ phalam).

사프란(piṇyāka): tilapiṇḍa/ 아위풀(hiṅgu): rāmaṭha.

마늘(laśuna).

지나치게 짜거나 신맛이 배인 것, 신선하지 않은 음식(kad-aśana), 과도한 채식(śākotkaṭa)도 피해야만 한다.

I.60[a-b] bhojanam ahitaṃ vidyāt punar asyoṣṇīkṛtaṃ rūkṣam |
I.60[c-d] atilavaṇam amlayuktaṃ kadaśanaśākotkaṭaṃ varjyam ||

【해설】

본 송의 운율은 아리야(Āryā)의 일종인 우빠기띠(Upagīti)이다. 우빠기띠의 전체 마뜨라(mātrā) 수는 54(12^a 15^b + 12^c 15^d)이다.

a	I	II	III	*b*	IV	V	VI	VII	VIII
	— ∪∪	∪∪—	— —		∪∪ —	— —	∪	— —	—
	1-2 3 4	5 6 7-8	9-10 11-12 æ		1 2 3-4	5-6 7-8	9	10-11 12-13	14-15

c	I	II	III	*d*	IV	V	VI	VII	VIII
	∪∪∪∪	∪ — ∪	— —		∪∪∪∪	— —	∪	— —	—
	1 2 3 4	5 6-7 8	9-10 11-12 æ		1 2 3 4	5-6 7-8	9	10-11 12-13	14-15

다시 가열한 음식:

월 광 다시 불에 데워 따뜻해진 [음식].[191]

paścād agnisaṃyogenoṣṇīkṛtaṃ, Hp-Jt. I.60, *p*. 31, *l*. 1.

---

191 음식을 다시 데울 경우 맛은 어떨지 모르겠지만 음식에 있는 에너지는 소실되는 것으로 알려져 있다.

수행 초기의 금기 사항

61

[수행] 초기에는(ādau) 불(火), 여자, 여행을 피해야 한다.
이 점에 대해서 고락샤는 다음과 같이 말했다.
"악인과 가까이하는 것, '불(火)과 여자, 여행을 탐닉하는 것' 그리고 아침의 목욕, 단식(斷食, upavāsa) 등 '몸에 고통을 주는 행위'를 피해야 한다."

I.61$^{a\text{-}b}$ vahnistrīpathisevānām ādau varjanam ācaret |
tathā hi gorakṣavacanam
I.61$^{c\text{-}d}$ varjayed durjanaprāntaṃ vahnistrīpathisevanam |
I.61$^{e\text{-}f}$ prātaḥsnānopavāsādikāyakleśavidhiṃ tathā ||

【해설】

본 송의 앞 부분(pāda$^{a\text{-}b}$)은 고락샤의 것으로 알려진 『아마라우그하쁘라보다』(Amaraughaprabdha, 44)와 동일하고 나머지 구의 출처는 명확치 않다.

[수행] 초기에는 불, 여자, 여행 등을 피해야 한다:

월광 처음 수련할 때는(ādāv abhyāsakāle) 불을 가까이하는 것, 여인과의 성교, 길을 나서는 것, 여행을 가는 것 등과 같은 것들을 피해야 한다. 하지만 수행이 확립되었을 때는 경우에 따를 수 있다. [예를 들어 수행이 확립된 수행자의 경우] 추울 때는 불을 쬘 수 있고, 재가자(在家者, gṛhastha)는 '적절한 시간에'(ṛtau)[192] 자신의 부인과 성관계를 맺을 수 있고 [또] 성지 순례(tīrthayātrā) 등과 같은 여행도 금기시되지 않는다는 것이 '초기에라는 말'(ādipadena)이 암시하는 것이다.

vahnisevanastrīsaṅgatīrthayātrāgamanādirūpās tāsāṃ varjanam ādāv abhyāsakāla[193] ācaret | siddhe 'bhyāse tu kadācit | śīte vahnisevanaṃ gṛhasthasya rtau[194] svabhāryāgamanaṃ tīrthayātrādau mārgagamanaṃ ca na niṣiddham ity ādipadena sūcyate | Hp-Jt. I.61, *pp.* 31, *ll.* 2 ~ *p.* 32, *l.* 3.

목욕:

월광 초보자가 아침에 목욕한다면 냉병이 생기기 때문이다.

prathamābhyāsinaḥ prātaḥsnāne śītavikārotpatteḥ | Hp-Jt. I.61, *p.* 32, *l.* 6.

단식:

하타요가는 지나친 채식이나 단식, 고행을 금기시하는데 그 이유는 하타요가의 수행법이 쁘라나를 조절하고 운용하는 데 초점이 있기 때문이다. 호흡수련이나 무드라를 수련할 수 있는 조건은 '쁘라나로 충만한 금강석 같은 몸'을 구비하는 것이므로 '62-63송에서 열거된 것과 같은 영양가 있는 음식'을 섭취하는 것은 대단히 중요하다고 할 수 있다. 브라흐마난다는 단식을 금기시하는 이유를 다음과 같이 해설한다.

---

192 여기서의 '적절한 시기'(ṛtu)는 '여성의 월경일 외' 또는 '배란과 관련된 적절한 날'로 파악할 수도 있고 또는 '남성이 자신의 빈두를 소실하지 않거나' 혹은 '바즈롤리로써 끌어올릴 단계에 도달한 시기'로 파악할 수도 있다.

193 abhyāsakāle. (*sg.Lo.*)

194 °asya rtau ⌋ °sya ṛtau. Hp^{Adyar}.

월 광 단식 등에 의해서 삐따(pitta) 등의 [도샤]가 항진되기 때문이다.
upavāsādinā pittādyutpatteḥ | Hp-Jt. I.61, *p.* 32, *l.* 7.

몸에 고통을 주는 것:

월 광 '몸에 고통을 주는 것'이란 '신체적 고통을 가중하는 행위'를 [의미]한다. '태양경배(sūryanamaskāra) 따위의 [고된 운동]을 많이 하는 것'과 같은 종류의 행위, 그리고 '무거운 것을 들어 올리는 것'과 같은 종류의 [행위가 몸에 고통을 주는 행위]이다.
kāyakleśavidhiṃ kāyakleśakaraṃ vidhiṃ | kriyāṃ bahusūryanamaskārādirūpāṃ bahubhārodvahanādirūpāṃ ca | Hp-Jt. I.61, *p.* 32, *ll.* 7-8.

뷔네만(Bühnemann)에 따르면 태양경배가 널리 보급되었던 것은 17세기의 마하라쉬뜨라(Mahārāṣṭra)의 성자였던 람다스(Rāmdās)에 의해서인데 그는 매일 태양경배를 1,200번 실행했던 것으로 알려져 있다. 뷔네만에 따르면 인도에서는 태양경배 야갸(Sūryanamaskār Yajña) 혹은 태양경배 마라토스(Sūryanamaskār Marathos)로 불리는 경연 대회가 열렸고 그 기간에 어린아이들도 수백 번 혹은 심지어 천 번씩 태양경배를 실행했던 것으로 알려져 있다.[195] 하지만 뷔네만의 지적대로 일반인의 환상과 달리 태양경배는 요가 수행법(asceticism)이 아니라 운동법(athleticism)이었고 또 태양경배를 요가로 간주할 수 있는 어떠한 문헌적 근거도 발견되지 않는다.[196] 오히려 브라흐마난다의 지적대로 지나친 태양경배는 에너지를 소실시키므로 요가 수행에 방해가 될 뿐이다.

---

195 이와 관련된 내용은 박영길(2013, pp. 128-129); 뷔네만(2011, pp. 75-76)을 참조.

196 이 점에 대해서는 뷔네만(2011, pp. 75-76)을 참조. 한편, 하타요가의 84가지 체위법 및 체위의 종류에 대해서는 박영길(2013, pp. 126-180)을 참조.

태양 경배가 요가 동작으로 편입된 것은 19~20세기로 추정되는데 그것은 아마도 '태양경배'라는 상징성이 특히 서구인의 마음을 매료시켰기 때문인 것으로 보인다.[197] 하지만 서양과 달리 인도에서 더 칭송되었던 것은 작렬하는 태양이 아니라 달(candra)[198] 및 달로 상징되는 소마(soma), 불사의 감로(amṛta)이며 요가 수행자가 경배해야 할 대상은 '칼날 위의 춤으로 불리는 무드라를 전수하는 스승', 즉 '눈으로 볼 수 있는 신'(sākṣād īśvaraḥ. Hp. III.129)뿐이다.

음식에 대한 규정: 유익한 음식

62

요가 수행자에게 적합한 음식물은 다음과 같다.
밀, 쌀, 보리와 같이 '60일간 익은'(ṣāṣṭika) 깨끗한 곡물,
우유, 버터, 사탕수수, 신선한 버터, 설탕 캔디, 꿀,
말린 생강 그리고 오이 등 다섯 야채,
콩 등의 곡물(mudgādi), 청정한 물[199]

197 또한 태양경배의 대응짝으로 '달 경배'(Candranamaskāra)라는 평행 작법까지 만들어진 것으로 보인다.

198 또한 '무지의 어둠을 밝히거나 비밀을 드러내는 것 혹은 사람들에게 안식을 주는 유익한 존재'는 태양으로 비유되기보다는 달빛(kaumudī, candrikā)과 관련되고 본서와 주석서의 이름 역시 각각 하타의 등불(dīpikā)과 월광(月光, Jyostnā)이다.

199 단어를 분철하면 다음과 같다: godhūma-śāli-yava-ṣāṣṭika-śobhanānnaṃ kṣīrājya-khaṇḍa-navanīta-sitā-madhūni |

I.62[a] godhūmaśāliyavaṣāṣṭikaśobhanānnaṃ
I.62[b] kṣīrājyakhaṇḍanavanītasitāmadhūni |
I.62[c] śuṇṭhīpaṭolakaphalādikapañcaśākaṃ
I.62[d] mudgādidivyam udakaṃ ca yamīndrapathyam ||

【해설】

본 송의 운율은 14음절로 된 바산따띨라까(Vasantatilakā: ——∪—∪∪∪—∪∪—∪——)이다.

60일 동안 무르익은 것:

월 광 샤스띠까들이란 '60일 동안 무르익은 곡식들'인데 그것들은 …
ṣāṣṭikāḥ ṣaṣṭyā dinair ye pacyante taṇḍulaviśeṣās te … Hp-Jt. I.62, *p*. 32, *l*. 2.

63

그리고 [영양이] 풍부한 음식물, 향긋한 음식, 부드러운 것, 유제품(乳製品), '인체를 구성하는 요소'(dhātu)[200]를 풍족하게 하는 것, 그 밖에 마음이 끌리는 것(먹고 싶은 것)을 수행자들은 적절히 먹

śuṇṭhī-paṭola-kaphalādika-pañca-śākaṃ mudgādi-divyam udakaṃ ca yamīndra-pathyam || Hp. I. 62.

200 여기서의 'dhātu'는 피, 살, 지방, 뼈, 골수, 정액 등등 인체를 구성하는 요소를 의미한다.
요소(dhatu)에 대한 설명은 II.28송에 대한 브라흐마난다의 주석에서 발견된다. "라사(rasa), 피(asṛṅ, *asṛj*), 살(māṃsa), 지방(medas), 뼈(asthi), 골수(majjā, *majjan*), 정액(śukra)이 요소들이다."라고 말해졌다: dhātavo "rasāsṛṅmāṃsamedo 'sthimajjāśukrāṇi dhātavaḥ"(*Vāgbhaṭa*. I.13) ity uktā | Hp-Jt. II.28, *p*. 47, *ll*. 2-3.

어야 한다.

I.63[a-b] puṣṭaṃ sumadhuraṃ snigdhaṃ gavyaṃ dhātuprapoṣaṇam |

I.63[c-d] manobhilaṣitaṃ yogyaṃ yogī bhojanam ācaret ||

【해설】

[영양이] 풍부한 음식물:

월광 '[영양이] 풍부한 음식물'이란 몸에 자양분이 되는 곡물 등[을 의미한다].

puṣṭaṃ dehapuṣṭikaram odanādi, Hp-Jt. I.63, *p*. 33, *l*. 1.

유제품:

월광 유제품이란 '소젖으로 만든 정제된 버터 등'을 섞은 음식이다. 소젖이 없을 땐 버팔로 등의 젖을 사용해도 된다.

gavyaṃ godugdhaghṛtādiyuktaṃ gavyālābhe māhiṣaṃ dugdhādigrāhyam, Hp-Jt. I.63, *p*. 33, *ll*. 2-3.

마음에 끌리는 것을 적절히:

월광 요가수행자는 마음이 끌리는 것, 즉 좋은 음식 중에서 마음을 즐겁게 해 주는 것을 먹어야 한다.[201] 하지만 마음에 끌리는 [음식]일지라도 아무것이나 마구 먹어서는 안 된다는 것을 [본 게송은] "적절하게"(yogyam)라는 [단어로] 말했다. [따라서 몸에 끌리는

201 몸에 유익한 음식이 가장 중요하지만 자신을 통제하는 수행자의 경우 '마음에 끌리는 음식'이 현재의 자신에게 가장 필요한 음식일 수도 있다. 단편적인 예이긴 하지만 심장이 약한 사람에겐 쓴맛이, 간이 약할 경우엔 신맛이, 소화력이 약할 경우엔 단맛, 신장이 약할 경우엔 짠맛, 폐가 약할 경우엔 매운 맛이 필요하기 때문이다.

음식이라도] 적절해야만 한다는 의미이다.
mano 'bhilaṣitaṃ puṣṭādiṣu yan manorucikaraṃ tad eva yoginā bhoktavyam । mano 'bhilaṣitam api kim avihitaṃ bhoktavyam, nety āha । yogyam iti । vihitam evety arthaḥ । Hp-Jt. I.63, *p.* 33, *ll.* 3-5.

요가 수련의 권유

64

요가의 모든 [지분들을] 부단히 수련한다면 젊은이, 장년[은 물론이고]
노인, 환자 혹은 허약자조차 [요가를] 완성한다.
I.64[a-b] yuvā vṛddho 'tivṛddho vā vyādhito durbalo 'pi vā ।
I.64[c d] abhyāsāt siddhim āpnoti sarvayogeṣv atandritaḥ ॥

【해설】

본 게송(64송)에서 66송은 닷따뜨레야의 『요가샤스뜨라』(*Yogaśāstra*. 40-46)에서 인용한 것으로 보인다.

[요가를] 완성한다:

월광 체위와 꿈브하까 등을 수련함으로써 완성, 다시 말해서 삼매와 삼매의 결과를 얻는다.
āsanakumbhakādīnām abhyasanā siddhiṃ samādhitatphalarūpām āpnoti । Hp-Jt. I.64, *p.* 33, *l.* 3.

65

수련에 전념한 자는 성공할 수 있지만 수련하지 않는 자가 어찌 [성공할 수] 있겠는가?
경전을 읽는 것만으로는 요가에 성공할 수 없다.[202]

I.65^{a-b} kriyāyuktasya siddhiḥ syād akriyasya kathaṃ bhavet |
I.65^{c-d} na śāstrapāṭhamātrena yogasiddhiḥ prajāyate ||

【해설】

경전을 읽는 것만으로는 … 성공할 수 없다:

월 광 요가의 경전을 읽음으로써 요가를 완성할 수 있다고 반문한다면, 그렇지 않다는 것을 'na'[라는 단어] 이하에서 말한다. 경전, 즉 요가 경전을 읽는 것만으로, 다시 말해서 단지 [요가 경전을] 암송하는 것으론 요가를 완성할 수 없다, 절대로 불가능하다는 의미이다.

nanu yogaśāstrādhyayanena yogasiddhiḥ syān nety āha - neti | śāstrasya yogaśāstrasya pāṭhamātreṇa kevalena pāṭhena yogasya siddhir na prajāyate naive jāyata ity arthaḥ || Hp-Jt. I.66, *p*. 34, *ll*. 3-5.

66

[하타요가에 성공할 수 있는] 요인은 [주황색] 옷을 걸치는 것도 아니고 요가를 토론하는 것도 아니다.
수행만이 성공의 열쇠이다. 이것은 의심할 여지가 없는 진실이다.

---

202 "오직 수행을 통해서만 완성할 수 있다는 것을 강조하기 위해서 '수련에 전념하는 자' 이하의 두 게송에서 말한다."(abhyāsād eva siddhir bhavatīti draḍhayann āha dvābhyām - kriyāyuktasyeti | Hp-Jt. I.65, *p*. 34, *l*. 1.)

I.66[a-b] na veṣadhāraṇaṃ siddheḥ kāraṇaṃ na ca tatkathā |
I.66[c-d] kriyaiva kāraṇaṃ siddheḥ satyam etan na saṃśayaḥ ||

【해설】

옷을 걸치는 것도 아니고:

월광 '옷', 즉 '주황색의 옷'(kāṣāya-vastra) 등등을 지니는 것이 '성공', 즉 '요가를 완성시키는' 요인이 아니다.

veṣasya kāṣāyavastrāder[203] dhāraṇaṃ siddher yogasiddheḥ kāraṇaṃ na | Hp-Jt. I.66, *p.* 34, *l.* 1.

브라흐마난다의 해설에서 알 수 있는 것은, 당시의 요가수행자들이 주황색을 옷을 걸쳤다는 것이다. 제1장에서 설명된 대로 요가 수행자들이 '한적한 곳에 살고'(I.12-14송), '걸식 생활을 하며'(I.12송) '주황색 옷을 입었다'는 것이 암시하는 하타요가 수행자들이 기본적으론 출가자였다는 것이다. 하지만 I.61송에 대한 해설에서 '재가자(在家者, gṛhastha)의 예외'가 언급되었다는 점에서 출가자뿐만 아니라 재가자도 하타요가를 수행했다는 것을 알 수 있다.[204]

67

체위들, 다양한 꿈브하까들, 신령스런 행법(무드라)들과 [같은] 하타[요가]의 모든 [수행법]들은 '라자요가라는 결과'를 얻을 때

---

203 kāṣāyavastrāder | kāṣāyavastrādeḥ. Hp-Jt[Adyar].

204 한편, 주황색 옷과 관련된 내용은 『마이뜨리 우빠니샤드』에서도 발견되는데 『마이뜨리 우빠니샤드』 VII.8은 '[자격도 없으면서] 제멋대로 주황색 옷을 걸치고 귀고리를 한 자, 해골을 지닌 자들'을 언급한다. 이와 관련된 내용은 I.8에 대한 해설을 참조.

까지 [수련해야 한다].

I.67[a-b] pīṭhāni kumbhakāś citrā divyāni karaṇāni ca |
I.67[c-d] sarvāny api haṭhābhyāse rājayogaphalāvadhi ||

이상으로 쉬리사하자난다 가문의 여의주(如意珠), 스바뜨마라마 요긴드라가 저술한 『하타의 등불』 중 '체위에 대한 가르침'으로 불리는 첫 번째 가르침을 맺는다.

iti śrīsahajānandasaṃtānacintāmaṇisvātmārāmayogīndraviracitāyāṃ haṭhapradīpikāyām āsanavidhikathanaṃ nāma prāthamopadeśaḥ[205]

205 브라흐마난다의 주석 『월광』(*Jyotsnā*)의 제1장 콜로폰은 다음과 같다. "iti śrīhaṭhapradīpikāyāṃ jyotsnābhidhāyāṃ brahmānandakṛtāyāṃ prathamopadeśaḥ."

제2장 **두 번째 가르침**

호흡법

Dvitīyopadeśaḥ: Prāṇāyāmaḥ

두 번째 짜끄라(svādhiṣṭhānacakra)에 대한 설명을 담은 채색. 스크롤 필사본 중 일부

Ms. H.738 (Lahore Museum)

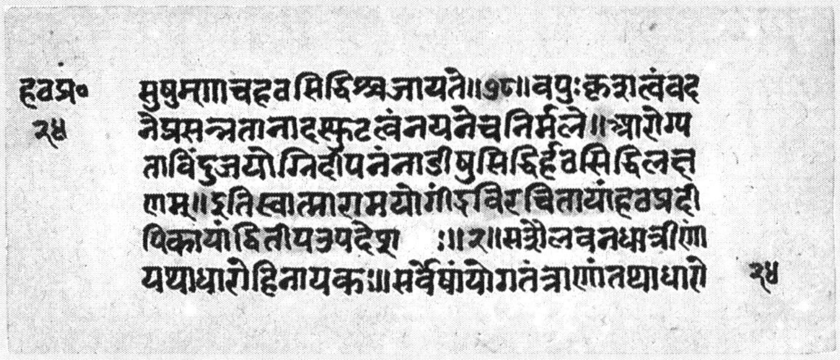

Haṭhapradīpikā. The Schøyen Collection. MS. Nr. 5293. F.24r.
산스끄리뜨 필사본『하타의 등불』제II장 말미와 III장 서두 중 일부

{*kumbhakāt kuṇḍalībodhaḥ kuṇḍalībodhato bhavet / anargalā*}
1 suṣumṇā ca haṭhasiddhiś ca jāyate ‖ 78 ‖ vapuḥ kṛśatvaṃ vada-
2 ne prasannatā nādasphuṭatvaṃ nayane ca nirmale ‖ arogya-
3 tā viṃ(!)dujayo [’]gnidīpanaṃ nāḍīṣusiddhir haṭhasiddhilakṣa-
4 nam ‖ iti svātmārāmayogīṃdraviracitāyāṃ haṭhapradī-
5 pikāyāṃ dvitīyaupadeśaḥ ‖ 2 ‖ saśailavanadhātṛṇāṃ
6 yathādhāro [’]hināyakaḥ ‖ sarveṣāṃ yogataṃtrāṇāṃ tathādhāro {*hi kuṇḍalī*}

{꿈브하까에 의해 꾼달리가 각성되고, 꾼달리가 각성되면}
수슘나[에 있던] {장애물이 소멸되고} 하타[요가]가 완성된다. 78.
몸이 날씬해지고 얼굴엔 광택이 나고 비음(秘音, nāda)이 분명히 들리고
눈이 맑으며, 병이 없고, 정액이 소실되지 않고 소화의 불이 증대되고
나디가 청정해지는 것이 하타[요가]에 성공했다는 증표이다. 제II장.
이상이 스바뜨마라마요긴드라의『하타의 등불』중 두 번째 가르침이다.
마치 아히나야까(뱀신)가 ‘산과 나무들을 지닌 대지’를 지탱하듯이
그와 같이 모든 요가의 가르침을 지탱하는 것은 {바로 꾼달리이다. 1.}

호흡수련(prāṇāyāma)의 권유

1

이제 체위(āsana)가 확고해졌다면 [몸에] 이로운 음식을 적절히 먹으며[1] 자신을 통제한 요가 수행자는
스승이 알려 준 방법대로 호흡을 수련해야 한다.
II.1$^{a\text{-}b}$ athāsane dṛḍhe yogī vaśī hitamitāśanaḥ |
II.1$^{c\text{-}d}$ gurūpadiṣṭamārgeṇa prāṇāyāmān samabhyaset ||

【해설】

편의상 쁘라나야마(prāṇāyāma)를 '호흡 수련', '호흡 조절', '호흡법' 등으로 번역하고 문맥에 따라 쁘라나야마로 음사했지만 이 복합어의 정확한 의미는 '호흡(prāṇa)을 멈추는 것(āyāma)'이다. 『하타의 등불』 II.70송 및 브라흐마난다의 『월광』에 따르면 '호흡을 멈추는 것'(prāṇāyāma)에는 ① 레짜까 쁘라나야마(recakaprāṇāyāma), ② 뿌라까 쁘라나야마(pūrakaprāṇāyāma), ③ 꿈브하까 쁘라나야마(kumbhakaprāṇāyāma)와 같은 세 종류가 있다. 이 중에서 ① 레짜까 쁘라나야마는 '숨을 내쉰 후 진공 상태를 유지하는 것'이고, ② 뿌라까 쁘라나야마는 '숨을 마시고 그 숨을 참는 것'이며, ③ 꿈브하까 쁘라나야마는 ①이나 ②의 '숨을 멈춘 상태'가 계속해서 연장되는 것이다. 하지만 레짜까 쁘라나야마(recakaprāṇāyāma)와 뿌라까 쁘라나야마 중에서 하타요가 문헌이 실제로 설명하는 것은 뿌라까 쁘라나야마(들숨 후 멈춤, =꿈브하까)인데 뿌라까 쁘

1 '이롭고 알맞은 음식을 적절히 먹는 것'은 제I장에서 언급되었듯이, 영양가가 풍부한 음식을 먹되 절식(mitāhāra)하는 것이다.

라나야마에는 승리(ujjāyī), 풀무(bhastrikā) 등 8 가지 방법이 있다. 태양관통, 풀무와 같은 바로 이 8가지 꿈브하까는 사히따 꿈브하까(sahitakumbhaka)로 통칭되는데 모든 꿈브하까는 '들숨 후 그 숨을 최대한 유지한다는 점'에서 동일하지만 숨을 마시는 방법과 내쉬는 방법엔 차이가 있다. 바로 이 뿌라까 꿈브하까 즉 '들숨 후 숨을 참은 상태'가 노력하지 않아도 자연스럽게 연장되는 것이 ③ 꿈브하까 쁘라나야마(kumbhakaprāṇāyāma: 멈춤에 의한 멈춤)인데 바로 이 꿈브하까 쁘라나야마는 께발라 꿈브하까(kevalakumbhaka: '완벽한 멈춤')로도 불린다.[2] 도표화하면 다음과 같다.

구 분	비 고	방 법	실제 수행법
사히따 꿈브하까 sahita-kumbhaka	① 레짜까 쁘라나야마 (날숨 후 멈춤)	숨을 내쉰 후 진공상태를 유지	-
	② 뿌라까 쁘라나야마 (들숨 후 멈춤)	숨을 마신 후 그 숨을 최대한 참음	태양관통, 승리, 풀무와 같은 8종의 꿈브하까(=뿌라까 쁘라나야마)
께발라 꿈브하까 kevala-kumbhaka	③ 꿈브하까 쁘라나야마 (멈춤에 의한 멈춤)	②의 멈춤 상태가 지속적으로 유지됨	8종류의 '뿌라까 쁘라나야마'에서 '멈춤'이 지속된 상태

호흡수련은 다음 장에서 설명될 무드라(mudrā)와 명상을 수련하기 위해 필수적으로 익혀야 할 수행법인데 그 이유는 꾼달리니를 각성시키기 위한 무드라의 행법이 모두 뿌라까 쁘라나야마(들숨 후 그 숨을 최대한 참은 상태에서 잘란드하라, 물라, 웃디야나와 같은 세 가지 반드하를 실행함)와 병행해서 이루어지기 때문이고 궁극적으로 무드라에 의해 '쁘라나가 정수리의

2 이 점에 대해서는 제II장 71-73송에 대한 브라흐마난다의 해설을 참조.

브라흐마란드흐라에 머물 때' 삼매(라자요가)가 성취되기 때문이다.[3] 브라흐마난다는 '제감-응념-선정-삼매와 같은 용어들이 있기는 하지만 실제로 말하고자 하는 것은 사실 호흡수련일 뿐이다.'라고 말하며 호흡법을 하타요가의 근간으로 해설한다.

> "[하타요가 문헌이] '제감'을 비롯해서 [응념-선정-삼매]와 같은 용어들을 동원하지만 진짜로 말하고자 하는 것은 단지 '호흡수련'일 뿐이다. 이 점에 대해 『요가의 여의주』(*Yogacintāmaṇi*)는 다음과 같이 말한 바 있다. "단지 호흡수련이 순차적으로 연장되는 것을 [수행 차제상] '제감, 응념, 선정, 삼매라는 말'로 표현했을 뿐이다."(원문은 II.12에 대한 해설을 참조.)

이제:

브라흐마난다는 본 게송의 첫 단어 'atha'를 길상(吉祥, maṅgala)으로 해설하지만 우리말로 담지하기 어려운 것이어서 단어의 의미대로 '이제'로 번역했다.[4]

월광 이제, 다시 말해서 '체위(āsana)에 대한 가르침에 이어서' [여기서는] 호흡법들을 설명하기 위해서 'atha'라는 [첫 단어]로 문두를 연다. [여기서의] 'atha'는 길상(吉祥)을 의미한다.

athāsanopadeśānantaraṃ prāṇāyāmān vaktum upakramate-atheti | atheti maṅgalārthaḥ | Hp-Jt. II.1. *p.* 35, *ll.* 1-2.

3 이 점에 대해서는 박영길(2014, pp. 91-97)을 참조.

4 샹까라(Śaṅkara)에 따르면 서두에 등장하는 atha는 ① 계속해서(ānantarya), ② 시작(adhikāra), ③ 길상(吉祥, maṅgala), ④ 이전의 것에 의존해서(pūrvaprakṛtāpekṣā)와 같은 네 가지 의미를 지니는데 브라흐마난다는 본 송의 atha를 '길상'으로 파악한다.

체위가 확고해졌다면 … 호흡을 수련해야 한다:

'체위(āsana)가 확고해진 후에 호흡을 수련해야 한다'는 말이 암시하는 것은 제I장 16송에서 설명되었듯이 체위가 하타요가의 첫 번째 지분(prathamāṅga)이라는 것이다. 빠딴잘리의 『요가경』도 이와 유사하게 "그것(=체위)이 이루어졌다면 들숨과 날숨의 흐름을 멈추는 쁘라나야마를 [해야 한다]."[5]고 말한 바 있고 특히 뷔야사(Vyāsa)가 "그것이 이루어졌다면"(tasmin sati)의 의미를 '체위를 정복했다면'(saty āsanajaye)으로 해설했듯이 체위는 가장 기본이 되는 수행이지만 그 자체가 수행의 목적은 아니다. 체위는 그 다음 단계인 '호흡수련'을 위한 예비적인 수행인데 체위를 수련하는 주요한 목적은 '몸과 마음을 안정시키고(sthairya) 질병을 없애고(ārogya) 날씬하게 만드는 것(aṅga-lāghava)'(Hp. I.17)이고 또 '피로를 없애는 것'(vigata-śrama: Hp. I.55)이다. 본 게송에서 알 수 있듯이 체위를 통해 이러한 조건을 충족한 다음에 해야 할 것은 '나디 정화법, 무드라를 비롯한 기수련(氣修鍊, pavana-kriyā: Hp. I.55)이다.[6]

한편, 브라흐마난다는 본 송에 대한 주석 말미에서 "āsane dṛḍhe"(체위가 확고해졌다면)의 의미로 '호흡 수련을 달인좌와 같은 정좌 자세에서 실행하는 것'으로도 해설한다.

월광 혹은 [체위가] 확고해졌다면 수탉[체위] 등과 같은 [역동적인 체위]를 그만두고 '달인좌 등과 같은 [정좌 자세]에서' [수련할 것

5 tasmin sati śvāsapraśvāsayor gativicchedaḥ prāṇāyāmaḥ ‖ YS. II.49.

6 하타요가의 수련 순서는 I.6에서 설명되었듯이 체위-꿈브하까-무드라-명상이다.
"체위와 '다양한 꿈브하까' 그리고 '무드라로 불리는 행법' 그리고 그 다음의 '비음(秘音) 명상'이 하타[요가]에서 수련[해야 할 네 가지] 순서이다."
(원문은 I.56을 참조.)

을] 의도하는 맥락으로 [이해할 수도] 있다.[7]
dṛḍhe sthire kukkuṭādivivarjite siddhāsanādāv iti vā yojanā ‖ Hp-Jt. II.1. *p.* 35, *l.* 5.

브라흐마난다의 해설에서 알 수 있는 것은 달인좌와 같은 정좌 자세에서 호흡을 수련해야 한다는 것인데 호흡수련, 특히 명상할 때 정좌를 취해야 하는 이유에 대해선 이미 8세기의 베단따 철학자인 샹까라(Śaṅkara)가 『브라흐마경주해』(BS-bh) IV.1.7-10에서 해설한 바 있다.[8]

---

7 브라흐마난다는 II. 48송에서 첫 번째 호흡법인 수르야브헤다나(태양관통)를 해설하면서 '호흡을 수련하기에 적합한 자세'를 달인좌로 해설하고 있다.
"행운, 영웅, 달인, 연화 등[과 같은 좌법] 중에서 한 가지(anyatamaṃ) 혹은 달인좌가 중요하기 때문에 그것(달인좌)을 취하고서…"(āsanaṃ svastikavīrasiddhapadmādyanyatamaṃ mukhyatvāt siddhāsanam eva vā baddhvaiva… | Hp-Jt. II.48. *p.* 59, *ll.* 3-4.)
브라흐마난다의 해설대로 호흡 수련은 달인좌나 연화좌와 같은 정좌 자세에서 실행되어야 하지만, 하타요가의 모든 호흡법 및 '호흡법과 병행해서 실행되는 무드라'는 거의 대부분 회음을 압박할 때 더 효과적이므로 달인좌 혹은 그것의 변형이라 할 수 있는 해탈좌, 금강좌로 실행하는 것이 유용하다고 할 수 있다. 다만 초보자는 반가부좌(ardhāsana)로써 장시간 정좌를 유지하는 것부터 익숙해져야 할 것이다.

8 샹까라는 『브라흐마경』 IV.1.7-10에 대한 해설에서 '걷거나(gacchan) 뛸 때(dhavat)는 마음이 흐트러지기 때문에'(citavikṣepakatvāt) 그리고 '서 있을 때(tiṣṭhan)는 미세한 것을 관찰할 수 없기 때문에'(na sūkṣmavastunirīkṣaṇakṣamaṃ bhavati), '누워 있을 때(śayāna)는 니드라(잠)에 떨어질 수 있다'(nidriyābhibhūyate)는 등의 이유에서 바람직하지 않다고 말하고 연화좌 등과 같은 정좌 자세를 추천한 후 마지막으로 다음과 같이 말한다.
"'깨끗한 곳에 헝겊이나 가죽이나 풀로 덮은, 지나치게 높거나 너무 낮지도 않은 자신의 고정된 자리를 마련한 후'(BG. VI.11) 라는 등등으로 설명되었고 더욱이 요가서(yogaśāstra)에서도 연화좌 등과 같은 특별한 자세들이 설명되었기 때문이다."("śucau deśe pratiṣṭhāpya sthiram āsanam ātmanaḥ" ity āninā | ata eva padamkādīnām āsanaviśeṣāṇām upadeśo yogaśāstre ‖ BS-bh.

[몸에] 이로운 음식을 적절히 먹으며:

소유복합어 'hitāmitāśanaḥ'는 '이로운 음식을 적절히 먹는 자'를 의미하고 '자신을 통제한 자'(vaśī)와 함께 '요가수행자'(yogī)를 수식한다. 'hitāmitāśanaḥ'에서 hitā는 유익한 음식을 의미하고 'mita'(절식)는 Hp. I.58에서 설명되었듯이 '아주 부드럽고 달콤한 음식을 [위장의] ¼ 부분을 비워 둔 채 쉬바(Śiva)를 즐겁게 하기 위해 먹는 것'이다.

월광 [몸에] 이로운 [음식]은 '알맞은 [음식]'을 의미한다. 그것을 적절히, 즉 앞 장에서 설명된 바와 같은 음식을 그와 같이(=절식하며) 취하는 자가 '이로운 음식을 적절히 먹는 자'이다.[9]

hitaṃ pathyaṃ ca tan mitaṃ ca pūrvopadeśoktalakṣaṇaṃ tat tādṛśam aśanaṃ yasya sa hitamitāśanaḥ | Hp-Jt. II.1. *p.* 35, *ll.* 2-3.

하타요가가 단식(斷食, upavāsa: Hp. I.61)이나 '과도한(bahu) 태양경배(sūryanamaskāra) 등 몸에 고통을 주는 행위'(Hp. I.61)를 금기시하고 충분한 영양소를 섭취할 것(Hp. I.60-63)을 강조하는 이유는 호흡 수련이 많은 에너지를 필요로 할 뿐만 아니라 또 몸에 쁘라나가 충만할 때 하타요가를 완성할 수 있기 때문이다. 아래의 16송에 대한 브라흐마난다의 해설에서 알 수 있듯이 '호흡을 수련하기 위해 지켜야 할 첫 번째 조건'이 음식(āhara)에 대한 규정이다.[10]

IV.1.10)

9 『하타의 등불』에 설명된 음식 규정의 요지는 영양가 있는 음식을 취하되 절식해야 한다는 것이다.

10 음식에 대한 규정은 I.58-63을 참조.

스승이 알려 준 방법대로 호흡법들을 올바르게 수련해야 한다: 여기서 알 수 있는 것은 혼자서 호흡을 수련하는 것이 아니라 스승의 지도를 받아야 한다는 것이다. 하타요가의 호흡법이나 무드라는 '생명 에너지인 호흡을 조작하는 기법'으로 칼날 위의 춤으로 비유될 수밖에 없으므로 반드시 스승의 지도를 받아야만 하는데 '스승에서 제자로 대대로 전수된 가르침(guruparaṃparā)대로 무드라를 가르치는 스승'은 '눈으로 볼 수 있는 신'(sākṣād īśvaraḥ. Hp. III.129)으로 칭송된다.

월광 스승이 가르친 방법, 즉 [스승이 가르친] 호흡 수련법 대로 '앞으로 설명할 호흡법들'을 굳은 의지와 용기와 끈기로 수련해야 한다.

guruṇopadiṣṭo yo mārgaḥ prāṇāyāmābhyāsaprakāras tena prāṇāyāmān vakṣyamāṇān samyagutsāhasāhasadhairyādibhir abhyaset | Hp-Jt. II.1. *p.* 35, *ll.* 3-5.

호흡 수련의 동기

2

기(氣, vāta)[11]가 흔들리면 마음이 동요하고, [기가] 안정되면 [마음이] 안정되고

요가수행자는 부동성을 획득한다. 그러므로 숨(vāyu)을 통제해야

11 『하타의 등불』에서 vāta, māruta, marut, prāṇa, vāyu, prāṇavāyu, samīraṇa, anila는 모두 동일하며 운율에 따라 자유롭게 사용되었다.

한다.
II.2^{a-b} cale vāte calaṃ cittaṃ niścale niścalaṃ bhavet |
II.2^{c-d} yogī sthāṇutvam āpnoti tato vāyuṃ nirodhayet ||

【해설】

본 송과 다음 송(II.2-3)은 고락샤의 것으로 알려진 『식별의 태양』(*Vivekamārtaṇḍa*. 71-72)에서도 발견되는 유명한 게송이다.
브라흐마난다는 본 송의 취지를 다음과 같이 해설한다.

월광 "게으름을 부리는 데도 그만한 이유가 있다."[12]고 회자되듯이 동기가 없으면 실천으로 옮기는 일도 없기 때문에 [여기서는] 호흡수련(prāṇāyāma)의 동기에 대해서 "기가 동요하면"(cale vāte)으로 [시작하는 말 이하에서] 말한다.
"prayojanam anuddiśya[13] na mando 'pi pravartate" iti mahadukteḥ prayojanābhāve pravṛttyabhāvāt prāṇāyāmaprayo- janam āha - cale vāta[14] iti | Hp-Jt. II.2, *p*. 35, *ll*. 1-2.

기(氣, vāta)**가 흔들리면 마음이 동요하고**:
기(vāta, prāṇa)와 마음의 관계는 IV.21-29송에서 자세히 설명되는데, 기가 동요할 때 마음도 동요한다는 것은 하타요가의 특유의 통찰이다.

월광 기가 흔들리면 마음이 동요한다. 기가 안정되면 [마음도] 안정될

---

12 이 인용문을 '동기 없이는 게으른 자도 움직이지 않는다.' 또는 '동기가 없으면 게으름조차 부릴 수 없다.'로 번역할 수도 있다.
13 an-ud√diś.
14 vāte (vāta, *m.sg.Lo.*)

것인데 여기서(본 게송의 두 번째 구에) '마음이'(cittam)라는 단어를 보충해서 [이해해야] 한다.

vāte cale sati cittaṃ **calaṃ bhavet** | **niścale vāte niścalaṃ bhavet, cittam ity atrāpi saṃbadhyate** | Hp-Jt. II.2, *p*. 35, *ll*. 2-3.

부동성을 획득한다:

월광 기(vāta)와 마음(citta)이 고정되면 요가수행자는 부동성, 말하자면 강건하고 오래 사는 것 혹은 '권능'(īśatva)을 획득한다.

vāte citte ca niścale yogī sthāṇutvaṃ sthiradīrghajīvitvam iti yāvat | īśatvaṃ vāpnoti | Hp-Jt. II.2, *p*. 35, *ll*. 3-4.

숨을 통제해야 한다:

월광 따라서, 그러므로 바유, 즉 쁘라나를 보유해야 한다, 즉 꿈브하까를 해야 한다.

tatas tasmād vāyuṃ prāṇaṃ nirodhayet kumbhayet || Hp-Jt. II.2, *p*. 35, *l*. 5.

3

숨이 신체에 머물고 있는 그 기간을 '삶'이라고 하고
숨이 [몸을] 떠난 것을 '죽음'이라고 [한다]. 그러므로 숨을 통제해야 한다.

II.3$^{a\text{-}b}$ yāvad vāyuḥ sthito dehe tāvaj jīvanam ucyate |
II.3$^{c\text{-}d}$ maraṇaṃ tasya niṣkrāntis tato vāyuṃ nirodhayet ||

【해설】

월광 '몸', 즉 '체내'에 '숨' 다시 말해서 '쁘라나'가 머물고 있는 그 기간 동안을 '삶'이라고 세상 사람들은 말한다. 몸과 숨이 결합된 것이 '삶'이라는 단어의 의미이기 때문이다. 그 숨이 신체를 떠나는 것, 즉 [숨이] 신체와 분리되는 것이 죽음이라고 불렀다. 따라서, 즉 이런 이유에서 숨을 보유해야만 한다.
dehe śarīre yāvatkālaṃ vāyuḥ prāṇaḥ sthitaḥ tāvatkālaparyantaṃ jīvanam ucyate lokaiḥ | dehaprāṇasaṃyogasyaiva jīvanapadārthatvāt | tasya prāṇasya niṣkrāntir dehād viyogo maraṇam ucyate | tatas tasmād vāyuṃ nirodhayet || Hp-Jt. II.3, *p*. 36, *ll*. 1-3.

나디 정화의 중요성

4

나디(nāḍī)들[15]에 불순물이 채워져 있다면 기(māruta)는 결코 가운데(수슘나)로 흐를 수 없다.
[쁘라나(=각성된 꾼달리니)가 수슘나로 흐르지 못한다면] 어떻게 운마니 상태[16]를 이룰 수 있으며 어떻게 목표를 이룰 수 있겠는

15 나디(nāḍī)는 숨 또는 호흡 에너지인 쁘라나가 흐르는 통로이다. 스바뜨마라마는 인체에 있는 나디의 수를 72,000개(Hp. I.39, III.123, IV.18)라고 말한다. 나디들 중에서 중요한 것은 오른쪽 코에서 시작하는 삥갈라(piṅgalā) 나디와 왼쪽 코에서 시작하는 이다(iḍā) 나디 그리고 둘 사이에 있는 수슘나(suṣumnā) 나디이다. 삥갈라와 이다는 생명 활동을 포함한 일상 생활에 관여하지만 수슘나는 꾼달리니가 각성된 이후에 활성화되며, 바로 이 수슘나가 활성화될 때 모든 쁘라나(=각성된 꾼달리니)는 수슘나로 진입하게 된다. 이 점에 대해서는 Hp. III.28 및 이에 대한 『월광』의 해설을 참조.
16 『하타의 등불』에서 '운마니'(unmanī)는 삼매(samādhi)의 동의어이다. 이 점에 대해서는 IV.3송 및 II.42에 대한 해설을 참조.

가?[17]
II.4$^{a\text{-}b}$ malākulāsu nāḍīṣu māruto naiva madhyagaḥ |
II.4$^{c\text{-}d}$ kathaṃ syād unmanībhāvaḥ kāryasiddhiḥ kathaṃ bhavet ||

【해설】

기(mārutaḥ)는 결코 가운데(수슘나)로 흐를 수 없다:

월광 기(māruta), 즉 쁘라나는 '가운데 길'(中道), 다시 말해서 '수슘나의 길'로 결코 흐르지 못할 것이다.
mārutaḥ prāṇo madhyagaḥ suṣumnāmārgavāhī naiva syāt | Hp-Jt. II.4, *p.* 36, *ll.* 2-3.

수슘나는 이다와 삥갈라를 비롯한 여타의 나디(nāḍī, 쁘라나가 흐르는 통로)와 달리 평소에는 활동하지 않지만 꾼달리니가 각성된 후에 비로소 활성화되는 나디이자 꾼달리니가 상승하는 통로이다. 『하타의 등불』과 『월광』은 각성되기 이전의 에너지를 꾼달리니로 표현하지만 일단 각성된 이후엔 '수슘나로 진입하고 상승하는 주체'를 쁘라나라는 단어로 표현한다. 다시 말해서 각성되기 이전의 잠재된 에너지는 '둘둘 말려 있다'는 의미의 꾼달리니로 표현되었지만 일단 각성된 후엔 '쁘라나'라는 단어로 표현되는데 여기서도 수슘나로 진입하고 상승하는

17 하타요가의 최종 목표인 삼매는, 꾼달리니(질적 변화를 겪은 쁘라나)가 수슘나로 진입하고 상승해서 정수리의 브라흐마란드흐라에 도달할 때 비로소 성취된다.
"웃디야나 반드하를 실행한다면 쁘라나는 수슘나 속에서 날아오른 후 정수리로 가기 때문에 '삼매 속에서 해탈을 획득한다'는 말씀대로 자연스럽게 해탈한다는 의미이다." (uḍḍiyānabandhe kṛte vihaṅgamagatyā suṣumnāyāṃ prāṇasya mūrdhni gamanāt 'samādhau mokṣam āpnoti' iti vākyāt sahajaiva muktiḥ syād iti bhāvaḥ | Hp-Jt. III.60, *p.* 95, *ll.* 3-5.)

주체를 쁘라나로 표현하고 있다.[18]

5

불순물로 뒤섞인 모든 나디-총(總)이 깨끗해질 때
바로 그때부터 요가수행자[의 몸]은 기를 쌓는 데 적합하게 된다.
II.5$^{a\text{-}b}$ śuddhim eti yadā sarvaṃ nāḍīcakraṃ malākulam |
II.5$^{c\text{-}d}$ tadaiva jāyate yogī prāṇasaṃgrahaṇe kṣamaḥ ||

【해설】

본 송은 고락샤의 것으로 알려진 『식별의 태양』(*Vivekamārtaṇḍa*) 76송과 동일하다.

모든 나디-총(sarvaṃ nāḍīcakra):
여기서의 nāḍīcakram을 병렬복합어인 '나디와 짜끄라'로 파악할 수 있지만 짜끄라가 청정해지는 시기는 나디를 정화해야 하는 초보 단계가 아니라 '나디가 정화된 후 꾼달리니가 각성되고 상승한 이후'이므로 이 복합어는 격한정복합어로 '나디들의 전체'로 파악된다. 브라흐마난다 역시 여기서의 cakra를 '전체'(samūha)로 해설한다

월 광 모든 나디-총(總), 즉 [나디] 군(群, samūha)이.
samastaṃ nāḍīnāṃ cakraṃ samūhaḥ, Hp-Jt. II.5, *p*. 36, *l*. 2.

18 꾼달리니의 형질(形質)이 정액과 같은 액체가 아니라 쁘라나, 즉 기체라는 것은 I.48, III.3, IV.6 등에서도 암시된다.

기를 쌓는 데 적합하게 된다:

월광 오직 그때, 즉 바로 그 순간부터 요기, 즉 요가 수행자는 쁘라나를 축적할 수 있게 된다.[19]

tadaiva tasminn eva kāle yogī yogābhyāsī prāṇasya saṃgrahaṇe kṣamaḥ samartho jāyate ‖ Hp-Jt. II.5, *p.* 36, *ll.* 3-4.

6

그러므로 진지하고 굳은 의지로 항상 호흡을 수련해야 한다. 호흡수련에 의해(yathā) 수슘나 나디에 있는 불순물들은 깨끗하게 소멸된다.

II.6$^{a\text{-}b}$ prāṇāyāmaṃ tataḥ kuryān nityaṃ sāttvikayā dhiyā |

II.6$^{c\text{-}d}$ yathā suṣumnānāḍīsthā malāḥ śuddhiṃ prayānti ca ‖ [20]

【해설】

그러므로:

월광 [나디에 있는] 불순물을 정화하지 않고서는 기를 쌓을 수 없으므로 따라서, 이 이유에서.

yato malaśuddhiṃ vinā prāṇasaṃgrahaṇe kṣamo na bhavati tatas tasmād··· Hp-Jt. II.6, *p.* 36, *l.* 2.

---

19 꾼달리니를 각성시키고 상승시키는 기법이 무드라(mudrā)인데 마하무드라, 샤띠짤라나 무드라와 같이 꾼달리니를 각성시키고 상승시키는 무드라의 공통점은 '들숨 후 그 숨을 최대한 참은 상태'(뿌라까 쁘라나야마, =꿈브하까)에서 실행된다. 하지만 쁘라나가 흐르는 나디가 정화되지 않으면 호흡 수련은 물론이고 '호흡 수련과 병행해서 실행되는 무드라'를 수련할 수 없다. 따라서 쁘라나의 통로인 나디를 정화하는 것이 호흡법에서 첫 순서이다.

20 세 번째 구(pāda^c)는 아누쉬뚜브-쉴로까(Anuṣṭubh-Śloka)의 확장형인 마-비뿔라(Ma-vipulā)이다.

나디정화법

7

연화좌를 취한 요가수행자는 [먼저] '달로(candreṇa)' 숨을 마셔야 한다.
참을 수 있을 때까지 [그 숨을] 최대한 참은 후에 '태양으로(sūryeṇa)' 내쉬어야 한다.
II.7^{a-b} baddhapadmāsano[21] yogī prāṇaṃ candreṇa pūrayet |
II.7^{c-d} dhārayitvā yathāśakti bhūyaḥ sūryeṇa recayet ||

【해설】

7-9송은 나디 정화법의 방법을 설명하고[22] 제10송은 나디 정화법의 방법을 연속동작(piṇḍīkṛtya)으로 재차 설명하지만 좌・우의 콧구멍을 막는 방법이나 손가락의 모양은 설명되지 않았다. 하지만 손가락의 모양이나 방법은 나디정화법과 유사한 방법으로 좌우 콧구멍을 막는 풀무꿈브하까에 대한 설명(II.64-65)에서 발견되는데 그것은 오른쪽 코를 엄지손가락(aṅguṣṭha)으로 막고, 왼쪽 코를 '약지와 새끼손가락'(anāmikā-kaniṣṭikā)으로 막는 것이다.(이 점에 대해서는 II.64-65송에 대한 해설을 참조.)

제II장 44송 이하에서 설명되는 여덟 종류의 호흡법(=꿈브하까)들의 공통점은 '들숨 후 그 숨을 참은 상태'에서 '물라반드하, 잘란드하라 반

21 *BahVr.*
22 II.7-8송은 고락샤의 것으로 알려진 『식별의 태양』(*Vivekamārtaṇḍa*) 77, 79송과 동일하다.

드하, 웃디야나 반드하를 동시에 실행한다는 것'이다. 또한 II장45, 46, 47송에서 밝혔듯이 이 두 가지를 실행해야만 꿈브하까의 범주에 속할 수 있다. 제7송에서 10송까지 설명된 '나디정화를 위한 호흡법'은 비록 '들숨 후 그 숨을 최대한 유지하는 과정'은 포함하지만 세 가지 반드하를 병행하지 않는다는 점에서 호흡법으로 분류되지 않는다. 하지만 브라흐마난다는 나디-수련법을 실행할 때도 세 종류의 반드하를 병행해야 한다고 해설한다. 비록 브라흐마난다는, "[숨을 마신 후] 먼저 잘란드하라 등등의 반드하를 하고"(jālaṃdharādibandha pūrvakaṃ. Hp-Jt. II.7, *p.* 37, *ll.* 4-5)라고 말했을 뿐이지만 '등등'(ādi)이라는 표현이 있으므로 잘란드하라 외에 물라 반드하와 웃디야나 반드하도 내쉬기에 앞서 실행되어야 한다는 것을 알 수 있다. 브라흐마난다는 나디정화법도 세 가지 반드하를 병행해야 하는 것으로 해설하고 이것을 '나디정화-호흡법'으로 명명하고 또 제10송을 해설하면서 이 행법을 prāṇāyāma로 규정한다.[23]

월광 [나디의] 불순물을 제거하는 쁘라나야마(prāṇāyāma)의 방법에 대해 두 게송(7-8송)에서 말한다.
malaśodhakaprāṇāyāmaprakāram āha dvābhyām… Hp-Jt. II.7, *p.* 37, *l.* 1.

연화좌를 취한 요가수행자는(baddhapadmāsano yogī):
제1장 44송에서 설명된 연화좌는 '결가부좌 상태에서 두 손을 등 뒤로 보낸

23 "[본 게송은] '연화좌를 취한 자'(제7송)로 시작해서 [제9송까지] 설명된 방법(artha)을 연속 동작으로 재현하면서 호흡 수련(prāṇāyāma)이 가져다주는 효과에 대해 '숨을'(prāṇam)이라는 [첫 단어 이하에서] 설명한다."(원문은 아래의 10송에 대한 브라흐마난다의 해설을 참조.)

후 반대쪽 엄지발가락을 잡은 형태'로 흔히 '결박연화좌'(baddhapadmāsanam)로 불리는데 결박연화좌(baddhapadmāsanam)는 동격한정복합어이지만 본 게송의 'baddhapadmāsanaḥ'는 소유복합어로 '연화좌를 취한 자'를 의미하고 요가수행자를 수식한다. 본 게송의 연화좌는 제I장 45-47송에서 설명된 연화좌를 의미한다.

참을 수 있을 때까지 [그 숨을] 최대한 참은 후에 '태양으로(sūryeṇa)' 내쉬어야 한다:

하타요가 문헌에서 '달(candra)의 길'은 왼쪽 코에서 시작하는 '이다'(iḍā) 나디를 의미하고 '태양(sūrya)의 길'은 오른쪽 코에서 시작하는 '삥갈라'(piṅgalā) 나디를 의미한다.[24] 브라흐마난다는 본 게송의 "참을 수 있을 때까지 숨을 유지한 후에"의 의미를 '꿈브하까를 한 후에'(kumbhayitvā)라고 해설하는데 꿈브하까는 '들숨 후 그 숨을 최대한 참은 상태에서 물라, 잘란드하라, 웃디야나와 같은 세 가지 반드하를 차례로 실행하는 것'이다(꿈브하까의 규정과 관련된 브라흐마난다의 해설은 II. 16, 18, 41, 65송을 참조. 그리고 꿈브하까의 규정에 대해서는 II.45-47송을 참조). 따라서 7-10송에서 설명된 나디정화법은 단순한 정화법이 아니라 '숨을 참은 상태에서 세 가지 반드하를 병행하는 꿈브하까의 원칙'에 부합하는 호흡법 중 하나로 분류될 수 있다.

---

24 이다 나디는 '강가'(gaṅgā)로 삥갈라 나디는 '야무나'(yamunā)로 표현되기도 한다.
"이다(iḍā)는 왼쪽으로 흐르는 나디(nāḍī)로 존귀함, 권능을 갖춘 강가(갠지스)라는 말로 지시되는 것이고, 삥갈라는 오른쪽으로 흐르는 [나디로] '야무나라는 말로 지시되는' 야무나 강이다." (원문은 III.110에 대한 해설을 참조.)

월광 요가수행자는 숨, 즉 생기(生氣)를 '달'로써 다시 말해서 달의 통로인 이다(iḍā,=왼쪽 콧구멍)로 마셔야 한다. [그리고] 힘껏, 최대한(atikramya), 힘이 닿는 데(yathāśakti)까지 [그 숨을 체내에] 보유한 후,[25] 다시 말해서 꿈브하까(들숨 후 그 숨을 참은 상태에서 세 가지 반드하를 실행하는 것)를 행한 후 재차, 다시 태양으로, 즉 태양의 통로인 삥갈라(piṅgalā, =오른쪽 콧구멍)로 내쉬어야 한다.
yogī prāṇaṃ prāṇavāyuṃ candreṇa candranāḍyeḍayā pūrayet | śaktiman atikramya yathāśakti dhārayitvā kumbhayitvā | bhūyaḥ punaḥ sūryeṇa sūryanāḍyā piṅgalayā recayet | Hp-Jt. II.7, *p*. 37, *ll*. 2-4.

위 인용문에서 알 수 있듯이 브라흐마난다는 본 게송의 'dhārayitvā yathāśakti'(최대한 숨을 참은 후에)라는 말을 'kumbhayitvā'(꿈브하까를 실행한 후에)로 해설하는데 꿈브하까는 '단순히 들숨 후 그 숨을 참는 것이 아니라 숨을 참은 상태에서 물라, 잘란드하라, 웃디야나와 같은 세 가지 반드하를 병행하는 것'인데[26] 이 점은 아래의 해설에서도 발견된다.

월광 뿌라까(들숨)는 [신체] 외부에 있는 바유를 조심스럽게 충분히 끌어들이는 것이다. 꿈브하까란 '잘란드하라 등등의 [세 가지] 반드하를 실행한 상태에서'(jālaṃdhārādibandhapūrvakaṃ) 숨을 참는 것이다. 레짜까(날숨)는 '참았던 숨'을 조심스럽게 내뱉는 것이다. 이것이 호흡법(prāṇāyāma)의 구성 요소인 '날숨(recaka)과 들숨(pūraka)'에 대한 각각의 정의이다. [한편] "대장장이의 풀무질처럼 날숨과 들숨을 어지러울 정도로 급격히 하는 것"(Hp. II.35: 정뇌

---

25 '숨을 최대한(yathāśakti) 참아야 한다.'는 것에 대해서는 II.49, III.21 등에서도 발견된다.
26 꿈브하까의 규정은 II.45-47 및 II. 16, 18, 41, 65송에 대한 해설을 참조.

법)에서의 날숨과 들숨은 [쁘라나야마의] 부차적인 것이라 해도 틀린 말이 아니다. [꿈브하까가 배제된] 그 두 가지의 [교차 행위 자체는] 목적성이 없기 때문이다.[27]

bāhyavāyoḥ prayatnaviśeṣād upādānaṃ pūrakaḥ | jālaṃdharādibandhapūrvakaṃ prāṇanirodhaḥ kumbhakaḥ | kumbhitasya vāyoḥ prayatnaviśeṣād vamanaṃ recakaḥ | prāṇāyāmāṅgarecakapūrakayor eveme lakṣaṇe[28] iti | "bhastrāval lohakārasya recapūrau sasaṃbhramau" iti gauṇarecakapūrakayor nātivyāptiḥ | tayor lakṣyatvābhāvāt || Hp-Jt. II.7, *p.* 37, *ll.* 4-7.

브라흐마난다는 "잘란드하라 등등의 반드하"(jālaṃdharādibandha)로 표현했지만 "등등"(ādi)이라는 단어가 있으므로 물라 반드하와 잘란드하라 반드하 역시 실행된다는 것을 알 수 있다. 꿈브하까의 규정과 관련된 브라흐마난다의 해설은 II. 16, 18, 41, 65송을 참조 그리고 꿈브하까의 규정에 대해서는 II.45-47송을 참조.

8

[계속해서 그 다음엔] 태양으로(sūryeṇa, 오른쪽 코로) 숨을 들이마신 후 천천히 복부에 채워야 한다.
규정대로 꿈브하까를 행한 후 다시 달로(candreṇa, 왼쪽 코로) 내쉬어라.

27 숨을 어지러울 정도로 급격하게 마시고 내쉬는 것을 반복하는 것 혹은 숨을 대단히 천천히 내쉬고 마시는 것 역시 '들숨과 날숨의 교차 행위'이지 호흡법(prāṇāyāma)은 아니다. 호흡법은 '숨을 멈추는 행위와 세 가지 반드하를 병행해야 하기 때문'이다. 하타요가의 호흡법에 대해서는 박영길(2013, pp. 227-244)을 참조.

28 lakṣaṇe는 지시대명사 양수-주격(*du.No.*)으로 연성법칙이 적용되지 않는다.

II.8[a-b] prāṇaṃ sūryeṇa cākṛṣya pūrayed udaraṃ śanaiḥ |
II.8[c-d] vidhivad kumbhakaṃ kṛtvā punaś candreṇa recayet ||

【해설】

태양으로(sūryeṇa, 오른쪽 코로) 숨을 들이마신 후 천천히 복부에 채워야 한다:

월광 태양, 즉 태양 나디인 삥갈라(오른쪽 콧구멍)로써 쁘라나를 끌어들이고서, 흡입하고서 천천히, 조심스럽게 배꼽주위, 즉 복부에 채워야 한다.

sūryeṇa sūryanāḍyā piṅgalayā prāṇam ākṛṣya gṛhītvā śanair mandamandam udaraṃ jaṭharaṃ pūrayet | Hp-Jt. II.8, *p*. 37, *ll*. 1-2.

규정대로 꿈브하까를 행한 후 다시 달로(candreṇa, 왼쪽 코로) 내쉬어라:

규정대로 꿈브하까를 행한다는 것은 '숨을 마시고 그 숨을 참은 상태에서 세 가지 반드하를 실행하는 것'을 의미한다.(이 점에 대해서는 II. 7, 16, 18, 41, 65송에 대한 해설을 참조.) 꿈브하까의 원칙에 대해서는 II. 45-47송을 참조.

월광 규정대로 [세 종류의] 반드하와 병행하는 꿈브하까를 실행한 후 다시금 달, 즉 이다(iḍā, =왼쪽 코)로 내쉬어야 한다.

vidhivad bandhapūrvakaṃ kumbhakaṃ kṛtvā punar bhūyaś candreṇeḍayā recayet || Hp-Jt. II.8, *p*. 37, *ll*. 2-3.

9

[숨을] 내쉬었던 그 왼쪽 코로(yena..tena) 숨을 마신 후 최대한

[그 숨을] 참아야 한다.
그리고서 다른 쪽(오른쪽 코)으로 천천히 내쉬어야 하며 거칠게 [숨을 내쉬어서는] 안 된다.
II.9^{a-b} yena tyajet tena pītvā dhārayed atirodhataḥ | [29]
II.9^{c-d} recayec ca tato 'nyena śanair eva na vegataḥ ||

【해설】

9송의 전반부(pāda^{a-b})는 닷따뜨레야(Dattātreya, 13-14세기)의 『요가샤스뜨라』(*Yogaśāstra*) 73^{a-b}와 동일하고 후반부(pāda^{c-d})는 『요가샤스뜨라』(*Yogaśāstra*) 61^{c-d}와 동일하다.

최대한 [그 숨을] 참아야 한다:

월 광 극도로, 즉 최대한 참아서 땀(sveda)과 진동(kampa) 등이 생길 때까지 [숨을 참아야 한다].
atirodhato 'tiśayitena rodhena svedakampādijananaparyantena | Hp-Jt. II.9, *pp*. 37, *ll*. 2 ~ *p*. 38, *l*. 1.

거칠게 [숨을 내쉬어서는] 안 된다:

월 광 숨을 마신 콧구멍의 반대쪽 [콧구멍]으로 천천히(śanaiḥ) 내쉬어야 하며 거칠어서는 안 된다. 급격하게 숨을 내쉰다면 기력(氣力)이 소실될 것이다.
yena pūrakas tato 'nyena śanai[30] recayen na tu vegataḥ | vegād recane balahāniḥ syāt | Hp-Jt. II.9, *p*. 38, *ll*. 1-2.

---

29 첫 번째 구와 두 번째 구는 14세기 문헌인 닷따뜨레야의 『요가샤스뜨라』(*Yoagaśāstra*. 63^{ab})에서도 발견된다. 첫 번째 구(pāda^{a})는 아누쉬뚜브-쉴로까(Anuṣṭubh-Śloka)의 확장형인 라-비뿔라(Ra-vipulā)이다.

30 *Snd* : śanair + recayen = śanai recayen.

브라흐마난다는 본 송에 대한 해설 말미에서 '좌우 코로 숨을 교차할 때의 기본적인 공식'을 간략히 정의한다.

월 광 [숨을] 마셨던 그 콧구멍으로 숨을 내쉬어서는 안 된다. 내쉬었던 바로 그 콧구멍으로 숨을 마셔야 한다는 의미이다.
yena pūrakaḥ kṛtas tena recako na kartavyaḥ | yena recakaḥ kṛtas tenaiva pūrakaḥ kartavya iti bhāvaḥ || Hp-Jt. II.9, *p*. 38, *ll*. 2-3.

나디정화 호흡법 요약 및 효과

10

이다(왼쪽 코)로 숨을 마셨다면[31] [그 숨을 최대한] 참고난 후 다시 다른 쪽(오른쪽, 삥갈라)으로 내쉬어야 한다.
삥갈라(오른쪽 코)로 숨을 마시고 [최대한] 참은 후 다른 쪽(왼쪽, 이다)으로 내쉬어라.
이와 같은 방법으로 한결같이 태양(오른쪽, 삥갈라)과 달(왼쪽, 이다)[을 교차하며] 수련하는 데 몰입한 통제자들(요가수행자들)의 나디 전체는 3개월 후에 청정해진다.
II.10[a] prāṇaṃ ced iḍayā piben niyamitaṃ bhūyo 'nyayā recayet
II.10[b] pītvā piṅgalayā samīraṇam atho baddhvā tyajed vāmayā |

31 '이다로 숨을 마시는 것'은 왼쪽 코로 숨을 마시는 것을 의미하고 삥갈라로 숨을 마시는 것은 오른쪽 코로 숨을 마시는 것을 의미한다.

II.10c sūryācandramasor anena vidhinābhyāsaṃ sadā tanvatāṃ
II.10d śuddhā nāḍigaṇā[32] bhavanti yamināṃ māsatrayād ūrdhvataḥ ‖

【해설】

본 송의 운율은 19음절로 구성된 샤르둘라비끄리디따(Śārdūlavikrīḍita: ———UU—U—UUU—æ——U——U—)이다. 본 송은 고락샤의 것으로 알려진 『식별의 태양』(*Vivekamārtaṇḍa*) 81송과 동일하다.

브라흐마난다는 본 게송의 의미를 다음과 같이 해설한다.

월광 [본 게송은] "연화좌를 취한 자"(제7송)로 시작해서 [제9송까지] 설명된 방법(artha)을 연속 동작으로 재현하면서 호흡 수련(prāṇāyāma)이 가져다주는 효과에 대해 "숨을"(prāṇam)이라는 [첫 단어 이하에서] 설명한다. "이다로써", 즉 왼쪽 나디로 숨(쁘라나)을 마셨다면 [그 숨을 복부에] 채우고 난 후, 다시 말해서 꿈브하까를 행한 후에[33] 다시금 쁘라나를 다른 쪽, 즉 삥갈라로 내쉬어야 한다. [그리고서] '삥갈라로', 즉 '오른쪽 나디로' 기(氣, samīraṇa), 즉 생기(生氣, vāyu)를 들여마신 후, 즉 [숨을] 마신 후에 [그 숨을 최대한] 참고서, 즉 꿈브하까를 행한 후에 왼쪽으로, 즉 이다로 [숨을] 내뱉어야 한다, 내쉬어야 한다.

[한편, 본 게송의] 'sūryācandramasau'[라는 복합어]는 '태양

32 운율상, 네 번째 음절이 단음이어야 하므로 nāḍīgaṇā가 아니라 nāḍigaṇā로 되어 있다. nāḍi는 하타요가의 전문용어가 아니지만 '전문 용어인 nāḍī'와 마찬가지로 '강', '통로'를 의미한다.

33 '꿈브하까를 행한 후에'라는 말은 '숨을 마시고 그 숨을 참은 상태에서 세 가지 반드하를 실행한 후에'라는 의미이다. 이 점에 대해서는 II.7, 16, 18, 41, 65 및 II.45-47의 정의를 참조.

(sūrya)과 달(candramas)이라는 두 [나디]'를 의미한다. [첫 단어인 sūrya가 sūryā로 된 이유는, 빠니니가] "신격(devatā)의 [이름으로 구성된] 병렬[복합어]의 경우 역시 [ānAṄ이 병렬복합어의 선행하는 요소의 마지막 모음을 대체한다]"(Pāṇ. VI.3.26)고 말했던 '아낭'(ānAṄ)이 [적용된 것이다].[34] 이와 같이 설명된 방법대로 언제나, 항상 '달(왼쪽 코, 이다 나디)로 마시고 [그] 숨을 참은 후 태양(오른쪽 코, 삥갈라 나디)으로 내쉬고, [다시] 태양으로 마신 후 숨을 참은 후에 달로 내쉬는 것과 같은 방법으로 수련하는 자들, [이와 같은 수련에] 몰입한 통제자들의 나디 전체, 즉 모든 나디는 3개월 이후, 즉 석 달 후엔 청정해진다, [모든] 불순물들이 소멸된다.

baddhapadmāsana ityādyuktam arthaṃ piṇḍīkṛtyānuvadan prāṇāyāmasyāvāntaraphalam āha - prāṇam iti | ced iḍayā vāmanāḍyā prāṇaṃ pibet pūrayet tarhi niyamitaṃ kumbhitaṃ prāṇaṃ bhūyaḥ punar anyayā piṅgalayā recayet | piṅgalayā dakṣanāḍyā samīraṇaṃ vāyuṃ pītvā pūraṇānantaraṃ baddhvā kumbhayitvā vāmayeḍayā tyajed recayet | sūryaś ca candramāś ca sūryācandramasau tayoḥ | 'devatādvandve ca'(Pāṇ. VII.3.21) ity ānaṅ | anenoktena vidhinā prakāreṇa sadā nityam abhyāsaṃ candreṇāpūrya kumbhayitvā sūryeṇa recayet sūryeṇāpūrya kumbhayitvā candreṇa recayed ity ākārakaṃ tanvatāṃ vistārayatāṃ yamināṃ yamavatāṃ nāḍīgaṇā nāḍīsamūhā māsatrayād ūrdhvato māsānāṃ trayaṃ tasmād upari śuddhā malarahitā bhavanti || Hp-Jp. II.10. *p*. 38, *ll*. 1-10.

34 병렬복합어 "sūryacandramasu"(태양과 달)에서 sūrya(태양)는 남성 명사이지만 sūryā로 되어 있다. 브라흐마난다는 그 이유로 『아쉬따드하야이』 VI.3.25를 인용하며 아낭(ānAṄ)으로 해설한다. '아낭'(ānAṄ)은 모음 ṛ로 끝나는 친족 명사 등의 경우 첫 번째 구성 요소의 마지막 글자가 ā로 대체되는 것을 의미한다.

꿈브하까의 수련 횟수와 시간대

11

[매일] 새벽과 정오, 저녁, 한밤중에 꿈브하까를[35] 각각 80번씩 조심스럽게 네 번 수련해야 한다.

II.11$^{a\text{-}b}$ prātarmadhyaṃ dine sāyam ardharātre ca kumbhakān |
II.11$^{c\text{-}d}$ śanair aśītiparyantaṃ caturvāraṃ samabhyaset ||

【해설】

월광 이제 쁘라나야마를 수련하는 시간과 기간에 대해 [본 게송은] "prātas"(새벽에)라는 [첫 단어 이하에서] 말한다.

atha prāṇāyāmābhyāsakālaṃ tad avadhiṃ cāha - prātar iti |
Hp-Jt. II.11, *p*. 38, *l*. 1.

각각 80번씩:

월광 [하루] 4 차례 각각 80번씩 꿈브하까[36]를 수련해야 한다. 한밤중에 수련할 수 있는 형편이 아닐 경우엔 3번 수련해야 한다는 것이 정설이다. [하루에] 4번 수련하게 되면 호흡 수련은 매일 매일 320번이 되고 하루에 3번 수련하게 되면 240번이 된다.[37]

35 『하타의 등불』에서 설명된 호흡법(prāṇāyāma)은 모두 '들숨 후 그 숨을 멈추는 것'인데 바로 이 '들숨 후 멈춤'(pūrakaprāṇāyāma)은 꿈브하까(숨의 멈춤)와 동의어이다. 8종류의 호흡법(= 8 pūrakaprāṇāyāma, = 8 kumbhaka)는 숨을 마시고 내쉬는 방법만 다를 뿐 기본적으로 '마신 숨을 참는다는 점'에선 동일하다.

36 여기서의 꿈브하까는 태양관통, 풀무, 승리 등 '들숨 후 그 숨을 최대한 참는 호흡법'(=뿌라까 쁘라나야마)을 통칭한다.

37 * viṃśaty-adhika-śatatraya: 20을 더한 300= 320.

caturṣu kāleṣv ekaikasmin kāle 'śītiprāṇāyāmāḥ kāryāḥ | ardharātre kartum aśaktaś cet trisaṃdhyaṃ kartavyā iti saṃpradāyaḥ | caturvāraṃ kṛtāś ced dine dine viṃśatyadhika-śatatrayaparimitāḥ prāṇāyāmā bhavanti | vāratrayaṃ kṛtāś cec catvāriṃśadadhikaśatadvayaparimitā bhavanti || Hp-Jt. II.11, *p.* 39, *ll.* 3-7.

꿈브하까 수련의 단계

12

초급 단계에서는 땀이 생기고 중급에서는 진동이 일어나며, 최고 단계에서는 [쁘라나가] '[원래의] 자리'에 도달한다. 따라서 [호흡을 수련함으로써] 기(氣)를 완벽하게 통제해야 한다.

II.12$^{a\text{-}b}$ kanīyasi bhavet svedaḥ kampo bhavati madhyame |
II.12$^{c\text{-}d}$ uttame sthānam āpnoti tato vāyuṃ nibandhayet ||

【해설】

월광 초급, 중급, 고급과 같은 호흡수련의 단계를 알려 주는 현상들에 대해 "**kanīyasi**"(초급 단계에선)으로 [시작하는 첫 단어 이하에서] 순서대로 설명한다.

kaniṣṭhamadhyamottamānāṃ prāṇāyāmānāṃ krameṇa jñāpaka-viśeṣān āha - kanīyasīti | Hp-Jt. II.12, *p.* 39, *ll.* 1-2.

---

* catvāriṃśad-adhika-śatadvaya: 40을 더한 200 =240.

초급 단계에서는 땀이 생기고 중급에서는 진동이 일어나며:

월광 초급 단계, 즉 입문 단계에서는 호흡수련 도중에 땀(汗, sveda, prasveda)이 생긴다. 땀이 나면 초급 단계이다. 호흡수련의 중급 단계에서는 진동이 일어난다. 진동은 중급 단계의 증표이다.

kanīyasi kaniṣṭhe prāṇāyāme svedaḥ prasvedo bhaved bhavati | svedānumeyaḥ kaniṣṭhaḥ | madhyame prāṇāyāme kampo bhavati | kampānumeyo madhyamaḥ | Hp-Jt. II.12, *p.* 39, *ll.* 2-3.

최고 단계에서는 [쁘라나가] '[원래의] 자리'에 도달한다. 따라서 [호흡을 수련함으로써] 기(氣)를 완벽하게 통제해야 한다:

월광 호흡수련의 최고 단계에서는 [쁘라나가] '[원래의] 자리', 즉 '[정수리의] 브라흐마란드흐라'에 도달한다. '[쁘라나가 원래의] 자리(정수리의 브라흐마란드흐라)에 도달하는 것'을 최고의 단계로 간주해야 한다. 따라서, 이런 까닭으로 기(vāyu), 즉 쁘라나(prāṇa)를 완벽하게 모아야 한다, 완전히 통제해야 한다.

uttame prāṇāyāme sthānaṃ brahmarandhram āpnoti | sthānaprāptyanumeya uttamaḥ | tatas tasmād vāyuṃ prāṇaṃ nibandhayed nitarāṃ bandhayet | Hp-Jt. II.12, *p.* 39, *ll.* 4-5.

계속해서 브라흐마난다는 『링가뿌라나』(*Liṅgapurāṇa*), 『야갸발캬』(*Yājñavalkya*), 『스깐다뿌라나』(*Skandapurāṇa*)와 같은 여러 문헌을 인용하면서 '호흡 수련의 세 단계(초급, 중급, 고급)'에 대해 설명하는데 그가 결론적으로 말하고자 하는 것은 '요가의 경지를 판단하는 척도가 바로 호흡 수련'이라는 것이고 따라서 제감, 응념, 선정, 삼매와 같은 것도 사실상 호흡 수련의 연장선에 불과하다는 것이다.

월광 모든, 요가의 수행법들 중에서도 가장 핵심적인 것은 호흡수련

(prāṇāyāma)이다. 그 이유는 호흡수련에 성공했을 때 '제감'(制感, pratyāhāra) 등등을 비롯한 [응념-선정-삼매]의 [후속 지분]들이 완성되기 때문이고 호흡수련에 성공하지 못한다면 '제감 등등'(응념-선정-삼매)도 이루어지지 않기 때문이다. [하타요가 문헌이] '제감'을 비롯해서 [응념-선정-삼매]와 같은 용어들을 동원하지만 진짜로 말하고자 하는 것은 단지 '호흡수련'일 뿐이다. 이 점에 대해 『요가의 여의주』(*Yogacintāmaṇi*)[38]는 다음과 같이 말한 바 있다. "단지 호흡수련이 순차적으로 연장되는 것을 [수행 차제상] '제감, 응념, 선정, 삼매라는 말'로 표현했을 뿐이다."

sarveṣu yogasādhaneṣu prāṇāyāmo mukhyas[39] tatsiddhau pratyāhārādīnāṃ siddheḥ | tadasiddhau pratyāhārādyasiddheś ca | vastutas tu prāṇāyāma eva pratyāhārādiśabdair nigadyate | tathā coktaṃ yogacintāmaṇau "prāṇāyāma evābhyāsakrameṇa vardhamānaḥ pratyāhāradhāraṇādhyānasamādhiśabdair ucyate" iti | Hp-Jt. II.12, *p*. 41, *ll*. 5-9.

계속해서 브라흐마난다는 『스깐다뿌라나』 등을 인용하며 제감, 응념, 선정, 삼매가 모두 호흡수련과 관련된다는 것을 말한 후 다음과 같이 마무리한다.

월 광 반드하를 실행한 상태에서 50초(125 vipala) 동안 숨이 고정될 때 쁘라나는 [수슘나로 진입하고 상승해서 정수리의] 브라흐마란드흐라로 간다. 브라흐마란드흐라에 도달한 쁘라나가 50분(125

38 『요가의 여의주』(*Yogacintāmaṇi*)는 16세기 후반의 쉬바난다 사라스바띠(Śivānanda Sarasvatī)가 남긴 백과사전적인 방대한 문헌이다. 브라흐마난다가 이 문헌을 알고 있었다는 것은 그가 17세기 전후에 생존했다는 하나의 증거가 된다.

39 mukhyas] mukhyaḥ. Hp-Jt[Adyar].

pala) 동안 머물면 그때 제감(감관의 철수, prayāhāra)이 이루어진다. 120분(5 ghaṭikā) 동안 [쁘라나가 브라흐마란드흐라에] 머물면 응념(dhāraṇā)이 [이루어지고] 24시간 (60 ghaṭikā) 동안 [쁘라나가 브라흐마란드흐라에] 머물면 선정(dhyāna)이, 12일(dvādaśadina) 동안 [쁘라나가 브라흐마란드흐라에] 머물면 삼매(samādhi)가 일어난다는 것에 모두 기꺼이 동의해야 한다.[40]

bandhapūrvakaṃ pañcaviṃśatyuttaraśatavipalaparyantaṃ yadā prāṇāyāmasthairyaṃ bhavati tadā prāṇo brahmarandhraṃ gacchati | brahmarandhraṃ gataḥ prāṇo yadā pañcaviṃśatipalaparyantaṃ tiṣṭhati tadā pratyāhāraḥ | yadā pañcaghaṭikāparyantaṃ tiṣṭhati tadā dhāraṇā | yadā ṣaṣṭighaṭikāparyantaṃ tiṣṭhati tadā dhyānam | yadā dvādaśadinaparyantaṃ tiṣṭhati tadā samādhir bhavatīti sarvaṃ ramaṇīyam || Hp-Jt. II.12, *p*. 42, *ll*. 5-10.

호흡 수련과 관련된 주의 사항

13

[호흡을] 수련함으로써 생겨난 땀으로 몸을 마찰한다면[41]

---

40 50초(125 vipala: 1 vipala = 0.4초).
50분(125 pala: 1 pala = 24초).
120분(5 ghaṭikā: 1 ghaṭikā = 24분).
24시간(60 ghaṭikā: 1 ghaṭikā = 24분).

41 일반적으로 호흡을 수련하면 하복부를 비롯 손과 발이 따뜻해지고 초보자의 경우 땀이 배출되는데 땀을 손바닥으로 비벼서 온몸을 마찰하는 것은

몸이 튼튼해지고 가벼워지게 된다.

II.13[a-b] jalena śramajātena gātramardanam ācaret |

II.13[c-d] dṛḍhatā laghutā caiva gātrasya jāyate ||

【해설】

[호흡을] 수련함으로써 생겨난 땀으로 몸을 마찰한다면 … 가볍게 된다:

월광 [초보 단계에선] 수련을 통해서, 즉 '쁘라나야마' 수행에 매진함으로써 생겨난 바로 그 물, 즉 땀으로 마치 오일즙을 바르듯이 몸, 즉 신체를 마찰해야 한다. 땀으로 [온몸을] 마찰할 경우 신체가 튼튼해지고 강건해지며 [몸도] 확연히 가벼워진다.

śramāt prāṇāyāmābhyāsaśramāj jātaṃ tena jalena prasvedena gātrasya śarīrasya mardanaṃ tailābhyaṅgavad ācaret kuryāt | tena mardanena gātrasya dṛḍhatā dārḍhyaṃ laghutā jāḍyābhāvo jāyate prādurbhavati || Hp-Jt. II.13, *p.* 42, *ll.* 1-4.

14

[호흡을] 처음 수련할 때는 우유로 만든 것을 먹는 것이 적절하다.[42]

그 후 수련이 확고한 경지에 도달하면 그와 같은 방식(tādṛg)의 규칙을 지키지 않아도 된다.[43]

훌륭한 건강법(導引法)으로 알려져 있다.

42 『하타의 등불』 제I장 58-63에서 음식에 대해 규정하였는데, 핵심적인 내용은 영양가 있는 음식을 먹되 절식해야 한다는 것이다.

43 께발라 꿈브하까에 도달하기 위해서는 상당히 오랜 기간 사히따 꿈브하까(8종류의 '들숨 후 멈춤') 수련을 필요로 한다. 예를 들면 하루에 8시간 정도 꿈브하까(브하스뜨리까를 비롯한 꿈브하까)를 수련하기 위해서는 많은 에너지가 필요하고 따라서 충분한 영양소를 섭취하는 것은 대단히 중요하다.

II.14$^{a\text{-}b}$ abhyāsakāle prathame śastaṃ kṣīrājyabhojanam | [44]
II.14$^{c\text{-}d}$ tato 'bhyāse dṛḍhībhūte na tādṛṅ niyamagrahaḥ ||

【해설】

수련이 확고한 경지에 도달하면:

월 광 께발라 꿈브하까에 성공할 때 수행은 확고해진다.[45]

kevale kumbhake siddhe 'bhyāso dṛḍho bhavati | Hp-Jt. II.14, *p.* 42, *l.* 3.

비만일지라도 환골탈태할 만큼 살이 빠지고 체중이 줄어들므로 하루 세 번의 충분한 식사 외에 간식도 섭취해야만 한다. 『하타의 등불』은 도립무드라를 설명하면서 다음과 같이 말한다.

"항상 수련하는 수행자에겐 소화의 불이 증대된다.
그에겐 충분한 음식이(āhāraḥ) 섭취되어야만 한다.
만약 음식이 부족하면 [소화의] 불은 곧바로 [그의 신체를] 태운다."
(원문은 Hp. III.80-81$^{a\text{-}b}$ 참조.)

44 첫 번째 구(pāda^{a})는 아누쉬뚜브-쉴로까(Anuṣṭubh-Śloka)의 확장형인 브하-비뿔라(Bha-vipulā)이다.

45 브라흐마난다에 따르면 호흡 수련이 확고해진 상태는 께발라 꿈브하까(kevalakumbhaka, 완전한 멈춤)라는 호흡법에 성공했을 때이다. 께발라 꿈브하까(완전한 멈춤)은 8종류의 꿈브하까(= 8 pūrakaprāṇāyāma, 8종류의 '들숨 후 멈춤') 상태가 지속되어 '노력하지 않아도 저절로 들숨과 날숨의 흐름이 없어진 상태'("들숨과 날숨이 사라진 께발라 꿈브하까를 성취한다면, kumbhake kevale siddhe recapūrakavarjite || Hp. II.73$^{c\text{-}d}$)이다.
『하타의 등불』에서 설명된 8종류의 꿈브하까(들숨 후 그 숨을 멈추는 것)는 사히따 꿈브하까(sahitakumbhaka)로 통칭되고 바로 이 사히따 꿈브하까 상태가 연장된 경지가 위에서 언급한 께발라 꿈브하까(kevalakumbhaka, 완전한 멈춤) 혹은 꿈브하까 쁘라나야마(kumbhakaprāṇāyāma, '들숨 후 멈춤'에서 '멈춤'이 자연스럽게 유지되는 멈춤)이다.

15

마치 사자, 코끼리, 호랑이를 천천히 아주 천천히 길들여야(vaśyaḥ) 하듯이
바로 그와 같이 [아주 천천히] 기(氣, vāyu)를 조절해야 한다. 그렇지 않으면 수행자가 다친다.

II.15^a-b^ yathā siṃho gajo vyāghro bhaved vaśyaḥ śanaiḥ śanaiḥ |
II.15^c-d^ tathaiva sevito vāyur anyathā hanti sādhakam ||

16

규정대로 호흡을 수련한다면 모든 질병이 사라질 것이다.
[하지만] 규정을 지키지 않고 수련한다면 온갖 질병이 생기게 된다.

II.16^a-b^ prāṇāyāmena yuktena sarvarogakṣayo bhavet |
II.16^c-d^ ayuktābhyāsayogena sarvarogasam udbhavaḥ ||

【해설】

16-17송은 고락샤의 것으로 알려진 『식별의 태양』(*Vivekamārtaṇḍa*) 99-100송과 동일하고 『맛첸드라상히따』(*Matsyendrasaṃhitā*) IV.23송과 유사하다.

규정대로 호흡을 수련한다면:

호흡 수련의 규정은 II.41송에 대한 브라흐마난다의 해설에서 알 수 있듯이 '숨을 마시고 참은 상태'에서 세 가지 반드하를 병행하는 것이다.[46] 브라흐마난다는 본 게송의 "규정대로 호흡을 수련한다면"의 의미를 다음과 같이 해설한다.

월광 '[영양소가 충분한] 음식(āhāra)[을 취해야 한다]' 등등과 같은 규정을 먼저 지킨 후 잘란드하라(목-반드하: 목을 수축하고 턱을 당겨 가슴에 붙임) 등등의 [세 가지] 반드하를 실행하는 것으로 규정된 것이 '쁘라나야마(호흡 수련)의 규정'이라고 말해졌다.[47]

āhārādiyuktipūrvako jālaṃdharādibandhayuktiviśiṣṭaḥ prāṇāyāmo yukta ity ucyate | Hp-Jt. II.16, *p.* 43, *ll.* 1-2.

17

기(氣)가 동요함으로써 딸꾹질 · 천식 · 기관지 · 두통 · 귀와 눈의 통증, [그 외의] 다양한 질병들이 발생한다.

II.17$^{a\text{-}b}$ hikkā śvāsaś ca kāsaś ca śiraḥ karṇākṣivedanāḥ |
II.17$^{c\text{-}d}$ bhavanti vividhā rogāḥ pavanasya prakopataḥ ||

18

[초보자는] 올바르게 숨을 내쉬고 올바르게 숨을 마셔야 하고, 올바르게 [숨을] 참아야 한다.[48] 이렇게 할 때 [하타요가를] 완성할 수 있을 것이다.

II.18$^{a\text{-}b}$ yuktaṃ yuktaṃ tyajed vāyuṃ yuktaṃ yuktaṃ ca pūrayet |
II.18$^{c\text{-}d}$ yuktaṃ yuktaṃ ca badhnīyād evaṃ siddhim avāpnuyāt ||

---

46 이 점에 대해서는 II.45-47송에서 설명된 '꿈브하까의 원칙'을 참조.

47 규정대로 호흡을 수련하는 것은 '들숨 후 그 숨을 참은 상태에서 3가지 반드하를 병행하는 것'을 의미한다. 『하타의 등불』에 규정된 호흡법을 수련하기 위해서는 반드시 스승의 지도를 받아야만 한다. 호흡수련의 규정 및 원칙은 II.45-47을 참조.

48 『하타의 등불』에 설명된 8가지 호흡법은 모두 '들숨 후 그 숨을 참는 것'(=뿌라까 쁘라나야마, =꿈브하까)이다.

【해설】

올바르게 숨을 내쉬고 … 마셔야 하고 … 참아야 한다:
브라흐마난다의 해설에 따르면 올바르게 숨을 내쉬는 것은 '숨을 천천히 내쉬는 것'을 의미하고, 올바르게 숨을 마시는 것은 '너무 적지도 않고 많지도 않은 만큼의 숨을 마셔야 하는 것'을 의미한다. 올바르게 숨을 참는 것은 '잘란드하라, 물라, 웃디야나와 같은 세 반드하와 병행해서 숨을 최대한 참는 것'을 의미한다. 이 점에 대해서는 II. 7, 8, 16, 18, 41, 65송에 대한 해설을 참조. 꿈브하까의 원칙은 아래의 II.45-47송에서 설명된다.

월광 숨, 즉 쁘라나를 올바르게 내쉬어야 한다. [초보자는] 숨을 내쉴 때 아주 천천히 내쉬어야 하며 급격하게 [내쉬어서는] 안 된다는 의미이다. 그리고 올바르게 [숨을 마셔야 한다, 다시 말해서] 너무 적게(alpa) 혹은 지나치게 많이 숨을 마셔도 안된다. 또한 올바르게 [숨을 참아야 한다, 다시 말해서] 잘란드하라 반드하 등등 [세 가지 반드하]를 병행해서 [숨을] 막아야 한다, 즉 꿈브하까를 해야 한다.
vāyuṃ prāṇaṃ yuktaṃ yuktaṃ tyajet | recanakāle śanaiḥ śanair eva recayen na vegata ity arthaḥ | yuktaṃ yuktaṃ ca na cālpaṃ nādhikaṃ ca pūrayet | yuktaṃ yuktaṃ ca jālaṃdharabandhādiyuktaṃ badhnīyāt kumbhayet | Hp-Jt. II.18, *p.* 44, *ll.* 2-4.

이렇게 할 때 [하타요가의] 목적을 달성할 수 있다:
월광 이와 같이 수련한다면 완성, 즉 하타[요가]를 완성할 수 있을 것이다.
evam abhyasyec cet siddhiṃ haṭhasiddhim āpnuyāt ‖ Hp-Jt. II.18, *p.* 44, *l.* 4.

호흡 수련의 효과

19

[호흡을 수련함으로써] 나디가 청정해지면, 그와 마찬가지로 외적 증상으로
몸이 날씬해지고 [얼굴엔] 광채가 뚜렷하게 생겨날 것이다.[49]
II.19$^{a\text{-}b}$ yadā tu nāḍī śuddhiḥ syāt tathā cihnāni bāhyataḥ |[50]
II.19$^{c\text{-}d}$ kāyasya kṛśatā kāntis tadā jāyeta niścitam ||

【해설】

브라흐마난다는, 본 송과 다음 게송이 호흡을 수련함으로써 나디가 청정해질 때 생기는 현상을 말하는 것으로 해설한다.

월 광 규정대로 호흡을 수련함으로써 나디가 청정해졌을 때의 증상에 대해 [다음의] 두 게송에서 말한다.
yuktaṃ prāṇāyāmam abhyasyato jāyamānāyā nāḍīśuddher lakṣaṇam āha dvābhyām. Hp-Jt. II.19, *p.* 44, *l.* 7.

그와 마찬가지로:

월 광 '증상들'이란 '징후들'[을 의미하는데], [본 게송에] "그와 같

49 하타요가의 호흡법의 출발점이라 할 수 있는 나디정화법에 익숙해지면 제일 먼저 살이 빠지고 그 다음에는 얼굴에 광택이 나기 시작한다. 요가 수행자의 혈색은 신령스러울 정도로 밝고 환한 광택이 있게 된다.

50 첫 번째 구(pāda[a])는 아누쉬뚜브-쉴로까(Anuṣṭubh-Śloka)의 확장형인 마-비뿔라(Ma-vipulā)이다.

이"(tathā)라는 말이 있으므로 [본 송에서 언급된 외적인 증상]뿐만 아니라 내적인 증상들도 있다는 것을 의미한다.
cihnāni lakṣaṇāni, tathāśabddenāntarāny api cihnāni bhavantīty arthaḥ | Hp-Jt. II.19, *p.* 44, *ll.* 3-4.

20

나디가 청정해졌으므로 [그는] 원하는 만큼 숨을 멈출 수 있고
[소화의] 불(火)을 지필 수 있고[51]
비음(秘音)이 분명히 들리게 되고 질병이 사라지게 된다.[52]
II.20$^{a\text{-}b}$ yatheṣṭaṃ dhāraṇaṃ vāyor analasya pradīpanam |
II.20$^{c\text{-}d}$ nādābhivyaktir ārogyaṃ jāyate nāḍiśodhanāt ||

【해설】

본 송은 고락샤의 것으로 알려진 『식별의 태양』(*Vivekamārtaṇḍa*) 82송과 동일하다.

---

51 브라흐마난다에 따르면, 여기서의 '불'(anala, 火)은 '소화(消化)의 불'(jaṭharāgni)을 의미하므로 '소화의 불을 지핀다.'는 것은 소화력이 강화되는 것을 의미한다.

52 호흡을 수련한다고 해서 곧바로 기(氣)가 하단전에 쌓이는 것은 아니다. 물과 마찬가지로 기 역시 위에서 아래로, 강한 곳에서 약한 곳으로 흐르므로 몸에 병이 있을 경우 기는 그곳으로 가게 된다. 이 단계에서의 쁘라나의 이동 경로는 전적으로 쁘라나의 의지에 달려 있다. 바꾸어 말하면 기를 축적할 수는 없지만 질병은 치유할 수 있다는 의미이다. 건강한 몸을 만든 이후에 비로소 쁘라나는 하단전에 쌓이게 된다. 이때부터 수행자는 자신의 의지대로 쁘라나를 운용할 수 있다. 나디정화법은 기본적으로 '들숨 후 그 숨을 참는 것'(꿈브하까, =뿌라까 쁘라나야마)와 병행해서 실행되므로 나디가 청정해질 때쯤이면 환골탈태할 정도로 신체가 변화되었다는 것을 느낄 수 있다.

원하는 만큼 숨을 멈출 수 있고:

월광 꿈브하까를 할 때 [자신이] 원하는 만큼, 오랜 시간동안 숨, 즉 쁘라나를 유지하고,
vāyoḥ prāṇasya yatheṣṭaṃ bahuvāraṃ dhāraṇaṃ kumbhakeṣu | Hp-Jt. II.20, *p*. 44, *l*. 1.

불(火):

월광 불, 즉 소화의 불.
jaṭharāgniḥ, Hp-Jt. II.20, *p*. 44, *l*. 1.

여섯 정화법(Ṣaṭkarma)의 필요성과 종류

21

지나치게 뚱뚱한 사람과 점액이 많은 사람은 [호흡을 수련하기에 앞서] 먼저 여섯 정화법을 실행해야 한다.
하지만 세 가지 요소가 균형 잡힌 다른 사람은 그것들(여섯 정화법)을 할 필요가 없다.
II.21$^{a\text{-}b}$ medaśleṣmādhikaḥ pūrvaṃ ṣaṭkarmāṇi samācaret |
II.21$^{c\text{-}d}$ anyas tu nācaret tāni doṣāṇāṃ samabhāvataḥ ||

【해설】

스바뜨마라마와 브라흐마난다는 정화법을 중요시하지 않는데 그 이유는 호흡 수련(prāṇāyāma)만으로도 '살을 빼거나 점액질을 제거할 수 있고'(II.23) 또 '몸을 정화할 수 있고'(II.37) 따라서 뚱뚱하거나 점액질이

많은 사람이 아니면 필요하지 않은 것으로(II.21) 보기 때문이다.

지나치게 뚱뚱한 사람과 점액이 많은 사람은 [호흡수련에 앞서] 먼저 여섯 정화법을 실행해야 한다:

월광 지방 그리고 점액질, 다시 말해서 '지방과 점액질이라는 그 두 가지'가 과잉인 그런 사람들은 먼저, 즉 '호흡을 수련하기에 앞서' 다시 말해서 '호흡을 수련할 때는 [굳이] 할 필요가 없는'[53] [바로 이 여섯 정화법] 즉, 지금부터 설명할 여섯 정화법을 실행해야 한다, 온전하게 실행해야 한다.

medaś ca śleṣmā ca medaśleṣmāṇau tāv adhikau yasya sa tādrśaḥ puruṣaḥ | pūrvaṃ prāṇāyāmābhyāsāt prāṅ na tu prāṇāyāmābhyāsakāle ṣaṭkarmāṇi vakṣyamāṇāni samācaret samyagācaret | Hp-Jt. II.21, *pp.* 44, *ll.* 1 ~ *p.* 45, *l.* 1.

세 가지 요소:

월광 바따, 삐따, 까파와 같은 요소들이[54] ….

doṣāṇaṃ vātapittakaphānāṃ … Hp-Jt. II.21, *p.* 45, *l.* 2.

22

위-청소법, 관장법, 코청소, 눈청소, 복부회전,
정뇌가 여섯 정화법이라고 말해졌다.

II.22$^{a\text{-}b}$ dautir vastis tathā netis trāṭakaṃ naulikaṃ tathā |
II.22$^{c\text{-}d}$ kapālabhātiś caitāni ṣaṭkarmāṇi pracakṣate || [55]

---

53 호흡을 수련할 경우엔 정화법이 필요하지 않은 이유는 23송에 대한 브라흐마난다의 주석에서 발견되는데 그것은 '호흡을 수련하는 것만으로도 살을 빼거나 점액질을 제거할 수 있기 때문'이다.

54 바따, 삐따, 까파에 대해서는 I. 31송에 대한 해설을 참조.

23

이 '여섯 정화법'은 신체를 청정하게 해주는 것으로 [귀중하게] 보호해야 한다.
[정화법은] 다양한 공덕을 주는 것으로, 뛰어난 요가수행자들에 의해 사랑받았다.
II.23^{a-b} karmaṣatkam idaṃ gopyaṃ ghaṭaśodhanakārakam |
II.23^{c-d} vicitraguṇasaṃdhāyi pūjyate yogipuṃgavaiḥ ||

【해설】

[정화법은] 다양한 공덕을 주는 것으로:

여섯 정화법의 효과는 크게 두 가지로 분류할 수 있는데 첫 번째는 살을 빼거나 점액질을 제거하는 것이고 두 번째는 본 송에서 언급되었듯이 '다양한 공덕(guṇa)을 쌓게 해 주는 것'이다. 브라흐마난다는 살을 빼거나 점액질을 제거하는 것은 호흡법으로도 가능하지만 공덕을 쌓은 것은 오직 여섯 정화법으로써만 가능하다고 해설한다.

월광 '이 말'(정화법은 다양한 공덕을 준다는 말)은 여섯 정화법 [특유의] 큰 효과가 무엇인지를 암시한다. 왜냐하면 '살을 빼거나 점액을 제거하는 것'은 호흡 수련법(prāṇāyāma)들로도 가능하기 때문이다. 이 점에 대해서는 '호흡 수련(pavanābhyāsa)에 전념한 사람은 여섯 정화법의 효과(yoga)를 얻는다.'라고 말해진 바 있고 [본서의] 전후 게송에서도 그와 같은 내용이 자명하게 드러나기 때문이다.[56]

---

55 세 번째 구(pāda^{c})는 아누쉬뚜브-쉴로까(Anuṣṭubh-Śloka)의 확장형인 마-비뿔라(Ma-vipulā)이다.

56 브라흐마난다의 해설에 따르면 '살을 빼거나 점액질을 제거하는 것'은 정화법이나 호흡수련으로 가능하지만 '다양한 공덕을 주는 것'은 정화법 특

etenedam eva karmaṣaṭkasya mukhyaṃ phalam iti sūcitam | medaśleṣmādināśasya prāṇāyāmair api saṃbhavāt | tad uktaṃ 'ṣaṭkarmayogam āpnoti pavanābhyāsatatparaḥ' iti pūrvottaragranthasyāpy evam eva svārasyāc ca || Hp-Jt. II.23, *p.* 45, *ll.* 6-9.

위-청소법(Dhauti)

24

그중에서 위-청소법은 다음과 같다.
폭이 약 7cm이고[57] 길이가 약 3m인[58] 젖은 천을 스승의 가르침에 따라 천천히 삼켜야 한다.
[그리고 그것을] 다시 꺼내야 한다. 이것이 위-청소법으로 말해진 것이다.

tatra dhautiḥ

II.24$^{a\text{-}b}$ caturaṅgulavistāraṃ hastapañcadaśāyatam |

II.24$^{c\text{-}d}$ gurūpadiṣṭamārgeṇa siktaṃ vastraṃ śanair graset |

II.24$^{e\text{-}f}$ punaḥ pratyāharec caitad uditaṃ dautikarma tat ||

유의 효과이다.

57 4 앙굴라(caturaṅgula)는 약 9cm이다.

58 'hastapañcadaśa'는 엄지손가락에서 새끼손가락까지의 한 뼘을 15번 펼친 길이이므로 약 3m가 된다.

【해설】

여기서의 드하우띠(dhauti)는 위(胃)청소법이다. 브라흐마난다는 26송에서 위-청소법과 관장법과 관련된 주의 사항을 다음과 같이 말한다. "청소법과 관장법 [이] 두 가지는 반드시 식사를 하기 전에 해야 한다. 그리고 그것(정화법)을 한 후에 식사가 너무 늦어져서도 안 된다."(원문은 II.26에 대한 해설을 참조.)

젖은 천(siktaṃ vastram):

월광 물기가 있고 약간 따뜻한 천.

jalārdraṃ kimcid uṣṇaṃ vastraṃ … Hp-Jt. II.24, *p.* 46, *ll.* 2-3.

스승의 가르침에 따라 천천히 삼켜야 한다:

월광 스승이 가르친 방법대로 … 조심스럽게 아주 천천히 조금만 삼켜야 한다. 두 번째 날에는 두 손바닥 [길이]만큼을 [삼키고], 세 번째 날에는 세 손바닥만큼 [삼켜야 한다]. 이와 같은 방식으로 날짜를 점점 늘려서 '하스따마뜨라'(중지 손가락 끝에서 팔꿈치까지의 길이: 약 43-55cm) 이상으로 삼켜야 한다. 그 천의 끝부분을 앞니에 단단히 고정시킨 후 나울리(복부회전: Hp.II.33) 정화법으로써 '위(胃, udara)에 있는 천'을 돌리고 난 후 다시 조심스럽게 그 천을 빼내어야 한다. 입으로 꺼내야 한다.

guruṇopadiṣṭo … mārgo … śanair mandaṃ mandaṃ kiṃcit kiṃcid graset | dvitīye dine hastadvayaṃ tṛtīye dine hastatrayam | evaṃ dinavṛddhyā hastamātramadhikaṃ graset | tasya prāntaṃ rājadantamadhye dṛḍhaṃ saṃlagnaṃ kṛtvā naulikarmaṇā udarasthavastraṃ samyak cālayitvā | punaḥ śanaiḥ pratyāharec ca tadvastram udgiren niṣkāsayec ca | Hp-Jt. II.24, *p.* 46, *ll.* 3-7.

25

기침 · 천식 · 비장의 병 · 문둥병 등 점액질 과잉으로 생기는 20가지의 [질병은]
[위] 청소 정화법에 의해 소멸된다. 여기에는 의심할 것이 없다.

II.25[a-b] kāsaśvāsaplīhakuṣṭhaṃ kapharogāś ca viṃśatiḥ | [59]
II.25[c-d] dautikarmaprabhāveṇa prayānty eva na saṃśayaḥ ||

관장법(Vasti)

26

이제 관장법을 설명한다.
배꼽 깊이의 물속에 쪼그리고 앉아서 항문 속에(pāyau) 관(管)을 삽입하고
괄약근으로 수축해서 [물을 끌어올린 후 흔들어서 배출]해라. 이것이 '물로 청소하는'(kṣālanaṃ) 관장법(vastikarma)이다.

atha vastiḥ
II.26[a-b] nābhidaghnajale pāyau nyastanālotkaṭāsanaḥ |
II.26[c-d] ādhārākuñcanaṃ kuryāt kṣālanaṃ vastikarma tat ||

---

59 첫 번째 구(pāda[a])는 아누쉬뚜브-쉴로까(Anuṣṭubh-Śloka)의 확장형인 라-비뿔라(Ra-vipulā)이다.

【해설】

17세기의 후대 문헌인『하타라뜨나발리』(*Haṭharatnāvalī*, HrV)는 물-관장법(jalavasti)와 공기-관장법(vāyuvasti)과 같은 두 종류의 관장법을 설명하지만『하타의 등불』에서 설명된 것은 물-관장법이다.『하따라뜨나발리』는 짜끄리-정화법(cakrikarma)를 행한 후에 관장할 것을 말하고[60] 또 관(管)을 삽입하지 않은 상태에서 관장을 하는 방법인 반면『하타의 등불』은 관을 삽입한 상태에서 실행한다는 점에서 차이점이 있다. 흥미로운 것은, 브라흐마난다가 '관을 삽입하지 않은 채 관장을 하면 불순물이 체내에 퍼지고 체액이 유실되므로 금기시하고 있다.'는 점이다. (아래의 해설을 참조.)

쪼그리고 앉아서, 항문 속에 관을 삽입하고:

'nyastanālotkaṭāsanaḥ'는 소유복합어로 '관을 삽입한 채 웃뜨까따 자세(āsana)를 취한 사람'을 의미하지만[61] 한글 번역에서서는 주어로 처리하지 않았다. 여기서의 '웃뜨까따 자세'는 '요가 체위의 일종'이 아니라 '쪼그리고 앉는 일반적인 자세'를 의미한다.

월 광 두 발꿈치를 양 엉덩이에 붙인 후 두 엄지발가락으로 앉아 있는

60 basti tu dvividho prokto jalavāyuprabhedataḥ |
cakriṃ kṛtvā yathāśaktyā bastiñ caiva tu kārayet || HrV. I.43.
짜끄리 정화법은 항문에 손가락의 절반을 넣어 괄약근이 충분이 이완될 때까지 회전하는 것인데(pāyunāle prasāryārddham aṅgulīṃ bhrāmayed abhīḥ | yāvad gudavikāsaḥ syāc cakrikarma nigadyate. HrV. I.29), HrV. I.31송은 '짜끄리 정화법이 중요하지만 저명한 스바뜨마라마가 이 정화법을 인정하지 않았다'고 말한다.

61 utkaṭam āsanaṃ yasya sa utkaṭāsanaḥ. Hp-Jt. II.26, *p*. 46, *l*. 5.

것이 '우뜨까따 자세'이다.
pārṣṇidvaye sphicau vinyasya pādāṅgulibhiḥ sthitir utkaṭāsanam | Hp-Jt. II.26, *p*. 46, *ll*. 5-6.

관(管):

월광 6 앙굴라(약12cm) 길이의 대나무 관(vaṃśanāla)을 잡고서 4 앙굴라(약 9cm)를 항문으로 삽입해야 한다. [나머지] 2 앙굴라를 밖에서 잡고 있어야 한다.
ṣaḍaṅguladīrghaṃ vaṃśanālaṃ gṛhītvā caturaṅgulaṃ pāyau praveśayet | aṅgulidvayamitaṃ bahiḥ sthāpayet | Hp-Jt. II.26, *p*. 46, *ll*. 3-5.

괄약근을 수축해서 [물을 끌어올린 후 흔들어서 배출]해라:

월광 항문을 수축해서 물이 안쪽으로 들어가게끔 그와 같이 수축해야 한다. [항문] 안으로 들어간 물을 나울리(복부회전법: Hp.II.33)로써 흔든 후에 [관으로] 배출해야 한다.[62]
ādhārasyākuñcanaṃ yathā jalam antaḥ praviśet tathā saṃkocanaṃ kuryāt | antaḥ praviṣṭaṃ jalaṃ naulikarmaṇā cālayitvā tyajet | Hp-Jt. II.26, *pp*. 46 *ll*. 6 ~ *p*. 47, *l*. 1.

이것이 물로 청소하는 관장법이다:

브라흐마난다는 식사와 관련된 규정을 간략히 언급한 후 관장법의 주의사항에 대해 다음과 같이 설명한다.

월광 물청소법이 관장법(vastikrama)이라고 말해졌다. 청소법과 관장법

62 브라흐마난다의 해설에 따르면 관장법은 나울리(복부회전법)와 병행해서 실행된다.

[이] 두 가지는 반드시 식사를 하기 전에 해야 한다. 그리고 그것(정화법)을 한 후에 식사가 너무 늦어져서도 안 된다. 한편, 어떤 사람들은 먼저 항문으로써 바유를 끌어들인 후 물속에 앉아서 항문에 관(管)을 삽입하지 않고 관장하기도 한다. [하지만] 그와 같이 하면 물이 밖으로 모두 배출되지 않게 되고 이로 인해 [불순물이 퍼짐으로써] 많은 질병이 생기고 [또] 체액(dhātu)이 유실되는 상황을 맞기도 한다. 이와 같은 방식의 관장법을 해서는 절대로 안 된다. 달리 어떻게 해야 하는가? 스바뜨마라마께서는 "항문에 삽입된 관으로"(pāyau nyastanāle)라고 답하실 것이다.
kṣālanaṃ vastikarmocyate | dhautivastikarmadvayaṃ bhojanāt prāg eva kartavyam | tadanantaraṃ bhojane vilambo 'pi na kāryaḥ | kecit tu pūrvaṃ mūlādhāreṇa vāyor ākarṣaṇam abhyasya jale sthitvā pāyau nālapraveśanam antareṇaiva vastikarmābhyasyanti | tathākaraṇe sarvaṃ jalaṃ bahir nāyāti | ato nānārogadhātukṣayādisaṃbhavāc ca tathā vastikarma naiva vidheyam | kim anyathā svātmārāmaḥ pāyau nyastanāla iti brūyāt || Hp-Jt. II.26, *p*. 47, *ll*. 2-6.

27

부종(浮腫), 복수증(浮水症)[과 같은 수종(水腫)] 및 바따, 삐따, 까파[의 부조화]로 생긴
질병들은 관장법에 의해 모두 사라진다.

II.27[a-b] gulmaplīhodaraṃ cāpi vātapittakaphodbhavāḥ |
II.27[c-d] vastikarmaprabhāveṇa kṣīyante sakalāmayāḥ ||

28

물청소 정화법(관장)은 '몸을 구성하는 [일곱] 요소'(dhātu) 및 [외적] 감관과 내적 기관을 깨끗하게 하고

혈색을 좋게 하며 소화의 불을 지피고 모든 체질 부조화를 없앤다.
II.28[a] dhātvindriyāntaḥkaraṇaprasādaṃ
II.28[b] dadyāc ca kāntiṃ dahanapradīptim |
II.28[c] aśeṣadoṣopacayaṃ nihanyād
II.28[d] abhyasyamānaṃ jalavastikarma ||

【해설】

본 송의 운율은 11음절의 인드라바즈라와 우뻰드라바즈라가 혼용된 우빠자띠(Upajāti)이다. 이 중에서 세 번째 구(pāda[c])는 우뻰드라바즈라(∪ — ∪ — — ∪ ∪ — ∪ — —)이고 나머지 구(pāda[a, b, d])는 인드라바즈라(— — ∪ — — ∪ ∪ — ∪ — —)인데 이와 같은 구조의 우빠자띠는 재차 살라(Sālā)로 불린다.

몸을 구성하는 [일곱] 요소:

월광 "[몸을 구성하는 일곱] 요소들은 라사(rasa),[63] 피(asṛṅ, asṛj), 살(māṃsa), 지방(medas), 뼈(asthi), 골수(majjā), 정액(śukra)이다"(*Vāgbhaṭa*. I.13)고 언급된 바 있다.
"rasāsṛṅmāṃsamedo 'sthimajjāśukrāṇi dhātavaḥ"(*Vāgbhaṭa*. I.13) ity uktāḥ | Hp-Jt. II.28, *p*. 47, *ll*. 2-3.

감관:

월광 감관들이란 입, 손, 발, 항문, 성기라는 다섯 가지 행위기관들 및 귀, 피부, 눈, 혀, 코와 같은 다섯 가지 인식 기관이다.
indriyāṇi vākpāṇipādapāyūpasthāni pañca karmendriyāṇi śrot-

---

63 rasa의 문자적 의미는 주스와 같은 액체인데 여기서는 아마도 림프액, 담즙, 소화액 등을 의미하는 것으로 보인다.

ratvakcakṣurjihvāghrāṇāni pañca jñānendriyāṇi ca, Hp-Jt. II.28, *p*. 47, *ll*. 3-4.

내적 기관.

월 광 '내적 감관들'이란 의근(意根, manas), 통각(統覺, buddhi), 심(心, citta), 아만(我慢, ahaṃkāra)으로 이루어진 것이다.
antaḥkaraṇāni manobuddhicittāhaṃkārarūpāṇi. Hp-Jt. II.28, *p*. 48, *ll*. 4-5.

코청소(Neti)

29

이제 네띠가 [설명된다].
비따스띠(약 24cm) 정도의[64] 아주 부드러운 실을 콧구멍으로 넣어야 한다.
그리고 입으로 그것을 꺼내야 한다. 이것이 코청소라고 도사들은 말했다.

atha netiḥ
II.29[a-b] sūtraṃ vitasti susnigdhaṃ nāsānāle praveśayet |
II.29[c-d] mukhān nirgamayec caiṣā netiḥ siddhair nigadyate ||

---

64 vitasti는 '12앙굴라(aṅgula)' 또는 '펼친 엄지손가락에서 새끼손까락까지'의 한 뼘 길이로 약 20-24cm이다.
한편 『하타라뜨나발리』 I.40은 실의 길이를 '6 비따스띠 정도'(ṣaḍvitastimita)로 설명한다.

【해설】

브라흐마난다의 해설에 따르면 네띠는 '먼저 한쪽 코(왼쪽 콧구멍)로 실을 넣어서 입으로 빼낸 상태에서' 반대쪽 코(오른쪽 콧구멍)를 손가락으로 막고서 숨을 마시고 내쉬는 것을 반복한 후 양쪽 끝의 실을 잡고 흔들어야 하고 그 다음에는 자세를 바꾸어 반대쪽 콧구멍(오른쪽 콧구멍)으로 실을 넣어 똑같이 행하는 것이다.

아주 부드러운 실을:

월광 대단히 부드럽고 매듭 등이 없는 실을.

susṭhusnigdhaṃ granthyādirahitaṃ sūtram | Hp-Jt. II.29, *p*. 48, *l*. 3.

아주 부드러운 실을 콧구멍으로 넣고 … 입으로 그것을 꺼내야 한다:

월광 이 방법은 다음과 같다. 실의 끝부분을 콧구멍으로 집어넣은 후 다른 쪽 콧구멍을 손가락으로 막고서 숨을 들이마셔야 한다. 그 다음에는 숨을 입으로 내쉬어야 한다. 이것을 반복한 후 입에 있는 실의 끝부분을 당겨야 한다. 그리고 그 실의 끝 부분과 코 밖에 있는 실을 잡고서 천천히 흔들어야 한다(śanaiś cālayet). [세 번째 구(pāda°)에] "그리고"(ca)라는 단어가 있으므로 '한쪽 코로 넣은 후 다른 쪽에서 빼내어야 한다는 것' 역시 언급된 [것으로 파악해야 한다]. 방법은 다음과 같다. 한쪽 콧구멍으로 실의 끝을 집어넣은 후 다른 쪽 콧구멍을 손가락으로 막은 후 숨을 마셔야 하고 그 후에 다른 쪽 콧구멍으로 내쉬어야 하고 그것을 계속 반복한 후 다른 쪽 콧구멍에 있는 실의 끝부분을 당기고 그것을 앞에서와 같은 방법으로 흔들어야 한다.

tatprakāras tv evam | sūtraprāntaṃ nāsānāle praveśyetaranāsāpuṭam aṅgulyā nirudhya pūrakaṃ kuryāt | punaś ca mukhena recayet | punaḥ punar evaṃ kurvato mukhe sūtraprāntam āyāti

| tatsūtraprāntaṃ nāsābahiḥsthasūtraprāntaṃ ca gṛhītvā śanaiś cālayed iti | cakārād ekasmin nāsānāle praveśyetarasmin nirgamayed ity ukatm | tatprakāras tv ekasmin nāsānāle sūtraprāntaṃ praveśyetaranāsāpuṭam aṅgulyā nirudhyā pūrakaṃ kuryāt paścād itaranāsānālena recayet | punaḥ punar evaṃ kurvata itaranāsānāle sūtraprāntam āyāti tasya pūrvavac cālanaṃ kuryād iti | Hp-Jt. I.29, *p*. 48, *ll*. 5-11.

30

코청소(neti)는 두개골을 정화하고 '초자연적인 시력'을 주고 어깨 위쪽에 생겨난 다양한 질병들을 신속히 없앤다.

II.30[a-b] kapālaśodhinī caiva divyadṛṣṭipradāyinī |
II.30[c-d] jatrūrdhvajātarogaudhaṃ netir āśu nihanti ca ||

【해설】

초자연적인 시력:

월 광 미세한 대상을 볼 수 있는 눈.
sūkṣmapadārthagrāhiṇīṃ dṛṣṭiṃ. Hp-Jt. I.30, *p*. 49, *l*. 3.

응시법(Trāṭaka)

31

이제 응시법이 [설명된다].

시선을 고정하고 눈물이 흐를 때까지(aśru-saṃpāta-paryantam) 미세한 대상을 응시해야 한다. [이것을] 스승들은 응시법이라 말했다.

atha trāṭakam

II.31[a-b] nirīkṣen niścaladṛśā sūkṣmalakṣyaṃ samāhitaḥ |[65]

II.31[c-d] aśrusaṃpātaparyantam ācāryais trāṭakaṃ smṛtam ||

【해설】

응시법은 눈물이 흐를 때까지 눈을 깜빡이지 않고 미세한 대상을 쳐다보는 것인데 미세한 대상이 무엇인지는 설명되지 않았다.

스승들:

월광 맛첸드라 등의 스승들께서 이것을 응시법, 즉 응시정화법이라고 말했다, 설명했다.

ācāryair matsyendrādibhir idaṃ trāṭakaṃ trāṭakakarma smṛtaṃ kathitam || Hp-Jt. II.31, *p.* 49, *ll.* 3-4.

32

[응시법은] 눈에 생긴 질병들을 없애고 나른함 따위를 없앤다. 마치 황금이 든 상자처럼 최선을 다해 응시법을 비밀로 지켜야 한다.

II.32[a-b] mocanaṃ netrarogāṇāṃ tandrādīnāṃ kapāṭakam |

II.32[c-d] yatnatas trāṭakaṃ gopyaṃ yathā hāṭakapeṭakam ||

---

65 첫 번째 구(pāda[a])는 아누쉬뚜브-쉴로까(Anuṣṭubh-Śloka)의 확장형인 나-비뿔라(Na-vipulā)이다.

복부회전(Nauli)

33

어깨를 [약간 앞으로] 숙인 상태에서 복부를 왼쪽에서 오른쪽으로 급격하고 신속하게 돌려서 회전시켜라.
이것을 [요가의] 달인들은 복부회전법(nauli)이라고 말했다.

atha nauliḥ

II.33[a-b] amandāvartavegena tundaṃ savyāpasavyataḥ |

II.33[c-d] natāṃso bhrāmayed eṣā nauliḥ siddhaiḥ praśasyate ||

【해설】

세 번째 구의 natāṃsaḥ는 소유복합어로 '어깨를 [약간 앞으로] 숙인 자'를 의미하지만 주어로 처리하지 않았다.

34

약해진 [소화의] 불에 불을 붙여 소화력 등을 촉진시킬 뿐만 아니라(apika) 언제나 즐거움을 주고
체질 부조화로 생긴 모든 [질병]을 없애는 이 복부회전법(nauli)은 하타정화법의 왕관이다.

II.34[a-b] mandāgnisaṃdīpanapācanādisaṃdhāpikānandakarī sadaiva |

II.34[c-d] aśeṣadoṣāmayaśoṣaṇī ca haṭhakriyāmaulir iyaṃ ca nauliḥ ||

【해설】

본 송의 운율은 11음절의 인드라바즈라와 우뻰드라바즈라가 혼용된 우빠자띠(Upajāti)이다. 이 중에서 첫 번째와 두 번째 구(pāda[a, b])는 인드라바즈라(−−∪ −−∪ ∪−∪ −−)이고 세 번째와 네 번째 구(pāda[c, d])는 우뻰드라바즈라(∪−∪ −−∪ ∪−∪ −−)인데 이와 같은 구조의 우빠자띠는 재차 라마(Rāmā)로 불린다.

복부회전법(nauli)은 하타정화법의 왕관이다:

월 광 [복부회전법은] 위-청소법(dhauti) 등등과 같은 하타[요가]의 정화법 중에서 왕관이다. 마치 왕관처럼 가장 훌륭한 [정화법]이다. 그 이유는 위-청소법과 관장법을 할 경우에도 복부회전법(nauli)을 병행해야 하기 때문이다.

haṭhasya kriyāṇāṃ dautyādīnāṃ maulir maulirivottamā dhautivastyor naulisāpekṣatvāt | Hp-Jt. II.34, *p.* 50, *ll.* 5-6.

정뇌(淨腦, Kapālabhāti)

35

이제 정뇌법을 설명한다.

대장장이의 풀무질처럼 들숨과 날숨을 ‘어지러울 정도로 급격하게 하는 것’이

정뇌라고 불렸다. [정뇌법]은 까파[로 인한] 질병(kaphadoṣa)을 없앤다.

atha kapālabhātiḥ

II.35[a-b] bhastrāval lohakārasya recapūrau sasaṃbhramau |
II.35[c-d] kaphālabhātir vikhyātā kapadoṣaviśoṣaṇī ||

【해설】

정뇌법(淨腦法)은 급격하게 숨을 마시고 내쉬는 것으로 '숨을 참는 과정' 즉 꿈브하까가 배제된 것이고 '회음 수축 등의 반드하를 병행하지 않는 것'이므로 호흡법(prāṇāyāma)이 아니라 정화법으로 분류된다. '어지러울 정도로 급격하게 들숨과 날숨을 계속해서 반복하는 정뇌법'은 정화법으로서도 중요할 뿐만 아니라 하타요가가 중요시하는 풀무-꿈브하까(bhastrikā)를 수련하기 위해서 반드시 익혀야 할 방법이기도 하다. 브라흐마난다는 정뇌의 방법을 다음과 같이 간략히 해설한다.

월 광 불을 지피는 수단인 대장장이의 풀무 가죽처럼 급격하게, 어지러울 만큼 급격하게 입출식을, 다시 말해서 들숨과 날숨을 계속해서 반복하는 것이 정뇌(kapālabhāti)라고 말해졌다.
lohakārasya bhastrāgner[66] dhamanasādhanībhūtaṃ carma tadvad saṃbhrameṇa sahavartamānau sasaṃbhramāv amandau yau recapūrau recakapūrakau kapālabhātir iti vikhyātā | Hp-Jt. II.35, *pp*. 50, *ll*. 1 ~ *p*. 51, *l*. 1.

까파[로 인한] 질병을 없앤다:

월 광 까파로 인한 질병은 20종류로 분류된다. 이 점에 대해 『니다나』(*Nidāna*)는 "까파로 인한 질병들은 20가지이다."라고 말한 바 있다. [정뇌는] 그것들(까파로 인한 질병)을 고갈시키는 것, 즉 없애는 것이다.

---

66 bhastrāgner | bhastrā agner. Hp-Jt[Adyar].

(kaphasya doṣā viṃśatibhedabhinnāḥ | tad uktaṃ nidāne "kapharogāś ca viṃśati" iti | teṣāṃ viśoṣaṇī vināśanī || Hp-Jt. II.35, *p.* 51, *ll.* 1-3.)

여섯 정화법의 역할

36

여섯 가지 정화법으로써 비만 및 '점액질에서 생긴 불순물 등을' 없앤 후에
호흡을 수련한다면 더 쉽게 [요가를] 완성할 수 있을 것이다.
II.36[a-b] ṣaṭkarmanirgatasthaulyakaphadoṣamalādikaḥ |
II.36[c-d] prāṇāyāmaṃ tataḥ kuryād anāyāsena siddhyati ||

【해설】

여섯 가지 정화법으로써:

월광 여섯 정화법들이 '호흡을 수련하는 데 도움이 된다는 것'(호흡수련의 조력자)에 대해 [본 송은] "여섯 정화법"(ṣaṭkarman)이라는 [첫 단어 이하에서] 말한다. '여섯 정화법들에 의해서'[라는 말은] '위-청소법(dhauti)을 필두로 하는 [여섯 정화법]들에 의해서' [라는 뜻이다].

ṣaṭkarmaṇāṃ prāṇāyāmopakārakatvam āha - ṣaṭkarmeti | ṣaṭkarmabhir dhautiprabhṛtibhir ··· Hp-Jt. II.36, *p.* 51, *ll.* 1-2.

점액질에서 생긴 불순물 등:

월광 '등등'(等等, ādi)이라는 말이 있으므로 삣따(pitta) 등에서 [생겨난 불순물도 포함된다.]
ādiśabdena pittādayaḥ | Hp-Jt. II.36, *p*. 51, *l*. 4.

호흡을 수련한다면 더 쉽게 [요가를] 완성할 수 있을 것이다:

월광 그 후, 즉 '여섯 정화법을 먼저 실행한 후에' 호흡을 수련한다면 힘들이지 않아도, 다시 말해서 크게 수고하지 않아도 [요가를] 완성할 수 있다. [본 게송에 목적어인] "요가를"이라는 말을 보충해야 한다. [전체적인 의미는] 여섯 정화법을 실행하지 않고 호흡을 수련하면 적지 않게 피곤해질 것이라는 의미이다.
tatas tasmād ṣaṭakarmapūrvakāt prāṇāyāmād anāyāsenāśrameṇa siddhyati yoga iti śeṣaḥ | ṣaṭkarmākaraṇe tu prāṇāyāme śramādhikyaṃ syād iti bhāvaḥ || Hp-Jt. II.36, *p*. 51, *ll*. 4-6.

여섯 정화법이 필요하지 않다는 견해

37

[하지만] "호흡수련(prāṇāyāma)만으로도 모든 불순물들이 사라진다"는 이유에서
어떤 스승들은 여타의 정화법을 인정하지 않았다.[67]

67 이 게송의 의미는 두 가지로 해석될 수 있는데, 첫 번째는 야갸발꺄와 같은 스승들이 여섯 정화법 자체를 인정하지 않았다는 것이고 두 번째는 정뇌법을 제외한 나머지 정화법을 인정하지 않는다는 것이다. 브라흐마난다는 전

II.37[a-b] prāṇāyāmair eva sarve praśuṣyanti malā iti | [68]
II.37[c-d] ācāryāṇāṃ tu keṣāṃcid anyat karma na saṃmatam ||

【해설】

월 광 '여섯 정화법들이 필요하지 않다'는 다른 견해에 대해 "호흡법들만으로도"라는 [단어 이하에서] 말한다. "오직 호흡법들만으로도"라는 말에서 '오직'(eva)이라는 말은 여섯 정화법을 배제하는 [불변화사]이다. [호흡 수련만으로도] 모든 불순물들이 사라진다. [여기서] '불순물들'은 제유법(提喩法)으로 비만 및 까파, 삐따 따위의 불순물들[을 포함한다]. 이와 같은 이유에서(호흡 수련만으로도 불순물이 소멸되므로) 어떤 스승들, 즉 야갸발꺄 등등의 [스승들]은 다른 정화법, 즉 여섯 정화법을 인정하지 않았다, 허용하지 않았다.

matabhedena ṣaṭkarmaṇām anupayogam āha - prāṇāyāmair iti prāṇāyāmair eva | evaśabdaḥ ṣaṭkarmavyacchedārthaḥ | sarve malāḥ praśuṣyanti | malā ity upalakṣaṇaṃ sthaulyakaphapittādīnām, iti hetoḥ kesāṃcid ācāryāṇāṃ yājñavalkyādīnām anyat karma ṣaṭkarma na saṃmataṃ nābhimatam | Hp-Jt. II.37, *p.* 51, *ll.* 1-4.

자로 해석해서, 호흡 수련만으로도 충분하므로 여섯 정화법 자체가 무용하다고 말한다.

68 첫 번째 구(pāda[a])는 아누쉬뚜브-쉴로까(Anuṣṭubh-Śloka)의 확장형인 라-비뿔라(Ra-vipulā)이다.

코끼리 행법(Gajakaraṇī)

38

이제 가자까라니(코끼리 행법)를 설한다.

아빠나 기로 '위(胃)에 들어 있는 음식'을[69] 목구멍으로 끌어올려서 토하는 [방법에] 점차적 익숙해져 나디총을 통제하게 하는 그것이 '하타를 아는 자'들이 말하는 가자까라니이다.

atha gajakaraṇī
II.38[a] udaragatapadārtham udvamanti
II.38[b] pavanam apānam udīrya kaṇṭhanāle |
II.38[c] kramaparicaya vaśya nāḍicakrā
II.38[d] gajakaraṇīti nigadyate haṭhajñaiḥ ||

【해설】

본 송의 운율은 교차 운율이라 할 수 있는 뿌쉬삐따그라(Puṣpitāgrā)이다. 뿌쉬삐따그라의 홀수 구(pāda)는 ∪∪∪∪∪∪—∪—∪——의 12음절이고 짝수 구(pāda)는 ∪∪∪∪—∪∪—∪ —∪——의 13음절의 교차운율(절반운율, ardhasamavṛtta)이다.[70]

---

69 브라흐마난다는 '위에 들어 있는 물질'을 음식물로 본다.
"물질이란 먹고 마신 음식이나 물 등이다."(padārthaś ca bhukapītānnajalādistaṃ. Hp-Jt. II.38, *p.* 52, *ll.* 2-3.)

70 이 운율은 음절수가 아닌 마뜨라(mātrā)로 분석되는 자띠(jāti)의 아우빠찬다시까(Aupacchandasika: 홀수구 16mātrā, 짝수구: 18mātrā)로 분석될 수도 있다.
홀수 구: ∪∪∪∪∪∪ —∪—∪——
1 2 3 4 5 6 7-8 9 10-11 12 13-14 15-16

호흡 수련의 당위성

39

브라흐만을 위시한 서른 [신]들조차 죽음에 대한 공포 때문에 호흡 수련에 매진했다.
그러므로 [인간은 반드시] 호흡을 수련해야만 한다.

II.39$^{a\text{-}b}$ brahmādayo 'pi tridaśāḥ pavanābhyāsatatparāḥ | [71]
II.39$^{c\text{-}d}$ abhūvann antakabhayāt tasmāt pavanam abhyaset || [72]

【해설】

월 광 가장 위대한 존재들도 [호흡을] 수련했고 또 [호흡 수련이] 엄청난 효과를 가져다주기 때문에 반드시 [인간이] 호흡을 수련해야 한다는 것을 지적하면서 "브라흐만을 위시한"(brahmādayaḥ)으로 [시작하는] 네 개의 게송(II.39-42송)이 [호흡수련의 당위성 대해] 말한다.

prāṇāyāmo 'vaśyam abhyasanīyaḥ sarvottamair abhyastatvād mahāphalatvāc ceti sūcayan āha caturbhiḥ - brahmādaya iti | Hp-Jt. II.39, *p.* 52, *ll.* 1-2.

호흡 수련에:

월 광 날숨, 들숨, 멈춤과 같은 종류로 나누어지는 [세 가지] 호흡 수련

짝수 구: ∪ ∪ ∪ ∪ — ∪ ∪ — ∪ — ∪ — —
1 2 3 4 5-6 7 8 9-10 11 12-13 14 15-16 17-18

71 첫 번째 구(pāda^{a})는 아누쉬뚜브-쉴로까(Anuṣṭubh-Śloka)의 확장형인 브하-비뿔라(Bha-vipulā)이다.

72 세 번째 구(pāda^{c})는 아누쉬뚜브-쉴로까(Anuṣṭubh-Śloka)의 확장형인 나-비뿔라(Na-vipulā)이다.

에[73]
recakapūrakakumbhakabhedabhinnaprāṇāyāmām. Hp-Jt. II.39, *p*. 52, *l*. 4.

40

기(marut)가 몸 안에서 고정되어 있는 한, 마음이 고정되어 있는 한,
또한 시선이 양 눈썹 가운데(미간)에 [고정되어] 있는 한 어찌 죽음에 대한 공포가 있을 수 있겠는가?
II.40$^{a\text{-}b}$ yāvad baddho marud dehe yāvac cittaṃ nirākulam |
II.40$^{c\text{-}d}$ yāvad dṛṣṭir bhruvor madhye tāvat kālabhyaṃ kutaḥ ||

【해설】

본 송은 고락샤의 것으로 알려진 『식별의 태양』(*Vivekamārtaṇḍa*) 73송과 동일하다.

시선이 양 눈썹 가운데(미간)에 [고정되어] 있는 한 어찌 죽음에 대한 공포가 있을 수 있겠는가:

월광 [죽음에 대한 공포가] 결코 있을 수 없다는 의미이다. 이 점에 대해서는 "삼매에 든 요가 수행자는 시간(죽음)에 삼켜지지 않고 업에 속박되지 않고 어떠한 것에도 굴복되지 않는다."라고 나중에(IV.108송) 언급될 것이다. [이 말은 삼매에 든 수행자는] 자유자재한 자가 된다는 것을 의미한다.

---

73 호흡법(prāṇāyāma)은 'recakaprāṇāyāma'(날숨 후 멈춤), 'pūrakaprāṇāyāma'(들숨 후 멈춤), 'kumbhakaprāṇāyāma'(멈춤에 의한 멈춤)와 같은 세 종류로 나누어진다. 보다 자세한 것은 71송에 대한 브라흐마난다의 해설을 참조.

na kuto 'pīty arthaḥ | tathā ca vakṣyati "khādyate na ca kālena bādhyate na ca karmaṇā | sādhyate na sa kenāpi yogī yuktaḥ samādhinā ‖ "(IV. 108) iti | svādhīno bhavatīty arthaḥ | Hp-Jt. II.40, *p.* 53, *ll.* 2-6.

41

규정대로 호흡을 수련함으로써[74] 모든 나디총(總)이 깨끗해질 때 기(māruta)는 수슘나의 입구를 열고서 자연스럽게 [그 안으로] 들어간다.

II.41$^{a\text{-}b}$ vidhivad prāṇasaṃyamair nāḍīcakre viśodhite |
II.41$^{c\text{-}d}$ suṣumnāvadanaṃ bhittvā sukhād viśati mārutaḥ ‖

【해설】

규정대로 호흡을 수련함으로써:

규정대로 호흡을 수련한다는 것은 달인좌나 연화좌와 같은 자세를 취한 상태에서 '들숨 후 그 숨을 참은 상태'에서 잘란드하라, 물라, 웃디야나와 같은 세 종류의 반드하를 차례대로 실행하는 것을 의미한다. 호흡 수련의 규정은 II. 45-47송에서 설명된다.

---

74 브라흐마난다에 따르면 '규정대로 호흡을 수련하는 것'이란 ① 영양가 있는 음식을 먹고 절식하고, ② 달인좌나 연화좌를 취한 후 '들숨 후 그 숨을 참은 상태'에서, ③ '세 가지 반드하를 병행하는 것'을 의미한다. 브라흐마난다는 호흡 수련의 규정을 Hp. II.16에 대한 주석에서 이미 밝혔지만 여기서는 아사나와 관련된 항목도 열거하는데 그것은 '달인좌나 연화좌를 취한 상태에서 호흡을 수련해야 한다'는 것이다.
한편, 여기서는 prāṇāyāma라는 복합어 대신 prāṇasaṃyamair로 되어 있는데 이것은 운율을 고려한 표현이다.

월광 규정대로 호흡을 수련함으로써, 다시 말해서 [달인좌와 같은 정좌] 자세에서 잘란드하라 반드하 등의 [반드하를 실행해야 한다는] 규정에 의거해서 호흡을 수련함으로써….[75]

vidhivat prāṇasaṃyāmair āsanajālaṃdharabandhādividhiyukta-prāṇayāmair … Hp-Jt. II.41, *p.* 53, *ll.* 1-2.

나디총(總)이 깨끗해질 때:

월광 '나디 짜끄라'[라는 말은] 나디들의 총(總), 전체(samūha)[라는 의미인데], 그것이 깨끗해질 때….

nāḍīcakre nāḍīnāṃ cakraṃ samūhas tasmin viśodhite … Hp-Jt. II.41, *p.* 53, *l.* 2.

기는 수슘나의 입구를 열고서:

월광 기(māruta), 즉 바유는 '이다와 삥갈라 사이에 있는 나디'(=수슘나)의 입(vadana, mukha)을 열고서 자연스럽게 [그 속으로] 들어갈 것이다. [본 게송에] '수슘나 안으로' 라는 [말을] 보충해야 한다.

māruto vāyuḥ suṣumnā iḍāpiṅgalayor madhyasthā nāḍī tasyā vadanaṃ mukhaṃ bhittvā sukhād anāyāsād viśati suṣumnāntar iti śeṣaḥ | Hp-Jt. II.41, *p.* 53, *ll.* 2-4.

---

75 호흡수련의 규정은 II. 45-47송에서 언급되는데 그것은 '들숨 후 그 숨을 참은 상태에서 잘란드하라 반드하, 물라 반드하, 웃디야나 반드하와 같은 세 종류의 반드하를 실행하는 것'이다.

쁘라나 통제와 삼매의 관계

42

기(氣, māruta)가 중앙(수슘나 나디)으로 흐를 때 마음은 고정된다. 마음이 고정된 상태가 바로 마논마니(마음의 소멸, mana-unmanī)의 경지이다.

II.42$^{a\text{-}b}$ mārute madhyasaṃcāre manaḥ sthairyaṃ prajāyate |
II.42$^{c\text{-}d}$ yo manaḥsusthirībhāvaḥ saivāvasthā manonmanī ||

【해설】

본 게송은 '쁘라나가 수슘나로 진입하고 상승해서 브라흐마란드흐라에 도달할 때 삼매가 성취된다'는 하타요가 특유의 입장을 천명하고 있다. 『하타의 등불』은 '쁘라나가 수슘나로 상승해서 마침내 정수리에 도달하고 머무는 것'을 '쁘라나의 소멸'로 표현하고 또 '쁘라나가 소멸할 때 그것과 함께 작용하는 마음 역시 소멸한다.'고 말한다. 이 점은 『하타의 등불』 제IV장에서 반복적으로 언급된다.

한편 본 송은 '기(māruta)가 수슘나로 흐를 때 마음이 고정된다.'고 말하지만 브라흐마난다의 해설에서 알 수 있듯이 '기가 수슘나로 흐르는 것'은 '기가 수슘나로 상승해서 정수리의 브라흐마란드흐라에 도달하는 것'을 포함한다.

기(氣, māruta)가 중앙(수슘나 나디)으로 흐를 때:

본 게송의 중앙(madhya)은 **madhyamārga**(가운데 길, 中道)를 의미하는데 '가운데 길'이란 왼쪽의 이다 나디와 오른쪽의 삥갈라 나디의 중간에 있는 수슘나 나디를 의미한다.

월 광 [기가] 가운데 [나디], 즉 수슘나 속에서 흐르는 것, 다시 말해서 정수리까지 완벽하게 흐르는 것이 '중앙으로 흐르는 것'[이라는 말의 의미인데] 바로 그 상태에 도달할 때 마음은 고정된다. 다시 말해서 [기가 정수리에 도달할 때 마음은] '명상해야 할 대상의 형상'에 몰입되어 흐르게 된다.

madhye suṣumnāmadhye saṃcāraḥ samyak caraṇaṃ gamanaṃ mūrdhaparyantaṃ yasya sa madhyasaṃcāras tasmin sati manasaḥ sthairyaṃ dhyeyākāravṛttipravāho jāyate prādurbhavati | Hp-Jt. II.42, *p*. 53, *ll*. 1-3.

마음이 고정된 상태가 바로 마논마니(마음의 소멸, mana-unmanī)**의 경지이다:**

월 광 마음이 고정된 상태, 다시 말해서 완벽하게 [마음이] 고정된 상태가 바로 '마논마니의 경지'이다. 마논마니라는 단어는 운마니의 동의어이다. [이와 같은 동어의들에] 대해선 차후에 "라자요가 그리고 삼매…"(IV.3) 등으로 열거할 것이다.[76]

yo manasaḥ sthirībhāvaḥ suṣṭhusthirībhavanaṃ saiva manonmanyavasthā | manonmanīśabda unmanīparyāyaḥ | tathāgre vakṣyati 'rājayogaḥ samādhiś ca'(IV.3) ityādinā | Hp-Jt. II.42, *p*. 53, *ll*. 3-5.

---

76 『하타의 등불』에서 마논마니, 운마니, 삼매, 라자요가 등은 동의어이다. 이 점은 뒤의 IV.3송을 참조. 한편, 브라흐마난다는 운마니를 무상삼매의 동의어로 해설한 경우도 있다. "운마니, 즉 '무상(無想) [삼매]'의 상태라는 바로 그 여의수(如意樹), 다시 말해서 '원하는 것을 모두 이루게 하므로 [그렇게 불리는]' [바로 그 비밀스런 나무가] …" 원문은 아래의 IV.104송에 대한 브라흐마난다의 해설을 참조.

꿈브하까 수련의 효과

43

마논마니(tat)를 성취하기 위해서 '방법을 아는 사람들'은 다양한 꿈브하까를 행한다.
[또한 그들은] 다양한 꿈브하까를 수련하기 때문에 다양한 초능력도[77] 얻을 것이다.
II.43^{a-b} tatsiddhaye vidhānajñāś citrān kurvanti kumbhakān |
II.43^{c-d} vicitrakumbhakābhyāsād vicitrāṃ siddhim āpnuyāt ||

월광 다양한 꿈브하까를 수련함으로써 일어나거나 또 생겨날 수 있는 효과들 중에서 중요한 것과 부차적인 효과에 대해 [본 송은] "마논마니를 성취하기 위해서"(tatsiddhaye)로 [시작하는 첫 단어 이하에서] 말한다.
vicitreṣu kumbhakeṣu pravṛttiṃ janayituṃ teṣāṃ mukhyaphalam avāntaraphalaṃ cāha - tatsiddhaya iti | Hp-Jt. II.43, *p.* 54, *ll.* 1-2.

마논마니(tat)를 성취하기 위해서 '방법을 아는 사람들'은 다양한 꿈브하까를 행한다:

월광 방법을 아는 사람들은 그것을 성취하기 위해서, 다시 말해서 운마니의 경지를 성취하기 위해서 태양관통 등과 같은 종류의 다양한 꿈브하까들을 행한다.
vidhānajñās tatsiddhaye unmanyavasthāsiddhaye citrān sūryabhedanādibhedena nānāvidhān kumbhakān kurvanti | Hp-Jt.

77 8가지 초능력에 대해서는 III.8에 대한 해설을 참조.

II.43, *p*. 54, *ll*. 2-3.

[또한 그들은] 다양한 꿈브하까를 수련하기 때문에 다양한 초능력도 얻을 것이다:

월광 그리고 그들은 다양한 꿈브하까들을 수련함으로써도 축소술(aṇimā) 등과 같은 다양한 종류의 신통력 또는 '출생, 약초, 만뜨라, 고행 등에서 생겨난 다양한 초능력들을 [모두] 얻는다. 이 점에 대해 『바가바따뿌라나』는 "출생, 약초, 고행, 만뜨라 등으로 얻을 수 있는 모든 초능력을 요가로도 얻을 수 있다. 따라서 [그들은] 요가 외의 다른 길을 따르지 않는다."(XI.16.34)라고 말한 바 있다.

vicitrāś ca te kumbhakāś ca vicitrakumbhakās teṣām abhyāsād anuṣṭhānād vicitrām aṇimādibhedena nānāvidhāṃ vilakṣaṇāṃ vā janmauṣadhimantratapojātāṃ siddhim | taduktaṃ bhāgavate (XI.16.34) "janmauṣadhitapomantrair yāvatya iha siddhayaḥ | yogenāpnoti tāḥ sarvā nānyair yogagatiṃ vrajet ||" iti | Hp-Jt. II.43, *p*. 54, *ll*. 4-8.

꿈브하까(kumbhaka)의 종류

44

꿈브하까의 종류가 [설명된다].

태양관통(sūryabhedana), 승리(ujjāyī), 싯-소리(sītkāri), 냉각(śītalī), 풀무(bhastrikā), 벌소리(bhrāmarī), 실신(mūrcchā), 부양(plāvinī)과 같은 여덟 개의 꿈브하까(kumbhaka)가 있다.

atha kumbhabhedāḥ
II.44$^{a\text{-}b}$ sūryabhedanaṃ ujjāyī sītkāri śītalī tathā |
II.44$^{c\text{-}d}$ bhastrikā bhrāmarī mūrcchā plāvinīty aṣṭakumbhakāḥ ||

【해설】

여덟 개의 꿈브하까(kumbhaka)

태양관통(sūryabhedana), 승리(ujjāyī), 싯-소리(sītkāri), 냉각(śītalī), 풀무(bhastrikā), 벌소리(bhrāmarī), 실신(mūrcchā), 부양(plāvinī)과 같은 여덟 꿈브하까는 '들숨 후 그 숨을 최대한 참은 상태에서 잘란드하라, 물라, 웃디야나 반드하를 실행한다는 점'에선 동일하지만 숨을 마시고 내쉬는 방법은 다르다. 이 여덟 꿈브하까는 사히따 꿈브하까(sahitakumbhaka)로 통칭되는데 바로 이 사히따 꿈브하까(8 꿈브하까)가 완성된 상태가 께발라 꿈브하까(kevalakumbhaka)이다.(이 점은 73-74송 및 브라흐마난다의 해설을 참조).

여덟 개의 꿈브하까 중에서 중요한 것은 태양관통과 승리, 풀무인데 그중에서도 가장 중요한 것은 풀무이다.[78] 브라흐마난다는 여타의 꿈브하까들은 상황에 따라 수련하지 않아도 되지만 풀무만큼은 필수적으로 수련해야 한다고 당부하는데[79] 그 이유는 '풀무 꿈브하까가 수슘나에 있는 브라흐마 결절, 비쉬누 결절, 루드라 결절을 파괴하기 때문'이다.[80]

---

78 태양관통과 승리는 열을 발생시키므로 추울 때 유익하고 싯-소리와 냉각은 시원하게 하므로 더울 때 유익하며 풀무는 언제든 유익하다.(아래의 II.66송에 대한 해설 참조.)

79 "풀무로 불리는 꿈브하까 만큼은 특별히 수련해야만 한다. [풀무는] 어떤 경우에도 수련해야 한다는 뜻이다. 하지만 태양관통 등등의 [꿈브하까]들은 상황에 따라야 한다." (원문은 II.67에 대한 해설을 참조.)

80 "풀무 [꿈브하까]는 세 가지 결절들, 즉 브라흐마 결절, 비쉬누 결절, 루드라 결절과 같은 것을 완전히 파괴한다."(원문은 II.67에 대한 해설을 참조.)

꿈브하까의 원칙

45

들숨이 끝날 때(=숨을 마시자마자 곧바로) 잘란드하라로 불리는 반드하를 해야만 하고
'꿈브하까(들숨 후 그 숨을 참는 것)를[81] 끝낼 무렵, 내쉬기에 앞서 웃디야나 [반드하]를 해야만 한다.
II.45$^{a\text{-}b}$ pūrakānte tu kartavyo bandho jālaṃdharābhidhaḥ |
II.45$^{c\text{-}d}$ kumbhakānte recakādau kartavyas tūḍḍiyānakaḥ ||[82]

【해설】

문맥상 45-48송을 후대에 추가된 것으로 의심할 수도 있지만 이 세 게송은 꿈브하까의 기본 원칙을 천명하는 중요한 게송으로 파악된다. 브라흐마난다 역시 본 송을 해설하기에 앞서 다음과 같이 말한다.

월 광 모든 꿈브하까에 공통적으로 적용되는 [꿈브하까의] 원칙에 대해 "들숨이 끝날 무렵에"(pūrakānte)로 [시작하는 제45송 이하의] 세 [게송]에서 설명한다.
sarvakumbhakasādhāraṇayuktim āha tribhiḥ. Hp-Jt. II.45, *p*. 54, *ll*. 1-2.

---

81 『하타의 등불』에 설명된 8종류의 호흡법은 모두 '들숨 후 그 숨을 최대한 참는 것'이다.

82 세 번째 구(pāda^{c})는 아누쉬뚜브-쉴로까(Anuṣṭubh-Śloka)의 확장형인 라-비뿔라(Ra-vipulā)이다.

46-48송에서 설명된 꿈브하까의 원칙은 '숨을 마신 후 그 숨을 참은 상태에서 잘란드하라, 물라, 웃디야나와 같은 세 가지 반드하를 실행하는 것'인데 이와 같은 꿈브하까의 원칙이 46-48송에서 표명되었기 때문에 48송 이후엔 별도로 언급되지 않았다. 하지만 '숨을 참은 상태에서 세 가지 반드하를 실행하는 것'은 모든 꿈브하까에 적용되는 원칙이므로 생략된 것으로 파악해야 한다.

들숨이 끝날 때 잘란드하라로 불리는 [반드하]를 해야만 하고:
'pūrakānte'는 문자적으로 '들숨의 끝'을 의미하지만 브라흐마난다는 '들숨의 끝'이라는 말을 '숨을 마시자마자 곧바로'로 해설한다. 'jālaṃdharābhidhaḥ'는 소유복합어로 남성명사 bandhaḥ를 수식한다. 브라흐마난다의 해설에 따르면 잘란드하라 반드하는 '목 근육으로 기도를 조인 후 턱을 쇄골에 붙이는 것'인데 이 반드하는 '숨을 마시자마자 곧바로' 실행되어야 한다.

월 광 잘란드하라라는 명칭, 이름을 가진 [반드하]가 '잘란드하라라는 명칭을 가진 반드하'인데 [잘란드하라는] 쁘라나 바유[의 흐름]을 차단하기 때문에 '반드하' [수행법]이다. 먼저 목을 수축한 후 턱을 가슴에 붙이는 잘란드하라 반드하는[83] '들숨이 끝날 때', 즉

83 턱을 가슴에 붙이는 것에 대한 자세한 방법은 III.70송에 대한 브라흐마난다의 해설에서 발견된다.
"목, 즉 목구멍(galabila)을 수축한 후, 조인 후에 가슴, 즉 '4앙굴라(9cm) 안쪽 지점의 흉곽 근처'에 턱(cubuka, = hanu)을 단단히, 강하게 붙여야 한다, [턱을 가슴에] 확고히 붙여야 한다. 이것, 즉 '목을 조인 후 4앙굴라 안쪽의 가슴에(=쇄골에) [고개를] 아래로 숙여서 턱을 붙인(cubuka-sthāpana) 형태'가 바로 잘란드하라로 불리는, 즉 잘란드하라로 일컬어지는 반드하이다. (원문은 III.70에 대한 해설을 참조.)

숨을 마시자마자 곧바로 신속히 실행되어야 한다.
jālaṃdhara ity abhidhā nāma yasya sa jālaṃdharābhidho bandhaḥ, badhnāti prāṇavāyum iti bandhaḥ | kaṇṭhākuñcana-pūrvakaṃ cibukasya hṛdi sthāpanaṃ jālaṃdharabandhaḥ pūrakānte pūrakasyānte pūrakānantaraṃ jhaṭiti kartavyaḥ | Hp-Jt. II.45, *p.* 54, *ll.* 2-4.

내쉬기에 앞서 웃디야나 반드하를 해야만 한다:

월광 웃디야나로 불리는 반드하는 꿈브하까(들숨 후 그 숨을 최대한 참는 것)를 끝낼 무렵, 즉 꿈브하까의 끝자락, 다시 말해서 '꿈브하까가 약간 유지된 상태에서' 숨을 내쉬기에 앞서, 즉 숨을 내쉬기 전에 실행되어야만 한다.[84] 복부 부위를 힘껏 뒤로 끌어당기는 것(=복부를 등 쪽으로 수축하는 것)이 웃디야나 반드하이다.
uḍḍiyānakas tu kumbhakānte kumbhakasyānte kiṃcit kumbhakaśeṣe recakād adau recakasyādau recakāt pūrvaṃ kartavyaḥ | prayatnaviśeṣeṇa nābhipradeśasya pṛṣṭhata ākarṣaṇam uḍḍiyānabandhaḥ || Hp-Jt. II.45, *pp.* 55, *ll.* 5 ~ *p.* 56, *l.* 2.

---

84 일반적으로 '들숨 후 그 숨을 참은 상태'에서 물라 반드하와 잘란드하라 반드하를 실행한 후 곧바로 웃디야나 반드하를 실행하지만 브라흐마난다는 웃디야나 반드하를 실행하는 시점을 '꿈브하까가 약간 유지된 상태에서 숨을 내쉬기에 앞서, 즉 꿈브하까를 끝낼 무렵'으로 해설한다. 브라흐마난다의 설명에 따르면 웃디야나 반드하는 비교적 짧게 실행하는 것인데 이것은 조금씩 숙달해야 할 것을 의도한 표현으로 파악된다. 그 이유는, 끌어올려야 할 쁘라나가 충만하지 않은 상태에서 억지로 웃디야나를 하는 것이 반드시 좋은 것은 아니기 때문이다. 물이 넘치면 아래로 흘러내리듯이 쁘라나가 충만해지면 웃디야나 반드하는 저절로 이루어지는데 그때 웃디야나를 장시간 유지하는 것이 좋을 것으로 보인다.

46

아랫부분(회음)을 신속히 조이고, 목을 끌어당긴 후
가운데(배꼽주위)를 뒤로 당기면 기(prāṇa)는 브라흐마 나디로 들어갈 것이다.

II.46^{a-b} adhastāt kuñcanenāśu kaṇṭhasaṃkocane kṛte |
II.46^{c-d} madhye paścimatānena syāt prāṇo brahmanāḍigaḥ ||

【해설】

'아랫부분(회음)을 신속히 조이는 것'은 물라 반드하를 의미하고[85] '목을 끌어당기는 것'은 잘란드하라 반드하를,[86] 그리고 '가운데를 뒤로 당기는 것'은 웃디야나 반드하를 의미한다.[87] 3종류의 반드하에 의해서 쁘라나는 수슘나로 진입하고 상승하는데 본 송에서는 수슘나를 브라흐마 나디로 표현하고 있다.[88]
브라흐마난다는 세 가지 반드하의 실행 순서를 잘란드하라, 물라, 웃디야나 반드하 순으로 설명한다.

월광 목의 수축, 즉 '목을 끌어당기는 것을 실행한 후에'[라는 말은] '잘란드하라 반드하를 실행한 후에'라는 의미이다. 신속히(āśu), 곧바로 아래쪽, 즉 아랫 부분을 수축함으로써[라는 말은] '회음

---

85 "회음을 조임으로써, 즉 '물라 반드하로써'라는 의미이다."(adhaḥ pradeśād ākuñcanenādhārākuñcanena mūlabandhenety arthaḥ | Hp-Jt. II.46, *p*. 55, *ll*. 2-3.)
86 "'잘란드하라 반드하를 실행한 후에'라는 의미이다."(jālaṃdharabandhe kṛte satītiy arthaḥ | Hp-Jt. II.46, *p*. 55, *l*. 6.)
87 "웃디야나반드하에 의해서라는 의미이다."(tenoḍḍiyānabandhenety arthaḥ | Hp-Jt. II.46, *p*. 55, *l*. 8.)
88 "세 가지 반드하에 의해서 쁘라나 바유는 브라흐마 나디, 즉 수슘나로 간다는 의미이다." (bandhatrayeṇa prāṇo vāyur brahmanāḍīṃ suṣumnāṃ gacchatīti brahmanāḍigaḥ suṣumnānāḍigāmī syād ity arthaḥ | Hp-Jt. II.46, *p*. 55, *ll*. 4-5.)

을 수축함으로써'를 [의미하는데 이 말은] '물라반드하를 함으로써'라는 뜻이다. 가운데에, 즉 복부 주위를 등 쪽으로 끌어당기고, 수축하는 것이라는 이 말은 '웃디야나반드하를 함으로써'라는 의미이다. 이와 같이 설명된 방법으로 세 가지 반드하를 실행할 때 쁘라나, 바유가 브라흐마 나디, 다시 말해서 수슘나 [나디 속으]로 간다. [이 말은 세 가지 반드하에 의해 쁘라나가] 브라흐마 나디, 즉 수슘나 나디로 들어갈 것이라는 뜻이다.
kaṇṭhasya saṃkocanaṃ kaṇṭhasaṃkocanaṃ tasmin kṛte sati jālaṃdharabandhe kṛte satīty arthaḥ। āśvavyavahitottaram evādhastād adhaḥpradeśād ākuñcanenādhārākuñcanena mūlabandhenety arthaḥ। madhye nābhipradeśe prāścimataḥ pṛṣṭhatastānaṃ tānanam ākarṣaṇaṃ tenoḍḍiyānabandhenety arthaḥ। uktarītyā kṛtena bandhatrayeṇa prāṇo vāyur brahmanāḍiṃ suṣumnāṃ gacchatīti brahmanāḍigaḥ suṣumnānāḍigāmī syād ity arthaḥ। Hp-Jt. II.46, *p.* 55, *ll.* 1-5.

브라흐마난다는 계속해서 지흐바 반드하(혀-붙임)라는 비밀스런 가르침을 설명한다.[89]

월 광 여기엔 다음과 같은 비밀스런 가르침이 있다. 만약 신령스런 스승의 가르침을 받아 지흐바 반드하(혀-붙임)을 완전하게 터득했다면 '지흐바 반드하를 먼저 실행한 상태에서 잘란드하라 반드하를 하기만 해도' 쁘라나야마(호흡수련)를 완성할 수 있다. [다시 말해서 지흐바 반드하를 한 후에 잘란드하라 반드하만 실행해도] 기(vāyu)는 결코 동요하지 않게 되고 [또] "몸이 날씬해지고 얼굴

89 『하타의 등불』에서 '지흐바 반드하'(jihvābandha, 혀-반드하)라는 명칭은 발견되지 않는다. 대신 '혀를 앞니의 뿌리에 붙이는 것'(rājadantamūle tu jihvayā I.46), '혀를 앞니 뿌리에 붙이는 것'(rājadantasthajihvāyāṃ bandhaḥ. III.22)으로 언급된다.

에서 광택이 난다."(II.78)는 등등과 같은 [성공의] 증표들이 모두 일어나므로 물라 반드하와 웃디야나 반드하를 할 필요가 없다. 양자(물라 반드하와 웃디야나 반드하)는 '혀-반드하를 먼저 실행한 상태에서 잘란드하라 반드하를 실행하는 것'과는 다른 방식으로 이루어지기 때문이다. [하지만] 만약에 [이와 같은] 혀-반드하를 배우지 못했다면 "아래쪽을 수축함으로써 …"(=물라 반드하를 행함으로써)라고 [본] 게송(제46송)에서 설명된 방법대로 호흡을 수련해야 한다. 물론 세 가지 반드하 역시 스승의 입(=가르침)을 통해서 터득해야만 한다.

한편, 물라반드하를 정확하게 하지 못하면 다양한 질병들이 생겨나게 된다. 만약 물라반드하를 실행했을 때 '인체를 구성하는 물질'(dhātu)[90]이 소실되고, 변비가 생기고, 소화력이 떨어지고, 비음(秘音, nāda)이 잘 들리지 않고, 대변이 염소의 것처럼 둥글게 뭉친 형태가 되면 물라반드하를 올바르게 실행하지 못한 것으로 알아야 한다. 만약 '인체를 구성하는 물질'(dhātu)이 풍부해지고 대소변이 잘 배설되고 소화력이 증대되고 비음이 잘 들린다면 물라반드하를 올바르게 실행한 것으로 알아야 한다.

atredaṃ rahasyam | yadi śrīgurumukhāj jihvābandhaḥ samyak parijñātas tarhi jihvābandhapūrvakena jālaṃdharabandhenaiva prāṇāyāmaḥ siddhyati | vāyuprakopo naiva bhavati | "vapuḥkṛśatvaṃ vadane prasannatā"(II.78) ityādīni sarvāṇi lakṣaṇāni jāyanta iti mūlabandhoḍḍiyānabandhau nopayuktau | tayor jihvābandhapūrvakeṇa jālaṃdharabandhenānyathā siddhatvāt | jihvābandho na viditaś ced 'adhastāt kuñcanena' iti ślokoktarītyā prāṇāyāmāḥ kartavyaḥ | trayo 'pi bandhā gurum-

90 "라사(rasa), 피(asṛṅ, asṛj), 살(māṃsa), 지방(medas), 뼈(asthi), 골수(majjā, majjan), 정액(śukra)이 몸을 구성하는 요소들이다."(*Vāgbhaṭa*. I.13)고 말해졌다. ("dhātavo rasāsṛṅmāṃsamedo 'sthimajjāśukrāṇi dhātava"(*Vāgbhaṭa*. I.13) ity uktā | Hp-Jt. II.28, *p*. 47, *ll*. 2-3.)

ukhāj jñātavyāḥ | mūlabandhas tu saṃyagajñāto nānārogotpādakaḥ | tathā hi yadi mūlabandhe kṛte dhātukṣayo viṣṭambho ' gnimāndyaṃ nādamāndyaṃ guṭikāsamūhākāram ajasyeva purīṣaṃ syāt tadā mūlabandhaḥ samyag na jñāta iti bodhyam | yadi tu dhātupuṣṭiḥ samyag malaśuddhir agnidīptiḥ samyag nādābhivyaktiś ca syād tadā jñeyaṃ mūlabandhaḥ samyag jñāta iti ‖ Hp-Jt. II.46, *p*. 55, *ll*. 5-16.

47

아빠나를 위로 끌어올리고서 쁘라나를 목 아래로 내린다면[91] 요가수행자는 노화(老化)에서 벗어나 이팔청춘의 젊은이처럼 될 것이다.

II.47$^{a\text{-}b}$ apānam ūrdhvam utthāpya prāṇaṃ kaṇṭhād adho nayet |
II.47$^{c\text{-}d}$ yogī jarāvimuktaḥ san ṣoḍaśābdavayā bhevet ‖

【해설】

아빠나를 위로 끌어올리고서 쁘라나를 목 아래로 내린다면:

"아빠나를 위로 끌어올리고서 쁘라나를 목 아래로 내려야 한다."는 표현에서 알 수 있는 것은 아빠나가 하기(下氣) 성향의 숨이고 쁘라나가 상기(上氣) 성향의 숨이라는 것이다.[92]

---

91 물라반드하와 잘란드하라 반드하는 독자적으로 실행 가능하지만 현실적으로, 웃디야나 반드하는 두 반드하를 실행한 상태, 즉 회음을 압박하고(물라반드하) 턱을 당긴 상태(잘란드하라 반드하)에서 실행해야만 '쁘라나의 상승'이라는 웃디야나 반드하의 목적을 성취할 수 있다. 세 가지 반드하는 '들숨 후 그 숨을 참은 상태'에서 실행된다. 자세한 것은 앞에서 설명된 II.45-47을 참조.

92 아빠나와 아빠나의 성향을 암시하는 표현들은 다음과 같다.

월광 회음을 수축함으로써 아빠나, 즉 '아빠나 바유'를 위로 올린 다음 쁘라나, 즉 쁘라나 바유를 목 아래로, [다시 말해서] 아래쪽으로 내린다면,

apānam apānavāyum ūrdhvam utthāpyādhārākuñcanena prāṇaṃ prāṇavāyuṃ kaṇṭhād adho 'dhobhāge[93] nayet prāpayed, Hp-Jt. II.47, *p.* 56, *ll.* 1-2.

이팔청춘의 젊은이처럼 될 것이다:

ṣoḍaśābdavayāḥ(*f.sg.No*)는 소유복합어로 '열여섯살의 젊음을 가진 자'를 의미한다.

한편 본 게송에서는 세 가지 반드하 중에서 웃디야나가 설명되지 않았는데 브라흐마난다는 마하라쉬뜨라주(州)의 성자이자 철학자인 갸네쉬바라(Jñāneśvara 혹은 Jñānadeva: 1275-1296)의 『바가바드기따 주해서』를 인용하며 그 이유를 다음과 같이 해설한다.

"아래로 흐르는 [성향의] 아빠나를 강제로 상승하게 만드는…." (adhogatim apānaṃ vā ūrdhvagaṃ kurute balāt. Hp. II.62[a].) "아빠나, 다시 말해서 아래로 흐르는 기를…." (apānam adhogatiṃ vāyum… Hp-Jt. III.61, *p.* 95, *l.* 3.) "쁘라나와 아빠나 양자, 즉 상승하려는 숨과 하강하려는 숨 양자는." (prāṇāpānāv ūrdhvādhogatī vāyū | Hp-Jt. III.64, *p.* 96, *ll.* 2-3.) "잘란드하라 무드라를 통해서 숨들, 즉 '쁘라나' 等等의 흐름 다시 말해서 상승하거나 하강하려는 등등의…." (jālaṃdharamudrayā vāyūnāṃ prāṇādīnāṃ gatim ūrdhvādhogamanādi… Hp-Jt. III.26, *p.* 81, *ll.* 3-4.); 그 외의 예문은 본서 제I장 1송에 대한 해설을 참조. 한편, 하타요가가 '쁘라나(ha)와 아빠나(ṭha)의 결합(yoga)'으로 정의되었다는 점에서 알 수 있듯이(I장 1송에 대한 해설을 참조) '아빠나를 끌어올려 쁘라나와 결합시키는 것'을 하타요가의 근간이라 해도 과언이 아닐 것이다. 마하 무드라 등 '쁘라나와 아빠나를 결합시키는 수행법'이라 할 수 있는 무드라들은 공통적으로 '들숨 후 그 숨을 참은 상태'(뿌라까 쁘라나야마, =꿈브하까)에서 실행된다.

93 adho 'dhobhā° | adhaḥ adhobhā°. Hp-Jt[Adyar].

월광 비록 "들숨이 끝날 때 실행해야만 한다."(Hp.II.45)로 시작하는 세 게송(즉 II.45-47송)의 목표는 하나일 뿐이라고 결론내릴 수 있지만 그럼에도 불구하고 [II.45송의] "들숨이 끝날 무렵에 실행해야 한다…"는 등등의 말은 [세 종류의] 반드하들을 [실행해야 할] 타이밍(kāle, 시점)을 설명한 것이고, "회음을 조임으로써…." [로 시작하는 II.46송]은 [세 가지] 반드하 각각의 고유한 형태(svarūpa)를 설명한 것이고, "아빠나를 위로 끌어올린 후에…" [라는 말로 시작하는 본 게송(II.47)은 세 가지] 반드하들의 효과(phala)를 설명한다는 차이점이 있다. [물론] 본 게송(II.47)은 잘란드하라 반드하와 물라반드하를 실행할 때 '배꼽의 아래 부분이 수축되는 것으로 불리는 반드하', 즉 '웃디야나 반드하'를 실행해야 한다는 것이 언급되지 않았지만 [이 점은 이미]『바가바드 기따』의 제6장에 대한 해설에서 갸네쉬바라(Jñāneśvara)께서 "물라 반드하와 잘란드하라 반드하를 실행한다면 배꼽의 아래 부분이 수축되는 것으로 말해지는 반드하(=웃디야나 반드하)는 저절로 이루어진다."라고 말씀했듯이 [웃디야나 반드하는 저절로 이루어지는 것이기 때문에 별도로 언급되지 않았다].

yady api "pūrakānte tu kartavyaḥ"(Hp. II.45) ityādinā trayāṇāṃ ślokānām eka evārthaḥ paryavasyati tathāpi pūrakānte tu kartavya ity anena bandhānāṃ kāla uktaḥ | adhastāt kuñcanenety anena bandhānāṃ svarūpam uktam | apānam ūrdhvam utthāpyety anena bandhānāṃ phalam uktam iti viśeṣaḥ | jālaṃdharabandhe mūlabandhe ca kṛte nābher adhobhāga ākarṣaṇākhyo bandha uḍḍiyānabandho bhavaty evety asmiñ śloke[94] noktaḥ | tathā coktaṃ jñāneśvareṇa gītāṣaṣṭhādhyāyavyākhyāyāṃ - "mūlabandhe jālaṃdharabandhe ca kṛte nābher adhobhāga ākarṣaṇākhyo bandhaḥ svayam eva bhavati"

94 asmiñ] asmin. Hp-Jt[Adyar].

iti ‖ Hp-Jt. II.47, *p.* 56, *ll.* 5-12.

태양관통(Sūryabhedanam) 꿈브하까[95]

48

이제 태양관통 [꿈브하까]가 [설명된다].

---

95 태양관통 꿈브하까는 『게란다상히따』에서 조금 더 자세히 설명되었다. "쁘라나, 아빠나, 사마나, 우다나, 뷔야나와 같은 모든 쁘라나를 태양(삥갈라, 오른쪽 코)으로 [끌어들여] 배꼽의 근본 자리에 모아야 한다. [그리고] 이다(왼쪽 코)로 내쉬어라. 그 다음에는 연속해서 전체로 급격히 [숨을] 수르야(오른쪽 코)로 다시 마신 다음 규정대로 '숨을 최대한 참은 후'에 [그 숨을] 내쉰 다음 [지금까지의] 순서대로 계속 반복해라. 태양관통 꿈브하까는 늙음과 죽음을 없앤다." (prāṇo 'pānaḥ samānaś codānavyānau tathaiva ca | sarve te sūryasaṃbhinnā nābhimūlāt samuddharet ‖ 60 ‖ iḍayā recayet paścād dhairyeṇākhaṇḍavegataḥ | punaḥ sūryeṇa cākṛṣya kumbhayitvā yathāvidhi ‖ 61 ‖ recayitvā sādhayet tu krameṇa ca punaḥ punaḥ | kumbhakaḥ sūryabhedas tu jarāmṛtyu vināśakaḥ ‖ 62 ‖ GhS. V.66-7) 한편, 62송은 태양관통을 sūryabhedana로 표현하지 않고 sūryabheda로 표현했는데 이것은 아누쉬뚜브-쉴로까 운율을 맞추기 위한 것으로 보인다. 6음절의 sūryabhedanas(—∪—∪—)로 될 경우엔 운율에 어긋나지만 sūryabhedas tu(—∪——∪)는 운율에 일치한다.

『게란다상히따』 60-62송에는 '들숨 후에 세 종류의 반드하를 실행해라'는 말이 없지만 그 앞의 게송(59송)에서 이미 '숨을 참은 상태에서 잘란드하라 반드하를 행하라'(…kumbhakena jalandharaiḥ | GhS.V.59.)고 되어 있으므로 생략된 것으로 볼 수 있다. 『게란다상히따』 59송의 jalandharaiḥ는 복수-구격(*pl.Ins.*)이므로 단지 잘란드하라 반드하만 하는 것이 아니라 3종의 반드하를 모두 실행해야 할 것으로 파악된다. 세 가지 반드하와 여덟 꿈브하까의 관계에 대해서는 본서 II장 45송을 참조.

요가수행자는 안락한 자리에서 바로 그 좌법을 취한 후
오른쪽 나디(오른쪽 콧구멍)로 바깥의 공기를 천천히 끌어 마신 다음

atha sūryabhedanam
II.48[a-b] āsane sukhade yogī baddhvā caivāsanaṃ tataḥ |
II.48[c-d] dakṣanāḍyā samākṛsya bahihsthaṃ pavanaṃ śanaiḥ ||

【해설】

태양관통:

'sūryabhedana'를 '태양관통'으로 번역할 수 있는데 하타요가에서 태양은 오른쪽 코, 즉 삥갈라 나디를 의미하므로 이 호흡은 오른쪽의 삥갈라 나디를 활성화시키는 호흡법으로 파악된다. 이다 나디는 몸을 시원하게(冷) 해 주는 반면, 삥갈라 나디는 열(熱)을 내므로 태양관통 꿈브하까는 추울 때 혹은 추운 지방 또는 몸이 차가울 때 효과적이라 할 수 있다.[96]

태양관통 꿈브하까를 수련할 때 '숨을 참은 상태에서 세 가지 반드하를 실행해야 한다.'는 표현이 발견되지 않지만 그것은 이미 앞의 45-47송에서 꿈브하까의 원칙을 천명했기 때문에 생략된 것으로 보아야 한다.

안락한 자리에서:

월광 ['안락한 자리에서'라는 말의 의미는 『바가바드기따』에서] "깨끗한 곳에 헝겊이나 가죽이나 풀로 덮은, 지나치게 높거나 너무 낮지도 않은 자신의 고정된 자리를 마련한 후에"라고 규정했던

---

96 브라흐마난다는 "태양관통과 승리와 같은 두 가지 [꿈브하까]는 주로 추울 때 열을 내므로 유익하다. 싯-소리와 냉각 [꿈브하까]는 더울 때 시원하게 하므로 유익하다. 풀무 꿈브하까는 추울 때와 더울 때 모두 유익하다. …"고 해설한다. 해당 원문 및 관련 내용은 II.66에 대한 해설을 참조.

[그와 같은] 자리에서 또는 [『우빠니샤드』가] "청정한 자리 … " 등으로 말했던 '헝겊이나 가죽이나 풀을 덮은 [편안한] 자리에서'[라는 의미이다].

"śucau deśe pratiṣṭhāpya sthiram āsanam ātmanaḥ | nātyucchritaṃ nātinīcaṃ cailājinakuśottaram ‖ "(BG. VI.11) ity uktalakṣaṇe "viviktadeśe ca …" iti śruteś ca cailājinakuśottara āsane | Hp-Jt. II.48, *pp.* 58, *ll.* 22 ~ *p.* 59, *l.* 2.

바로 그 좌법을 취한 후:

월광 좌법, 즉 길상, 영웅, 달인, 연화 등등 가운데 한 가지 [좌법을 취하거나] 혹은 달인좌가 중요하기 때문에 [달인좌를] 취한 후에….[97]

āsanaṃ svastikavīrasiddhapadmādyanyatamaṃ mukhyatvāt siddhāsanam eva vā baddhvaiva … Hp-Jt. II.48, *p.* 59, *ll.* 3-4.

오른쪽 나디(오른쪽 콧구멍)로 바깥의 공기를 천천히 끌어 마신 다음:

월광 그 후에, 즉 아사나를 취한 후 곧바로 오른쪽, 즉 '오른쪽에 있는 나디', 다시 말해서 '삥갈라를 통해' 바깥, 즉 '신체 밖에서' 돌아다니고 있는 공기, 바유를 천천히, 조심스럽게 끌어들인 후에[라는 의미이다]. [요약하면] '삥갈라(오른쪽 콧구멍)로 천천히 숨을 들이마신 후에'라는 뜻이다.

tata āsanabandhānantaraṃ dakṣā dakṣiṇabhāgasthā yā nāḍī piṅgalā tayā bahiḥsthaṃ dehād bahirvartamānaṃ pavanaṃ vāyuṃ śanair mandamandam ākṛṣya piṅgalayā mandamandaṃ pūrakaṃ kṛtvety arthaḥ ‖ Hp-Jt. II.48, *p.* 59, *ll.* 5-7.

---

97 브라흐마난다의 해설이 현실적으로 더 효과적일 것으로 보이는데 그것은 태양관통, 풀무를 비롯한 모든 꿈브하까는 물라 반드하를 병행하는 것이므로 '한쪽 발꿈치로 회음을 압박하는' 달인좌가 더 효과적이기 때문이다.

49

[그 숨이] 머리카락과 발톱까지 채워질 때까지(avadhi) 참아야 한다.[98]

그 후에 천천히 왼쪽 나디(이다 나디, =왼쪽 코)로 숨을 부드럽게 내쉬어야만 한다.

II.49$^{a\text{-}b}$ ā keśād ā nakhāgrāc ca nirodhāvadhi kumbhayet |

II.49$^{c\text{-}d}$ tataḥ śanaiḥ savyanāḍyā recayet pavanaṃ śanaiḥ || [99]

【해설】

머리카락과 발톱까지 채워질 때까지 참아야 한다:

월광 머리카락에 이르기까지 그리고 발톱에 이르기까지 숨(vāyu)이 채워지듯이 그와 같이 온 힘을 다해서 꿈브하까(숨을 참는 것)를 실행해야 한다는 의미이다.

keśaparyantaṃ nakhāgraparyantaṃ ca vāyor nirodho yathā bhavet tathātiprayatnena kumbhakaṃ kuryād ity arthaḥ | Hp-Jt. II.49, *p*. 59, *ll*. 3-4.

한편, 브라흐마난다는 '극도로 숨을 참는 것'(atiprayatena kumbhakaṃ kuryāt) 다시 말해서 '꿈브하까 상태를 최대한 유지하는 것'이 몸에 해롭다는 반론을 소개하고 그것에 대한 답변을 제시한 후 결론적으로 다음과 같이 말한다.[100]

---

98 '숨을 참은 상태에서 세 종류의 반드하(회음수축, 목수축, 복부수축)를 해라'는 말은 없지만, 바로 위의 세 게송(II.45-47)에서 이미 '세 가지 반드하를 해야 한다'는 꿈브하까의 원칙을 밝혔기 때문에 별도로 언급되지 않았다.

99 세 번째 구(pāda^{c})는 아누쉬뚜브-쉴로까(Anuṣṭubh-Śloka)의 확장형인 라-비뿔라(Ra-vipulā)이다.

월광 따라서 최대한 [참을 수 있을 때까지 길게] 꿈브하까를 해야만 한다. 최대한 숨을 오랫동안 참으면 그만큼의 공덕이 더해질 것이고 가볍게 숨을 참는다면 그만큼 공덕은 적어지게 될 것이다. 이 점은 요가수행자들의 경험으로 증명된 것이다.

tasmāt kumbhakas tv atiprayatnapūrvakaṃ kartavyaḥ | yathā yathātiyatnena kumbhakaḥ kriyate tathā tathā tasmin guṇādhikyaṃ bhavet | yathā yathā śithilaḥ kumbhakaḥ syāt tathā tathā guṇālpatvaṃ syāt | atra yogināṃ anubhavo 'pi mānam | Hp-Jt. II.49, *p.* 60, *ll.* 3-6.

천천히 숨을 … 내쉬어야 한다:

월광 한편, '들숨'은 대단히 천천히 하거나 급격히 해도 무방하다. 그 이유는 급격하게 숨을 들이마셔도 부작용이 없기 때문이다. 하지만 날숨은 아주 천천히 해야만 한다. 왜냐하면 급격하게 숨을 내쉬게 되면 기력(氣力)이 빠져나가기 때문이다.

pūrakas tu śanaiḥ śanaiḥ kāryaḥ, vegād vā kartavyaḥ | vegād api kṛte pūrake doṣābhāvāt | recakas tu śanaiḥ śanair eva kartavyaḥ | vegāt kṛte recake balahāniprasaṅgāt | Hp-Jt. II.49, *p.* 60, *ll.* 6-8.

---

100 위대한 수행자라 할지라도 만약 수행 초기에 큰 난관을 겪었다면 그것은 거의 꿈브하까의 부작용이라 해도 과언이 아닐 것이다. 이 이유에서 꿈브하까를 배제하고 자연스럽게 호흡하거나 본능대로 호흡하는 것이 중요하다는 반론도 있지만 호흡법을 포함한 요가의 행법은 기본적으로 본능을 거부하는 행위이다. 하타요가에서 말하는 자연스런 호흡은 꿈브하까에 통달한 이후, 다시 말해서 께발라 꿈브하까에 도달했을 때 이루어진다고 할 수 있다.

50

[태양관통 꿈브하까는] 두개골을 청소하고 바따(vāta, 風)에서 생긴 질병(doṣa)을 제거하며, 기생충으로 야기된 질병을 제거한다. 최상의 [호흡법인] 태양관통 [꿈브하까]를 반복해라.

II.50[a-b] kapālaśodhanaṃ vātadoṣaghnaṃ kṛmidoṣahṛt |
II.50[c-d] punaḥ punar idaṃ kāryaṃ sūryabhedanam uttamam ||

【해설】

바따(vāta, 風)에서 생긴 질병(doṣa)을 없애고, 기생충으로 야기된 질병을 제거한다:

월광 바따[의 과잉]에서 생겨난 질병, 즉 80종류의 바따-질병들을 없애고 [또] 기생충들, 즉 복부에서 생겨난 도샤, 말하자면 [기생충으로 인한] 질병을 제거하는 것이 '기생충으로 인한 질병을 제거하는 것'이라는 [복합어의 의미]이다.

vātajā doṣā vātadoṣā aśītiprakārās tān hantīti vātadoṣaghnaṃ kṛmīṇām udare jātānāṃ doṣo vikāras taṃ haratīti kṛmidoṣahṛt | Hp-Jt. II.50, *p*. 60, *ll*. 1-3.

승리(Ujjāyī) 꿈브하까

51

이제 승리 [꿈브하까]가 [설명된다].
입을 닫은 다음 두 나디(양쪽 코)로 공기를 천천히 들이마셔라.

이때 마치 목구멍에서부터 심장에 이르기까지(avadhi) 소리가 닿듯이 [마셔야 한다].

athojjāyī[101]

II.51$^{a\text{-}b}$ mukhaṃ saṃyamya nāḍībhyām ākṛṣya pavanaṃ śanaiḥ |
II.51$^{c\text{-}d}$ yathā lagati kaṇṭhāt tu hṛdayāvadhi sasvanam ||

【해설】

승리 꿈브하까를 설명하는 51-53송은 멀린슨(Mallinson: 2011a)이 새롭게 발굴한 필사본(*Gorakṣaśataka*, Ms. No. R. 7874) 36^{cd}-39^{ab}에서도 발견되는 내용이다.

입을 닫은 다음:

월광 입, 즉 입술을 닫고서 [라는 말은] [입을] 봉인하고서(mudrayitvā)라는 의미이다.
mukham āsyaṃ saṃyataṃ kṛtvā mudrayitvety arthaḥ | Hp-Jt. II.51, *p*. 61, *ll*. 1-2.

하타요가의 주요 호흡법은 '입을 닫고'(mukhaṃ saṃyamya) 코로만 숨을 마시고 내쉬지만 예외가 부수적인 호흡법이라 할 수 있는 싯-소리 꿈브하까와 냉각 꿈브하까이다. 하지만 싯-소리 꿈브하까는 '혀를 입술 안쪽에 혀를 붙인 상태에서' 그리고 냉각 꿈브하까는 '혀를 새(鳥)의 부리처럼 둥글게 말아 내민 형태'이므로 단순히 입을 벌리는 것과는 다르다.

---

101 ujjāyī (ujjāyin: *sg.No.*).

두 나디(양쪽 코)로 공기를 들이마셔라:

월광 그와 같이, 이와 같은 방법으로 두 나디(nāḍī)로, 즉 이다와 삥갈라로서 숨, 즉 바유를 천천히, 조금씩 끌어들인 후, 즉 '숨을 마시고 난 후에'라는 의미이다.

tathā tena prakāreṇa nāḍībhyām iḍāpiṅgalābhyāṃ pavanaṃ vāyuṃ śanair mandam akṛṣyākṛṣṭaṃ kṛtvā pūrayitvety arthaḥ | Hp-Jt. II.51, *p*. 61, *ll*. 4-5.

52

앞에서와 같이 [마신] 숨을 [최대한] 참아야만 한다. [내쉴 때는] 그와 같이 [소리를 내며] 이다(왼쪽 코)로 내쉬어야 한다.
이 호흡법(ujjāyī)은 목에 있는 점액질을 없애고 몸 안의 불(소화의 불)을 증대시키고

II.52$^{a\text{-}b}$ pūrvavat kumbhayet prāṇaṃ recayed iḍayā tathā |
II.52$^{c\text{-}d}$ ślosmadoṣaharaṃ kaṇṭhe dehānalavivardhanam ||

【해설】

앞에서와 같이 [마신] 숨을 [최대한] 참아야 한다:

월광 앞에서 [설명했던] 태양관통 [꿈브하까의 방법]과 동일하게 '[숨을 마신 후 그 숨이] 머리카락과 발톱까지 채워질 때까지 참아야 한다'고 말해진 방법대로 숨을 참아야 한다, [최대한 숨을] 멈추어야 한다.

sūryabhedanena tulyaṃ pūrvavat | ā keśād ā nakhāgrāc ca nirodhāvadhi kumbhayed ity uktarītyā kumbhayed rodhayet | Hp-Jt. II.51, *p*. 61, *ll*. 5-7.

소화의 불을 증대시킨다:

월광 몸 안에 있는 불, 소화의 [불]이 증대된다.

(dehamadhyagatānalasya jāṭharasya vivardhanaṃ. Hp-Jt. II.52, *p*. 61, *l*. 3)

53

혈관(nāḍī), 수종(jalodara), 체질과 관련된 불균형을 없앤다.
한편, '승리(ujjāyī)라고 불리는 이 꿈브하까'는 걸어가면서도 서 있으면서도 할 수 있다.

II.53^{a-b} nāḍījalodarādhātugatadoṣavināśanam |
II.53^{c-d} gacchatā tiṣṭhatā[102] kāryum ujjāyyākhyaṃ tu kumbhakam ||

【해설】

걸어가면서도 서 있으면서도 할 수 있다:

브라흐마난다는 걸어갈 때와 서 있을 때에는 '반드하를 실행해서는 안 된다'고 해설한다.

월광 걸어가면서 혹은 서 있으면서 [승리 꿈브하까를 할 때]는 반드하를 생략해야 한다.

gacchatā tiṣṭhatā tu bandharahitaḥ kartavyaḥ | Hp-Jt. II.53, *p*. 61, *l*. 9.

---

102 gacchatā와 tiṣṭhatā는 현재분사(*Pp.*) 단수-구격(*sg.Ins.*)이다.

싯-소리(Sitkārī) 꿈브하까

54

이제 싯-소리 [꿈브하까]가 [설명된다].
입으로 싯(sīt) 소리를 내면서 [숨을] 마시고, 오직 코로만 [숨을] 내쉬어라.
그와 같이 수행하면 다시 한 번 사랑의 신이 된다.

atha sītkārī -
II.54[a-b] sītkāṃ kuryāt tathā vaktre ghrāṇenaiva vijṛmbhakām |
II.54[c-d] evam abhyāsayogena kāmadevo dvitīyakaḥ ||

【해설】

싯-소리를 내면서 숨을 마시고:

월광 입술 안쪽에 혀를 붙임으로써 싯-소리를 내면서 입으로 숨을 마셔야 한다는 의미이다.

oṣṭhayor antare saṃlagnayā jijhvayā sītkārapūrvakaṃ mukhena pūrakaṃ kuryād ity arthaḥ | Hp-Jt. II.54, *p*. 62, *ll*. 2-3.

오직 코로만 [숨을] 내쉬어라:

브라흐마난다는 입으로 숨을 내쉴 경우엔 기력(氣力)이 빠져나가는 것으로 해설한다.

월광 '오직'(eva)이라는 말이 있으므로 입을 사용해서는 안 된다. 수행 직후에도 입으로 숨을 내쉬어서는 안 된다. 기력이 빠져나가기 때문이다.

evaśabdena vaktrasya vyavacchedaḥ | vaktreṇa vāyor niḥsāraṇaṃ tv abhyāsānantaram api na kāryam | balahānikaratvāt | Hp-Jt. II.54, *p*. 62, *ll*. 4-5.

다시 한 번 사랑의 신이 된다:

브라흐마난다는 "다시 한 번 사랑의 신이 된다."의 의미를 "미모와 매력(rūpa-lāvaṇya)이 특출나므로(atiśayena) 사랑의 신(kāmadeva)처럼 보이기 때문(sadṛśyāt)"으로 해설한다. 다시금 청춘의 아름다움을 되찾는다는 뜻으로 해석할 수 있다. (Hp-Jt. II.54, *p*. 54, *l*. 8.) 한편, 본 게송은 숨을 마신 상태에서, '그 숨을 참으라.'고 말하지 않았지만 브라흐마난다는 다음과 같이 해설한다.

월 광 비록 '꿈브하까[를 하라는 것]'이 언급되지 않았을지라도 싯-소리는 '꿈브하까 수행법이기 때문에' [당연히 숨을 참아야 하는 것]으로 알아야만 한다.

kumbhakas tv anukto 'pi sītkāryāḥ kumbhakatvād evāvagantavyaḥ | Hp-Jt. II.54, *p*. 62, *ll*. 6-7.

55

요기니 무리(yoginī-cakra)는 [세계의] 창조자이고 파괴자인 그를 존경해야만 한다.
[그에겐] 배고픔, 갈증, 니드라(nidrā, 졸음이나 수면) 무기력(ālasya)이 결코 생기지 않는다.

II.55$^{a\text{-}b}$ yoginīcakrasammānyaḥ sṛṣṭisaṃhārakārakaḥ |
II.55$^{c\text{-}d}$ na kṣudhā na tṛṣā nidrā naivālasyaṃ prajāyate ||

【해설】

요기니 무리(yoginī-cakra):

월광 [본 게송의] '요기니 짜끄라' [라는 복합어]는 '요기니들의 무리', 즉 '요기니 집단'[을 의미]한다.

yoginīnāṃ cakraṃ yoginīcakraṃ yoginīsamūhaḥ | Hp-Jt. II.55, *p*. 62, *l*. 1.

무기력:

월광 무기력, 즉 몸과 마음이 무거워지는 현상이 일어나지 않는다. 몸의 무거워지는 것은 까파(kapha) 등의 [요소]들에 기인하고, 마음이 무거워지는 것은 따마스(tamas) 구나에 의한 것이다.

ālasyaṃ kāyacittagauravāt pravṛtty abhāvaḥ | kāyagauravaṃ kaphādinā cittagauravaṃ tamoguṇena | Hp-Jt. II.55, *p*. 62, *ll*. 3-4.

56

이와 같은 방법으로 수행함으로써 요긴드라는 강건한 몸을 갖게 되고,
진실로 지상에서의 모든 재난에서 벗어날 것이다.

II.56[a-b] bhavet sattvaṃ ca dehasya sarvopadravavarjitaḥ |
II.56[c-d] anena vidhinā satyaṃ yogīndro bhūmimaṇḍale ||

냉각(Śitalī) 꿈브하까[103]

57

혀로(jihvayā) 숨을 마신 후 앞에서와 같이 꿈브하[까]를 실행해야 한다.
[숨을 참은 상태에서 세 가지 반드하를 실행한 후] 지혜로운 자는 부드럽게 두 콧구멍으로 숨을 내쉬어라.

atha śītalī -
II.57$^{a\text{-}b}$ jihvayā vāyum ākṛṣya pūrvavat kumbhasādhanam |
II.57$^{c\text{-}d}$ śanakair ghrāṇarandhrābhyāṃ recayet pavanaṃ sudhīḥ ||

【해설】

냉각 호흡을 설명하는 57-58송은 멀린슨(Mallinson: 2011a)이 새롭게 발굴한 필사본(*Gorakṣaśataka*, Ms. No. R. 7874) 39^{cd}-41^{ab}에서도 발견되는 내용이다.

혀로 숨을 마신 다음:

월광 새(鳥)의 부리(vihaṅgam-ādhara-cañcu)와 유사한 모양으로 혀를(jihvayā) [말아서] 양 입술(oṣṭhayor) 밖으로 뺀 상태에서 천천히 숨을 마신 후, 다시 말해서 '숨을 채운 후에'라는 의미이다.
jihvayā oṣṭhayor bahir nirgatayā vihaṅgamādharacañcusadṛśa

103 II.66송에 대한 주석에서 브라흐마난다는 싯-소리와 냉각 꿈브하까의 효과를 다음과 같이 설명했다.
"싯-소리 [꿈브하까]와 냉각 [꿈브하까] 양자는 더울 때 시원하게 하는 효과가 있다." (sītkārīśītalyau śītale prāyeṇoṣṇe hite | Hp-Jt. II.66, *p*. 67, *l*. 2.)

yā vāyumākṛṣya śanaiḥ pūrakaṃ kṛtvety arthaḥ | Hp-Jt. II.57, *p.* 63, *ll.* 1-2.

앞에서와 같이 꿈브하[까]를 실행해야 한다:

앞에서와 같이 꿈브하까를 해야 한다는 말은 제49송에서 설명된 태양관통 꿈브하까의 방법대로 '머리카락에서 발톱까지 숨을 최대한 채운 상태에서 잘란드하라, 물라, 웃디야나 반드하를 해야 한다.'는 것을 의미한다.

월광 "앞에서와 같이"[라는 말은] '태양관통 [꿈브하까]와 똑같이[라는 의미인데], [여기서] '[바로 그와 같은] 꿈브하, 즉 꿈브하까의 기법, 방법을 행한 후에'라는 말을 보충해야 한다.
pūrvavat sūryabhedanavat kumbhasya kumbhakasya sādhanaṃ vidhānaṃ kṛtvety adhyāhāraḥ | Hp-Jt. II.57, *p.* 63, *ll.* 2-3.

58

쉬딸리라고 불리는 이 꿈브하까는 비장 비대(gulma-plīha) 등의 질병들(rogān), 열병(jvaraṃ), 담즙(pittaṃ), 배고픔(kṣuddhām), 갈증(tṛṣām), 독소들(viṣāṇi)을 제거한다.
II.58^a-b^ gulmaplīhādikān rogāñ[104] jvaraṃ pittaṃ kṣudhāṃ tṛṣāṃ |
II.58^c-d^ viṣāṇi śītalī nāma kumbhikeyaṃ nihanti hi ||

배고픔, 갈증, 독소들:

월광 배고픔이라는 것은 먹고 싶어 하는 것이고, 갈증은 물을 마시고 싶은 것이고, 독소들이란 뱀 따위의 독소로 인한 질병들이다.

---

104 rogāñ | rogān. Hp-Jt^Adyar^.

kṣudhāṃ bhoktum icchām, tṛṣāṃ jalapānecchām, viṣāṇi sarpādiviṣajanitavikārān | Hp-Jt. II.58, *p.* 63, *ll.* 3-4.

풀무(Bhastrikā) 꿈브하까

59

이제 풀무 [꿈브하까]가 [설명된다].
깨끗한 두 발을 '양쪽 허벅지 위에'(ūrvor upāri) 두어야 한다.
이것은 모든 악을 근절시키는 연화좌이다.

atha bhastrikā
II.59[a-b] ūrvor upāri saṃsthāpya śubhe pādatale ubhe |
II.59[c-d] padmāsanaṃ bhaved etat sarvapāpapraṇāśanam ||

【해설】

본 송은 멀린슨(Mallinson: 2011a)이 새롭게 발굴한 필사본(*Gorakṣaśataka*, Ms. No. R. 7874) 14송과 동일하다.

이제 풀무 [꿈브하까]가 [설명된다]:

월 광 풀무 꿈브하까는 연화좌 자세에서만 실행되는 것이므로 풀무 꿈브하까[의 방법을] 설명하기에 앞서 먼저 연화좌에 대해 "양 무릎 위에"(ūrdhvor)로 [시작하는 첫 단어 이하에서] 말한다.
bhastrākumbhakasya padmāsanapūrvakam evānuṣṭhānāt tadādau padmāsanam āha - ūrdhvor iti | Hp-Jt. II.59, *p.* 64, *ll.* 1-2.

60

올바르게 연화좌를 취함으로써 목(grīva)과 복부(udara)를 곧게 세운 현자(賢者)는
입을 닫고 코로 힘껏 숨을 내쉬어라.
II.60^{a-b} samyak padmāsanaṃ baddhvā samagrīvodaraḥ sudhīḥ |
II.60^{c-d} mukhaṃ saṃyamya yatnena prāṇaṃ ghrāṇena recayet ||

【해설】

60-67송은 멀린슨(Mallinson: 2011a)이 새롭게 발굴한 필사본(*Gorakṣaśataka*, Ms. No. R. 7874) 49^{cd}-49^{ab} 및 『요가비자』(*Yogabīja*. 110^{cd}-112^{cd})와 동일하다.

목과 복부를 곧게 세운 현자는:

'samagrīvodaraḥ'와 'sudhīḥ'는 소유복합어로 각각 '목과 허리를 곧게 세운 사람', '현명한 자'를 의미한다.[105]

입을 닫고서 코로 힘껏 숨을 내쉬어라:

스바뜨마라마는 '코로 숨을 내쉬어라.'고 말하지만 브라흐마난다는 한쪽 콧구멍으로 숨을 내쉬어야 한다고 해설한다.

월 광 입을 닫은 후, 즉 [입]을 봉한 후 힘껏, 최대한 코로, 즉 [좌우 콧구멍 중] 어느 한쪽 콧구멍으로 숨(prāṇa), 즉 '몸 안에 있는 바유'를 내뱉어야 한다.

mukhaṃ saṃyamya saṃyataṃ kṛtvā yatnena prayatnena

105 samaṃ grīvodaraṃ yasya sa samagrīvodaraḥ, susthitā dhīr yasya sa sudhīḥ Hp-Jt. II.60, *p*. 64, *ll*. 2-3.

ghrāṇena ghrāṇasyaikatareṇa randhreṇa prāṇaṃ śarīrāntaḥsthitaṃ vāyuṃ recayet ‖ Hp-Jt. II.60, *p*. 64, *ll*. 3-5.

61

[이때] 마치 심장과 목구멍에서 두개골에 이르기까지(avadhi) 소리가 닿듯이 [숨을 내쉬어야 한다].
그리고 심장의 연꽃에 이르기까지 숨을 급격하게(vegena) 마셔라.
II.61[a-b] yathā lagati hṛtkaṇṭhe[106] kapālāvadhi sasvanam |
II.61[c-d] vegena pūrayec cāpi[107] hṛtpadmāvadhi mārutam ‖

62

[이와 같은 방식으로] 재차 [숨을] 내쉬고, 다시 내쉰 만큼 [숨을] 들이마시는 것을 계속해야 한다.
마치 대장장이가 급격하게 풀무질하듯이.
II.62[a-b] punar virecayet tadvat pūrayec ca punaḥ punaḥ |
II.62[c-d] yathaiva lohakāreṇa bhastrā vegena cālyate ‖

63

그와 같이 자신의 몸에 있는 기(pavana)를 의도적으로(dhiyā) 돌려야 한다.

---

106 hṛtkaṇṭhe(심장과 목에)는 남성명사 양수 처격(*DvnDv. m.du.Lo*)이어야 하지만 단수 처격(*sg.Lo*)으로 되어 있다. 브라흐마난다는 이것을 '마지막 구성요소가 중성명사의 단수를 취한 병렬복합어'(samāhāradvandvaḥ | Hp-Jt. II.61, *p*. 64, *l*. 2)로 해설한다.

107 "[본 게송의] 'cāpi'는 게송의 운율을 채우기 위한 허사(虛飼)이다."(cāpīti pādapūraṇārtham ‖ Hp-Jt. II.61, *p*. 65, *l*. 1.)

몸에 피로가 몰려오면 그때는 태양(오른쪽 코)으로 [숨을] 마셔라.
II.63$^{a\text{-}b}$ tathaiva svaśarīrasthaṃ cālayet pavanaṃ dhiyā |
II.63$^{c\text{-}d}$ yadā śramo bhaved dehe tadā sūryeṇa pūrayet ||

【해설】

몸에 피로가 몰려올 때:

월 광 들숨과 날숨을 쉬지 않고 반복함으로써 [기를] 돌리는 한계점에 대해서 "피로해질 때"(yadā śramaḥ)라는 [말로 설명한다]. 들숨과 날숨을 반복함으로써 피로가 몸에(dehe, śarīre) 몰려올 때 그때.
recakapūrakayor nirantarāvartanena cālanasyāvadhim āha - yadā śrama iti | yadā yasmin kāle dehe śarīre śramo recakapū-rakayor nirantarāvartanenāyāso bhavet tadā tasmin kāle | Hp-Jt. II.63, *p*. 65, *ll*. 2-4.

64

숨이 복부에 가득 채워지게 되면 신속하게
가운데와 두 번째 손가락(집게손가락)을 제외한 [나머지 손가락들로] 코를 단단히 막아야 한다.
II.64$^{a\text{-}b}$ yathodaraṃ bhavet pūrṇam anilena tathā laghu |
II.64$^{c\text{-}d}$ dhārayen nāsikāṃ madhyātarjanībhyāṃ vinā dṛḍham ||

【해설】

가운데와 두 번째 손가락(집게손가락)을 제외한 [나머지 손가락들로] 코를 단단히 막아야 한다:

월 광 숨을 마신 후에 해야할 행위에 대해 "단단히 잡아야 한다"고 말한다. 가운데와 두 번째 손가락을 제외하고(vinā) '엄지(aṅguṣṭha)와 약지(anāmikā) 그리고 새끼손가락(kaniṣṭhikā)으로' 코를 단단히 막아야 한다. 엄지손가락으로는 오른쪽 콧구멍을 막고 약지와 새끼손가락으로 왼쪽 콧구멍을 막은 후, 다시 말해서 '[엄지로 오른쪽 코를 막고 약지와 새끼손가락으로 왼쪽] 콧구멍을 단단히 막은 후에'라는 의미이다.[108]

pūrakānantaraṃ yat kartavyaṃ tadāha - dhārayed iti | madhyātarjanībhyāṃ vināṅguṣṭhānāmikākaniṣṭhikābhir[109] nāsikāṃ dṛḍhaṃ dhārayet | aṅguṣṭhena dakṣiṇanāsāpuṭaṃ nirudhyānāmikākaniṣṭhikābhyāṃ vāmanāsāpuṭaṃ nirudhya nāsikāṃ dṛḍhaṃ gṛhṇīyād ity arthaḥ | Hp-Jt. II.64, *p.* 65, *ll.* 7-10.

65

규정대로 꿈브하까를 행한 다음, 이다(왼쪽)로 숨을 내쉬어라. [이 호흡법]은 풍(vāta), 담즙(pitta), 점액(śleṣma) [과잉으로 인한 질병]을 없애고 체내에 '불'을 증대시킨다.

II.65$^{a\text{-}b}$ vidhivat kumbhakaṃ kṛtvā recayed iḍayānilam |
II.65$^{c\text{-}d}$ vātapittaśleṣmaharaṃ śarīrāgnivivardhanam ‖ [110]

108 브라흐마난다의 해설에 따르면, 숨을 마시고 그 숨을 복부에 둔 상태에서 오른손 엄지로 오른쪽 콧구멍을 막고 오른손 약지와 새끼손가락으로 왼쪽 콧구멍을 막아야 한다. 한편, 어느 정도까지 코를 막고 숨을 참아야 할지에 대해서는 설명되지 않았지만 다음 게송(65송)에 대한 주석에서 '참을 수 있을 때까지 최대한 숨을 참아야 한다.'는 것을 알 수 있다. (yathāśakti kuṃbhakaṃ dhārayet | Hp-Jt. II.65, *p.* 66, *l.* 5.)

109 vināṅguṣṭhā°.] vinā aṅguṣṭhā°. Hp^{Adyar}.

110 세 번째 구(pāda^{c})는 아누쉬뚜브-쉴로까(Anuṣṭubh-Śloka)의 확장형인 브하-비뿔라(Bha-vipulā)이다.

【해설】

규정대로 꿈브하까를 행한 다음, 이다(왼쪽)로 숨을 내쉬어라:

'규정대로 꿈브하까를 행한다'는 것은 '들숨 후 그 숨을 참은 상태에서 잘란드하라, 물라, 웃디야나와 같은 세 종류의 반드하를 차례대로 실행하는 것'을 의미한다.

월광 [세 가지] 반드하와 병행하는 꿈브하까를 행한 후 이다(īḍā)로, 즉 달의 나디(candranāḍī: 왼쪽 코)로 숨, 즉 바유를 내쉬어야 한다.
bandhapūrvakaṃ kumbhakaṃ kṛtveḍayā candranāḍyānilaṃ vāyuṃ recayet | Hp-Jt. II.65, *p.* 66, *l.* 1-2.

브라흐마난다는 II.65$^{a\text{-}b}$를 짧게 해설한 후 II.65$^{c\text{-}d}$를 해설하기에 앞서 풀무 꿈브하까의 방법을 두 가지로 해설한다.[111]

월광 풀무 꿈브하까의 방법은 다음과 같다. 왼쪽 콧구멍을 오른쪽 손의 약지와 새끼손가락으로 막고서 오른쪽 콧구멍으로 마치 풀무질하듯이 급격하게 숨을 내쉬고 마셔라. 피로해지면 그 오른쪽 콧구멍으로 숨을 마신 후 엄지손가락으로 오른쪽 콧구멍을 막고서 참을 수 있을 때 까지 숨을 참아야 한다. 그 다음에 이다(왼쪽 코)로 내쉬어야 한다. 다시 오른쪽 코를 엄지로 막은 후 왼쪽 콧구멍으로 마치 풀무질하듯이 신속히 숨을 내쉬고 마시는 것을 반복해야 한다. 피로가 몰려오면 왼쪽 콧구멍으로 숨을 마신 후 약지와 새끼손가락으로 왼쪽 콧구멍을 막고서 참을 수 있을 때까지 참은 후

111 『하타의 등불』와 『월광』에서 설명된 풀무 꿈브하까는 나디 정화법과 유사하게 한쪽 코를 막고 다른 쪽으로 풀무질하듯이 하는 방법이지만 일반적으로는 코를 막지 않고 풀무질하듯 하는 정뇌법(kapālabhāti)과 병행해서 실행되기도 한다.

삥갈라(오른쪽 코)로 숨을 내쉬어야 한다. 이것이 [두 가지 풀무 꿈브하까의 방법 중] 한 가지 방법이다.

[두 번째 방법은 다음과 같다.] 왼쪽 콧구멍을 약지와 새끼손가락으로 막은 후 오른쪽 콧구멍으로 숨을 마신 후 신속하게 엄지로 막고서 왼쪽 콧구멍으로 내쉬어야 한다. 그와 같이 백 번(100, śata)을 행하고서 피로가 몰려오면 오른쪽 콧구멍으로 마셔야 한다. 앞에서처럼 [최대한 그 숨을] 참은 후 이다(왼쪽 코)로 내쉬어야 한다. 다시 오른쪽 콧구멍을 엄지로 막고 왼쪽 콧구멍으로 숨을 마신 후 신속히 왼쪽 콧구멍을 약지와 새끼손가락으로 막은 후 삥갈라(오른쪽 코)로 내쉬어야 한다. 계속해서 이와 같이 행함으로써, 다시 말해서 들숨과 날숨을 반복함으로써 피로가 몰려오면 왼쪽 콧구멍으로 숨을 마신 후 약지와 새끼손가락으로 [왼쪽 코를] 막고서 '꿈브하까를 행한 후'(kumbhakaṃ kṛtvā) 삥갈라(오른쪽 코)로 내쉬는 것이 두 번째의 방법이다.

bhastrākumbhakasyeyaṃ paripāṭī | vāmanāsikāpuṭaṃ dakṣiṇabhujānāmikākaniṣṭhikābhyāṃ nirudhya dakṣiṇanāsikāpuṭena bhastrāvad vegena recakapūrakāḥ kāryāḥ | śrame jāte tenaiva nāsāpuṭena pūrakaṃ kṛtvāṅguṣṭhena dakṣiṇaṃ nāsāpuṭaṃ nirudhya yathāśakti kumbhakaṃ dhārayet | paścād iḍayā recayet | punar dakṣiṇanāsāpuṭam aṅguṣṭhena nirudhya vāmanāsikāpuṭena bhastrāvaj jhaṭiti recakapūrakāḥ kartavyāḥ | śrame jāte tenaiva nāsikāpuṭena pūrakaṃ kṛtvānāmikākaniṣṭhikābhyāṃ vāmanāsikāpuṭaṃ nirudhya yathāśakti kumbhakaṃ kṛtvā piṅgalayā recayed ity ekā rītiḥ | vāmanāsikāpuṭam anāmikākaniṣṭhikābhyāṃ nirudhya dakṣiṇanāsikāpuṭena pūrakaṃ kṛtvā jhaṭity aṅguṣṭhena nirudhya vāmanāsāpuṭena recayet | evaṃ śatadhā kṛtvā śrame jāte tenaiva pūrayet | bandhapūrvakaṃ kṛtveḍayā recayet | punar dakṣiṇanāsāpuṭam aṅguṣṭhena nirudhya vāmānāsāpuṭena pūrakaṃ kṛtvā jhaṭiti vāmanāsikāpuṭam anāmikākaniṣṭhikābhyāṃ nirudhya piṅgalayā recayed bhastrāvat | punaḥ punar evaṃ kṛtvā recakapūrakāvṛttiśrame jāte vāmanāsāpuṭena pūrakaṃ kṛtvānāmikākaniṣṭhikābhyāṃ dhṛtvā kumbhakaṃ kṛtvā piṅgalayā recayed iti dvitīyā rītiḥ | Hp-Jt. II.65, *p*. 66, *l*. 2-15.

체내의 불:

월광 소화의 불.
jaṭharānalas. Hp-Jt. II.65, *p*. 66, *l*. 17.

66

[풀무 꿈브하까는] 신속히 꾼달리니를 각성시키고, [몸을] 정화하고(pavanam), [마음에] 즐거움을 주고 [도샤의 제거라는] 이로움을 [주며],
브라흐마 나디의 입구에 있는 점액 등의 장애물을 없앤다.
II.66^{a-b} kuṇḍalībodhakaṃ kṣipraṃ pavanaṃ sukhadaṃ hitam |
II.66^{c-d} brahmanāḍīmukhe saṃsthakaphādyargalanāśanam ||

【해설】

[풀무 꿈브하까는] 신속히 꾼달리니를 각성시키고, [몸을] 정화하고(pavanam), [마음에] 즐거움을 주고:

월광 [풀무 꿈브하까는] 잠들어 있는 꾼달리니를 신속히, 재빠르게 각성시키는 각성자이고 [몸을] 정화하는 정화자, 즉 청소부이고 [마음에] 즐거움을 준다.
kṣipraṃ śīghraṃ kuṇḍalyāḥ suptāyā bodhakaṃ bodhakartṛ punātīti pavanaṃ pavitrakārakaṃ sukhaṃ dadātīti sukhadaṃ, Hp-Jt. II.66, *p*. 66, *ll*. 1-2.

[도샤의 제거라는] 이로움을 [주며]:

월광 [풀무 꿈브하까는] 세 가지 도샤(doṣa)[112]를 제거하기 때문에 모든 점에서 항상 이롭다. 모든 꿈브하까들이 언제나 유익한 것이기는 하지만 태양관통과 승리와 같은 두 가지 [꿈브하까]는 주로 열을 내므로 추울 때 유익하다. 싯-소리와 냉각 [꿈브하까]는 주로 [몸을] 시원하게 하므로 더울 때 유익하다. 풀무 꿈브하까는 추울 때와 더울 때 모두 유익하다. 또한 모든 꿈브하까들은 온갖 질병을 치유하지만 태양관통은 주로 바따(vāta) [도샤]를 제거하고, 승리 [꿈브하까]는 주로 까파(kapha) [도샤]를 제거하고, 싯-소리와 냉각[과 같은 두 꿈브하까]는 주로 삐따(pitta)[도샤]를 제거한다. 풀무로 불리는 꿈브하까는 세 가지 도샤를 [모두] 제거하는 것으로 알아야 한다.

tridoṣaharatvāt sarveṣāṃ hitaṃ sarvadā ca hitam | sarveṣāṃ kumbhakānāṃ sarvadā hitatve 'pi sūryabhedanojjāyināv uṣṇau prāyeṇa śīte hitau | sītkārīśītalyau śītale prāyeṇoṣṇe hite | bhastrākumbhakaḥ samaśītoṣṇaḥ sarvadā hitaḥ | sarveṣāṃ kumbhakānāṃ sarvarogaharatve 'pi sūryabhedanaṃ prāyeṇa vātaharam | ujjāyī prāyeṇa śleṣmaharaḥ | sītkārīśītalyau prāyeṇa pittahare | bhastrākhyaḥ kumbhakaḥ tridoṣahara iti bodhyam | Hp-Jt. II.66, *pp.* 66, *ll.* 2 ~ *p.* 67, *l.* 5.

브라흐마 나디(brahmanāḍī):

브라흐마난다는 수슘나 나디가 브라흐마 나디로 불리는 이유를 설명한 후 바로 이 브라흐마 나디를 『찬도갸 우빠니샤드』에서 설명된 '한 개의 나디'로 해설한다.

---

112 여기서의 도샤는 바따(vāta), 삐따(pitta), 까파(kapha)와 같은 세 가지 요소(dhātu)가 균형을 이루지 못하거나 원래의 기능을 수행하지 못하는 것을 의미한다. 바따, 삐따, 까파의 성품에 대해서는 I.31에 대한 해설(각주)을 참조.

월광 브라흐마 나디는 수슘나이다. 브라흐만에 이르게 하는 [나디(통로)]이기 때문에 [브라흐마 나디로 불린다]. [브라흐마나디에 관해] 천계서는 다음과 같이 말한 바 있다. "심장에 있는 101개의 나디들 중에서 한 개가 정수리로 올라간다. 그것이 위로 올라갈 경우 불멸성을 얻는다. 다양한 곳으로 가는 그 외의 것들은 죽게 된다."(『찬도갸 우빠니샤드』VIII.6.6.)

brahmanāḍī suṣumnā brahmaprāpakatvāt | tathā ca śrutiḥ "śataṃ caikā ca hṛdayasya nāḍyas tāsāṃ mūrdhānam abhiniḥsṛtaikā | tayordhvam āyann amṛtatvam eti viṣvaṅṅ anyā utkramaṇe bhavanti" (Chānd-Up.VIII.6.6) Hp-Jt. II.66, *p.* 67, *ll.* 5-8.

브라흐마난다가 인용한 구절은 『찬도갸 우빠니샤드』를 비롯해서 『까타 우빠니샤드』(II.3.16) 등에서도 발견되는데 8세기의 샹까라(Śaṅkara)는 '정수리까지 이어진 바로 이 나디'를 수슘나로 해설한 바 있다.[113] 빠딴잘리의 요가에 계승되지 않는 수슘나 나디를 비롯해서 꿈브하까, 72,000개의 나디 등을 8세기의 샹까라가 알고 있었다는 것은 '고전 요가와 별개의 요가 전통'이 샹까라 시대에 존재했다는 것을 암시한다.[114]

점액 등의 장애물을 없앤다:

월광 그녀(브라흐마나디, =수슘나)의 입구에, 즉 [수슘나의] 앞쪽에 달라붙어 있는 '까파 등으로 이루어진 장애물(argala)'은 쁘라나의 흐름을 막는 것인데 [풀무 꿈브하까는] 그것(쁘라나의 흐름을 막는 장애물)

---

113 "tāsāṃ madhye mūrdhānāṃ bhittvā 'bhiniḥsṛtā nirgatā ekā suṣumnā nāma | " Kaṭh-Up-Śbh.II.3.16.

114 앞의 I.4 및 II.1에 대한 해설을 참조.

을 제거하는 자, 즉 파괴자이다.

tasyā mukhe 'grabhāge saṃsthaḥ samyak sthito yaḥ kaphādi-rūpo 'rgalaḥ prāṇagatipratibandhakas tasya nāśanaṃ nāśakartṛ ‖ Hp-Jt. II.66, *p.* 67, *ll.* 9-10.

67

'풀무'(bhastrā)라고 불리는 이 꿈브하까는 '완전한 몸'(=수숨나)에 있는 세 개의 결절(granthitraya)을 파괴하므로 특별히 [풀무 꿈브하까를 많이] 수련해야 한다.

II.67[a-b] samyaggātrasamudbhūtagranthitrayavibhedakam |

II.67[c-d] viśeṣeṇaiva kartavyaṃ bhastrākhyaṃ kumbhakaṃ tv idam ‖

【해설】

완전한 몸에:

월광 수숨나에

suṣumnāyām. Hp-Jt. II.67, *p.* 67, *l.*1.

세 개의 결절들을(granthitraya) 파괴하므로:

월광 세 가지 결절들,[115] 즉 브라흐마 결절, 비쉬누 결절, 루드라 결절

115 『하타의 등불』에서 '결절'(granthi)은 II.67, III.2, IV.70, 73, 76에서 언급된다. 『하타의 등불』 III.2에 대한 주석에서 브라흐마난다는 다음과 같이 말한다.

"잠들어 있는 꾼달리니가 스승의 은총에 의해서 깨어날 때 그때 모든 연꽃들 즉 '여섯 짜끄라(ṣaṭ-cakra)들이(cakrāṇi) 뚫어지게 된다. 또한 브라흐마 결절, 비쉬누 결절, 루드라 결절도 뚫어진다."(원문은 Hp. III.2에 대한 해설을 참조. 결절의 위치는 문헌에 따라 조금씩 다르지만 대체로 브라흐마 결

과 같은 것을 완전히 파괴한다.
granthitrayaṃ brahmagranthiviṣṇugranthirudragranthirūpaṃ tasya viśeṣeṇa bhedajanakam | Hp-Jt. II.67, *p*. 67, *ll*. 2-3.

특히 [풀무 꿈브하까를 많이] 수련해야 한다:

월광 풀무로 불리는 꿈브하까 만큼은 특별히 수련해야만 한다. [풀무는] 어떤 경우에도 수련해야 한다는 뜻이다. 하지만 태양관통 등등의 [꿈브하까]들은 상황에 따라야 한다.[116]
bhastrākhyaṃ kumbhakaṃ tu viśeṣeṇaiva kartavyam | avaśyakartavyam ity arthaḥ | sūryabhedanādasyas tu yathāsaṃbhavaṃ kartavyāḥ || Hp-Jt. II.67, *p*. 67, *ll*. 3-5.

벌소리(Bhrāmarī) 꿈브하까

68

이제 벌소리 [꿈브하까]가 [설명된다].
숫벌[처럼] 소리를 내면서 급격하게 숨을 마시고 암벌[처럼] 소리를 내면서 천천히 내쉬어야 한다.
이와 같이 수행할 경우 요가수행자들의 마음에는 형언할 수 없는

절은 회음부, 비쉬누 결절은 가슴, 루드라 결절은 미간에 있다고 알려져 있다.)

116 브라흐마난다는 '추울 때 태양관통, 승리와 같은 꿈브하까가 효과적이고 더울 때는 냉각, 싯-소리 꿈브하까가 효과적이지만 풀무는 항상 유익하다고 해설했고'(II.66) 또 풀무 꿈브하까는 꾼달리니를 각성시키고 세 결절을 파괴한다는 이유에서(II.66-67) 특별히 많이 수련해야 한다고 해설한다.

황홀경이 일어난다.

atha bhrāmarī -

II.68[a] vegād ghoṣaṃ pūrakaṃ bhṛṅganādaṃ
II.68[b] bhṛṅgīnādaṃ recakaṃ mandamandam |
II.68[c] yogīndrāṇām evam abhyāsayogāc
II.68[d] citte jātā kācidānandalīlā ||

【해설】

본 송의 운율은 11음절로 구성된 샬리니(Śālinī: — — — — æ — U — — U — —)이다.

숨을 마시고:

월광 [본 게송에서 설명된] 벌소리 역시 꿈브하까이고 따라서 '숨을 마시자마자 곧바로 그 숨을 참아야 한다는 것'에는 차이가 없기 때문에 ['숨을 참아야 한다는 것'이 별도로] 언급되지 않았다. [숨을 최대한 참는 것은 동일하되 다만] '숨을 마시고 내쉬는 방법'만 다르기 때문에 그 두 가지(숨을 마시는 것과 내쉬는 방법)만 설명된 것이다.

pūrakānantaraṃ kumbhakas tu bhrāmaryāḥ kumbhakatvād eva siddho 'viśeṣāc ca noktaḥ | pūrakarecakayos tu viśeṣo 'stīti tāv evoktau | Hp-Jt. II.68, *p.* 68, *ll.* 4-5.

형언할 수 없는:

브라흐마난다는 부정(不定)대명사 kācid(어떤)의 의미를 '형언할 수 없는'(anirvācyā)으로 풀이한다. (kācid anirvācyā … Hp-Jt. II.68, *p.* 68, *l.* 7.)

실신(Mūrcchā) 꿈브하까

69

이제 실신 [꿈브하까]가 [설명된다].
들숨이 끝날 때 보다 강하게(gāḍhataraṃ) 잘란드하라 반드하를 행한 다음에
천천히 내쉬어라. 실신(mūrchanā)으로 불리는 이 [꿈브하까]는 마음을 소멸시키고 즐거움을 준다.[117]

atha mūrcchā -
II.69$^{a\text{-}b}$ pūrakānte gāḍhataraṃ baddhvā jālaṃdharaṃ śanaiḥ | [118]
II.69$^{c\text{-}d}$ recayen mūrchanākhyeyaṃ manomūrcchā sukhapradā ||

117 『게란다상히따』는 숨을 참은 상태에서 마음을 양 눈썹(bhruvor) 사이(antaram), 즉 미간에 집중해라고 말하고 실신할 정도의 즐거움을 '마음이 대상에서 떠나고 아뜨만과 합일할 때 행복이 생기는 것'으로 말하고 있다. "편하게 숨을 참고서 그리고 마음을 양 눈썹 사이(미간)에 [고정시키고] 마음이 모든 대상들을 떠날 때 '마음의 실신'(manomūrcchā)이라는 즐거움이 [일어난다]. 아뜨만과 마음이 결합할 때 강력한 환희가 일어난다." (sukhena kumbhakaṃ kṛtvā manaś ca bhruvor antaram | santyajya viṣayān sarvān manomūrcchā sukhapradā | ātmani manaso yogād ānando jāyate dhruvam). GhS. V.83.

118 첫 번째 구(pāda^{a})는 아누쉬뚜브-쉴로까(Anuṣṭubh-Śloka)의 확장형인 브하-비뿔라(Bha-vipulā)이다.

부양(Plāvinī) 꿈브하까

70

이제 부양 [꿈브하까가 설명된다].
[부양 꿈브하까는] 신체 안에 채워진(pravatata) 미묘한 기(udāramāruta)를 복부에(udaraḥ) 채우는 것이다.
[그러면 그는] 연꽃잎처럼 깊은 물에서도 가볍게 뜰 것이다.

atha plāvinī -
II.70^{a-b} antaḥ pravartitodāramārutāpūritodaraḥ |
II.70^{c-d} payasy agādhe 'pi sukhāt plavate padmapatravat ‖ [119]

쁘라나야마의 종류

71

쁘라나야마엔 뿌라까[쁘라나야마]와 레짜까[쁘라나야마], 꿈브하까[쁘라나야마]라는 세 가지가 있다고 말해졌다.
꿈브하까(kumbhakaḥ)에는 사히따(sahita) [꿈브하까]와 께발라(kevala) [꿈브하까]라는 두 종류가 있다.

II.71^{a-b} prāṇāyāmas tridhā prokto recapūrakakumbhakaiḥ |
II.71^{c-d} sahitaḥ kevalaś ceti kumbhako dvividho mataḥ ‖

119 세 번째 구(pāda^{c})는 아누쉬뚜브-쉴로까(Anuṣṭubh-Śloka)의 확장형인 브하-비뿔라(Bha-vipulā)이다.

【해설】

본 송의 전반부는 9-11세기에 성립된 『요가야갸발꺄』 IV.2$^{c\text{-}d}$와 유사한데[120] 『하타의 등불』의 경우 "tridhā"라는 단어가 있으므로 '쁘라나야마엔 뿌라까 쁘라나야마와 레짜까 쁘라나야마, 꿈브하까 쁘라나야마와 같은 세 가지가 있다는 의미'가 더 명확해진다. 본 송의 후반부는 『요가야갸발꺄』 VI.32^{ab}와 유사하다.[121]

한편, 하타요가 특유의 전문 용어라 할 수 있는 뿌라까(pūraka), 레짜까(recaka), 꿈브하까(kumbhaka)와 같은 세 종류의 쁘라나야마가 처음으로 언급된 문헌은 샹까라(Śaṅkara, 750-800)의 『바가바드기따』 IV.29에 대한 주석인데[122] 하타요가가 성립하기 수백 년 전인 샹까라가 빠딴잘리 문

---

120 prāṇāyāma iti prokto recapurakakumbhakhiḥ. YoY. VI.2$^{c\text{-}d}$.
하지만 『요가야갸발꺄』에서 설명된 설명된 호흡법은 한 가지 종류뿐인데 그것은 '좌우 콧구멍을 교차하며 날숨→들숨→멈춤→날숨을 반복하는' Hp의 나디정화법(nāḍīśodhana)과 거의 유사하다.

121 sahitaṃ kevalaṃ cātha kumbhakaṃ nityam abhyaet | YoY. VI.32^{ab}.

122 샹까라는 『바가바드기따』 IV.29의 호흡제의(prāṇāyāmayajña)를 다음과 같이 해설한다.
"아빠나에 즉 아빠나의 작용에 쁘라나를 즉, 쁘라나의 작용을 바친다는 것은 뿌라까로 불리는 쁘라나아야마를 실행하다는 의미이다. 그와 같이 다른 사람은 쁘라나에 아빠나를 바치는데 그것은 그들이 레짜까로 불리는 쁘라나야마를 행한다는 의미이다. 쁘라나와 아빠나의 흐름이란 입과 코에 의해서 숨이 나가는 것이 쁘라나의 흐름이고 그것과 반대로 아래로 향하는 것이 아빠나의 [흐름]인데 이 두 가지 쁘라나와 아빠나의 흐름이 통제되고서 즉 멈추고서 쁘라나야마를 지속적으로 실행하는 것 즉, 쁘라나야마를 목표로 하는 것이 꿈브하까로 불리는 쁘라나야마를 행한다는 의미이다." (apāne 'pānavṛttau juhvati prakṣipanti prāṇaṃ prāṇavṛttiṃ pūrakākhyaṃ prāṇāyāmaṃ kurvantīty arthaḥ | prāṇe 'pānaṃ tathā 'pare juhvatī recakākhyaṃ ca prāṇāyāmaṃ kurvantīty etat | prāṇāpānagatī mukhanāsikābhyāṃ vāyor nirgamanaṃ prāṇasya gatis tadviparyayeṇādhogamanam apānasya te prāṇāpānagatī eva ruddhvā nirudhya prāṇāyāmaparāyaṇaḥ prāṇāyāmatatparāḥ

헌에서 언급되지 않은 이 용어를 알고 있었다는 것은 '그가 빠딴잘리 전통의 요가와 구별되는 다른 전통의 요가를 알고 있었다는 것'을 의미한다.

브라흐마난다는 그의 주석 『월광』(*Jyotsnā*)에서 쁘라나야마를 정의하고 해설하는데 뿌라까 쁘라나야마는 '들숨 후 그 숨을 최대한 참는 것'이고 레짜까 쁘라나야마는 '숨을 내쉰 후 진공상태를 유지하는 것'이고 꿈브하까 쁘라나야마는 '숨을 최대한 참고 있는 상태가 자연스럽게 연장되고 있는 상태'이다.

[쁘라나야마에 대한 정의, 종류]

월 광 "이제 쁘라나아야마의 종류에 대해 [본송은] '쁘라나야마는' [으로 시작하는 단어 이하에서] 설명한다. 쁘라나, 즉 '신체 안에서 움직이는 바람'을 멈추는 것, [다시 말해서 쁘라나를] 억제하는 것, 중지하는 것이 쁘라나야마이다. 쁘라나야마의 정의는 고락샤나타에 의해서 [다음과 같이] 말해졌다. "쁘라나, 즉 자신의 몸에서 생겨난 바람(氣)을 통제하는 것이다."라고. 그리고 [쁘라나야마는] 레짜까와 뿌라까와 꿈브하까라는 세 가지 종류로, 즉 세 가지 종류가 있는데 그것은 레짜까 쁘라나야마와 뿌라까 쁘라나야마 그리고 꿈브하까 쁘라나야마이다."[123]

---

kumbhakākhyaṃ prāṇāyāmaṃ kurvantīty arthaḥ ‖ BG-Śbh. IV.29.)

123 브라흐마난다의 해설에 따르면 '쁘라나야마의 정의'는 '자신의 몸 안에서 움직이는 기(바람)을 통제하는 것'인데 이것은 쁘라나야마(prāṇāyāma)의 문자적 의미와 일치한다. 쁘라나야마는 prāṇa와 āyāma로 이루어진 복합어인데 그 의미는 '쁘라나의 멈춤' 혹은 '호흡을 멈추는 것'이다. '쁘라나를 멈추는 것'은 '들숨 후 그 숨을 최대한 유지하는 것' 혹은 '날숨 후 그 숨을 최대한 유지하는 것'과 같은 두 가지가 있는데 브라흐마난다는 전자를 '뿌라까 쁘라나야마'(들숨 후 멈춤)으로 해설하고 후자를 '레짜까 쁘라나야

atha prāṇāyāmabhedān āha - prāṇāyāma iti | prāṇasya śarīrāntaḥsaṃcārivāyor āyamanaṃ nirodhanam āyāmaḥ prāṇāyāmaḥ | prāṇāyāmalakṣaṇam uktaṃ gorakṣanāthena -'prāṇaḥ svadehajo vāyur āyāmas tannirodhanam'(GoŚ.42) iti | recakaś ca pūrakaś ca kumbhakaś ca tair bhedais tridhā triprakārakaḥ, recakaprāṇāyāmaḥ pūrakaprāṇāyāmaḥ kumbhakaprāṇāyāmaś ceti | Hp-Jt. II.71, *p.* 69, *ll.* 1-5.

[레짜까(날숨) 및 레짜까 쁘라나야마(날숨 후 멈춤)에 대한 정의]

브라흐마난다는 먼저 레짜까(날숨)가 무엇인지를 설명한 후 레짜까 쁘라나야마(날숨 후 멈춤)에 대해 정의한다.

월광 야갸발꺄는 레짜까(날숨)의 특징을 "공기를 안에서부터 밖으로 내뱉는 것이 레짜까라고 알려져 있다."고 말했다. 레짜까 쁘라나야마의 정의는 [다음과 같다]. "콧구멍으로부터 남김없이 쁘라나를 밖으로 내보냄으로써 '진공 상태처럼'(śūyamivānilena), 숨이 없

마'(날숨 후 멈춤)으로 해설한다. 뿌라까 쁘라나야마와 레짜까 쁘라나야마는 인위적으로 실행되는 것이고 따라서 사히따 꿈브하까로 통칭된다. 사히따 꿈브하까, 다시 말해서 뿌라까 쁘라나야마(들숨 후 멈춤) 혹은 레짜까 쁘라나야마(날숨 후 멈춤)에서 바로 그 '멈춤'이 노력하지 않아도 저절로 유지되는 '멈춤의 상태'가 세 번째 쁘라나야마인 꿈브하까 쁘라나야마(멈춤에 의한 멈춤)이다. 바로 이 꿈브하까 쁘라나야마가 께발라 꿈브하까로 불린다. 『하타의 등불』에서 설명된 8가지 호흡법, 더 정확히는 8종류의 꿈브하까는 모두 '뿌라까 쁘라나야마'(들숨 후 그 숨을 최대한 유지하는 것)인데 바로 이 상태, 즉 '들숨 후 숨이 노력하지 않아도 저절로 유지되는 상태'가 꿈브하까 쁘라나야마(멈춤에 의한 멈춤) 또는 께발라 꿈브하까로 불린다. 브라흐마난다는 뿌라까(들숨), 레짜까(날숨), 꿈브하까(멈춤, 보유)의 의미를 설명한 후 뿌라까에 의거한 쁘라나야마, 레짜까에 의거한 쁘라나야마, 그리고 꿈브하까를 설명한다.(꿈브하까 쁘라나야마는 다음 게송에 대한 주석에서 설명된다.)

는 상태가 유지되는 '통제된 숨' 그것이 그것이 레짜까로 불리는 마하니로드하이다."
recakalakṣaṇam āha yājñavalkyaḥ - "bahir yad recanaṃ vāyor udarād recakaḥ smṛtaḥ" iti | recakaprāṇāyāmalakṣaṇam- "niṣkramya nāsāvivarād aśeṣaṃ prāṇaṃ bahiḥ śūnyamivānilena | nirucchvasaṃs tiṣṭhati ruddhavāyuḥ sa recako nāma mahānirodhaḥ ‖ " Hp-Jt. II.71, *p*. 69, *ll*. 5-8.

[뿌라까(들숨) 및 뿌라까 쁘라나야마(들숨 후 멈춤)에 대한 정의]

브라흐마나다는 뿌라까(들숨)를 정의한 후 뿌라까 쁘라나야마(들숨 후 멈춤)에 대해 정의한다.

월광 뿌라까에 대한 정의는 "퍼져 있는 공기를 외부에서 복부로 흡입하는 것"이다. 뿌라까 쁘라나야마의 정의는 [다음과 같다]. "[몸] 밖에 있는 쁘라나를 채우는 방식으로 공기를 조심스럽게 끌어들인 후 바로 그 바유를 조심스럽게 전부 모든 나디에 채워야 하는 그것이 뿌라까로 불리는 마하니로드하이다."[124]
pūrakalsakṣaṇam- "bāhyād āpūraṇaṃ vāyor udare pūrako hi saḥ" | pūrakaprāṇāyāmalakṣaṇam "bāhye sthitaṃ prāṇaputena vāyum ākṛṣya tenaiva śanaiḥ samantāt | nāḍīś ca sarvāḥ paripūrayed yaḥ sa pūrako nāma mahānirodhaḥ ‖ " Hp-Jt. II.71, *p*. 69, *ll*. 9-12.

124 지금까지의 설명을 도표화하면 다음과 같다.

종류	내용	비고
레짜까	공기를 밖으로 배출	날숨
뿌라까	공기를 안으로 마심	들숨
꿈브하까	공기를 채우고 유지함	쁘라나야마 (=뿌라까 쁘라나야마)

[꿈브하까에 대한 정의]

월광 꿈브하까에 대한 정의는 "항아리처럼, [하복부에] 공기를 채운 후 [그 숨을] 유지하고 참는 것"이다. [따라서 바로] 이 꿈브하까는 뿌라까 쁘라나야마(들숨 후 멈춤)와 다르지 않다.[125] 하지만 [꿈브하까와 뿌라까 쁘라나야마의] 차이점도 있다. [왜냐하면 다음과 같은 말이 있기 때문이다].

"여기에서는(꿈브하까를 할 때는) 내쉬는 행위와 마시는 행위와 관련되는 것이 아니라, 콧구멍 안쪽에 있는 바로 그 공기를 확고하게 계속해서(krameṇa) 유지하는 것, 그것을 '꿈브하까를 잘 아는 사람들은' '꿈브하로 불리는 것'(=꿈브하까)이라고 말한다."

kumbhakalakṣaṇam 'saṃpūrya kumbhavad vāyor dhāraṇaṃ kumbhako bhavet' । ayaṃ kumbhakas tu pūrakaprāṇāyāmād abhinnaḥ । bhinnas tu- "na recako naiva ca pūrako 'tra nāsāpuṭāntasthitam eva vāyum । suniścalaṃ dhārayate krameṇa kumbhākhyam etat pravadanti taj jñāḥ ॥" Hp-Jt. II.71, *p.* 69, *ll.* 13-16.

[사히따 꿈브하까(뿌라까 쁘라나야마, 레짜까 쁘라나야마)**]**

월광 [II.71c 구(句)는] 이제 다른 방법으로 쁘라나야마를 분류하는데, "사히따"라는 [첫 단어로 문두를 연다]. 꿈브하까에는 사히따[126]와 께발라라는 두 종류가 있다. [II.71d의 마지막 단어인] "알려졌다"(mataḥ), 즉 '동의했다'는 [말의 주체로] '요가수행자들'이라

---

125 꿈브하까와 뿌라까 쁘라나야마는 모두 '들숨 후 그 숨을 참는 것'이다.

126 『하타의 등불』에서 사히따 꿈브하까는 '8종류의 들숨 후 멈춤(pūrakaprāṇāyāma)'를 통칭한다. 한편, 『게란다상히따』에서도 사히따 꿈브하까가 언급되는데 여기서의 사히따는 하나의 구체적인 호흡법이다.
"현자는 왼쪽 코(이다)로 숨을 마셔야 한다. … 들숨이 끝나고 꿈브하까를 시작할 때 웃디야나 반드하를 해야만 한다." (iḍayā pūrayed vāyuṃ … sudhiḥ । pūrakānte kumbhakādye kartavyas tūḍḍīyānakaḥ. GhS. V.49.)

는 [주어]를 보충해야 한다. 사히따 [꿈브하까]에는 두 종류가 있다. '레짜까를 먼저 하는 것'과 '뿌라까를 먼저 하는 것'이다.[127] 그것에 대해 [다음과 같이] 말해졌다. "[숨을] 비우거나(ārceyā) 혹은 [숨을] 채운 후'에 행하는 것(참는 것) 그것이 바로 사히따 꿈브하까이다."라고. 여기서 '레짜까를 먼저 하는 것'은 레짜까 쁘라나야마와 다르지 않다.[128] 뿌라까를 먼저 하는 꿈브하까는 뿌라까 쁘라나야마와 다르지 않다.[129]

atha prakārāntareṇa prāṇāyāmaṃ vibhajate -sahita iti | kumbhako dvividhaḥ | sahitaḥ kevalaś ceti | mato 'bhimato yoginām iti śeṣaḥ | tatra sahito dvividhaḥ | recakapūrvakaḥ pūrakapūrvakaś ca | tad uktam- 'ārecyā pūrya vā kuryāt sa vai sahitakumbhakaḥ' | tatra recakapūrvako recakaprāṇāyāmād abhinnaḥ | pūrakapūrvakaḥ kumbhakaḥ pūrakaprāṇāyāmād abhinnaḥ | (Hp-Jt. II.71, *pp*. 69, *ll*. 17 ~ *p*. 70, *l*. 2.

[께발라 꿈브하까]

월 광 께발라 꿈브하까는 꿈브하까 쁘라나야마와 다르지 않다.[130] 앞에서 설명했던 '태양관통 [꿈브하까] 등과 같이 뿌라까를 먼저하는 꿈브하까'와 [께발라 꿈브하까가] 다르다고 알아야 한다.[131]

---

127 레짜까(날숨)를 먼저하는 꿈브하까는 '먼저 숨을 내쉰 후 멈추는 것'이고 뿌라까(들숨)를 먼저하는 꿈브하까는 '먼저 숨을 마신 다음 그 숨을 멈추는 것'이다.

128 '숨을 먼저 내쉬고 참는 것(진공상태를 유지하는 것)'이 레짜까 쁘라나야마(날숨 후 멈춤)이다.

129 '숨을 먼저 마시고 그 숨을 참는 것'이 뿌라까 쁘라나야마(들숨 후 멈춤)이다.

130 께발라 꿈브하까는 '들숨 후 그 숨을 참는 것'(뿌라까 쁘라나야마, =꿈브하까)에서 '숨을 참은 상태가 지속되는 것'이고 꿈브하까 쁘라나야마 역시 '들숨 후 그 숨을 참는 것'(뿌라까 쁘라나야마, =꿈브하까)에서 '숨을 참는 것'이 유지되는 것이다.

kevalakumbhakaḥ kumbhakaprāṇāyāmād abhinnaḥ | prāguktāḥ sūryabhedanādayaḥ pūrakapūrvakasya kumbhakasya bhedā jñātavyāḥ || Hp-Jt. II.71, *p*. 70, *ll*. 2-4.

께발라 꿈브하까

72-73*a-b*

께발라 [꿈브하까]가 성취될 때까지 사히따 [꿈브하까]를 수련해야 한다.
날숨과 들숨을 떠나 '편안하게 숨을 유지하는
쁘라나야마'로 말해진 이것이 바로 께발라 꿈브하까이다.
II.72*a-b* yāvat kevalasiddhiḥ syāt sahitaṃ tāvad abhyaset |
II.72*c-d* recakaṃ pūrakaṃ muktvā sukhaṃ yad vāyudhāraṇam ||
II.73*a-b* prāṇāyāmo 'yam ity uktaḥ sa vai kevalakumbhakaḥ |

---

131 브라흐마난다의 해설에 따르면 쁘라나야마와 꿈브하까를 다음과 같이 분류할 수 있다.

종류	방법	비고	내용
사히따 꿈브하까	날숨을 먼저 하는 꿈브하까	=레짜까 쁘라나야마 (날숨 후 멈춤)	
	들숨을 먼저 하는 꿈브하까	=뿌라까 쁘라나야마 (들숨 후 멈춤)	태양관통, 풀무와 같은 8종의 꿈브하까(=뿌라까 쁘라나야마)
께발라 꿈브하까	들숨과 날숨 없이 숨을 유지함	=꿈브하까 쁘라나야마 (멈춤에 의한 멈춤)	8종의 '뿌라까 쁘라나야마'에서 '멈춤'이 지속된 상태

【해설】

본 게송과 거의 동일한 내용이 9-11세기에 성립된『요가야갸발꺄』(*Yogayājñavalkya*, YoY)와 13세기 문헌인『바시쉬타상히따』(*Vasiṣṭhasaṃhitā*, VaS)에서도 발견되는데 세 문헌마다 단어의 배열은 조금씩 다르다.[132] 본 게송에서 께발라 꿈브하까의 특징을 보여 주는 말은 '들숨과 날숨의 사라짐', '노력하지 않음' 그리고 '호흡의 유지'라는 표현이다. 이 표현들은 께발라 꿈브하까가 사히따 꿈브하까에 의해 도달된 경지이므로 '들숨-멈춤(뿌라까 쁘라나야마, =꿈브하까) 단계'에서 멈춤이 연장되어 노력하지 않아도 편안하게 지속적으로 유지되는 상태를 강조하는 것으로 보인다. 이 점에서 께발라 꿈브하까와 사히따 꿈브하까의 차이를 '시작 시점'에서 찾을 수 있다. 사히따 꿈브하까는 '들숨 후의 멈춤'(뿌라까 쁘라나야마)이므로 그 영역이 '들숨에서 멈춤까지'를 포함하는 것임에 반해, 께발라 꿈브하까는 사히따 꿈브하까(들숨 후 멈춤) 중에서 '멈춤'이 시작 시점이므로 들숨과 날숨이 배제된다. 이 점에서 브라흐마난다가 들숨과 날숨의 영역을 배제하고 '숨을 참은 상태만 연장된 께

---

132 tayor naśe samarthaḥ syāt kartuṃ kevalakumbhakam |
recakaṃ pūrakaṃ muktvā suhkaṃ yadvayudhāraṇam ‖ YoY. IV.30.
prāṇāyāmo 'yam ity uktaḥ sa vai kevalakumbhakaḥ |
recya cāpūrya yaḥ kuryāt sa vai sahitakumbhakaḥ ‖ YoY. IV.31.
sahitaṃ kevalaṃ cātha kumbhakaṃ nityam abhyaset |
yāvat kevalasiddhiḥ syāt tāvat sahitam abhyaset ‖ YoY. IV.32.

recanaṃ pūraṇaṃ muktvā sukhaṃ yad vāyudhāraṇam |
prāṇāyāmo 'yam ity uktaḥ sa vai kevalakumbhakaḥ ‖ VaS. III.27.
virecyāpūrya yaṃ kuryāt sa vai sahitakumbhakaḥ |
sahitaṃ kevalaṃ cātha kumbhakaṃ nityam abhyaset ‖ VaS. III.28.
yāvat kevalasiddhiḥ syāt tāvat sahitam abhyaset ‖ VaS. III.29[ab].

발라 꿈브하까'를 꿈브하까 쁘라나야마와 동일시했던 것은 온당한 해설로 판단된다.

한편, Hp. II.72$^{c\text{-}d}$-73$^{a\text{-}b}$와 거의 유사한 내용이 '빠딴잘리의 『요가경』'에 대한 나고지 브핫따(Nāgojī Bhaṭṭa: 1730-1810)의 해설(vṛtti), *Bhāṣyacchāyā*. II.49(Ānss본)에서도 인용된 바 있다.[133]

성취할 때까지 … 수련해야 한다:

월광 께발라, 즉 께발라 꿈브하까의 성취는 께발라의 완성[을 의미하]는데, 바로 그것에 이를 때까지 태양관통 등과 같은 사히따 꿈브하까를 반복해서 수련해야 한다, 실행해야 한다. 수슘나가 열린 후 수슘나 안쪽에서 여섯 만뜨라(ṣaṭśabdāḥ)가 생겨날 때 그때 께발라 꿈브하까가 성취된다. 곧바로 사히따 꿈브하까를 10번 혹은 20번을 해야 한다. 께발라 꿈브하까가 [모두] 80번 이루어질 때까지 [사히따를] 수련한다. 만약 여력이 있다면 80번 이상 께발라 꿈브하까가 [이루어]지게끔 [사히따 꿈브하까를] 수련해야 한다.

kevalasya kevalakumbhakasya siddhiḥ kevalasiddhir yāvad[134] yāvat paryantaṃ syāt tāvat tāvat paryantaṃ sahitakumbhakaṃ

---

133 "'들숨과 날숨을 버리고서 편안하게 숨을 유지하는 것을 쁘라나야마라고 말했는데, 실로 그것(들숨과 날숨을 떠나 편안히 숨을 유지하는 것)이 바로 께발라 꿈브하까이다.'라고 『바시쉬타상히따』(*Vāsiṣṭhasaṃhitā*) 등등[의 문헌]은 께발라 꿈브하까도 쁘라나야마라고 말했기 때문이다."("recakaṃ pūrakaṃ tyaktvā sūkhaṃ yad vāyudhāraṇam | prāṇāyāmo 'yam ity uktaḥ sa vai kevalakumbhakaḥ ‖" iti vāsiṣṭhasaṃhitādau kevalakumbhakasyāpi prāṇāyāmatvavacanād iti | *Bhāṣyacchāyā*. II.49.) * 위 주석에 따르면 나고지 브핫따가 인용한 문헌은 13세기의 『바시쉬타상히따』이지만 1917년에 출판된 봄베이 본에는 나고지 브핫따의 해설 중 iti 이하의 원문은 "ity uktaḥ kevalakumbhakarūpo [']pi sa iti bodhyam ‖"으로만 되어 있다.

134 yāvad] yāvat. Hp-Jt^{Adyar}.

sūryabhedādikam abhyased anutiṣṭhet | suṣumnābhedānantaraṃ yadā suṣumnāntaḥṣaṭśabdā bhavanti tadā kevalakumbhakaḥ siddhyati | tadanantaraṃ sahitakumbhakā daśa viṃśatir vā kāryāḥ | aśītisaṃkhyāpūrtiḥ kevalakumbhakair eva kartavyā | sati sāmarthye kevalakumbhakā aśīter adhikāḥ kāryāḥ | Hp-Jt. II.72, *p.* 70, *ll.* 1-6.

들숨과 날숨을 떠나 편안하게 숨을 유지하는:

월광 께발라 꿈브하까에 대한 정의를 '레짜까'[라는 단어 이하에서] 말한다. [께발라 꿈브하까는] 들숨과 날숨을 버리고서, 즉 버리고서, 편안하게, 즉 노력하지 않고서도 그와 같이 호흡을 멈추는 것, 즉 숨을 보유하는 것이다.

kevalakumbhakasya lakṣaṇam āha - recakam iti | recakaṃ pūrakaṃ muktvā tyaktvā sukham anāyāsaṃ yathā syāt tathā vāyordhāraṇaṃ vāyudhāraṇaṃ yat || Hp-Jt. II.72, *p.* 70, *ll.* 6-8.

$73^{c\text{-}d}$ - $74^{a\text{-}b}$

날숨과 들숨이 사라진 께발라 꿈브하까를 성취한다면,
그가 삼계(三界)에서 얻지 못할 것은 없다.
II.$73^{c\text{-}d}$ kumbhake kevale siddhe recapūrakavarjite ||
II.$74^{a\text{-}b}$ na tasya durlabhaṃ kiṃcit triṣu lokeṣu vidyate |

【해설】

본 게송은 『요가야갸발까』 제VI장 33송[135] 및 13세기의 『바시쉬타상

135 kevale kumbhake siddhe recapūraṇavarjite |
na tasya durlabhaṃ kiṃcit triṣu lokeṣu vidyate || YoY. VI.33.

히따』 제III장 30송[136]에서도 발견되는 유명한 시구이다.

『하타의 등불』은 께발라 꿈브하까를 들숨과 날숨에서 자유롭게 되어 편안하게 숨을 멈추는 것으로 말하지만 그것은 사히따 꿈브하까, 즉 뿌라까 쁘라나야마에 의해 도달된 경지이므로 '들숨 후 멈춤'에서 멈춤이 지속되는 상태로 파악된다. 앞에서 살펴본 꿈브하까의 의미에는 '호흡'(=들숨과 날숨의 교차)의 측면보다 콧구멍에서부터 '어떠한 동요 없이 완전히'(suniścalam) 공기를 유지하는 것이 강조되므로 께발라 꿈브하까는 뿌라까 쁘라나야마(들숨 후 그 숨을 멈춤) 상태에서 '숨을 참고 있는 상태'가 자연스럽게 지속되는 것으로 파악된다.

날숨과 들숨이 사라진 께발라 꿈브하까를 성취한다면:

월 광 [위 게송의] '비움'(reca)이라는 단어는 '날숨'(recaka)을 [의미하는 데], '레짜-뿌라까' 양자, 즉 레짜(날숨)와 뿌라까(들숨) 이 두 가지가 사라진, 없어진 께발라 꿈브하까가 성취된다면,

reco recakaḥ, recaś ca pūrakaś ca recapūrakau tābhyāṃ varjite rahite kevale kumbhake siddhe sati ‖ Hp-Jt. II.73, *p*. 70, *ll*. 2-3.

74^c-d^–75^a-b^

께발라 꿈브하까로 원하는 만큼(yatheṣṭam) 기(vāyu)를 유지하는 데 성공한 자는
또한 라자요가의 경지에 도달한다. 여기에는 의심의 여지가 없다.

---

136 kevale kumbhake siddhe recapūraṇavarjite |
na tasya durlabhaṃ kiñcit triṣu lokeṣu cātmaja ‖
manojavatvaṃ labhate palitādivinaśyati ‖ VaS. III.30.

II.74^{c-d} śaktaḥ kevalakumbhena yatheṣṭaṃ vāyudhāraṇāt ‖
II.75^{a-b} rājayogapadaṃ cāpi labhate nātra saṃśayaḥ |

75^{c-f}

꿈브하까를 통해 꾼달리니가 각성되고, 꾼달리가 각성되면 수슘나의 장애가 없어지고 하타[요가]는 완성된다.[137]
II.75^{c-d} kumbhakāt kuṇḍalībodhaḥ kuṇḍalībodhato bhavet |
II.75^{e-f} anargalā suṣumnā ca haṭhasiddhiś ca jāyate ‖

【해설】

꿈브하까를 통해 꾼달리니가 각성되고 … 수슘나의 장애가 없어지고 하타[요가]는 완성된다.

월광 꿈브하까로부터, 즉 꿈브하까를 수련함으로써 꾼달리, 즉 아드하라 [짜끄라]에 있는 샥띠가 각성된다, 잠에서 깨어난다. '꾼달리-각성'(kuṇḍalībodhas)이란 [말]은 '꾼달리가 각성하는 것'(kuṇḍalyā bodhaḥ)[을 의미하는데] 꾼달리가 각성함으로써 수슘나, 즉 가운데 나디에 있는 장애물, 즉 '까파'(점액질) 등의 장애물이 사라지게 된다. [그리고] 하타의, 즉 하타수행이 완성된다. 다시 말해서 '제감을 비롯해서 [응념, 선정, 삼매의] 목표'라 할 수 있는 독존의 경지를 성취한다.

kumbhakāt kumbhakābhyāsāt kuṇḍalī ādhāraśaktis tasyā bodho nidrābhaṅgo bhavet | kuṇḍalyā bodhaḥ kuṇḍalībodhas tasmāt

137 하타요가의 수행법은 꾼달리니를 각성시킨 후 '각성된 꾼달리니(질적인 변화를 겪은 쁘라나)를 수슘나로 끌어올려 정수리의 브라흐마란드흐라에 도달할 때' 완성된다. 스바뜨마라마는 쁘라나(=각성된 꾼달리니)가 브라흐마란드흐라에 머무는 것을 '쁘라나의 소멸'이라고 말하고 이와 같이 쁘라나가 소멸될 때 마음도 소멸된다고 말한다.

kuṇḍalībodhataḥ suṣumnā madhyanāḍyanargalā kaphādyargalarahitā bhavet | haṭhasya haṭhābhyāsasya siddhiḥ pratyāhārādiparaṃparayā kaivalyarūpā siddhir jāyate || Hp-Jt. II.75, p. 71, *ll*. 3-6.

하타요가와 라자요가의 상보적 관계

76

하타[요가] 없이는 라자요가가 성취되지 않으며, 라자요가 없이는 하타[요가가] [성취되지 않는다].
그러므로 [요가를] 완성할 때까지(ā niṣpatteḥ) 한 쌍을 함께 수련해야 한다.

II.76^{a-b} haṭhaṃ vinā rājayogo rājayogaṃ vinā haṭhaḥ | [138]
II.76^{c-d} na sidhyati tato yugmam ā niṣpatteḥ samabhyaset ||

【해설】

본 송은 14세기 문헌인 『쉬바상히따』(*Śivasaṃhita*, V.222)에서도 발견되며, 16-17세기의 대학자인 쉬바난다 사라스바띠(*Śivānanda Sarasvati*, 16세기 후반)의 『요가의 여의주』(*Yogacintāmaṇi*)에도 인용된[139] 유명한 게송이다.

---

138 첫 번째 구(pāda^a)는 아누쉬뚜브-쉴로까(Anuṣṭubh-Śloka)의 확장형인 라-비뿔라(Ra-vipulā)이다.

139 Śrīharidāsa Vidyāvāgīśaḥ가 편집한 꼴까타본(*p*. 37, *ll* 8-9)에 따르면 쉬바난다는 이 게송의 출처를 *Haṭhapradīpikā*로 밝히고 있다.

『하타의 등불』에서 라자요가는 삼매의 동의어로 사용되었지만 여기서의 라자요가는 하타요가와 같은 구체적인 테크닉을 지닌 수행법이다. 브라흐마난다 역시 '한 쌍을 함께 수련해야 한다'는 의미를 "하타요가와 라자요가라는 두 가지를 수련해야 한다, 실행해야 한다." (haṭhayogarājayogadvayam abhyased anutiṣṭhet | Hp-Jt. II.76, *p.* 71, *l.* 4)로 해설한 후 라자요가의 기법에 대해 다음과 같이 해설한다.

월 광 "라자요가의 기법은 [『하타의 등불』]의 네 번째 가르침에서 설명하고 있는 운마니, 샴브하비 무드라 등으로 구성된 것 [또는] 『직접적인 체험』(*Aparokṣānubhūti*)에서 설명된 '15지(支)로 구성된 것'이다. 또한 『잠언(箴言)의 감로』(*Vākyasudhā*)에서 설명된 'dṛśyānuvidhā 등으로 이루어진 것'이기도 하다.

rājayogasādhanaṃ caturthopadeśe vakṣyamāṇam unmanī śāmbhavīmudrādirūpam aparokṣānubhūtāv uktaṃ pañcadaśāṅgarūpam | vākyasudhāyām uktaṃ dṛśyānuvidhādirūpaṃ ca || Hp-Jt. II.76, *pp.* 71, *ll*, 6 ~ *p.* 72, *l.* 2.

브라흐마난다의 해설에 따르면 수행 기법으로서의 라자요가는 세 가지인데 첫 번째는 제IV장에서 설명할 운마니와 샴브하비 무드라와 같은 명상적인 무드라이고 두 번째와 세 번째는 베단따 문헌인 『직접적인 체험』(*Aparokṣānubhūti*)[140]에서 언급된 '15지 요가'(pañcadaśāṅga)와 브하라띠띠르타(Bhāratītīrtha)의 『잠언의 감로』(*Vākyasudhā*)[141]에서 설명된 베단

140 『직접적인 체험』(*Aparokṣānubhūti*)은 일반적으로 샹까라(Śaṅkara, 700-750경)의 위작으로 알려져 있지만 14세기의 저명한 베단따 철학자인 비디야란야(Vidyāraṇya: 1377-1386)가 이 문헌에 대한 주석을 남겼다는 점에서 추가적인 검토가 필요할 것으로 보인다.

141 『잠언의 감로』(*Vākyasudhā*)는 『보는 자와 보이는 것의 구별』(*Dṛgdṛśyaviveka*)

따적 라자요가이다. 이 중에서 운마니와 샴브하비 무드라는 하타요가 특유의 명상적인 무드라인데 브라흐마난다는 III.125송을 해설하면서 샴브하비, 운마니 등과 같은 명상적인 무드라를 '하타요가의 조력자'(haṭhayogopakāraka)로 해설한 바 있다.[142]

브라흐마난다가 언급한 『직접적인 체험』은 라자요가를 ① 금계(yama), ② 권계(niyama), ③ 포기(tyāga), ④ 침묵(mauna), ⑤ 장소(deśa), ⑥ 시간(kālatā), ⑦ 체위(āsana), ⑧ 물라반드하(mulabandha), ⑨ 신체의 균형(dehasāmya), ⑩ 시선의 고정(dṛksthiti), ⑪ 호흡수련(prāṇasaṃyamana), ⑫ 제감(pratyāhara), ⑬ 응념(dhāraṇā), ⑭ 아뜨만에 대한 선정(ātmadhyāna), ⑮ 삼매(samādhi)와 같은 15지분으로 구성된 것으로 규정하고 143송에서는 바로 이 라자요가를 '하타요가와 결합시켜야 한다.'(haṭhayogena saṃyutaḥ)고 말한다. 흥미로운 것은 14세기의 저명한 베단따 학자인 비디야란야(Vidyāraṇya)가 여기서의 하타요가를 '빠딴잘리의 8지요가'로 해설했다는 점이다.[143] 한편 『잠언의 감로』 102-103송에서도 라자요가의 15지분이 언급되는데 그 지분들은 위의 『직접적 체험』에서 나열된 것과

라는 명칭으로 더 널리 알려진 베단따 문헌이다. 이 문헌의 저자는 브하라띠띠르타(Bhāratītīrtha, 또는 Brahmānandabhāratī muni)로 알려져 있지만 샹까라의 것으로 귀속되기도 한다. 예를 들어 NGMCP의 필사본 C 30-14(2) 콜로폰은 저자를 샹까라짜르야로 기록하고 있다.(NGMCP. Ms. Nr. C 30-14(2): iti śrīmacchaṃkarācāryaviracitaṃ vākyaṃ (!) sudhānāmaprakaraṇaṃ saṃpūrṇam ‖ ‖ daṃtā ‖ F.15v9, exp. 22b.)

142 "루드라니, 즉 삼브하비 무드라 혹은 다른 것, 즉 운마니 등[의 무드라는] 탁월한, 훌륭한 완성, 즉 요가를 완성시킨다. [완성으로] 이끈다. 이것으로 '하타요가의 조력자'로서의 라자요가가 설명되었다." (원문은 III.1125에 대한 해설을 참조.)

143 "'하타요가에 의해서' [라는 말은] '빠딴잘리의 수뜨라(Pātañjala)에서 언급되어 널리 알려진 8지요가로써'[라는 의미인데⋯."(pātañjaloktena prasiddhenāṣṭāṅgayogena, MS. Apaokṣānubhūtiṭīpikā. F.22v. *ll.* 10-11.)

동일하다.

77

꿈브하까를 통해 쁘라나가 통제될 때 마음이 소멸할 것이다.[144]
이와 같은 수행법에 의해 라자요가의 경지에 도달할 것이다.
II.77$^{a\text{-}b}$ kumbhakaprāṇarodhānte kuryāc cittaṃ nirāśrayam |
II.77$^{c\text{-}d}$ evam abhyāsayogena rājayogapadaṃ vrajet |

【해설】

월 광 하타[요가]를 수행함으로써 라자요가(=삼매)를 획득하는 과정(방법)에 대해서 [본 게송은] '꿈브하까'라는 [첫 단어 이하에서] 설명한다. 꿈브하까를 통해 쁘라나가 움직이지 않게 되었을 때 마음, 즉 내적 감관은 대상을 여읠 것이다. [이 말은] 유상삼매(有想三昧)에 도달했을 때 '브라흐만의 형상을 취한 [마음]'이 최고의

144 하타요가의 목표인 라자요가, 즉 삼매는 '정신적인 집중이나 심리적인 조작, 즉 한 대상에 대한 집중이라는 방법이 심화되는 것'이 아니라 '쁘라나를 통제함으로써 저절로 마음이 통제되는 방식'에 의해서 성취된다. 이것은 쁘라나와 마음을 하나의 세트로 보는 하타요가 특유의 입장에 의거한 것이다.
"쁘라나와 마음 이 두 가지의 소멸을 이루는 사람은 해탈을 얻는다." Hp.IV.15.
『하타의 등불』은 쁘라나가 소멸될 때 마음이 소멸된다고 하는데, 여기서 말하는 쁘라나의 소멸은 '말 그대로의 소멸'이 아니라 쁘라나가 모두 정수리의 브라흐마란드흐라로 들어가는 것, 바꾸어 말해서 삥갈라와 이다로 순환하는 숨이 없어진 것을 의미한다. 브라흐마난다는 Hp. III.75에 대한 주석에서 다음과 같이 말한다.
"먼저 [쁘라나의] 흐름이 없어진 후 브라흐마란드흐라에 '머무는 것'(sthita)이 쁘라나의 소멸이다."(gatyabhāvapūrvakaṃ brahmarandhre sthitaḥ prāṇasya layaḥ | Hp-Jt. III.75, *p.* 101, *l.* 2.)

이욕(利慾)에 의해 소멸할 것이라는 의미이다. '이와 같은 방식으로', 즉 '앞에서 설명된 수행의 기법, 즉 [하타요가라는] 수단에 의해서' 라자요가의 경지, 즉 라자요가를 체득한 경지에 들어간다. [라자요가의 경지를] 얻게 된다. 한편 [본 게송의 "abhyāsayoga"에서의 'yoga'는 수단을 의미하는데 이 점에 대해선] 『아마라꼬샤』(III.3.22)가 "요가[라는 단어]는 결합, 수단, 명상, 연합, 합의[를 의미한다]"고 말한 바 있다.

haṭhābhyāsād rājayogaprāptiprakāram āha – kumbhaketi | kumbhakena prāṇasya yo rodhas tasyānte madhye cittam antaḥkaraṇaṃ nirāśrayaṃ kuryāt | saṃprajñātasamādhau jātāyāṃ brahmākāravṛtteḥ paravairāgyeṇa vilayaṃ kuryād ity arthaḥ | evam uktarītyābhyāsasya yogo yuktis tena | "yogaḥ saṃnahanopāyadhyānasaṃgatiyuktiṣu"(Amara-K. III.3.22) iti kośaḥ | rājayogapadaṃ rājayogātmaka padaṃ vrajet prāpnuyāt || Hp-Jt. II.77, *p*. 77, *ll*, 1-5.

하타요가에 성공한 증표

78

몸이 날씬해지고 얼굴에는 광택이 나고
비음(秘音, nāda)이 분명히 들리고, 눈이 맑으며,
병이 없고, 정액이 소실되지 않고, 소화의 불이 증대되고
나디가 청정해지는 것이 하타[요가에] 성공했다는 증표이다.

II.78[a] vapuḥ kṛśatvaṃ vadane prasannatā
II.78[b] nādasphuṭatvaṃ nayane sunirmale |

II.78[c] arogatā bindujayo 'gnidīpanaṃ
II.78[d] nāḍīviśuddhir haṭhasiddhilakṣaṇam ||

【해설】

본 송의 운율은 12음절의 방사말라(Vaṃśamāla)이다. 방사말라는 12음절의 인드라방샤(Indravaṃśa: ——U ——U U—U —U—)와 방샤스타(Vaṃśastha: U—U ——U U—U —U—)라는 두 운율이 혼합된 운율이다. 본 송의 홀수 구(pāda[a, c])는 인드라방샤이고 짝수 구(pāda[b, d])는 방샤스타 운율이다.

이상이 『하타의 등불』 중 두 번째 가르침이다.
iti haṭhayogapradīpikāyāṃ[145] dvitīyopadeśaḥ[146]

---

145 Hp[Adyar]본의 제1장 콜로폰에서는 서명이 haṭhapradīpikā로 되어 있지만 여기서는 haṭhayogapradīpikā로 되어 있다.

146 브라흐마난다의 주석 『월광』(*Jyotsnā*)의 제2장 콜로폰은 다음과 같다.
iti śrīhaṭhayogapradīpikāvyakhyāyāṃ jyotsnābhidhāyāṃ brahmānandakṛtāyāṃ dvitīyopadeśaḥ.

저자 스바뜨마라마 요긴드라Svātmā Yogīndra

스바뜨마라마 요긴드라는 1450년경에 활동했던 것으로 추정되는 수행자이자 철학자로 하타요가의 수행체계를 정립한 위대한 스승이다. 스바뜨마라마의 생애를 재구성할 수 있는 자료는 거의 남아 있지 않은데 그것은 아마도 출가수행자로 은둔생활 했기 때문인 것으로 추정된다.

역자 박영길朴英吉

박영길 박사는 동국대 인도철학과에서 샹까라의 창조론으로 철학박사 학위를 취득했고 동국대, 한국외대, 금강대 등에서 베단따 철학, 하타요가, 산스끄리뜨를 강의하고 있다. 1997년부터 2007년까지 한국요가연수원과 청담요가수련원에서 하타요가를 지도했고 2007-2010년 오스트리아의 비엔나 대학, 파키스탄의 펀잡대, 한국의 금강대가 공동으로 진행했던 '울너 필사본 프로젝트'(Woonler Project)의 전임 연구원으로 산스끄리뜨 필사본을 연구했다. 역자는 한국연구재단의 인문저술 프로젝트로 『하타요가 문헌연구: 성립사와 주요 사상』(2017년 출판예정)을 진행하고 있다.

[역 서]

2011. 06, 요가의 84가지 체위법 전통: 체위 전통에 대한 연구(G. Bühnemann 저)

2011. 12, 샹까라의 베단따 철학과 명상(J. Bader 저)

2012. 03, 꾼달리니: 내재된 에너지의 각성(A. Mookerjee 저)

2014. 03, 산스끄리뜨 시형론: 운율 및 숫자적 상징에 대한 해설(C. P. Brown 저)

2015. 09, 하타의 등불: 브라흐마난다의 『월광』에 의거한 번역과 해설 (Svātmārāma 저)

[저 서]

2013. 03, 하타요가의 철학과 수행론

2010. 05, *A Handlist of Sanskrit Manuscripts in the Punjab University Library*, 3Vols.(공저)

2019. 09, 하타요가 문헌 연구: 희귀 걸작편

하타의 등불【상】

An Annotated Translation of *Haṭhapradīpikā*